a
linguagem
do
império

domenico losurdo

a linguagem do império

LÉXICO DA IDEOLOGIA ESTADUNIDENSE

TRADUÇÃO
JAIME A. CLASEN

Copyright © Boitempo Editorial, 2010
Copyright © Gius. Laterza & Figli, 2007, todos os direitos reservados
Publicado sob acordo com Marco Vigevani Agenzia Letteraria

Coordenação editorial Ivana Jinkings
Editora-assistente Bibiana Leme
Assistência editorial Ana Lotufo e Elisa Andrade Buzzo
Tradução Jaime A. Clasen
Tradução dos trechos em latim Nélio Schneider
Preparação Tatiana Ferreira de Souza
Revisão Mariana Tavares
Coordenação de produção Livia Campos
Assistência de produção Camila Nakazone
Capa David Amiel
sobre o quadro *Granate trifft Panzer* (1918), de
Fritz Fuhrken; e fotografia de carro-bomba no distrito
de Waziriya, em Bagdá (Iraque), da Marinha Norte-
-Americana, por Eli J. Medellin
Diagramação Mariana V. de Andrade – Zap Design

CIP-BRASIL. CATALOGAÇÃO-NA-FONTE
SINDICATO NACIONAL DOS EDITORES DE LIVROS, RJ

L891

Losurdo, Domenico, 1941-
   A linguagem do império : léxico da ideologia estadunidense / Domenico
Losurdo; tradução por Jaime A. Clasen. - São Paulo : Boitempo, 2010.

   Tradução de: Il linguaggio dell'impero : lessico dell'ideologia americana
   Inclui bibliografia
   ISBN 978-85-7559-162-8

   1. Terrorismo - Estados Unidos. 2. Imperialismo. 3. Antiamericanismo. 4.
Estados Unidos - Relações exteriores. I. Título.

10-1461.   CDD: 327.73
                                                         CDU: 327(73)

É vedada a reprodução de qualquer parte deste livro sem a expressa autorização da editora.

1ª edição: maio de 2010; 1ª reimpressão: agosto de 2018
2ª reimpressão: outubro de 2020; 3ª reimpressão: abril de 2022

BOITEMPO
Jinkings Editores Associados Ltda.
Rua Pereira Leite, 373
05442-000 São Paulo SP
Tel.: (11) 3875-7250 / 3875-7285
editor@boitempoeditorial.com.br
boitempoeditorial.com.br | blogdaboitempo.com.br
facebook.com/boitempo | twitter.com/editoraboitempo
youtube.com/tvboitempo | instagram.com/boitempo

Em memória agradecida de Alfredo Salsano.

Neste momento, fazemos a guerra de uma maneira muito mais bárbara que os próprios árabes. Atualmente, a civilização encontra-se do lado deles.

Alexis de Tocqueville

Vi, não sem preocupação, este espírito de conquista, e até de rapina, que há alguns anos se manifesta entre vós [norte-americanos].

Alexis de Tocqueville

SUMÁRIO

AGRADECIMENTOS.. 11

PREFÁCIO.. 13

I. TERRORISMO

1. O TERRORISMO ALVEJADO: GRUPOS ANÁRQUICOS E SERVIÇOS
   SECRETOS.. 15

2. TERRORISMO ALVEJADO, "EXECUÇÕES EXTRAJUDICIAIS" E
   ESQUADRÕES DA MORTE 18

3. O TERRORISMO DE MASSA: DE DRESDEN
   E HIROSHIMA AO 11 DE SETEMBRO.. 21

4. A POPULAÇÃO CIVIL COMO REFÉM 22

5. EMBARGO, PUNIÇÕES COLETIVAS E TERROR 25

6. O TERRORISMO SIMPLES DOS FRACOS E O TERRORISMO
   MULTÍPLICE DOS PODEROSOS 27

7. TERRORISTAS E CORTADORES DE CABEÇAS 29

8. AS CABEÇAS DECEPADAS COMO AVISO, TROFÉU E LEMBRANÇA............ 32

9. TERRORISMO E ULTRAJE AOS CADÁVERES 36

10. IMPOTÊNCIA MILITAR, SUICIDAS E ATAQUES SUICIDAS 37

11. LUTA DESESPERADA DOS POVOS OPRIMIDOS E SONHO DA
    INVULNERABILIDADE E DA IMORTALIDADE 43

12. "CULTO DA MORTE" OU DESESPERO? 44

13. OS BÁRBAROS COMO TERRORISTAS 48

II. FUNDAMENTALISMO

1. DE AUTODESIGNAÇÃO ORGULHOSA A PROCLAMAÇÃO DE EXCOMUNHÃO:
   A ESTRANHA HISTÓRIA DA CATEGORIA *FUNDAMENTALISMO* 53

2. O "ZELOTISMO" JUDEU COMO MODELO DO FUNDAMENTALISMO? 56

3. UMA CATEGORIA A DECLINAR NO PLURAL.. 57

4. FUNDAMENTALISMO, MODERNIDADE E TOTALITARISMO 61

5. FUNDAMENTALISMO E ENCONTRO-DESENCONTRO DE CULTURAS............ 64

6. FUNDAMENTALISMO E DESPERTAR DOS POVOS COLONIAIS 66

7. REJEIÇÃO DA INTEGRAÇÃO E SEPARATISMO: SIONISMO E NAÇÕES DO ISLÃ............ 69

8. FUNDAMENTALISMO E MOVIMENTOS DE LIBERTAÇÃO NACIONAL
NO OCIDENTE 75

9. FUNDAMENTALISMO E CONFLITOS ENTRE AS GRANDES POTÊNCIAS 80

10. REVOLUÇÃO MODERNIZADORA A PARTIR DO ALTO, FLUXOS MIGRATÓRIOS
E REAÇÃO NATIVISTA E FUNDAMENTALISTA.. 81

11. FUNDAMENTALISMO NATIVISTA E LIGA NORTE 85

12. ARCAÍSMO E INOVAÇÃO NO FENÔMENO FUNDAMENTALISTA.................................. 86

13. CHOQUE DE CIVILIZAÇÕES E DE ALMAS OPOSTAS OU "CIRCULAÇÃO
DO PENSAMENTO"?... 88

14. DURAÇÃO LONGA E PECULIARIDADE DO FUNDAMENTALISMO
ESTADUNIDENSE 90

15. COMO AVALIAR CONCRETAMENTE OS DIFERENTES
FUNDAMENTALISMOS E SEUS CONFLITOS.. 93

III. ANTIAMERICANISMO

1. A DOENÇA MORTAL DO AMERICANISMO 97

2. O MITO DO ANTIAMERICANISMO DE ESQUERDA 98

3. CELEBRAÇÃO DO "AMERICANISMO" E MITOLOGIA IMPERIAL................................ 100

4. O NAZISMO E O FASCÍNIO DO ESTADO RACIAL NO SUL DOS
ESTADOS UNIDOS... 103

5. *UNTERMENSCHEN* E "SOLUÇÃO FINAL" ENTRE
ESTADOS UNIDOS E ALEMANHA... 105

6. MISSÃO IMPERIAL E FUNDAMENTALISMO CRISTÃO NA HISTÓRIA DOS
ESTADOS UNIDOS... 108

7. O ILUMINISMO E O DISTANCIAMENTO ENTRE ESTADOS UNIDOS E EUROPA 112

8. "DRAPETOMANIA", "ETNOPSIQUIATRIA" E "MOVIMENTOS POLÍTICOS DE
MASSA PATOLÓGICOS" 115

IV. ANTISSEMITISMO

1. ANTIAMERICANISMO E ANTISSEMITISMO? FORD E HITLER................................... 119

2. ONIPRESENÇA E VOLATILIDADE DA ACUSAÇÃO DE ANTISSEMITISMO 124

3. INTOLERÂNCIA RELIGIOSA E PERSEGUIÇÃO RACIAL 126

4. PANTEÃO DO OCIDENTE E INFERNO DO ANTISSEMITISMO 130

5. TRÊS TIPOS RADICALMENTE DIFERENTES DE ATITUDES CRÍTICAS
EM RELAÇÃO AO JUDAÍSMO 132

6. A LONGA DURAÇÃO DA CONTROVÉRSIA JUDAICO-CRISTÃ 136

7. O PLANO INCLINADO DA JUDEUFOBIA 141

8. JUDEUS NA IDADE MÉDIA: discriminados negativamente em
relação aos cristãos e positivamente em relação aos islâmicos 142

9. AS ORIGENS DO PRIMEIRO RACISMO BIOLÓGICO: negros, mouros
e islâmicos 146

10. O ANTISSEMITISMO COMO CRISE DA "FAMÍLIA ARIANO-SEMÍTICA"
E JUDAICO-CRISTÃ 147

11. DA JUDEUFOBIA CRISTÃ AO ANTISSEMITISMO OU DO RACISMO
COLONIAL AO RACISMO ANTIJUDAICO 149

V. ANTISSIONISMO

1. "O SIONISMO COMO UMA ESPÉCIE DE ANTISSEMITISMO" 157

2. A CULTURA JUDAICA E A CRÍTICA DO SIONISMO COMO SINÔNIMO
DE VOLTA AO "GUETO" E DE PROJETO COLONIAL 162

3. A "IDEIA SIONISTA" COMO IDEIA "COLONIAL": HERZL E RHODES 167

4. O ANTISSEMITISMO DESDE A ALEMANHA NAZISTA ATÉ O ORIENTE MÉDIO 171

5. ASPEREZA DO CONFLITO E PASSAGEM DA HISTÓRIA PARA A "NATUREZA" 174

6. IDEOLOGIA DOMINANTE E USO DOGMÁTICO DAS CATEGORIAS 178

7. DO MITO FUNDAMENTALISTA DAS IDENTIDADES ETERNAS
À RECUPERAÇÃO LEIGA DA HISTÓRIA 182

8. AS VÍTIMAS ENTRE REIVINDICAÇÃO DO RESSARCIMENTO
MORAL E POLÍTICA DA CULPA 187

VI. FILOISLAMISMO

1. LUTA CONTRA O ISLÃ, DEFESA DO OCIDENTE E INVENÇÃO DA TRADIÇÃO
"GRECO-ROMANO-JUDAICO-CRISTÃ" 189

2. HERDEIRO DO ANTISSEMITISMO TRADICIONAL OU ALVO DE UM NOVO
"ANTISSEMITISMO"? O ISLÃ HOJE 195

3. COMO OS JUDEUS SE TORNARAM "BRANCOS" E OS ÁRABES
PERMANECERAM "NEGROS" 200

4. A LONGA DURAÇÃO DO RACISMO COLONIAL ANTIÁRABE E O
ESPECTRO DA "SOLUÇÃO FINAL" 207

5. TRÊS TIPOS RADICALMENTE DIFERENTES DE ATITUDE CRÍTICA
EM RELAÇÃO AO ISLÃ 209

6. ÁRABES E ISLÂMICOS COMO ALVO DA MITOLOGIA ARIANA.
DE GUMPLOWICZ AOS NOSSOS DIAS 210

7. CONTINUIDADE DOS ESTEREÓTIPOS: os islâmicos
SUBSTITUEM OS JUDEUS 212

8. NO BANCO DOS RÉUS, ALÁ TOMA O LUGAR DE JAVÉ 215

9. EM BUSCA DO AGENTE PATOGÊNICO: DEPOIS DO JUDEU
É A VEZ DO ISLÂMICO 218

10. "Desjudaização" e "desislamização": a "desasiatização" do Ocidente ontem e hoje 222

11. Islamofobia e transfiguração da "alma" ocidental 226

12. O Ocidente: da cruzada contra o "filossemitismo" à cruzada contra o "filoislamismo" 232

13. Luta contra o "filoislamismo" e indiferença pelo martírio do povo palestino 234

14. Luta contra o "filoislamismo" e tentação da guerra total e do aniquilamento 238

15. Como transformar as vítimas em uma ameaça iminente 240

VII. O ódio contra o Ocidente

1. Repressões históricas e transfiguração do Ocidente............................. 243

2. As fronteiras incertas e móveis do Ocidente....................................... 246

3. A América como Ocidente autêntico e a condenação da Europa como Oriente 249

4. O nazismo como herdeiro do *pathos* exaltado do Ocidente.................. 252

5. Raça branca, raça ariana e Ocidente 254

6. Triunfo político-militar do Ocidente e ofuscamento de sua consciência crítica.. 257

7. O "negacionismo" do Ocidente e de seu país líder 260

8. Ruptura com o antissemitismo ou continuidade do racismo colonial? 266

9. "Negacionismo", ritos de purificação e ideologia da guerra.................. 270

10. O dogmatismo do Ocidente e a lição de Tolstói e Vercors 272

À guisa de conclusão: os decretos de excomunhão do aspirante a império mundial 277

Referências bibliográficas... 285

Índice onomástico... 299

AGRADECIMENTOS

A linguagem do império deriva de uma série de seminários realizados sobre alguns verbetes do "léxico" da ideologia estadunidense, no Instituto Italiano para Estudos Filosóficos. Agradeço a Gerardo Marotta e Antonio Gargano por consentirem a publicação e pelas preciosas sugestões. Consegui indicações bastante úteis trocando opiniões com Carlo Ferdinando Russo, que acompanhou a publicação em Belfagor de duas de minhas intervenções sobre o terrorismo que confluíram neste trabalho. Na pesquisa de livros e jornais beneficiei-me com a generosa disponibilidade de Goffredo Marangoni e Giuseppe Ambrogi da biblioteca universitária de Urbino e de Marcelo Di Bella da biblioteca civil Gambalunga de Rimini.

Agradeço também os jovens colaboradores que, nesta como em outras ocasiões, me ajudaram na leitura do texto digitado e das provas impressas: Stefano Azzarà, Fabio Di Clemente, Paolo Ercolani e Emanuela Susca, que ainda colaborou com empenho e competência na pesquisa do material e organizou o índice onomástico.

Agradeço, enfim e antes de tudo, a Ute, que, em virtude da comunhão de vida e de ideias e da amável atenção que reserva aos meus textos, desde sempre desempenha um papel importante em minha produção intelectual.

Advertência

Em todas as citações presentes no texto, o itálico foi livremente mantido, suprimido ou modificado segundo o original do autor.

PREFÁCIO

"Estamos em guerra" e "A guerra contra o terrorismo será longa e difícil" são as declarações que hoje ecoam na boca dos governantes, nos editoriais e nos artigos dos órgãos de informação, nos livros e libelos que competem na promoção do alarme contra o perigo que paira sobre o Ocidente. Não se hesita em falar de "terceira" ou "quarta guerra mundial" (se no cálculo entrar a Guerra Fria). Portanto, estamos na presença de um conflito longo e sangrento, travado em muitas frentes e campos de batalha. Certamente se trata de golpear os terroristas e aqueles que, de um modo ou de outro, são suspeitos de hospedá-los e dar-lhes ajuda material. Mas também é preciso não perder de vista os países que encorajam o terrorismo no plano político ideal ou que, por causa de seu regime político interno, constituem um ambiente fértil para a difusão desse flagelo. Dado o caráter vago da acusação e o poder soberano que o juiz se arroga ao formulá-la, a lista dos possíveis alvos pode ser atualizada e aumentada de forma contínua. Depois do Afeganistão e do Iraque, será a vez do Irã e da Síria? E ficarão por aqui as expedições punitivas ou preventivas?

Como toda guerra, também a que está agora em andamento é acompanhada e estimulada por uma ideologia peculiar. Trata-se não só de motivar e acusar aqueles que são chamados a infligir a morte em larga escala e, às vezes, até mesmo enfrentá-la, mas também de mobilizar a frente interna em redor dos soldados envolvidos em primeira linha. Por outro lado, é preciso combater o inimigo sim, mas também neutralizar aqueles que sabotam ou atravancam o esforço bélico – de modo mais simples, aqueles que exprimem reservas e dúvidas sobre guerras já desencadeadas ou que se levantam no horizonte. Se é ampla e está em expansão a frente da guerra travada, que tem como alvo os terroristas reais ou potenciais e seus supostos aliados ou inspiradores, tende a ser desmedida a frente da guerra ideológica, que não poupa sequer os aliados incertos e hesitantes.

E eis que, com as acusações, dirigidas em primeiro lugar ao mundo islâmico, de "terrorismo", de "fundamentalismo" (o caldo de cultura da violência terrorista) ou de cego "ódio contra o Ocidente", outras acusações ressoam, ou melhor, ribombam. Ao passo que visam desacreditar o movimento de oposição à guerra, essas acusações pressionam os próprios governos europeus a explicarem suas dúvidas, ou o zelo escasso é tido como "antiamericanismo" preconcebido e regressivo. Ou talvez estejam em ação outros males obscuros, ainda mais inquietantes e inconfessáveis. Mostrando frieza ou hostilidade para com o mais poderoso aliado de Israel, a Europa revela que não ajustou as contas com o mais horrível capítulo de sua história e continua sem imunidade ao "antissemitismo" e "antissionismo" que se espalham pelo mundo árabe e islâmico. Procurando subtrair-se de suas responsabilidades e das obrigações da luta sem quartel contra o terrorismo, o Velho Mundo confirma também sua senescência: como explicar de outro modo o "filoislamismo" imbele e suicida?

Nesse clima de mobilização total contra os bárbaros às portas da cidadela do Ocidente, e até nela instalados, seria ingênuo esperar equilíbrio e rigor na utilização das categorias, chamadas, na realidade, para rotular o inimigo e seus cúmplices e, portanto, empunhadas e brandidas como armas de guerra. Este livro quer ser uma contribuição para a definição, no plano histórico e filosófico, das categorias centrais da atual ideologia da guerra.

Domenico Losurdo
Urbino, 11 de dezembro de 2006

I. TERRORISMO

1. O TERRORISMO ALVEJADO: GRUPOS ANÁRQUICOS E SERVIÇOS SECRETOS

A guerra em andamento é contra o terrorismo. Mas o que se deve entender com tal termo? Não há nenhum esforço para esclarecê-lo. Quanto mais vaga a acusação, tanto mais fácil para sua validade se impor de modo unilateral e tanto mais inapelável se torna a sentença pronunciada pelo mais forte.

Pelo menos no que diz respeito ao terrorismo individual, sua definição deveria ser fácil. No âmbito de tal categoria entram, de forma clara, os atentados contra esta ou aquela personalidade política. Só se pode falar de terrorismo se o atentado é organizado a partir de baixo, se seus responsáveis não dispõem de nenhum poder? Os atentados que, em 1858, tinham como alvo Napoleão III e que, entre 1881 e 1901, custaram a vida de Alexandre II da Rússia, do presidente do conselho espanhol Antonio Cánovas del Castillo, do presidente da república francesa Sadi Carnot, da imperatriz austríaca Isabel, de Humberto I da Itália e do presidente dos Estados Unidos William McKinley teriam deixado de ser atos de terrorismo se os responsáveis, em vez de serem indivíduos ou grupos de orientação radical ou anarquista, tivessem sido os serviços secretos desse ou daquele país?

É exatamente assim que a ideologia dominante parece argumentar. Tomemos um livro dedicado à reconstrução das atividades dos "primeiros anos da Agência Central de Inteligência (CIA)". Seu autor, um jornalista do semanário estadunidense *Newsweek*, refere-se a inumeráveis tentativas de assassinar Fidel Castro. Ele se detém nisso por longos trechos, concentrando-se sobretudo nos detalhes técnicos ou nos aspectos mais ou menos pitorescos: os "agentes tóxicos" a utilizar, os "charutos preferidos" pela vítima designada, o "lenço tratado com bactérias", o papel confiado à "máfia", o dinheiro a pagar ao assassino. Nessas páginas, porém, em vão se buscaria um juízo de condenação moral do recurso à arma do terrorismo: o próprio termo deve ser banido; sua inconveniência parece clara quando se trata de definir os assassinatos perpetrados ou tentados pelos serviços secretos estadunidenses. Estes, entre as décadas de 1950 e 1960, elaboraram planos engenhosos para neutralizar ou eliminar fisicamente Stálin na União Soviética, Arbenz na Guatemala, Lumumba no Congo, Sukarno na Indonésia, e dirigentes políticos e militares de outros países. A cúpula da CIA parte do pressuposto – refere o livro sem nenhum distanciamento crítico – de que todo meio é lícito quando se trata de desembaraçar-se dos "cães raivosos"[1].

Durante a Guerra Fria os dois lados se empenharam em operações, tentativas e projetos difíceis de não serem definidos como terroristas. Distinguiu-se a superpotência que gosta de arvorar-se em consciência moral da humanidade: "O chinês Chu En-Lai deveria explodir no avião da Air India ao se dirigir à conferência dos países não alinhados programada para Bandung, na Indonésia, mas no último minuto mudou de plano e a aeronave explodiu sem ele"[2], arrastando para a morte, mesmo assim, pessoas que eram duas vezes inocentes (não eram sequer cidadãos do país inimigo).

Esses eventos com certeza não findaram com a dissolução da União Soviética. O *International Herald Tribune* de 27-28 de julho de 1996 transmite uma notícia tomada da televisão israelense: "O presidente Saddam Hussein escapou por pouco de um atentado contra sua vida, ao deixar um de seus palácios em Bagdá poucos minutos antes de uma bomba explodir diante do edifício". Cerca de quatro anos depois, o mesmo jornal anuncia com alegria: a CIA destinou quantias enormes "para achar um general ou um coronel que meta uma bala na cabeça de Saddam"[3].

Agora passemos para a Iugoslávia. Nos dias e semanas que precedem as eleições de 2000, a imprensa estadunidense noticia satisfeita as dificuldades que Milošević encontra durante sua campanha eleitoral: "Com medo de ser assassinado, o presidente de 58 anos aparece em público raras vezes e,

---

[1] E. Thomas, *The Very Best Men: Four Who Dared: The Early Years of the CIA* (Nova York, Simon and Schuster, 1995), p. 225-9, 233 e passim.

[2] M. Molinari, "Cia & Mafia. La fabbrica dei killer", *La Stampa* (Turim), 24/1/2002, p. 11.

[3] J. Hoagland, "As Clinton Withdraws, Saddam Survives Unchallenged", *International Herald Tribune* (Nova York), 2/3/2002, p. 6.

quando o faz, é apenas para pronunciar diante de seus partidários breves discursos sobre os males do fascismo"[4]. Tais preocupações não eram nada imaginárias. A partir do final dos bombardeios aéreos, vieram à tona no país atentados e execuções misteriosas. Mais tarde, outro jornalista norte-americano acena para seu significado: não haverá paz nos Bálcãs "enquanto Milošević não for enganado e atingido ou tirado do poder em um caixão"[5]. É evidente que também para o presidente iugoslavo se procurava um terrorista audaz e com sorte!

E chegamos agora aos nossos dias. Um conhecido telepregador, Pat Robertson, de inabalável fé cristã e norte-americana, deixa escapar um conselho do qual, depois, tenta retratar-se em vão: por que o serviço secreto de seu país não recoloca ordem na Venezuela eliminando fisicamente o presidente, eleito de forma democrática, Hugo Chávez? A administração Bush limitou-se a definir tal sugestão como "inapropriada", ou seja, em caso de necessidade se fazem certas coisas, mas não se deve proclamá-las publicamente.

Dir-se-ia que, ao fazer pesar uma ameaça sobre os dirigentes políticos de todo país, a CIA substituiu os terroristas anarquistas em ação entre os séculos XIX e XX. Ao menos uma diferença, porém, deve-se ter em mente. Não só os inimigos devem ser golpeados, mas também os aliados que se tornaram incômodos. Damos a palavra mais uma vez ao autorizado jornal estadunidense já citado. Vietnã do Sul, início da década de 1960: "Frustrada pelo fracasso de Ngo Dinh Diem – o mandarim e nacionalista católico que os Estados Unidos tinham levado do exílio norte-americano e instalado no poder –, a administração Kennedy incentivou um golpe de Estado militar e concordou com o assassinato dele"[6]. Com certeza, é o caso de acrescentar que o responsável por essa operação – ele mesmo vítima de um atentado misterioso –, longe de ser condenado ao inferno destinado aos terroristas, brilha no panteão dos campeões da liberdade e da democracia.

---

[4] J. Smith, "Milošević Seems a Winner: 'No Credible Alternative' in September Election", *International Herald Tribune* (Nova York), 31/7/2000, p. 1, 9.

[5] J. Hoagland, "Just Waiting for Milošević to Go Away Won't Do", *International Herald Tribune* (Nova York), 7/8/2000, p. 8.

[6] W. Pfaff, "Bush is Ignoring the Political Lesson of Vietnam", *International Herald Tribune* (Nova York), 3-4/1/2004, p. 4.

2. Terrorismo alvejado, "execuções extrajudiciais" e esquadrões da morte

As chamadas "execuções extrajudiciais" levantam um problema peculiar. É conhecido o recurso sistemático de Israel à eliminação física ou ao assassinato dos palestinos acusados ou suspeitos de realizar ações terroristas. Trata-se de uma prática terrorista? A pergunta é ainda mais lícita quando se reflete sobre o fato de que, "em perfeita identidade de perspectiva com Washington", os serviços secretos israelenses têm a tarefa de "eliminar", junto com os "chefes dos grupos palestinos onde quer que se encontrem", os "cientistas iranianos envolvidos no projeto da bomba" e até aqueles que, em outros países, são *suspeitos de colaborar com o Irã*"[7]. Como se vê, a licença para matar é bastante ampla. Para provocar a condenação à morte basta a *suspeita* de envolvimento, ainda que indireto, no projeto censurado ao Irã de... querer concorrer com Israel no que diz respeito ao armamento nuclear!

São conhecidos os argumentos com os quais são justificadas as "execuções extrajudiciais". Tratar-se-ia, em última análise, de operações policiais que submetam à justiça os responsáveis por crimes hediondos. Porém, essa prática recorda os esquadrões da morte aos quais recorreram certos regimes da América Latina a fim de se livrar, de maneira rápida, de seus opositores mais radicais e perigosos. A Inglaterra não se comportou de modo muito diferente quando enfrentou a revolta nacionalista irlandesa: verificou-se então "a união entre serviços ingleses, polícia norte-irlandesa e unionistas para eliminar fisicamente católicos separatistas em Ulster"[8]. Como se vê, aqui não se fala de "terroristas"; tampouco no artigo antes citado se faz referência à liquidação dos "chefes dos grupos palestinos". O alvo dos comandos, ontem britânicos e hoje israelenses, é constituído apenas pelos responsáveis por atos de terrorismo ou também pelos dirigentes e militantes mais perigosos do movimento de luta contra a oposição nacional e a ocupação militar? Há algum tempo, a imprensa internacional noticiou que Washington decidira recorrer no Iraque à "opção El Salvador", assim descrita: "Para derrotar os rebeldes salvadorenhos, o governo estadunidense financiou e treinou os famigerados 'esquadrões da morte' governamentais, encarregados de *aterrorizar* e matar líderes rebeldes e

---

[7] G. Olimpio, "Omicidi mirati e incursioni oltreconfine: è la 'legge di Dagan'", *Corriere della Sera* (Milão), 7/10/2003, p. 2.

[8] G. Santevecchi, "Lady Diana, l'ultima foto. In un dossier la verità. Forse", *Corriere della Sera* (Milão), 12/7/2006, p. 25.

seus seguidores"[9]. Como meu itálico destaca, aqui são justamente aqueles que gostam de se arvorar em campeões da luta contra o terrorismo que aparecem como terroristas.

Deixemos de lado, porém, os "esquadrões da morte" para nos ocupar com as "execuções extrajudiciais" destinadas a punir – nos é assegurado – apenas os "terroristas". Só se pode falar de justiça quando quem julga é um órgão *super partes* [imparcial], que julga a partir não de impressões ou certezas subjetivas mas de provas obtidas e confirmadas durante um debate com a defesa, ameaçando com as penas previstas pela lei. Nada disso se verifica quando os aviões e os helicópteros israelenses lançam seus mísseis contra as vítimas designadas. É verdade que na situação concreta é inexistente ou vaga a possibilidade de um processo regular. Mas não poucos terroristas poderiam invocar, e invocaram, uma justificação análoga. Basta pensar em Gaetano Bresci, que em 29 de julho de 1900 pôs fim à vida de Humberto I, corretamente considerado por ele corresponsável pelo extermínio que se verificou dois anos antes em Milão, quando o general Bava-Beccaris, condecorado pelo rei com alta honraria, disparou contra a multidão e matou uma centena de pessoas desarmadas. É provável que não tenham se comportado de modo muito diferente de Bresci os membros do comando palestino que atentaram contra a vida do ministro israelense Rehavam Zeevi, teórico explícito da expulsão dos palestinos dos territórios ocupados e rotulado também em sua pátria como fautor de uma limpeza étnica que teria sido acrescentada às injustiças e humilhações ligadas ao processo de colonização que vem ocorrendo há décadas (*infra*, cap. V, subitem 5).

Pelo menos neste último caso, a conhecida objeção israelense não atinge o alvo. Com razão, ela faz notar que não é lícito instituir equivalência moral entre uma execução planejada e um atentado terrorista pensado e executado sem alvo discriminado; mas também a operação que custou a vida do ministro Zeevi é uma execução ou um assassinato planejado. Às vezes, como justificação das "execuções extrajudiciais" realizadas por Israel, afirma-se que elas, para não envolver vítimas inocentes, são adiadas com frequência. É o que os historiadores dizem a propósito do terrorista russo que, em 17 de fevereiro de 1905, matou o tio de Nicolau II: pouco tempo antes interrompera a ação quando, na carruagem, ao lado da vítima predestinada, vira sua esposa e seus dois filhos[10].

---

[9]   A. Farkas, "'Squadre della morte' anti-guerriglia", *Corriere della Sera* (Milão), 10/1/2005, p. 15.

[10]   D. Geyer, "Die Bomben der Märtyrer. Wie der Kampf gegen den Terror des zaristische Russland vor hundert Jahren dem Untergand entgegentrieb", *Die Zeit* (Hamburgo), 9/9/2004, p. 96.

20 DOMENICO LOSURDO

Mas são dignos de fé os relatos sobre o caráter escrupulosamente planejado das execuções ou dos assassinatos orquestrados pelo exército israelense? Henry Siegman, ex-chefe executivo do Congresso Judaico-Americano, não está nada convencido disso, pois escreve:

> Foi perguntado ao general Dan Halutz, chefe do Estado-Maior de Israel, em 2002, quando dirigia a aviação israelense, o que sentiu quando soube que a bomba de uma tonelada lançada de seu avião sobre um líder do Hamas tinha matado também nove crianças palestinas – um resultado bastante previsível, dado que a bomba fora lançada sobre um prédio cujos apartamentos eram habitados por civis. Como se sabe, ele respondeu ter sentido em seu avião "um leve choque" no momento em que a bomba caía. [Essa foi a única perturbação que sentiu.] Ele acrescentou que, naquela noite, graças a Deus, dormiu muito bem.
> O fato de a sensibilidade revelada pela declaração de Halutz não ter sido obstáculo para sua promoção a chefe do Estado-Maior sugere que os danos colaterais causados pelas represálias israelenses são resultado não tanto dos erros quanto da indiferença de Israel.

Um dado estatístico é eloquente: "foram mortos mais civis pelos bombardeios israelenses do que pelas atrocidades palestinas que deram origem a eles"[11].

Decerto, não são mais seletivos os bombardeios estadunidenses, como demonstra o morticínio de civis provocado por um "erro" depois de outro. Aliás, um correspondente no Afeganistão de um importante jornal italiano parece duvidar da credibilidade dessa explicação:

> Um alto oficial estadunidense declara a um semanário que a morte de onze adultos e cinco crianças, pulverizados na casa onde os norte-americanos achavam [erroneamente] que estivesse um chefe da Al Qaeda, deve servir de aviso a quem hospedar os amigos de Bin Laden. Também isto não é, tecnicamente, "terrorismo"?[12]

De qualquer modo, uma conclusão se impõe: um atentado terrorista não se torna uma legítima operação de polícia ou substituição da justiça quando seu

---

[11] H. Siegman, "The Killing Equation", *The New York Review of Books*, 9/2/2006, p. 18-9.
[12] G. Rampoldi, "L'Europa non tradisca Kabul, andarsene un rischio per tutti", *La Repubblica* (Roma), 11/6/2006, p. 8.

responsável é o agente de um serviço secreto ou o membro de um exército que, sem arriscar sua vida ou integridade, pode matar de forma tranquila e soberana.

3. O terrorismo de massa: de Dresden e Hiroshima ao 11 de Setembro

Até agora nos ocupamos do terrorismo que tem por alvo um único indivíduo ou um grupo bem determinado de indivíduos, mesmo se depois, no decorrer da ação, acabe provocando "danos colaterais". Passemos agora ao terrorismo de massa propriamente dito. De imediato, o pensamento vai para o morticínio do 11 de Setembro. Há precedentes históricos? Se por terrorismo de massa entendermos o desencadeamento da violência contra a população civil com o intuito de alcançar determinados objetivos políticos e militares, devemos dizer que na história o exemplo mais clamoroso dessa forma horrível de violência foi o aniquilamento nuclear de Hiroshima e Nagasaki. Quem fala de "bombardeio terrorista" em nossos dias são historiadores estadunidenses autorizados. Na realidade, porém, essa já era a opinião de um dos mais altos dirigentes da administração norte-americana da história, o almirante Leahy, o qual em vão procurou dissuadir o presidente Truman de recorrer a uma arma "bárbara", que atingisse "mulheres e crianças" de forma indiscriminada[13].

Considerações análogas podem ser feitas a propósito da destruição sistemática infligida, no final da Segunda Guerra Mundial, às cidades alemãs (particularmente em Dresden) e japonesas, pensada e conduzida com o objetivo declarado de não deixar escapatória para a população civil, perseguida e engolida pelas chamas, bloqueada em sua tentativa de fuga das bombas com explosão retardada e com frequência metralhada do alto.

É preciso acrescentar mais um detalhe arrepiante: foi observado que pelo menos a aniquilação da população civil de Hiroshima e Nagasaki visava, mais do que o Japão que estava para capitular, a União Soviética, a quem se lançava uma pesada advertência. Portanto, estamos diante de dois atos de terrorismo em amplíssima escala e, além do mais, transversal: são massacradas dezenas e dezenas de milhares de civis desarmados do velho inimigo (antes do ex-inimigo que se prepara para transformar-se em aliado) a fim de aterrorizar o aliado, já considerado como novo inimigo!

---

[13] G. Alperovitz, *The Decision to Use the Atomic Bomb and the Architecture of an American Myth* (Nova York, Knopf, 1995), p. 529, 326.

Agora, justo o país responsável por isso e que se recusa a qualquer reflexão autocrítica sobre esse acontecimento – os Estados Unidos – pretende decidir de modo soberano e inapelável quem é terrorista e quem não é.

Poder-se-ia objetar que se trata de um horror que pertence a um passado remoto e que não tem mais significado político atual. Mas as coisas não são assim:

> Na Guerra do Vietnã, no início da década de 1970, o presidente Richard Nixon e seu conselheiro para a segurança nacional, Henry Kissinger, ordenaram que fossem jogadas na zona rural do Camboja mais bombas do que foram lançadas sobre o Japão durante a Segunda Guerra Mundial, matando pelo menos 750 mil camponeses cambojanos.[14]

E o que dizer da indiscriminada guerra química travada contra o Vietnã? Algum tempo atrás um jornal conservador francês calculava que, trinta anos depois do fim das hostilidades, ainda havia "4 milhões" de vítimas com o corpo devastado pelo "terrível agente laranja" (em referência à cor da dioxina derramada em abundância pelos aviões estadunidenses sobre todo o povo)[15]. O recurso a armas que atingem massas e têm efeitos de duração prolongada coloca-nos na presença de um terrorismo particularmente cruel: ele tem como alvo não só a população civil inteira, mas também os filhos e os netos dessa massa de inocentes.

Aliás, é preciso não esquecer que, com base na doutrina da guerra preventiva, Washington se reserva o direito de atacar com seu monstruoso poderio militar qualquer país rebelde e não hesita em agitar a ameaça do primeiro ataque nuclear. Sobre o conjunto das relações internacionais paira agora o espectro de um terrorismo permanente, planetário e totalizante.

4. A POPULAÇÃO CIVIL COMO REFÉM

O terrorismo de massa pode assumir formas menos radicais. Se é conhecido o fenômeno dos atentados suicidas realizados por grupos desprovidos de armamentos sofisticados, em geral dá-se escassa atenção às modalidades reais de bombardeamentos "limitados" realizados pelas grandes potências globais ou

---

[14] C. Johnson, *Gli ultimi giorni dell'impero americano* (Milão, Garzanti, 2001), p. 31.

[15] F. Hauter, "La campagne contre l'*agent orange* des Américains", *Le Figaro* (Paris), 6/10/2004, p. 4.

regionais. Na primavera de 1999, no início das operações contra a Iugoslávia, com as bombas caíram também volantes. Eles diziam: "Erguei os olhos para o céu, porque amanhã é provável que não o vejais mais"[16]. Entretanto, a resistência revela-se superior ao previsto. E, dando expressão a uma corrente de opinião difusa, um autorizado jornalista estadunidense conclama a atacar diretamente a população civil: "Quer-se uma verdadeira guerra aérea. A ideia de que em Belgrado as pessoas ouçam concertos de rock, ou passeiem aos domingos, enquanto os compatriotas limpam Kosovo é insultante". E ainda:

Agrade ou não, estamos em guerra contra a nação sérvia (os sérvios certamente já se convenceram disso) e a aposta deve ser muito clara: para cada semana a mais de devastação em Kosovo, jogaremos vosso país dez anos para trás *pulverizando-vos*. Quereis 1950? Podemos dar-vos 1950. Quereis 1389? Também podemos fazer isso.[17]

Destaquei em itálico uma expressão que enuncia um programa bastante ambicioso e não parece afastar a perspectiva da dizimação da população civil. É provável que tenha sido essa a ameaça que obrigou Belgrado a capitular.

A entrada das tropas da Organização do Tratado do Atlântico Norte (Otan) em Kosovo não significou o fim do horror invocado em justificação do início dos bombardeios. Verificou-se uma inversão de posições: foram centenas os sérvios massacrados, centenas de milhares os que foram obrigados a uma fuga sem volta. A culpa há de ser atribuída só aos terroristas de etnia albanesa? Recorrendo a um suave eufemismo, o *International Herald Tribune* explicou que "a proteção dos civis sérvios [...] não ocupava uma posição eminente na lista das prioridades" das tropas de ocupação; antes, o general Jackson achava que seu trabalho teria sido muito mais fácil "se restassem menos sérvios"[18]. É a admissão de que as operações de terrorismo e de limpeza étnica conduzidas em detrimento dos sérvios tinham o beneplácito ou a tolerância do Ocidente!

Vejamos agora o Oriente Médio. A campanha de bombardeio aéreo contra o Iraque na primavera de 2003 foi desencadeada pelos Estados Unidos seguindo uma palavra de ordem que dá o que pensar: "chocar e aterrorizar" [*shock and awe*]. O

---

[16] G. Zaccaria, "La morte dal cielo sfigura Pristina", *La Stampa* (Turim), 8/4/1999, p. 3.

[17] T. L. Friedman, "Unica via bombardare senza pietà", *La Stampa* (Turim), 24/4/1999, p. 61.

[18] S. Erlanger, "Divided Mitrovica Damages Hopes for Peace in Kosovo", *International Herald Tribune* (Nova York), 21/2/2000, p. 8.

alvo era apenas o exército inimigo? No que diz respeito à Palestina, não é difícil ler na própria imprensa norte-americana a acusação ao exército israelense de "atingir deliberadamente os civis"[19]. Mas são iluminadores sobretudo os acontecimentos ocorridos no Líbano no verão de 2006. O governo de Tel Aviv respondeu a um ataque militar do Hezbollah com bombardeios que destruíram de forma sistemática as infraestruturas civis libanesas, provocaram a morte de centenas e centenas de inocentes (com percentual altíssimo de crianças), bem como a fuga desesperada de centenas de milhares de pessoas. Os responsáveis por isso às vezes se justificam afirmando que tal modo de proceder é inevitável quando se combate um inimigo que tende a esconder-se entre a população civil. Na realidade, foi a própria Corte suprema israelense que condenou a prática do Exército Israel de servir-se de palestinos como escudo humano na caça de "terroristas" de casa em casa (*infra*, cap. VI, subitem 13). Devemos, portanto, dar razão ao representante do Human Rights Watch, segundo o qual Israel recorre a "desculpas pré-fabricadas para justificar o assassinato de civis"[20]?

Examinemos os bombardeios no Líbano de um ponto de vista friamente político-militar. Ouçamos uma autoridade no assunto, Zbigniew Brzezinski, ex-conselheiro da Segurança da Casa Branca durante o mandato do presidente Carter: "Israel tem o direito de defender-se, mas está usando civis libaneses como reféns"[21]. É a prática do terrorismo. Os golpes mais ou menos graves desferidos contra a população civil são uma mensagem ao governo inimigo: eis o preço a pagar se não houver capitulação ou, ao menos, uma mudança radical de política; às vezes o destinatário da mensagem é a própria população civil, chamada a rebelar-se contra autoridades que são incapazes de protegê-la e que a conduzem à catástrofe. É esse o plano que, com modalidades diferentes, preside Dresden, Hiroshima, os atentados de 11 de Setembro, os atentados suicidas em Israel e os bombardeios israelenses na Palestina e no Líbano (e os da Otan na Iugoslávia). E é um plano que parece sobreviver a seus repetidos fracassos: também no Líbano, a população civil bombardeada e feita refém, além de não se rebelar contra o Hezbollah, como Tel Aviv esperava, parece ter-se unido mais em torno dele.

---

[19] "Another Round in Gaza", *International Herald Tribune* (Nova York), 9/7/2006, p. 6.

[20] P. Bouckaert, "For Israel, Innocent Civilians are Fair Game", *International Herald Tribune* (Nova York), 4/8/2006, p. 6.

[21] E. Caretto, "Brzezinski guida la riscossa della 'linea Kissinger'", *Corriere della Sera* (Milão), 23/6/2006, p. 5.

5. Embargo, punições coletivas e terror

O aniquilamento nuclear, os bombardeios e os atentados indiscriminados não são o único modo de golpear a população civil. O terrorismo de uma grande potência pode tomar outras formas. No outono de 1994, não obstante anos de impiedoso embargo, os iraquianos não se decidiram a dar fim ao seu sofrimento derrubando o ditador que se tornou não grato a Washington, depois da prolongada lua de mel na luta comum contra o Irã. Influentes jornalistas convidaram a administração estadunidense a "tornar explícita a política até agora seguida de modo encoberto". Para ser claros: "Nenhum alívio enquanto Saddam não tiver saído [...]. Não importa o que Saddam esteja disposto a fazer: enquanto ele governar, os Estados Unidos vetarão toda tentativa de aliviar as sanções"[22]. Mais uma vez, um povo inteiro é feito refém, para ser ceifado pela fome, pela inanição, pelas doenças tornadas incuráveis por meio do embargo. Não há motivo para se comover. Bush pai já prevenira contra isso, pois tinha enviado uma "mensagem inequívoca a Bagdá: livrem-se de Saddam ou esqueçam que podem extrair petróleo". Foi por convicção ou por medo que os iraquianos se recusaram a desafiar o regime? Tenha-se em mente então a possibilidade de novos bombardeios ordenados por Washington. De um modo ou de outro, é preciso estar pronto para morrer: "Às vezes, a única conversão possível é pelo batismo de fogo"[23]. O embargo, por um lado, toma o lugar dos bombardeios e, por outro, junta-se a eles. Em todo caso, bem longe de ser considerada estranha ao conflito, a população civil é diretamente tomada como alvo.

Passemos agora à Iugoslávia. O fim das operações bélicas não protegeu a população dos persistentes atos de hostilidade. Alcançado o objetivo de desmembrar o país, agora se trata de castigar de modo exemplar aqueles que ousaram opor resistência. Durante o rígido inverno de 1999, a União Europeia forneceu petróleo para aquecimento às cidades sérvias administradas pela oposição, chamadas a derrubar Milošević; só nessas condições poderiam continuar a receber a "ajuda" que os pouparia da condição de congelamento infligida às cidades relutantes em se envolver na manobra subversiva. Esse terror seletivo não satisfez Washington por ser convite a distinções demasiado sutis! "A ajuda à oposição sérvia poderia atenuar a cólera popular contra Milošević e reforçar de

---

[22] C. Krauthammer, "Clinton Should Do More than Just Stand Firm", *International Herald Tribune* (Nova York), 15-16/10/1994, p. 10.

[23] W. Safire, "The Hope for Iraqis Is Saddam Hussein's Overthrow", *International Herald Tribune* (Nova York), 11/10/1994, p. 6.

forma indireta sua tomada do poder". A União Europeia objetou, por sua vez, que seria "moralmente indefensável permitir que os sérvios que se comprometem com a democracia sofram o congelamento durante o rígido inverno"[24]. O pomo da discórdia é claro: era preciso apontar de maneira ameaçadora a arma da morte por congelamento contra os sérvios enquanto tais ou apenas contra aqueles que não se comprometiam o suficiente com o triunfo da "democracia"? Em outras palavras, estava em discussão não a legitimidade, mas a amplidão dos recursos ao terror de massa.

Nesse mesmo contexto se pode colocar o estrangulamento econômico que, a partir de janeiro de 2006, tornou ainda mais trágica a condição do povo palestino, "culpado" de ter escolhido, nas eleições democráticas, uma maioria parlamentar que desagradava a Tel Aviv e a Washington.

Quais são os efeitos dessas medidas não diretamente bélicas? Em junho de 1996, um artigo-intervenção do diretor do Center for Economic and Social Rights colocou em evidência as terríveis consequências das "punições coletivas" infligidas mediante o embargo ao povo iraquiano: "mais de 500 mil crianças iraquianas [já] morreram de fome e de doenças". Muitas outras estavam a ponto de sofrer a mesma sorte. No conjunto, "os direitos humanos de 21 milhões de iraquianos" eram atacados[25]. Alguns anos mais tarde, a *Foreign Affairs,* uma revista oficiosa do departamento de Estado, fez uma consideração de caráter mais geral: depois da derrocada do "socialismo real", em um mundo unificado sob a hegemonia estadunidense, o embargo constitui a arma de destruição de massa por excelência; oficialmente imposto para evitar o acesso de Saddam às armas de destruição em massa, o embargo ao Iraque, "nos anos sucessivos à Guerra Fria, provocou mais mortes que todas as armas de destruição em massa durante a história" juntas[26]. Portanto, é como se o país árabe tivesse sofrido ao mesmo tempo o bombardeio atômico de Hiroshima e Nagasaki, os ataques de gás de mostarda do exército de Guilherme II e de Benito Mussolini, e outros mais. Nessa análise, o embargo aparece como a arma terrorista por excelência.

Agora, porém, reflitamos sobre as modalidades da última guerra contra o Iraque, que se iniciou em 2003. Ela se abateu sobre um povo duramente pro-

---

[24] C. L. R. James, *I giacobini neri,* Milão, Feltrinelli, 1968. [Ed. bras.: *Os jacobinos negros,* São Paulo, Boitempo, 2000.]

[25] R. Normand, "Deal Won't End Iraqi Suffering", *International Herald Tribune* (Nova York), 7/6/1996, p. 8.

[26] J. Mueller e K. Mueller, "Sanctions of Mass Destruction", *Foreign Affairs* (Nova York), mai.-jun. 1999, p. 43-53.

vado por um embargo de mais de uma década. No entanto, quando as forças de ocupação encontraram grandes dificuldades para controlar a situação e liquidar a resistência, eis que – fato reconhecido pela própria imprensa estadunidense – elas decidiram que "os iraquianos comuns pagariam o custo da não cooperação"[27]. Portanto, mais uma vez, são atingidos não só os guerrilheiros ou aqueles que podem ser, ainda que de maneira vaga, suspeitos de participar da guerrilha, mas também seus "familiares", presos como reféns. Não, o punho de ferro abate-se também sobre os homens, as mulheres, os jovens relutantes em se comprometer em ações de espionagem e de delação a favor das tropas de ocupação. Assim, o embargo foi seguido por um campo de concentração mais ou menos camuflado, com arame farpado a cercar aldeias e cidades inteiras, com revistas de casa em casa que semeiam o terror até durante a noite.

Se a isso se acrescentar o horror da guerra civil que se arrasta, compreende-se o fenômeno da fuga em massa. E surge um dado inesperado. Entre os países denunciados pelos Estados Unidos e por Israel como promotores do terrorismo distingue-se a Síria, onde 420 mil refugiados palestinos e cerca de 1 milhão de refugiados iraquianos encontraram hospitalidade, aos quais depois se junta um número impreciso de refugiados libaneses. No total, trata-se de uma massa imponente, muitas vezes fugindo do terror dos bombardeios, das revistas nas casas e das operações "antiterroristas" do exército de ocupação[28].

6. O TERRORISMO SIMPLES DOS FRACOS E O TERRORISMO MULTÍPLICE DOS PODEROSOS

Concentremo-nos no terrorismo tal como definido pela ideologia dominante. Demos, entretanto, a palavra a Samuel Huntington: "Historicamente, o terrorismo é a arma dos fracos, quer dizer, daqueles que não possuem capacidades militares de tipo convencional"; de modo que, hoje, o choque entre "os fracos não ocidentais" e o Ocidente toma a forma de "um choque entre ações terroristas, de um lado, e reides aéreos, do outro"[29]. Ainda que tenha o

---

[27] D. Filkins, "US Get Tough with Iraqi Towns", *International Herald Tribune* (Nova York), 8/12/2003, p. 5.

[28] K. Zoepf, "Syria Under Pressure from Flood of Refugees", *International Herald Tribune* (Nova York), 26/7/2006, p. 4.

[29] S. P. Huntington, *Lo scontro delle civiltà e il nuovo ordine mondiale* (Milão, Garzanti, 1997), p. 272, 318. [Ed. bras.: *O choque das civilizações e a recomposição da nova ordem mundial*, Rio de Janeiro, Objetiva, 1997.]

mérito de diferenciar-se do filisteísmo de quem se indigna com os explosivos rudimentares estourados pelos mais fracos, mas considera plenamente legítimos os bombardeios mais indiscriminados feitos por aviões de um exército regular, essa observação não é de todo correta. Às vezes os próprios países dotados de um imponente aparato militar, e sempre prontos a rotular o terrorismo de suas vítimas, recorrem ao terrorismo. Não há motivo para não levar em consideração a denúncia de Teerá de que serviços secretos ingleses tinham envolvimento em atentados que custaram a vida de muitas pessoas[30]. É clamoroso sobretudo o caso de Cuba, alvo de "episódios de terrorismo que se arrastaram por quarenta anos", entre os quais a explosão de um avião cubano em voo, em 1976, na qual morreram 73 passageiros. O responsável continua a ser protegido por Washington[31]. Antes, como sabemos pela imprensa estadunidense, entre os exilados anticastristas mimados nos Estados Unidos não faltam aqueles que afirmam que explodir um avião civil cubano é um "ato legítimo de guerra" (aliás, não declarada)[32].

A guerra contra a Iugoslávia em 1999 coloca-nos na presença de um caso ainda diferente. Grupos até então considerados terroristas por muitos (pelos seus ataques que, além do exército de Belgrado, atingiam indiscriminadamente a população civil sérvia) tornam-se combatentes pela liberdade; em tal função, são financiados de maneira generosa nos âmbitos militar e econômico, para ajudar em terra na guerra da Otan travada pelo ar.

Enfim, não faltam tampouco episódios de terrorismo encenados a fim de classificar como terroristas os países ou grupos que se pretende golpear. Foi a própria magistratura italiana que formulou dúvidas e suspeitas acerca do papel dos serviços secretos na "estratégia da tensão" que, a partir do massacre de Piazza Fontana de 12 de dezembro de 1969, ensanguentou por muito tempo a Itália. É óbvio que, nesses casos, a regra é o mistério, que só em ocasiões excepcionais recebe um feixe de luz. Limitemo-nos à área que hoje constitui o epicentro do terrorismo: em 1954 – informa-nos um artigo publicado no *International Herald Tribune* –, "agentes recrutados por Israel colocaram bombas nas bibliotecas estadunidenses de Alexandria e do Cairo, fazendo com que os

---

[30] "Accusations Are Voiced against US and Britain", *International Herald Tribune* (Nova York), 17/10/2005, p. 7.

[31] N. Chomsky, "Un secolo di terrorismo degli Stati Uniti verso Cuba", em S. Lamrani (org.), *Il terrorismo degli Stati Uniti contro Cuba* (Milão, Sperling & Kupfer, 2006), p. 32, 49.

[32] N. D. Kristof, "In Afghanistan, It's Better to Let Omar Fade Out", *International Herald Tribune* (Nova York), 27/12/2001, p. 6.

egípcios parecessem culpados"; a finalidade era desacreditar o Egito de Nasser, há pouco tempo no poder, e atrair sobre ele a ira dos Estados Unidos[33]. Nesse mesmo autorizado jornal, podemos ler que o famigerado terrorista palestino Abu Nidal era provavelmente financiado por Israel e que entre os que deviam ser assassinados por ele estavam os dirigentes palestinos favoráveis à solução dos dois Estados; era preciso livrar-se daqueles que, exatamente em virtude de seu realismo político, constituíam o obstáculo mais importante para o projeto do "Grande Israel", caro aos círculos mais radicais do Estado judeu[34].

7. TERRORISTAS E CORTADORES DE CABEÇAS

A condenação em sentido único do terrorismo talvez comece a encontrar alguma dificuldade, e a ideologia dominante começa a insistir em um novo motivo: aqueles que, com arma em punho, se opõem à ocupação militar do Iraque são terroristas de uma espécie particularmente infame, são "cortadores de cabeças" e degoladores, que às vezes não hesitam nem em tratar de maneira feroz o cadáver da vítima[35]. Portanto, qualquer que seja o juízo sobre o contencioso político imediato, é preciso tomar posição por uma civilização, a ocidental, que também na escolha das armas de combate demonstra saber respeitar o sentido da dignidade da morte para o inimigo.

Mas os cortadores de cabeças são uma característica exclusiva dos bárbaros estranhos ao Ocidente? Durante sua campanha de subjugação e cristianização dos saxões, em um único dia, Carlos Magno mandou decapitar 4.500 rebeldes[36]. Claro, estamos em 782, e não se pode não levar em conta o tempo histórico. Não valeria sequer a pena falar de tal acontecimento se não fosse pelo fato de que o seu protagonista é muitas vezes celebrado como o "pai da Europa", ou seja, daquela civilização que, em nossos dias, é objeto de uma transfiguração deslumbrante.

Convém concentrar a atenção sobre os tempos mais recentes. Lembremos, só de passagem, um capítulo importante da ocidentalização do mundo, a

---

[33] H. D. S. Greenway, "Excuses for War", *International Herald Tribune* (Nova York), 30/5/2006, p. 7.

[34] P. Seale, "Who Controlled Abu Nidal?", *International Herald Tribune* (Nova York), 22/8/2002, p. 7.

[35] O. Fallaci, *Oriana Fallaci intervista Oriana Fallaci* (Milão, Edizioni del Corriere della Sera, 2004), p. 126.

[36] A. Barbero, *Carlo Magno* (Milão, Edizioni del Corriere della Sera, 2005), p. 38-9.

chegada de Vasco da Gama à Índia: quando ele "chegou a Calicute, ordenou que seus homens fizessem os prisioneiros indianos desfilar, depois mandou lhes decepar as mãos, o nariz e as orelhas. Todos os pedaços amputados foram amontoados em uma pequena barca"[37]. E agora saltemos de 1498 para a segunda metade do século XVIII, e dos cortadores de narizes e orelhas (além de mãos) passemos aos cortadores de cabeças ou gargantas propriamente ditos. Entre os crimes que a Declaração estadunidense de Independência atribui a Jorge III está o de ter açulado contra os colonos rebeldes os "cruéis selvagens índios". Sim – especifica Thomas Paine, sempre em 1776 –, a monarquia inglesa "incitou os negros e os índios a se destruírem" ou a "cortar a garganta dos homens livres na América"[38]. O fundamento dessa acusação é confirmado por Marx. *O capital* descreve de que modo o governo de Londres enfrentou a ameaça dos colonos rebeldes. "Por instigação inglesa e a soldo inglês eles foram *tomahawked*", isto é, assassinados a golpes de *tomahawk*, o machado de guerra dos peles-vermelhas, que estavam em busca dos pontos fracos do inimigo e, portanto, muitas vezes miravam sua garganta. Até aqui, embora agissem ao serviço de uma grande potência ocidental (a Grã-Bretanha, que aprova também a exibição do escalpo do colono rebelde assassinado como troféu), os cortadores de gargantas são para sempre os peles-vermelhas[39].

No entanto, depois da vitória da Revolução norte-americana, o quadro muda de modo sensível. Já em 1783 um comandante inglês previne: animados pela vitória, os colonos "preparam-se para cortar a garganta dos índios"; o comportamento dos vencedores – acrescenta outro oficial – é "humanamente chocante"[40]. Inicia, com efeito, o período mais trágico da história dos peles-vermelhas. Andrew Jackson, presidente dos Estados Unidos nos anos em que Tocqueville analisa *in loco* e celebra a "democracia na América", chega ao mais alto posto da magistratura do país depois de se ter distinguido na caça aos índios, por ele comparados a "cães selvagens", aos quais é lícito tratar com crueldade mesmo depois da morte. Sobre esse ponto, damos a palavra a um historiador estadunidense dos nossos dias:

---

[37] G. Menzies, *1421: La Cina scopre l'America* (Roma, Carocci, 2002), p. 326. [Ed. bras.: *1421: o ano em que a China descobriu o mundo*, Rio de Janeiro, Bertrand Brasil, 2006.]

[38] D. Losurdo, *Controstoria del liberalismo* (Roma/Bari, Laterza, 2005), cap. 1, § 5. [Ed. bras.: *Contra-história do liberalismo*, Aparecida, Ideias & Letras, 2006.]

[39] K. Marx e F. Engels, *Marx/Engels Werke (MEW)* (Berlim, Dietz, 1955–1989, v. XXIII), p. 781.

[40] C. G. Calloway, *The American Revolution in Indian Country: Crisis and Diversity in Native American Communitie* (Cambridge, Cambridge University Press, 1995), p. 278, 272.

Gabando-se de "ter sempre conservado o escalpo daqueles que tinha matado", o mesmo Andrew Jackson [...] supervisara a mutilação de cerca de oitocentos cadáveres de índios creek – os corpos de homens, mulheres e crianças que ele e seus homens tinham massacrado –, cortando-lhes o nariz para contá-los e conservar um testemunho da morte deles e retalhando longas tiras de pele para curti-las e transformá-las em rédeas.[41]

Na troca de acusações já vista, por ocasião da Revolução norte-americana, os dois lados opostos observam um rigoroso silêncio sobre a sorte reservada pelo Império Britânico ainda unido (abrangendo por isso ingleses e colonos norte-americanos) aos nativos atacados pela expansão colonial. Para saber algo sobre isso, somos de novo obrigados a recorrer a Marx:

> Aqueles sóbrios virtuosos que são os puritanos da Nova Inglaterra puseram, em 1703, com resoluções de sua Assembleia, um prêmio de 40 libras esterlinas para cada escalpo de índio e para cada pele-vermelha prisioneiro; em 1720, puseram um prêmio de 100 esterlinas para cada escalpo; em 1744, depois que Massachusetts Bay declarou rebelde uma tribo, os prêmios foram os seguintes: para um escalpo de macho acima de doze anos, 100 esterlinas de dinheiro novo; para prisioneiros masculinos, 105 esterlinas; para mulheres e crianças prisioneiras, 55 esterlinas; para escalpos de mulheres e crianças, 50 esterlinas.[42]

Se os peles-vermelhas, enquanto peso morto incômodo, estavam destinados a ser eliminados da face da terra, os negros eram úteis como animais domésticos humanos. Em Santo Domingo, essas "bestas" preferiam tirar a própria vida a sofrer a escravidão; esperavam assim poder voltar à África. E seus donos se empenhavam em refutar a crença na milagrosa transmigração e na recuperação da liberdade depois da morte: exibiam a cabeça ou o nariz e as orelhas do suicida, de modo que seus companheiros de trabalho e de desventura se resignassem à condição imposta a eles[43]. A execução dos revoltosos assume um caráter ainda mais acentuadamente exemplar e pedagógico. Em Santo Domingo, bem como

---

[41] D. E. Stannard, *Olocausto americano. La conquista del Nuovo Mondo* (Turim, Bollati Boringhieri, 2001), p. 202-3.

[42] K. Marx e F. Engels, *Marx/Engels Werke (MEW)*, cit., v. XXIII, p. 781.

[43] C. Biondi, *Mon frère, tu es mon esclave. Teorie schiavistiche e dibattiti antropologico-razziali nel Settecento francese* (Pisa, Libreria Goliardica, 1973), p. 24-5 [nota].

32   DOMENICO LOSURDO

em Louisiana e no sul dos Estados Unidos, a cabeça deles era espetada em estacas e colocada à mostra no local do crime[44].

8. AS CABEÇAS DECEPADAS COMO AVISO, TROFÉU E LEMBRANÇA

Essa era uma prática usada pelo Ocidente, talvez com particular frequência no âmbito de sua relação com os povos árabes e islâmicos, hoje acusados de serem os cortadores de cabeça por excelência. Durante sua expedição ao Egito, diante da recusa de um egípcio notável em ceder aos invasores uma bela fatia de seu rico patrimônio, Napoleão Bonaparte "ordenou que lhe fosse cortada a cabeça e que a levassem por todas as ruas do Cairo com o cartaz: 'Assim serão castigados todos os traidores e os perjuros'". No entanto, a tentativa de aterrorizar a população não alcançou seu objetivo. Em várias partes estouraram revoltas. Pois bem – prossegue o historiador aqui citado –, Bonaparte

> enviou ao local seu ajudante Crouazier para que sitiasse a população rebelde, exterminasse todos os habitantes do sexo masculino sem exceção e levasse ao Cairo as mulheres e as crianças, incendiando a aldeia. A ordem foi cumprida à risca. Muitas mulheres e crianças morreram durante a longa caminhada até o Cairo. Algumas horas depois da expedição punitiva, a praça principal do Cairo mostrava o estranho espetáculo de longas filas de asnos carregados de sacos. Os sacos foram abertos e na praça rolaram as cabeças dos homens da tribo insurgida, justiçados.[45]

A prática de decapitação dos culpados e sua exibição para fins pedagógico--terroristas não cessou com a derrota de Napoleão. Durante sua viagem à Argélia – estamos nos anos da França liberal da Monarquia de Julho –, em Philippeville, Tocqueville foi convidado a jantar por um coronel do exército de ocupação, que traça um quadro eloquente da situação:

> Senhores, só com a força e o terror se pode conseguir tratar com esta gente [...]. Noutro dia, na rua, foi cometido um assassinato. Trouxeram a mim um árabe

---

[44] B. James, "Heating Oil for Serbs Divides US and EU", cit.; R. M. Brown, *Strain of Violence: Historical Studies of American Violence and Vigilantism* (Nova York, Oxford University Press, 1975), p. 193.

[45] E. V. Tarle, *Napoleone* (4. ed., Roma, Riuniti, 1975), p. 73-4. [Ed. bras.: *Napoleão*, Rio de Janeiro, Zelio Valverde, 1945.]

que era suspeito. Interroguei-o e depois mandei cortar sua cabeça. Vereis a sua cabeça na porta de Constantina.

Tocqueville não tomou distância desse comportamento. Dificilmente poderia tê-lo feito. A seu ver, entre as "necessidades desagradáveis" às quais é preciso recorrer quando se entra em uma "guerra aos árabes", estão "queimarem-se as colheitas, esvaziarem-se os silos e, enfim, apoderar-se dos homens desarmados, das mulheres e das crianças" e não se hesitar em "destruir tudo o que se assemelha a um aumento permanente de população ou, noutras palavras, a uma cidade"[46]. A exibição da cabeça cortada dos árabes suspeitos de ter cometido um crime era apenas um aspecto particular da política terrorista geral considerada necessária para a conquista da Argélia.

Por outro lado, ao se tratar com islâmicos, a prática da decapitação poderia ser usada até em cadáveres putrefatos. Em 1898, com a batalha de Omdurman, a Grã-Bretanha conseguiu submeter de novo o Sudão, que antes derrotara os ingleses e conquistara a independência. Agora, os brancos super-homens percebem a necessidade de compensar a humilhação sofrida: não se limitam a acabar com os inimigos feridos de maneira pavorosa com as balas dundum[47]. Devastam o túmulo de Mahdi, o inspirador e protagonista da resistência anticolonial. Seu cadáver é decapitado; ao passo que o resto do corpo é jogado no Nilo, a cabeça é levada como troféu[48].

Exibidas com fins pedagógico-terroristas, as cabeças decepadas tornam-se às vezes uma espécie de troféu de caça. Em 1890, o escritor Joseph Conrad fez sua viagem pela África, em especial pelo Congo, recolhendo as informações e sugestões que depois confluem em *Coração das trevas* e na descrição aí contida dos horrores da expansão e do domínio colonial: pensemos nas "cabeças [dos rebeldes] postas a secar em estacas debaixo das janelas do senhor Kurtz", o escravista personagem-chave do romance[49].

Pode, enfim, acontecer de o troféu de caça transformar-se em suvenir. Se também violava o corpo dos índios assassinados e esfolados, Jackson cultivava

---

[46] Citado em. D. Losurdo, *Controstoria del liberalismo*, cit., cap. 7, § 6.

[47] B. Farwell, *Prisoners of the Mahdi* (Nova York/Londres, Norton Company, 1989), p. 305.

[48] W. G. Truchanowski, *Winston Churchill. Eine politische Biographie* (Köln, Pahl-Rugenstein, 1987), p. 46-8.

[49] J. Conrad, *Cuore di tenebra* (2. ed., Milão, Feltrinelli, 1996), p. 85. [Ed. bras.: *Coração das trevas*, São Paulo, Companhia das Letras, 2008.]

34 DOMENICO LOSURDO

pensamentos de algum modo gentis: gostava de garantir pesssoalmente "que os suvenires provenientes dos cadáveres fossem distribuídos 'às senhoras do Tennessee'"[50]. A um tratamento análogo foram submetidos, entre os séculos XIX e XX, no sul dos Estados Unidos, os negros que ousaram colocar em discussão o regime de *white supremacy* [supremacia branca]. São colocados a cozinhar em fogo lento, no âmbito de um espetáculo de massa que dura muitas horas, com a participação também de mulheres e crianças e que termina com o momento alegre da aquisição de lembranças: dentes, ossos da cabeça e de outras partes do corpo, às vezes exibidos também na vitrine de um açougue[51]. Em 1924, um jovem indochinês (Nguyen Sinh Cung), que chegou à República estadunidense em busca de trabalho, assistiu horrorizado a um linchamento. Deixemos os detalhes de lado, pois já os conhecemos ou podemos imaginá-los, e vejamos sua conclusão: "No chão, cercada de um cheiro de gordura e de fumaça, uma cabeça negra, mutilada, assada, deformada, faz uma careta horrível e parece perguntar ao sol que se põe: 'Isto é civilização?'".

Veremos o jovem indochinês adquirir fama mundial. Entretanto, porém, convém notar que a infausta tradição evocada aqui de maneira sumária se faz sentir ainda durante a Segunda Guerra Mundial. Enquanto, por um lado, no desejo de imitar a raça branca e ocidental dos senhores, os japoneses mancham-se com os crimes mais horrendos em primeiro lugar contra os chineses e os povos da Ásia oriental, por outro lado, também são comparados por seus inimigos com bárbaros e até com verdadeiros animais: "Qual era o mal, então, se alguns poliam, lustravam e mandavam para casa as caveiras desses animais como lembrança?". As práticas que já conhecemos voltam à moda:

> Uma fotografia comum representa um soldado ou um marinheiro que exibe com orgulho um crânio japonês bem lustrado, enquanto uma poesia da época, de Winfield Townley Scott, reflete, sem nenhum comentário moral, sobre *The US Sailor with the Japanese Skull* [O marinheiro estadunidense com o crânio japonês]: "... o nosso/ Marinheiro, de vinte anos, vagabundeava em agosto/ Entre os pequenos corpos na areia e andava em caça/ De lembranças: dentes, plaquetas, diários, botas; mas ainda mais ousado/ Cortava uma cabeça e tirava o couro dela debaixo de uma árvore de ginkgo biloba". Depois o marinheiro a leva de arrasto

---

[50] D. E. Stannard, *Olocausto americano*, cit., p. 398.

[51] T. F. Gosset, *Race: The History of an Idea in America* (Nova York, Schocken Books, 1965), p. 270-1.

por muitos dias atrás do navio e, enfim, a limpa cuidadosamente com a lixívia e obtém assim uma lembrança perfeita.[52]

Assim que a guerra acabou, em fevereiro de 1946 *The Atlantic Monthly* reconhece:

Atiramos nos prisioneiros a sangue frio, destruímos os hospitais, metralhamos a baixa altitude os botes salva-vidas, matamos e maltratamos os civis inimigos, acabamos com os feridos, jogamos os moribundos em uma vala com os mortos, e no Pacífico cozinhamos os crânios dos inimigos para eliminar a carne em volta e fazer com eles um enfeite para as noivas, ou entalhamos os ossos até obter cortadores de papel.[53]

Podemos ao menos considerar terminada com a Segunda Guerra Mundial a infausta tradição da qual se trata aqui? Voltemos a Nguyen Sinh Cung, o jovem indochinês que já encontramos. Ele denunciou a infâmia do regime de supremacia branca e da Ku Klux Klan na *La Correspondance Internationale* (a versão francesa do órgão da Internacional Comunista). Dez anos depois, voltou à pátria e assumiu o nome com o qual mais tarde se tornaria conhecido no mundo todo, Ho Chi Minh. Há uma ligação entre o horror que ele sentiu pela sorte reservada na América democrática aos negros infelizes e a determinação com que guiou a luta de libertação nacional, primeiro contra a França e depois contra os Estados Unidos? Decerto também na Indochina a classe dos senhores conserva seus costumes. No Camboja, as tropas a seu serviço gostavam de se fotografar enquanto exibiam, orgulhosas e sorridentes, as cabeças cortadas dos guerrilheiros[54]. São os próprios senhores os primeiros a se empenhar nessa prática. O protagonista do romance de Conrad, o senhor Kurtz, parece ainda fazer escola, ao menos a julgar pelo relato de um professor, em uma revista estadunidense, a respeito de um agente da CIA que viveu no Laos, "em uma casa decorada com uma coroa de orelhas arrancadas das cabeças de comunistas [indochineses] mortos"[55].

---

[52] P. Fussell, *Tempo di guerra* (Milão, Mondadori, 1991), p. 151-3.

[53] J. W. Dower, *War without Mercy: Race and Power in the Pacific War* (Nova York, Pantheon Books, 1986), p. 64.

[54] Ver foto publicada em P. Short, *Pol Pot. Anatomia di uno sterminio* (Milão, Rizzoli, 2005), p. 376-7.

[55] D. Wikler, "The Dalai Lama and the CIA", *The New York Review of Books*, 23/9/1999, p. 81.

9. Terrorismo e ultraje aos cadáveres

Voltemos ao Oriente Médio de nossos dias. O ultraje às vezes infligido ao cadáver do inimigo morto torna o terrorismo particularmente odioso. Com razão grita-se com escândalo por causa dessa barbárie: pena que também essa denúncia seja em sentido único. Contudo, é o mais difundido jornal israelense que noticia episódios e fotos bastante significativas. "Uma mostra um soldado israelense com a bota sobre o tórax de um palestino que acabara de ser morto em um campo de pimentões no Gush Katif, ao sul de Gaza. O militar parece imitar um caçador que acabara de abater um animal feroz." Vejamos agora a sorte de um praticante de atentado suicida morto sem ter causado outras vítimas. Seus membros estão espalhados. "Os soldados os recolheram e recompuseram no terreno em forma abstrata; colocaram as pernas nas costas, os braços foram abertos e a cabeça espetada em um ferro que despontava do terreno. Enfim, o cigarro no canto da boca e a foto de recordação." Também não basta ser inocente para fugir ao ultraje. "O cadáver de um jovem palestino está sobre o capô de um jipe israelense, como um troféu de caça." O rapaz morreu metralhado por tiros disparados de um carro armado israelense depois de ter entrado por engano em uma zona proibida; por isso era chamado "coitado" por aqueles que, de qualquer modo, não renunciavam à sua diversão. Trata-se de casos excepcionais? Não parece estar convencido disso um ex-oficial israelense que contesta a tese dos "soldados desviantes" isolados[56].

As coisas não estão melhores no Iraque. De Bagdá chega a notícia de um vídeo "que mostra uma patrulha [estadunidense] rindo e zombando do corpo de um iraquiano morto dentro de sua camioneta". Também nesse caso, tudo leva a crer que a vítima perdeu a vida por engano. Mais uma vez, porém, isso não basta para acabar com o bom humor das tropas de ocupação. O texto colocado ao lado da foto publicada pelo *Corriere della Sera* esclarece: "O pior deve ainda começar. Um soldado estadunidense aproxima-se do corpo, sacode-o. Um companheiro diz: 'Faz com que ele dê adeus com a mão'. E ele pega a mão do morto para o último ultraje"[57]. A diversão pode ir ainda além; do Canadá um desertor do exército estadunidense relata que seus "companheiros de arma jogavam futebol com a cabeça de um iraquiano

---

[56] A. Baquis, "Dossier della vergogna per i soldati d'Israele", *La Stampa* (Turim), 20/11/2004, p. 7.

[57] F. Sarzanini, "Il dossier di Roma: hanno manomesso le prove", *Corriere della Sera* (Milão), 1/5/2005, p. 6.

decapitado". Não mais edificantes são as fotos que provêm do Afeganistão: vemos soldados alemães exibirem o crânio do bárbaro morto em cima do para-brisa de um jipe, "ou em cima de uma lança improvisada ou diretamente ao lado dos genitais"[58].

Com o desejo de formular um critério para orientar-se nessa galeria de horrores – que envolve ambos os lados –, poder-se-ia ter presente uma página de Marx. Ao responder às acusações feitas aos "incendiários" da Comuna de Paris, ele distingue entre "vandalismo de uma defesa desesperada" e "vandalismo do triunfo"[59]. No nosso caso, de um lado temos os vencedores que, do alto de sua superioridade tecnológica e militar e de sua certeza de representar uma civilização superior, olham com desprezo desmedido os *Untermenschen* (ver p. 105), tratados como seres inferiores e subumanos já nas prisões (*infra*, cap. VI, subitem 2) e cujas cabeças têm valor apenas de bola para jogo. Nesse contexto está também a canção de um soldado estadunidense, que por algum tempo esteve na internet, louvando o assassinato de uma menina iraquiana enquanto uma pequena multidão aplaude: "O sangue escorria entre seus olhos. Eu ria como um louco". Sim, os árabes "deviam saber quem tinham na frente"[60]. Do outro lado, temos os iraquianos e os palestinos que, tratando com fúria, às vezes, os soldados estadunidenses ou israelenses mortos, dão vazão às humilhações acumuladas durante muito tempo como supostos *Untermenschen*. Aqui não se trata de estabelecer uma hierarquia dos horrores, mas de acentuar que os vencedores não têm nenhum direito de rotular como "cortadores de cabeças" e "degoladores" todos aqueles que opõem resistência a eles.

10. Impotência militar, suicidas e ataques suicidas

Todavia, às acusações que já conhecemos se acrescenta outra, talvez ainda mais grave e de caráter mais geral: os terroristas cortadores de cabeça são expressão de um mundo que despreza a vida, como demonstra em particular a veneração reservada aos "mártires" suicidas que causam a própria morte e a da multidão dos casuais circunstantes.

---

[58] E. Caretto, "Disertori Usa dall'Iraq. Il dilemma del Canada", *Corriere della Sera* (Milão), 2/4/2006, p. 14; M. de Feo, "Foto-choc da Kabul. I soldati tedeschi giocano con un teschio", *Corriere della Sera* (Milão), 26/10/2006, p. 12.

[59] K. Marx e F. Engels, *Marx/Engels Werke (MEW)*, cit., v. XVII, p. 358-9.

[60] E. Novazio, "Video-choc dei marines. Canta di iracheni uccisi", *La Stampa* (Turim), 15/6/2006, p. 8.

38 DOMENICO LOSURDO

Também nesse caso não há nenhum esforço de análise. Historicamente, à preponderância dos invasores os povos invadidos (em primeiro lugar, os povos coloniais) responderam procurando desenvolver formas de resistência suscetíveis de tirar do jogo a superioridade militar e tecnológica do inimigo. Esses esforços encontraram sua expressão mais madura na teoria da "guerra do povo" cara a Mao Tse-Tung e a Ho Chi Minh. E por todo um período histórico, a guerrilha conseguiu transformar em pesadelos os sonhos imperiais dessa ou daquela grande potência, imprimindo uma poderosa aceleração ao processo de descolonização. Tudo isso não ficou sem resposta. Tirando posterior vantagem da crise da ideologia comunista que tinha alimentado as guerras populares, a chamada Revolution in Military Affairs (RMA), em pleno desenvolvimento em nossos dias, cavou de novo um abismo em detrimento dos "fracos" que procuram se opor às forças de invasão e ocupação militar. E quando, em consequência da desproporção das forças em campo, toda ação de resistência implica quase sempre a morte – como acontece em particular no âmbito do conflito entre Israel e palestinos –, de fato, para o povo submetido à ocupação militar, coloca-se uma alternativa seca e trágica: capitulação ou recurso a comandos suicidas.

Topamos assim com comportamentos que tendem a surgir por ocasião de lutas caracterizadas por um sentido de impotência. No que diz respeito aos camicases, certamente a figura deles remete à guerra de um formidável país imperialista, que está manchado por crimes horrendos. Contudo, só a partir da batalha do golfo de Leyte de 25 de outubro de 1944, quando o Japão é reduzido à impotência, aparecem os pilotos que atacam os navios estadunidenses precipitando sobre eles o próprio avião.

Mas, exatamente porque estamos falando dos "fracos", nossa atenção deve concentrar-se em primeiro lugar sobre os povos coloniais. Podemos partir da descoberta-conquista da América. Atacados pela brutalidade dos *conquistadores*, os índios – relata ao rei da Espanha o primeiro bispo da Cidade do México, Juan de Zumárraga – "não se deitavam mais com suas mulheres para não gerarem escravos". Bartolomé de las Casas, por sua vez, acrescenta a propósito da situação que se criou em Cuba: "Algumas mães afogavam seus filhos pequenos por desespero; outras, ao descobrir que estavam grávidas, abortavam com a ajuda de certas ervas que fazem parir filhos mortos"[61].

---

[61] T. Todorov, *La conquista dell'America. Il problema dell'altro* (Turim, Einaudi, 1984), p. 164. [Ed. bras.: *A conquista da América: a questão do outro*, 3. ed., São Paulo, WMF Martins Fontes, 2003.]

Condenados por seus donos a morrer em massa, e em rápida sucessão de fadiga e de esforço, os índios são substituídos pelos escravos negros. E eis o que acontece a pouca distância de Cuba, em Santo Domingo:

O suicídio era costume muito difundido. O desprezo deles pela vida era tal que os induzia muitas vezes a se matar, e não por motivos pessoais, mas para fazer injúria e despeito ao senhor. A vida era dura, e a morte – eles acreditavam – não significava apenas a libertação, mas também a volta à África. Aqueles que deseja-vam crer, e convencer o mundo a crer, que os escravos eram apenas para-humanos feios, idôneos apenas para a escravidão, conseguiam encontrar muitas provas em apoio da própria convicção, e nenhuma mais persuasiva que a mania homicida dos negros [...]. Em algumas plantações, os escravos procediam à dizimação do próprio grupo mediante o veneno [...]. No entanto, o mais espantoso de todos esses assassinatos a sangue frio era a doença da mandíbula, doença que atacava apenas os meninos nos primeiros dias de vida. As mandíbulas fechavam-se de tal modo que era impossível abrir a boca do bebê para fazê-lo engolir comida. A consequência era a morte rápida por inanição. Não era uma doença natural, tanto que nunca atacava bebês nascidos de mulher branca. Só as parteiras negras po-diam provocá-la. Acha-se que faziam alguma operação simples no recém-nascido de modo a causar a doença da mandíbula. Seja qual for o método usado, é certo que essa doença provocava a morte de quase um terço de todos os bebês negros nascidos nas plantações.[62]

É obvio que essa fúria não se desencadeava apenas contra si mesmos e o próprio grupo. Quando se apresentava a ocasião, ela se dirigia contra a família inteira do senhor.

Após a abolição da escravidão – primeiro, nas colônias inglesas e, trinta anos depois, no sul dos Estados Unidos –, os escravos negros cedem lugar aos *coolies*, e de novo entre esses semiescravos provenientes da China e da Índia o recurso ao suicídio tem frequência impressionante[63]. É só um aspecto da tragédia que então atacava a Ásia. Durante a Segunda Guerra do Ópio, reagindo contra a nova invasão colonialista e a "mais brutal crueldade" das tropas inglesas, os soldados chineses sacrificam-se "com extremo desespero" até o último homem, depois de

---

[62] B. James, "Heating Oil for Serbs Divides US and EU", cit.

[63] H. Tinker, *A New System of Slavery: The Export of Indian Labour Overseas 1830-1920* (Nova York, Oxford University Press, 1974), p. 337.

ter causado a morte também das mulheres e dos filhos[64]. São os anos também da revolta dos Taiping, os quais esperam despertar e modernizar o país olhando para o Ocidente como uma fonte de inspiração, mas a Inglaterra intervém em apoio à dinastia Manchou. Derrotados no âmbito militar e desorientados no ideológico, centenas de milhares de insurgidos preferem a morte à capitulação[65].

Esses trágicos acontecimentos alimentam depois o protesto contra o Ocidente. Os movimentos anticoloniais encontram inicialmente dificuldades insuperáveis. A superioridade militar dos exércitos de ocupação é demasiado esmagadora e sua arrogância não tem limite. Um partidário do movimento de resistência anti-inglesa na Índia lança um apelo a ações suicidas:

> A revolução é o único modo pelo qual uma sociedade escrava pode salvar a si mesma. Se na vida não podes demonstrar que és um homem, revela-te tal na morte. Os estrangeiros chegaram aqui e decidiram como deves viver. Mas depende só de ti mesmo o modo como podes morrer.[66]

O Ocidente é imune a tudo isso? Hoje Israel e sua tradição são considerados parte integrante do Ocidente. Convém então relembrar dois capítulos particularmente trágicos da história do povo judeu. Depois de ter destruído Jerusalém, em 74 d. C., as legiões romanas conseguiram tomar Massada (o que resta do Estado judeu) só depois de um longo cerco que viu os zelotas combaterem com ferocidade uma força muito maior e, no fim, se suicidarem, depois de ter matado os próprios entes queridos, em vez de se renderem. Demos agora um salto de um milênio para chegar à primeira Cruzada. Além de semear a morte no mundo islâmico, os cruzados atacaram com violência também as cidades alemãs com presença judaica consistente. Não só se verificam suicídios em massa ("os judeus que escolheram o martírio abrangiam comunidades inteiras, e tal ação era ao mesmo tempo sancionada e guiada por eminentes autoridades rabínicas"), mas às vezes também o assassinato dos filhos em tenra idade, assim subtraídos à "conversão" forçada ao cristianismo[67].

---

[64] K. Marx e F. Engels, *Marx/Engels Werke (MEW)*, cit., v. XII, p. 177.

[65] J. Chesneaux, M. Bastid e M. C. Bergère, *La Cina (1969-1972)* (Turim, Einaudi, 1974, v. I), p. 127.

[66] Em L. Stoddard, *The New World of Islam* (Nova York, C. Scribner's Sons, 1922), p. 251.

[67] R. Chazan, *European Jewry and the First Crusade* (Berkeley/Los Angeles/Londres, University of California Press, 1996), p. 111-3.

A LINGUAGEM DO IMPÉRIO   41

Também o recurso aos atentados suicidas propriamente ditos não é estranha ao judaísmo. Em 1944, Arendt polemiza de forma áspera contra grupos sionistas que acariciam a ideia da "formação de batalhões suicidas" na esperança de acelerar a criação do Estado judeu[68]. No entanto, um ano antes é a própria Arendt que lembra, sem nenhum aceno crítico, que em Gurs, o campo de concentração francês onde, na eclosão da Segunda Guerra Mundial, estivera por algum tempo detida com outros fugitivos da Alemanha, entre os internos tinha surgido, por um instante, a tentação do "suicídio" como "ação coletiva" de protesto[69].

O surgimento desses projetos ou dessas tentações não deve admirar. Vimos as tragédias que se verificaram em Massada e por ocasião da primeira Cruzada. Por trás delas é provável que esteja agindo o Antigo Testamento. Este presta homenagem à figura de Sansão, que derruba as colunas do templo dentro do qual está uma multidão de filisteus. O livro dos Juízes recorda as últimas palavras do herói: "Senhor, lembra-te de mim, dá-me forças. [...] Morra eu com os filisteus" (Juízes 16,22-30). É uma história desenrolada na mesma região na qual hoje se concentram os ataques suicidas; só que, no seu tempo, Sansão estava empenhado em uma luta de libertação nacional contra os filisteus, ao passo que hoje são os palestinos que estão empenhados em uma luta de libertação nacional contra Israel.

De tempos em tempos, os observadores mais lúcidos e sensíveis se esforçaram por compreender as razões de quem prefere causar a própria morte e a de seus entes queridos, procurando às vezes envolver na ruína também os responsáveis pelo gesto desesperado. No final do século XIX, ao descrever de modo seco o fim dos defensores de Massada ("os homens mataram as próprias mulheres e os próprios filhos e depois a si mesmos"[70]), um historiador alemão de origem e religião judaica parece claramente colocar esse horror na conta dos agressores. Graetz – este é o nome do historiador – é mais explícito quando trata da primeira Cruzada e do seu ataque às comunidades judaicas da Alemanha: "Viu-se mulheres degolarem [*schlachten*] seus filhos em tenra idade". Dois homens e duas moças, que a princípio tinham aceitado ou sofrido o batismo, vão além,

---

[68] H. Arendt, "Sprengstoff-Spießer" (16/6/1944), em E. Geisel e K. Bittermann (orgs.), *Essays und Kommentare* (Berlim, Tiamat, 1989), p. 213.

[69] H. Arendt, "Noi profughi", em G. Bettini (org.), *Ebraismo e modernità* (Milão, Unicopli, 1986), p. 39-40.

[70] H. Graetz, *Geschichte der Juden von den ältesten Zeiten bis auf die Gegenwart* (Berlim, Arani, 1998, v. III, t. II), p. 551.

lançando-se a "uma ação horripilante e heroica": não só sacrificam a si mesmos e aos membros de sua família, mas colocam fogo na própria casa, na sinagoga, de modo que grande parte de Mogúncia acaba reduzida a cinzas. Não são os "mártires judeus" os acusados, mas os "sanguinários" agressores cristãos, os "sagrados assassinos"[71].

Às mesmas conclusões chega, sempre a propósito da primeira Cruzada, um historiador estadunidense contemporâneo, que dirige o Department of Hebrew and Judaic Studies da Universidade de Nova York: decididos a levar até o fim a "destruição dos judeus e do judaísmo", os cruzados com certeza "preferiam a vitória da conversão à vitória do aniquilamento". Mas é exatamente essa "derrota total" que as comunidades judaicas não estão dispostas a sofrer: "Resistência e martírio são vistos pelos judeus como uma vitória final"[72].

Embora fosse cristão e frade dominicano, Las Casas argumenta de modo análogo, quando descreve o infanticídio a que recorrem as índias. Os responsáveis por esse horror são, em primeiro lugar, os conquistadores[73]. Mais tarde, no século XVIII, vemos até um membro da administração colonial (e escravista) francês esforçar-se por se colocar no ponto de vista das vítimas: "Muitas negras, reduzidas ao desespero pela rudeza de suas condições, violentam a natureza para não se tornarem mães; outras, impelidas por uma ternura feroz, dão a morte às suas crianças como se fosse um presente"[74].

Hoje, porém, com uma regressão inquietante, a tragédia causada aos palestinos e aos iraquianos é a ocasião graças à qual seus responsáveis podem arvorar-se em juízes do obscurantismo imputado às vítimas. Mas o "iluminismo" assim exibido é pura pretensão. Afastando-se da ideologia do Antigo Regime, que reserva ao soberano terreno ou celeste o direito a tirar a vida, os grandes iluministas não hesitavam em celebrar os negros que provocavam a própria morte para não cair ou permanecer na escravidão. Assim em Condorcet, assim em Maupertuis, onde assume mesmo tons líricos: "Um navio que volta da Guiné está cheio de Catões que preferem morrer a sobreviver à perda da liberdade"[75]. Mas hoje se atacam os Catões e se incensam os aspirantes a César.

---

[71] Ibidem, v. VI, p. 85-9.

[72] R. Chazan, *European Jewry and the First Crusade*, cit., p. 131.

[73] T. Todorov, *La conquista dell'America*, cit., p. 164.

[74] M. Duchet, *Le origini dell'antropologia* (Roma/Bari, Laterza, 1976, v. II), p. 21.

[75] A. Burgio, *Rousseau, la politica e la storia. Tra Montesquieu e Robespierre* (Milão, Guerini-Istituto italiano per gli studi filosofici, 1996), p. 53.

Mais do que nos iluministas e no próprio administrador colonial capaz de compreender a "ternura feroz" das mães negras propensas a causar a morte de seus filhos que acabavam de nascer, a pretensão dos atuais juízes faz pensar na atitude assumida no início do século XIX por um escravista francês, a propósito do qual Madame de Staël refere: "Considerava vulgar o fato de os negros se enforcarem sem se preocuparem com seus proprietários"[76]. Ou seja, tal pretensão faz pensar nos antissemitas do século XIX, que em Graetz encontravam a confirmação do incurável fanatismo judeu e oriental. Não por acaso, o historiador judeu torna-se o alvo privilegiado de Treitschke, que censura nele "seu ódio, seu ódio selvagem contra o cristianismo" e contra "os ocidentais"[77].

11. LUTA DESESPERADA DOS POVOS OPRIMIDOS E SONHO DA INVULNERABILIDADE E DA IMORTALIDADE

A fé dos militantes islâmicos que levam adiante seus ataques suicidas, convencidos de assim merecer entrar no paraíso com todas as suas delícias (a começar com as esplêndidas virgens em ansiosa espera pelos mártires), é o alvo privilegiado do sarcasmo e do "iluminismo" mesquinho dos ideólogos de um Ocidente incapaz de compreender as razões e o desespero de suas vítimas. Mais uma vez, a grande ausente é a história. Voltemos à primeira Cruzada. É óbvio que a esperança da imortalidade é o que estimula a resistência desesperada dos judeus, que preferem matar a si e à própria família a capitular diante da violência dos cruzados. Como foi observado, na cultura judaica daquele tempo "são abundantes as descrições ricas em detalhes das recompensas no além" destinadas àqueles que dão prova de "disponibilidade ao martírio"[78].

Para ser exato, junto com a história parece que a antropologia também desapareceu. Já conhecemos a prática do suicídio à qual recorrem os negros de Santo Domingo na esperança de voltar, não mais acorrentados, para a terra dos pais. No sul dos Estados Unidos, não poucas vezes os escravos negros ousaram

---

[76] A. L. G. Staël-Holstein citada em Y. Benot, *La démence coloniale sous Napoléon. Essai* (Paris, La Découverte, 1992), p. 76.

[77] H. Von Treitschke, "Herr Graetz und sein Judentum", em W. Boehlich (org.), *Der Berliner Antisemitismusstreit* (Frankfurt, Insel, 1965), p. 39, 37.

[78] R. Chazan, *European Jewry and the First Crusade*, cit., p. 131.

desafiar seus donos brancos em uma desesperada relação de forças, apenas graças à crença de que encantamentos vários garantiriam a invulnerabilidade ou, pelo menos, a reencarnação na África para as vítimas de uma injustiça tão patente. É uma atitude amplamente difundida em primeiro lugar entre os povos coloniais ou de origem colonial[79].

Entre 1889 e 1890, quando se completa a marcha para o Far West, com sua carga de destruição e de morte, manifesta-se entre os ameríndios um último sobressalto de resistência. Então se difunde a expectativa messiânica de um renascimento dos povos na realidade já eliminada pela onda colonizadora. A superioridade militar dos brancos é esmagadora, e ela não pode ser ignorada nem receber oposição com meios humanos. Difunde-se a *ghost dance*, chamada a propiciar a ajuda de espíritos superiores compassivos. Aqueles que vestem determinada roupa recebem – assim é garantido – a invulnerabilidade às balas e às armas de fogo[80]. Cerca de dez anos depois, a milhares de quilômetros de distância, na China, verifica-se um fenômeno análogo. A esperança ou expectativa de que uma "invulnerabilidade" adquirida por milagre deixe a pessoa em condições de enfrentar um inimigo ultrapoderoso e irresistível de outro modo estimula a rebelião dos *boxers* contra aqueles que invadem, oprimem e humilham seu país[81]. É nesse contexto histórico e antropológico que é colocada a fé dos militantes islâmicos prontos a sacrificar-se em revoltas e ações suicidas.

12. "Culto da morte" ou desespero?

Grotesca é então a tentativa de apresentar o terrorismo como o produto peculiar de uma cultura determinada, a islâmica, afetada – insinua-se – pelo "culto da morte". Convém ainda uma vez pesquisar a história. No verão do longínquo 1941, à medida que desaparece a ilusão da vitória relâmpago na guerra contra a União Soviética, os dirigentes do Terceiro Reich não conseguem entender a obstinação dos agredidos, os quais se recusam até o fim a se renderem. Em 11

---

[79] E. D. Genovese, *From Rebellion to Revolution: Afro-American Slave Revolts in the Making Of the Modern World* (Baton Rouge/Londres, Louisiana State University Press, 1979), p. 47-8. [Ed. bras.: *Da rebelião à revolução: as revoltas de escravos nas Américas*, São Paulo, Global, 1983.]

[80] E. Marienstras, *Wounded Knee ou l'Amérique fin de siècle* (Bruxelas, Complexe, 1992), p. 193.

[81] V. Purcell, *The Boxer Uprising: A Background Study* (Cambridge, Cambridge University Press, 1963), p. 268.

A LINGUAGEM DO IMPÉRIO 45

de agosto, Goebbels anota em seu diário: "Para os russos, a vida tem um papel bastante subordinado, vale menos que uma limonada. Por isso eles renunciam à vida sem um lamento. Em grande parte assim se explica a obtusa resistência que os bolcheviques opõem ao ataque alemão"[82]. Um país que ostenta nítida superioridade militar e que, graças a ela, pode conter suas perdas, ama atribuir--se uma sensibilidade mais acentuada pela dignidade da vida; mas, quando se inverte a sorte do conflito na União Soviética, a grande cultura alemã, a começar por Heidegger, entoa um motivo ideológico diferente e oposto, o da nobreza do "sacrifício" em nome do Ocidente e da sua salvação[83].

Mesmo na diversidade radical das situações, também no Oriente Médio os estereótipos se revelam frágeis. De um estudo sobre os atentados suicidas no Líbano resulta que só uma mínima parte deles foi efetuada por fundamentalistas islâmicos; estão bem representados cristãos, comunistas e nacionalistas de orientação leiga. Os que faziam atentados não provinham de países estrangeiros e eram todos motivados pelo desejo de "resistir à ocupação estrangeira"[84]. Entrelaçados estão os destinos da Palestina e do Líbano, onde é maciça a presença dos refugiados palestinos. No entanto, enquanto no primeiro caso, dada a extrema desproporção das forças em campo, a luta armada exprime-se quase sempre com atentados suicidas, no segundo caso os integrantes do Hezbollah, também islâmicos, mas discretamente armados, há anos conduzem operações militares de caráter mais tradicional.

Convém lembrar àqueles que, do alto de seu poderio militar, se arvoram em sacerdotes do culto da vida, aquilo que Brecht disse: "Felizes os povos que não precisam de heróis"[85]. Em uma situação como a da Palestina, quem estimula o surgimento de "heróis" prontos a sacrificar a vida são exatamente os sacerdotes que proclamam a cruzada contra o suposto "culto da morte" e em nome dela legitimam uma política de expansão e de domínio. A tese do choque de civilizações fundadas em valores antagônicos não serve para explicar nem os praticantes de atentados suicidas nem o terrorismo em geral. Vejamos de que modo um historiador israelense descreve um dos primeiros atos do conflito na Palestina. Estamos

---

[82] R. G. Reuth (org.), *Joseph Goebbels. Tagebücher.* Munique/Zurique, Piper, 1991), p. 1647. [Ed. bras.: *Diário. Últimas anotações*, Rio de Janeiro, Nova Fronteira, 1978.]

[83] D. Losurdo, *La comunità, la morte, l'Occidente. Heidegger e "l'ideologia della guerra"* (Turim, Bollati Boringhieri, 1991), cap. 6, § 5.

[84] R. A. Pape, "The Imagined Enemy, and the Real One", *International Herald Tribune* (Nova York), 4/8/2006, p. 6.

[85] B. Brecht, "Leben des Galilei", em *Stücke* (Frankfurt, Suhrkamp, 1964, v. VIII), p. 168.

em 1937. São tanto os árabes como (o que é mais raro) os judeus que recorrem a atos terroristas (contra indivíduos ou grupos bastante limitados de pessoas). Agora, porém, por iniciativa destes últimos, se assiste a um salto de qualidade: "explosivos poderosos foram colocados em zonas populosas, causando a morte de dúzias de pessoas". É uma inovação que logo encontra imitadores no campo oposto. Assim toma corpo "uma espécie de sinistra tradição médio-oriental; nas décadas seguintes, estações rodoviárias, cinemas e outros lugares públicos palestinos (e depois israelenses) tornaram-se objetivos típicos, dando ao conflito entre judeus e árabes um caráter particularmente brutal"[86].

O terrorismo antiárabe não é apenas praticado, mas é às vezes ostentado e celebrado. Vejamos a sorte reservada a Deir Yassin, descrita por Arendt:

> Essa aldeia isolada e cercada por território judeu não tinha participado da guerra e tinha até proibido o acesso a bandos árabes que queriam utilizar a aldeia como ponto de apoio. Em 19 de abril [1948], bandos terroristas [sionistas] atacaram a aldeia, que não representava nenhum objetivo militar para os combates, e mataram a maioria da sua população – 240 homens, mulheres e crianças; deixaram alguns vivos para fazê-los desfilar como prisioneiros em Jerusalém.

Não obstante a indignação da grande maioria da população judaica, os terroristas estão orgulhosos do massacre, cuidam de lhe dar ampla publicidade e convidam todos os correspondentes estrangeiros presentes no país a ver os montes de cadáveres e a devastação geral em Deir Yassin.[87]

Por sorte não faltam no Ocidente vozes que procuram compreender a tragédia que se abateu sobre o mundo palestino e árabe. Agora convém dar a palavra a um político que, durante décadas, esteve no centro da cena política italiana:

> Se tivesse nascido em um campo de refugiados no Líbano, talvez também eu me tornasse terrorista [...]. Antes de tudo, é preciso deixar bem claro o significado do termo terrorista. Em um país onde se luta para obter a independência, os detentores do poder chamam desse modo os patriotas.[88]

---

[86] B. Morris, *Vittime* (Milão, Rizzoli, 2001), p. 190.

[87] H. Arendt, 'Der Besuch Menahem Begins und die Ziele seiner politischen Bewegung. Offener Brief an die *New York Times*", em E. Geisel e K. Bittermann (orgs.), *Essays und Kommentare*, cit., vol. II, p. 114-5.

[88] G. Andreotti, "Sarei potuto diventare un terrorista" (entrevista a R. Rizzo), *La Stampa* (Turim), 7/3/2005, p. 11.

A linguagem do império 47

Ainda mais importantes são os testemunhos que vêm do mundo judeu. Já citamos Arendt. Eis de que modo uma autorizada personalidade israelense, porta-voz do Knesset – o Parlamento israelense – de 1999 a 2003, fala dos protagonistas palestinos dos atentados suicidas: "Eles se entregam a Alá nos nossos locais de recreação porque sua vida é uma tortura"[89].

Soam proféticas hoje as palavras do filósofo Jacob Talmon, que, em 1980, em carta aberta a Menahem Begin (identificado por Arendt como o responsável pela infâmia de Deir Yassin, mas que entrementes se tornara primeiro-ministro) admoestava: "Procuremos não levar os árabes a sentir que foram humilhados ao ponto de crer que toda esperança seja vã e que o dever deles seja morrer pela Palestina". Quem lembra isso é uma ilustre jornalista italiana de origem judaica que, escrevendo enquanto grassam a segunda Intifada e a repressão israelense, observa por sua vez: "Quem trava uma guerra pela vida e pela morte do povo inteiro tem o direito de recorrer a todos os meios, inclusive o do terror suicida das mulheres camicase ou o dos massacres em campos de refugiados como Jenin"[90]. É uma tomada de posição, por um lado, corajosa (não só procura compreender as razões dos que praticam atentados suicidas, mas, rejeitando toda oposição maniqueísta, fala também de "massacres" israelenses) e, por outro, discutível: a situação de um país que dispõe de um exército que está entre os mais fortes do mundo pode ser colocada no mesmo plano de um povo sem Estado, que militarmente não tem nada a opor ao poderio do exército ocupante?

É obvio que a presença forte do terrorismo suicida não é exclusiva do Oriente Médio, existindo também em outras áreas geográficas longe dessa. Apesar de toda a ajuda que a história e a antropologia possam fornecer para captar a lógica que há na loucura, é sempre uma loucura sem lógica, como demonstra a difusão do terrorismo e dos atentados suicidas nas situações mais impensadas e com escolha (ou falta de escolha) de objetivos sem dúvida criminosos. Mas aqueles que se limitam a dar livre vazão ao seu sarcasmo e à sua indignação em sentido único fariam bem em lembrar-se de um debate ocorrido na Câmara dos Comuns no início do século XIX. A um partidário da escravidão, que a justifica em nome também das contínuas, sanguinárias e insensatas revoltas dos escravos negros, um deputado abolicionista responde: "Sim, fazei primeiro com que se tornem

---

[89] A. Burg, "A Failed Israeli Society is Collapsing", *International Herald Tribune* (Nova York), 6-7/9/2003, p. 4.

[90] B. Spinelli, "Amore e guerra in Palestina", *La Stampa* (Turim), 14/4/2002, p. 1, 11.

48   DOMENICO LOSURDO

loucos e depois lamentai sua loucura!". É um autor liberal francês conhecido por seu moderacionismo que faz e assina essa declaração polêmica[91].

13. OS BÁRBAROS COMO TERRORISTAS

A denúncia insistente, obsessiva, do "terrorismo" visa apenas criminalizar toda forma de resistência à ocupação militar, não limitar o conflito ou impedir sua barbarização. É claro, não se consegue esse objetivo classificando como terrorista o ataque armado contra um comboio militar ou a matança em um mercado ou local de culto. Várias vezes, em Guantánamo, os militantes islâmicos, verdadeiros ou presumidos, recorreram à greve de fome. Era a ocasião para chamar a atenção para a adoção por parte dos detidos desse método de luta não violento e conferir a ele ressonância e eficácia capazes de desacreditar o recurso aos atentados. No entanto...

No que diz respeito ao Iraque, entre as vítimas "civis" do terrorismo os órgãos de informação incluem com regularidade os *contractors*. Porém, trata-se não apenas de uma força militar, mas de uma força militar de importância decisiva. Mesmo não se querendo incluir aqueles ligados, por exemplo, ao transporte da gasolina necessária para a alimentação da máquina bélica, pelo menos 20 mil empregados das "empresas militares privadas" estão empenhados no Iraque em operações bélicas verdadeiras: é mais ou menos o total do variado corpo de soldados colocados à disposição de Washington por seus aliados. De modo que – comenta uma revista próxima do departamento de Estado –, mais que de "coalizão de voluntários" [*coalition of the willing*], como gosta de dizer a administração Bush –, seria preciso falar de "coalizão de mercenários" [*coalition of the billing*]. Embora seja importante, a dimensão quantitativa não é a prioritária. Os *contractors* estão ativamente envolvidos nos "aspectos mais controvertidos da guerra", por exemplo, no "abuso de prisioneiros iraquianos"[92]. Trata-se, portanto, de mercenários, que poderiam ser chamados "a fazer um trabalho sujo, que não pode ser pedido a um soldado fardado"; é por isso que "custam até mil dólares por dia"[93]. Compreende-se, então, que o currículo

---

[91] F. Guizot, "Du gouvernement représentatif en France", em *Mélanges politiques et historiques* (Paris, Levy, 1869), p. 77.

[92] P. W. Singer, "Outsourcing War", *Foreign Affairs* (Nova York), mar.-abr. 2005, p. 122-3.

[93] M. Càndito, "Guardie del corpo, secondo esercito del paese", *La Stampa* (Turim), 10/4/2004, p. 3.

deles seja às vezes comprometedor. "Um ex-soldado sul-africano admitiu ter atacado com bombas incendiárias as casas de mais de cinquenta ativistas políticos durante o *apartheid*". O fato de os *contractors* não usarem a divisa militar é apenas um agravante: "De um ponto de vista jurídico, eles entram na mesma área neutra dos combatentes ilegais [*unlawful combatants*] detidos em Guantánamo". Mas se estes últimos estão sepultados em horríveis campos de concentração, os primeiros podem gozar de uma impunidade substancial. Sob o regime de ocupação militar propriamente dita (logo após a invasão do Iraque), providenciais "regulamentos isentavam os *contractors* da jurisdição local"; por outro lado, "do mesmo modo, é muitas vezes difícil persegui-los em seus países de origem"[94].

No entanto, a julgar pela campanha propagandística, esses corpos especiais são um conjunto de trabalhadores inocentes: só os terroristas podem ousar pegar em armas contra eles. A inversão dos fatos não fica a meio caminho. Enquanto as vítimas civis das tropas de ocupação são com frequência incluídas entre os "danos colaterais", não é raro ler na imprensa internacional sobre o "assassinato" de soldados estadunidenses ou da coalizão por ação de "terroristas". Na Itália, foi preciso algumas sentenças da magistratura para reafirmar uma verdade que deveria estar clara para todos: "Estão excluídos da definição de terrorismo os atos contra militares empenhados em um conflito armado". Mas estes julgamentos corajosos foram por sua vez qualificados de cúmplices do terrorismo.

O uso terrorista da categoria *terrorismo* chega a seu auge na Palestina. Como observa um professor da Universidade Hebraica de Jerusalém, na contagem oficial dos "ataques terroristas hostis" o governo israelense inclui também o "arremesso de pedras"[95]. Se o garoto palestino que protesta contra a ocupação jogando pedras é "terrorista", devemos considerar campeão da luta contra o terrorismo o soldado israelense que o mata a tiros? Não se trata de um exemplo imaginário. Uma advogada israelense, empenhada em defender os palestinos, conta sobre um "menino de dez anos morto perto de um *checkpoint* à saída de Jerusalém por um soldado contra o qual tinha apenas jogado uma pedra"[96]. Ou na autorizada imprensa estadunidense podemos ler "cenas horripilantes

---

[94] P. W. Singer, "Outsourcing War", cit., p. 125-7.

[95] A. Margalit, "The Suicide Bombers", *The New York Review of Books*, 16/1/2003, p. 36.

[96] L. Tsemel, "Enfants qui meurent, enfants qui tuent", *Le Monde diplomatique* (Paris), nov. 2003, p. 25.

de morte" ocorridas "quando um carro armado ou um helicóptero israelense abre fogo contra um grupo de palestinos que protestam, inclusive crianças, no campo de refugiados de Rafah"[97].

O uso fácil das categorias não se refere apenas aos jornalistas e políticos. Tomemos o livro recente de um historiador de Cambridge dedicado ao Iraque e ao Oriente Médio. Nele, se descreve sem embelezamentos o comportamento em 1920 das tropas britânicas: na luta contra os rebeldes, elas desencadearam "cruéis represálias", "queimaram aldeias e cometeram outras ações que hoje julgamos repressivas em excesso, se não diretamente bárbaras". Decerto não foi Churchill que as refreou, antes convidou a aviação para dar uma dura lição aos "nativos recalcitrantes", atacando-os com um "trabalho experimental" com base "em projéteis a gás e, sobretudo, de gás de mostarda". Depois de reconhecer que não é possível justificar essa ordem, o historiador inglês acrescenta: "Diga-se também que [a ordem] é formulada em um contexto de aumento de reveses e de perdas britânicas. Apenas poucos dias antes um oficial do exército britânico fora assassinado"[98].

É clara a tentativa de justificar o comportamento da potência colonial, que não usa sutileza na escolha das armas e que investe com fúria não só contra os revoltosos, mas também contra os "nativos recalcitrantes" e a população civil em seu conjunto. Mas os iraquianos que aspiram à independência são responsáveis por "assassinato" pelo simples fato de atacarem o exército de ocupação. Para explicar essa "transvaloração de todos os valores" – para usar uma linguagem nietzscheana – não basta que o historiador aqui citado "tenha sido consultor de Tony Blair", como nos é informado na terceira página do livro. Na realidade, estamos na presença de um traço essencial da tradição colonial. Por fim, esta encontrou seu grande intérprete em Carl Schmitt. Nos anos 1960, quando o movimento de emancipação dos povos coloniais conheceu um desenvolvimento impetuoso em nível planetário, o jurista alemão assim descreveu a luta contra quem tinha levado à derrota o domínio colonial francês na Indochina:

Aqui os comunistas puseram a seu serviço também a população não politizada. Davam instruções até aos domésticos dos oficiais e funcionários franceses e aos

---

[97] "The Gaza Quagmire", *International Herald Tribune* (Nova York), 21/5/2004, p. 6.

[98] C. Catherwood, *Churchill's Folly: How Winston Churchill Created Modern Iraq* (Nova York, Carrol and Graf, 2004), p. 89, 95. [Ed. bras.: *A loucura de Churchill: os interesses britânicos e a criação do Iraque moderno*, Rio de Janeiro, Record, 2006.]

serventes das repartições de subsistência francesas. Cobravam taxas da população e cometiam ações terroristas de todo tipo para provocar os franceses a responder com represálias antiterroristas sobre a população civil autóctone, de modo que o ódio contra os franceses fosse ainda maior.[99]

Portanto, mesmo se tendo tornado unânime, a luta pela independência nacional é sinônimo de terrorismo, ao passo que o exército de ocupação, totalmente isolado com relação à população civil, é protagonista de uma resposta que tem o mérito de ser "antiterrorista". Certamente, as "represálias" podem ser muito duras, mas – observa Schmitt com referência desta vez à Argélia – é preciso tomar nota da "lógica inelutável do antigo princípio de que partidários podem combater apenas à maneira de partidários"[100]. Como se vê, não é um comportamento concreto (o envolvimento ou o respeito da população civil) que define a linha de fronteira entre terrorismo e antiterrorismo. Ela coincide, ao contrário, com o limite entre barbárie e civilização, entre Oriente e Ocidente. O poder que decide de forma soberana quem são os bárbaros, dessa mesma forma decide quem são os terroristas.

Por ocasião da crise médio-oriental do verão de 2006, os soldados israelenses capturados e feitos prisioneiros pelo Hezbollah libanês durante uma operação militar foram, a julgar pela grande imprensa, "sequestrados", "raptados" pelos "terroristas" e feitos "reféns" deles. Os parlamentares e ministros palestinos, democraticamente eleitos e, sem opor resistência, tirados de sua casa pelo exército israelense, às vezes no meio da noite e ainda de pijamas, são, ao contrário, "presos". Os integrantes do Hezbollah são classificados de terroristas por Israel e pelos Estados Unidos (mas não pela União Europeia, nem pela Rússia e China). Tendo se formado durante a luta contra a ocupação israelense do sul do país (que se estendeu por dezoito anos a partir de 1982 e se prolongou ainda além, com a violação recorrente do espaço aéreo e das águas territoriais), por causa de seu enraizamento popular e sua capacidade de combinar ações militar e política, esse grupo foi muitas vezes comparado aos guerrilheiros vietnamitas. Devemos considerar como terrorista um dos maiores movimentos de libertação da história contemporânea, e como protagonista de uma luta antiterrorista a superpotência que espalhou bombas e dioxina sobre

---

[99] C. Schmitt, *Teoria del partigiano* (Milão, il Saggiatore, 1981), p. 57. [Ed. bras.: *O conceito do político: teoria do Partisan*, Belo Horizonte, Del Rey, 2008.]

[100] Ibidem, p. 64.

52 DOMENICO LOSURDO

um povo inteiro? Tal modo de argumentar não teria desagradado a Schmitt, o grande teórico das guerras coloniais e "antiterroristas", que em seu tempo legitimou sob essa perspectiva também as campanhas lideradas por Mussolini na Etiópia e por Hitler na Europa oriental.

Há uma crônica que mostra como a ideologia da guerra chega a condicionar também jornalistas em geral atentos e equilibrados: "Doze reservistas [do exército israelense] foram *massacrados* por um foguete Katyusha" lançado pelo Hezbollah; no Líbano, "dezenove civis *morreram* em diversas aldeias bombardeadas pela aviação israelense"[101]. Independente dos alvos atingidos, são os bárbaros que (com recurso ao comportamento típico dos terroristas) "massacram", ou seja – esclarecem os dicionários –, "matam com grande ferocidade".

Agora deixemos de lado a crônica jornalística para voltar ao historiador inglês, consultor de Blair, e ao jurista alemão, em seu tempo consultor do *Führer*. Como é óbvio, trata-se de duas personalidades diferentes ao extremo entre si. Uma observação de Lênin pode esclarecer o único ponto de contato entre eles (a idéia de que os "assassinos" ou os "terroristas" devem ser procurados entre os povos coloniais, e contra eles é legítimo, ou pelo menos compreensível, o recurso a todo tipo de arma): as grandes potências não consideram guerras suas expedições coloniais, e não apenas por causa da enorme desproporção de forças entre os dois lados em campo, mas também porque as vítimas "não merecem sequer serem chamadas de povos (são acaso povos os asiáticos e os africanos?)"[102]. Quer dizer, a recusa a considerar como combatentes os que opõem resistência ao Ocidente é expressão da tendência, mais ou menos acentuada, à desumanização daqueles. Podemos então compreender a posição tomada por Donald Rumsfeld, na época secretário estadunidense de Defesa, segundo o qual quem se insurge no Iraque contra as tropas enviadas por Washington são apenas "criminosos, delinquentes e terroristas" [*thugs, gangs and terrorists*][103]. Quem diz isso é o principal responsável pelo inferno de Guantánamo e de Abu Ghraib: entre as práticas de desumanização ali realizadas e as vibrantes declarações "antiterroristas" há plena coerência.

---

[101] A. Baquis, "Strage nel Kibbutz. Massacrati dodici riservisti israeliani", *La Stampa* (Turim), 7/8/2006, p. 3.

[102] V. I. Lênin, *Opere complete* (Roma, Riuniti, 1955-1970, v. XXIV), p. 416-7.

[103] J. Risen, "Rebellion by Shiites Reflects Growth of Hostility to US in Iraq", *International Herald Tribune* (Nova York), 9/4/2004, p. 5.

II. FUNDAMENTALISMO

1. De autodesignação orgulhosa a proclamação de excomunhão: a estranha história da categoria *fundamentalismo*

Atribuído exclusivamente ao mundo árabe e islâmico (onde as tensões anti-coloniais e antiocidentais são mais vivas do que nunca), o terrorismo tende hoje a ser considerado o produto mais ou menos necessário do islã, de uma religião cuja permanente incapacidade de adaptar-se à modernidade e cuja tendência intrínseca a alimentar um "fundamentalismo" agressivo e sangui-nário são censuradas. Encontramos assim outra categoria central da atual ideologia da guerra, um novo motivo de acusação, cuja formulação, porém, deveria fazer refletir.

O termo em questão aparece pela primeira vez no âmbito protestante e norte-americano (ou anglo-americano), em referência a um movimento que se desenvolve durante o primeiro conflito mundial e cujos protagonistas se definem, às vezes, a si mesmo como "fundamentalistas". Tendo surgido no coração do Ocidente como autodesignação positiva e orgulhosa de si, a cate-goria *fundamentalismo* é agora utilizada para rotular os "bárbaros" colocados fora do Ocidente, os quais, na realidade, gostam de se apresentar como "islâmicos" autênticos. Não se trata de um paradoxo agora entregue à história. Quem acusa o islã por sua suposta incapacidade de compreender as razões da modernidade é, em primeiro lugar, o país no qual, em nossos dias, o filósofo de referência é Leo Strauss, que por décadas se empenhou em denunciar as consequências catastróficas da modernidade, o seu resultado relativista e niilista. Muitas vezes se gosta de censurar o islã não só por uma ausência de um verdadeiro período iluminista, mas o Iluminismo é também um dos alvos privilegiados da

54 DOMENICO LOSURDO

própria polêmica de Strauss: "O Iluminismo – *lucus a non lucendo** – começa com Maquiavel", este "grande mestre da blasfêmia"[1]. Dá o que pensar também a linguagem aqui utilizada, que remete a uma sociedade (a estadunidense) pouco secularizada, no âmbito da qual – nos informam autores insuspeitos de antiamericanismo – 70% dos habitantes acreditam no diabo e mais de um terço dos adultos acha que Deus fala diretamente a eles[2].

Em 1930, embora sem recorrer ao termo em questão, Freud descreveu o presidente estadunidense Wilson como o representante típico daquilo que hoje definimos como "fundamentalismo". Conforme suas declarações ("Deus dispôs que eu me tornasse o novo presidente dos Estados Unidos"), ele está "convencido de ter uma relação especial e pessoal com a divindade" e – conclui Freud – em sua "pretensão de libertar o mundo do mal" constitui "uma enésima prova do perigo que os fanáticos representam para a comunidade"[3]. E agora escutemos Bush Jr.: "Foi Deus quem pediu para eu me candidatar". E ainda: "Deus não é neutro diante do bem e do mal. Deus está com a América"[4]. Essas mesmas palavras de ordem ressoam nas transmissões televisivas, nos livros e nos ensaios, seguidas e lidas por milhões de pessoas, dos círculos cristãos mormente empenhados no apoio à invasão e à ocupação do Iraque: "Deus é a favor da guerra" e até toma parte nela diretamente; "Deus combate contra aqueles que se opõem a Ele e que lutam contra Ele e seus seguidores"[5].

---

* Literalmente, floresta (*lucus*) não reluzir (*luceo*). Trata-se de um dito antigo que remonta a Quintiliano via Servius, em que os autores ironizavam a derivação de palavras por semelhança, ainda que seu sentido seja contrário. Passou-se a utilizar o dito quando alguém, ao explicar o sentido de uma palavra ou expressão, deveria ter obtido o sentido oposto daquele que conseguiu. (N. E.)

[1] L. Strauss, *Che cos'è la filosofia politica?* (Urbino, Argalia, 1997), p. 78, 71. [Ed. ing.: *What Is Political Philosophy?*, Jerusalém, Magnes Press, the Hebrew University, 1955.]

[2] J. Gray, *False Dawn: The Delusion of Global Capitalism* (Londres, Granta Books, 1998), p. 126. [Ed. bras.: *Falso amanhecer: os equívocos do capitalismo global*, Rio de Janeiro, Record, 1999]; A. Schlesinger Jr., "Has Democracy a Future?", *Foreign Affairs* (Nova York), set.-out. 1997, p. 2-12.

[3] S. Freud, "Introduzione allo studio psicologico su Thomas Woodrow Wilson", em C. L. Musatti (org.), *Opere* (reimp., Turim, Bollati Boringhieri, 1995, v. XI), p. 35-7. [Ed. bras.: *Thomas Woodrow Wilson: um estudo psicológico*, Rio de Janeiro, Graal, 1984.]

[4] A. Farkas, "Bush bevitore pentito: 'Sono un peccatore salvo grazie alla fede'", *Corriere della Sera* (Milão), 1/5/2002, p. 14.

[5] C. Marsh, "Wayward Christian Soldiers", *International Herald Tribune* (Nova York), 21-22/1/2006.

As Sagradas Escrituras tornam-se o critério decisivo para orientar-se nos conflitos do mundo contemporâneo. Os palestinos têm direito a recuperar os territórios ocupados por Israel e a constituir-se como Estado nacional independente? Só ateus e descrentes podem colocar-se tal problema. Essa, pelo menos, é a opinião de James Inhofe, senador republicano do Oklahoma, que assim declarou no Senado em março de 2002:

> A Bíblia afirma que Abraão desarmou sua tenda e foi morar na planície de Mambré, que é Hebron, erigindo aí um altar em honra do Senhor. Hebron encontra-se na Cisjordânia, e foi naquele lugar que Deus apareceu a Abraão e lhe disse: "Eu te dou esta terra", a Cisjordânia. Esta batalha não é de modo algum política, é uma controvérsia sobre o fato de a palavra de Deus ser verdadeira ou não.[6]

E, dirigindo-se aos colegas e aos concidadãos ainda um pouco hesitantes em apoiar a expansão de Israel, o piedoso senador acentua uma verdade de imediato evidente: "Esta é a vontade de Deus; ponde, pois, em prática o Gênesis"[7]. São irrelevantes e blasfemas as resoluções da Organização das Nações Unidas (ONU), toda vontade humana e toda norma jurídica que pretendem opor-se ao desígnio manifesto do Onipotente. Para dizer, desta vez, com o reverendo Jerry Falwell, "opor-se a Israel é como opor-se a Deus"[8].

As tomadas de posição aqui relatadas remetem a círculos e a ambientes que são parte constitutiva essencial da maioria que inspira e elabora a política externa da Casa Branca. À luz disso tudo, o mínimo que se pode dizer é que são pouco críveis os atuais campeões da luta contra o fundamentalismo (islâmico); antes, olhando bem, eles se colocam em uma linha de continuidade com aqueles que, no início do século XX nos Estados Unidos, em polêmica contra as degenerações atribuídas à modernidade e a sua pretensão de separar religião e política, agitavam com orgulho a bandeira do fundamentalismo cristão. Segundo Toynbee, o que caracterizava os fundamentalistas anglo-americanos daquela época era o motivo do "povo eleito" e do novo Israel investido de uma

---

[6] A. Lieven, *Giusto o sbagliato è l'America* (Milão, Sperling & Kupfe, 2005), p. 251. [Ed. port.: *América: a bem ou a mal*, Lisboa, Tinta da China, 2007.]

[7] A. Frachon e D. Vernet, *L'Amérique messianique. Les guerres des néo-conservateurs* (Paris, Seuil, 2004), p. 177. [Ed. bras.: *América messiânica: as guerras dos neoconservadores*, São Paulo, Doravante, 2006.]

[8] A. Lieven, *Giusto o sbagliato è l'America*, cit., p. 253.

missão divina tirado do Antigo Testamento[9]; mas esse motivo está agora vivo nos atuais campeões estadunidenses da "luta contra o fundamentalismo".

2. O "ZELOTISMO" JUDEU COMO MODELO DO FUNDAMENTALISMO?

Essa primeira constatação obrigatória suscita, por sua vez, uma pergunta difícil de evitar: o fundamentalismo é um fenômeno exclusivo do mundo contemporâneo? Em sua monumental reconstrução da história das civilizações, partindo do encontro-desencontro, na Antiguidade, entre mundo alexandrino e romano, de um lado, e judaísmo, do outro, no âmbito deste último, justo o historiador que se acabou de citar distingue duas atitudes opostas: o "herodianismo" [*herodianism*], sinônimo, em última análise, de disponibilidade à integração e à assimilação; e o "zelotismo" [*zealotism*], que, por sua vez, significa a guarda zelosa e militante da própria identidade, que deve ser protegida de toda contaminação com culturas diferentes. Essa segunda atitude gera "uma longa série de *mahdis* judeus palestinos"[10]. Para interpretar a revolta judaica contra o expansionismo helenista, primeiro, e romano, depois, é evocado o herói islâmico que, na segunda metade do século XIX, no Sudão, infligiu uma derrota incisiva ao colonialismo britânico.

Se, a propósito das revoltas judaicas contra o mundo alexandrino e romano, Toynbee fala de mahdismo ou de zelotismo, em nossos dias, um jornalista e historiador de sucesso (seus artigos estão no *The New York Times*), Paul Johnson, torna explícito o recurso à categoria *fundamentalismo*: na época helenística, em oposição aos "reformadores" e aos "helenizantes", os judeus "fundamentalistas" [*fundamentalists*] ou "isolacionistas" condenavam a nudez e a imoralidade dos ginásios e dos estádios, sobretudo olhando com horror para o perigo da contaminação da cultura judaica pela grega: "Maldito seja o homem que cria porco e malditos sejam aqueles que instruem os filhos na sabedoria grega"[11].

Portanto, como fica claro com essa sondagem, o fundamentalismo refere-se, além do islã, em primeiro lugar ao cristianismo (estadunidense) e ao judaísmo, e teria antes se manifestado no âmbito da cultura judaica há mais de dois milênios, em um período histórico que precede em vários séculos o nascimento de

---

[9] A. J. Toynbee, *A Study of History* (Oxford, Oxford University Press, 1951-1954, v. I), p. 215. [Ed. ital.: *Panorami della storia*, Milão, Mondadori, 1954, v. II, t. I, p. 53; ed. bras.: *Um estudo da história*, 2. ed., São Paulo, Martins Fontes, 1987.]

[10] Ibidem, v. VIII, p. 580 ss.; idem, *Il mondo e l'Occidente* (Palermo, Sellerio, 1992), p. 90.

[11] C. Johnson, *Storia degli ebrei* (Milão, Tea, 1994), p. 114-5.

Maomé. À luz disso tudo, como parece ingênua e dogmática a ideologia dominante, que fala de fundamentalismo sempre no singular e com o olhar voltado exclusivamente para os inimigos do Ocidente! Ademais, entre esses inimigos são colocados países (pense no Iraque de Saddam Hussein ou na atual Síria) que, embora de cultura islâmica, exprimiram ou exprimem orientações muito mais leigas do que as que prevalecem hoje nos Estados Unidos da América.

3. UMA CATEGORIA A DECLINAR NO PLURAL

Para nos darmos conta do modo irrefletido com que a ideologia dominante faz uso de suas categorias ou agita seus decretos de excomunhão, façamos um pequeno experimento intelectual. Comparemos dois textos, um referente ao Ocidente e outro, ao Oriente. O primeiro diz: "A autoridade é postulada pela ordem moral e deriva de Deus. Portanto, se suas leis ou autorizações estão em oposição à referida ordem e, por isso, em oposição à vontade de Deus, não têm força para obrigar a consciência". Em tal caso, "de maneira clara, a autoridade cessa de ser tal e degenera em abuso de poder". E agora o segundo texto: "O ponto essencial e claro para todos é que quem abandona a lei de Deus por outra, que ele mesmo ou outros homens criaram, comete um ato de idolatria e de tirania, afastando-se assim da verdade, e quem governa com base em semelhante lei é um usurpador". Quem exprime aqui as razões do laicismo, o princípio da separação entre política e religião caro ao Ocidente? As duas vozes ouvidas não são distinguíveis com facilidade, mesmo se se referem, respectivamente, a João Paulo II e ao paquistanês Abu Mawdudi, um dos autorizados representantes do radicalismo e fundamentalismo islâmico contemporâneo[12]. A definição corrente de fundamentalismo, entendido como a pretensão de "derivar os princípios políticos de um texto considerado sagrado", adapta-se a ambos, e assim se torna um instrumento de deslegitimação de normas civis e seculares, de vez em quando classificadas por sua deformidade com relação àquele texto[13].

Estamos diante de um fenômeno que, obviamente, se manifesta também no âmbito da cultura judaica. Ao exprimir sua feroz oposição a qualquer retirada da cidade bíblica de Hebron, o autorizado rabi Eliezer Waldman

---

[12] A. Spataro, *Fondamentalismo islamico. L'Islam politico* (Roma, Edizioni Associate, 1996), p. 31-2.

[13] Y. M. Choueiri, *Il fondamentalismo islamico. Origini storiche e basi sociali* (Bolonha, Il Mulino, 1993), p. 29.

declara: os cidadãos e "os soldados não devem cumprir uma ordem contrária a um mandamento da Torá"[14]; se quiserem ser legítimas, as normas publicadas pelos homens são chamadas a justificar-se diante da inviolável lei divina.

A esta altura podemos retomar o nosso pequeno experimento intelectual, fazendo uma nova comparação entre outros dois textos. Lemos: todo regime político deve saber reconhecer a preeminência da lei divina, deve ser não "absoluto, mas constitucional". E ainda: o poder político, em geral o "senhorio" do homem, deve reconhecer, de fato, que não é "absoluto, mas ministerial". Ouvimos agora as vozes respectivamente de Khomeyni, líder da Revolução Xiita no Irã, e de João Paulo II[15], duas personalidades bastante diferentes entre si, mas em plena consonância em afirmar que, sem o reconhecimento de um limite moral e religioso (fixado pela autoridade religiosa), o poder político degenera em despotismo.

Deveria agora ser claro que, para descrever de forma adequada o fenômeno do fundamentalismo, é preciso passar do singular para o plural. De fato, vemos na Itália um prestigioso jurista, Stefano Rodotà, denunciar um "estímulo ao fundamentalismo" na encíclica *Evangelium vitae*[*] e em sua dura polêmica contra a legislação relativa ao aborto[16]. Enganosa e provinciana revela-se a tendência a buscar o fundamentalismo sempre apenas fora do Ocidente, fora do mundo cultural próprio. No entanto, o caminho encetado deve ser percorrido até o fim: a tendência ao fundamentalismo é própria apenas da consciência religiosa? Um "laicismo" que argumentasse assim se revelaria singularmente dogmático. No plano filosófico, o dogmatismo é a incapacidade de aplicar a si mesmo os critérios de leitura enunciados para as teorias criticadas.

Considerando válida a definição de "fundamentalismo" já vista, um "estímulo ao fundamentalismo" pode ser constatado também em movimentos e comportamentos políticos que não se referem a nenhuma religião. Vejamos de que modo se tentou justificar ou celebrar a guerra travada contra a Iugoslávia em 1999. Reconhecia-se que os bombardeios em massa em detrimento de um Estado soberano e não culpado de nenhuma agressão eram contrários ao direito internacional, ao estatuto da ONU e da própria Otan. Sim, tudo isso

---

[14] A. Lewis, "Israel's Lethal Mix of Religion and Nationalism", *International Herald Tribune* (Nova York), 4-5/1/1997, p. 6.

[15] A. Spataro, *Fondamentalismo islamico*, cit., p. 27-32.

[*] Evangelho da vida. (N. E.)

[16] Ibidem, p. 27.

era verdade, mas era secundário em relação à necessidade de fazer respeitar os sacrossantos direitos do homem e as sacrossantas normas da moral. É clara a ideologia invocada para legitimar a "guerra humanitária" de 1999: distingue-se entre normas de direito positivo e normas morais. Em caso de conflito entre os dois planos, são as normas positivas que devem ser consideradas irrelevantes ou totalmente secundárias. De modo análogo argumentara o Vietnã há mais de vinte anos, ao motivar a invasão do Camboja com a necessidade de bloquear o genocídio censurado do regime dos *khmer* vermelhos. Antes ainda, a União Soviética tinha justificado a violação do princípio da soberania estatal e nacional em nome da causa superior, absolutamente irrenunciável e nesse sentido "sagrada", do "internacionalismo", do "socialismo" e da "defesa da paz mundial". Pode-se falar de "estímulo ao fundamentalismo" toda vez que houver referência a valores, de um modo ou de outro, tão "sagrados" que, se preciso, legitimem o abandono das normas jurídicas positivamente sancionadas. Sem dúvida, trata-se de ver sempre de novo a força desse "estímulo", a rigidez do limite entre "sagrado" e "profano" e, sobretudo, a real abrangência da área "sagrada" em cujo âmbito vigoram valores e normas indiscutíveis e irrenunciáveis. Em situações de crise aguda (*infra*, cap. VI, subitem 11), tal área tende a absorver a vida cotidiana em seu conjunto; em outros casos, ela é, com toda certeza, mais restrita e cobre apenas alguns âmbitos, todavia de importância às vezes decisiva.

No caso das campanhas militares promovidas pelo Ocidente, somos levados ainda mais a pensar no fundamentalismo pelo fato de que os "direitos humanos", invocados em tais circunstâncias, são quase sempre apresentados como a "religião civil de nosso tempo", uma religião civil que, ao mesmo tempo, aprofundaria suas raízes na tradição religiosa judaico-cristã. Por isso, no bombardeio da Iugoslávia, além dos Estados Unidos, a própria Europa, orgulhosa de seu laicismo, fez referência a um conjunto de normas sagradas e invioláveis, por ela religiosamente guardadas e soberanamente interpretadas, a fim de deslegitimar as normas e os costumes meramente profanos do direito internacional.

No que diz respeito ao país líder da coalizão anti-iugoslava e do Ocidente em geral, os direitos humanos ao qual faz referência encontram sua consagração em textos cercados de uma aura sagrada (remetem aos Pais Fundadores e, antes ainda, aos Pais Peregrinos, e são depois reforçados nesta ou naquela "doutrina" proclamada por este ou aquele presidente). De resto, já faz algum tempo, autorizados estudiosos estadunidenses denunciam os "fundamentalistas" que, em seu país, tendem a assimilar os Pais Fundadores a Moisés e a consagrar seus textos como "a Escritura do credo estadunidense", ao qual caberia uma função semelhante à da Bíblia ou do Talmude[17]. Veremos a centralidade da categoria "guerra santa" na tradição política norte-americana até nossos dias (*infra*, cap. VI, subitem 11). Por ocasião da última guerra contra o Iraque e em relação ao conflito entre árabes e israelenses, foi a Santa Sé que deu prova de laicismo, evitando a confusão entre as esferas política e religiosa e tomando distância da cruzada fundamentalista proclamada pela administração estadunidense.

Por definição, as normas sagradas e as guerras santas inspiradas pelo Senhor não se deixam obstaculizar pelo respeito supersticioso às fronteiras estatais e nacionais. Com efeito, as análises críticas do fundamentalismo sublinham sua recusa a reconhecer o princípio da soberania nacional[18]; mas quem mais insiste nesse motivo é a Casa Branca. Já há algum tempo, ela proclama para si o direito, antes o dever, de ingerência em todo canto do globo a fim de aplanar a estrada para tudo o que é consagrado pelo Evangelho: "No mundo, há pecado e mal e, pela Escritura e por Jesus Nosso Senhor, somos obrigados a opor-nos a eles com todas as nossas forças". Assim se exprime o presidente Ronald Reagan em 1983[19]. Hoje, o autor de referência dos círculos neoconservadores é Leo Strauss, segundo o qual o Ocidente e os Estados Unidos, de modo todo particular, devem sua excelência e superioridade ao fato de terem assumido a herança não só de Atenas, mas também de Jerusalém, não só da "filosofia grega", mas também da "Bíblia"[20].

No âmbito do mundo islâmico, o já citado Mawdudi fala de "partido revolucionário internacional"[21]; importantes ambientes políticos estadunidenses definem-se, por sua vez, como partidários do "internacionalismo liberal-democrático" e como "internacionalistas"[22]. E, quando desabou o internacionalismo comunista, cada um dos dois internacionalismos hoje vitais, um em oposição ao outro, se arvora em guarda de valores sagrados (sancionados pelo Alcorão e pela tradição judaico-cristã), em relação aos quais bem pouca coisa são as normas profanas tradicionalmente reguladoras das relações entre os Estados.

---

[17] G. S. Wood, "The Fundamentalists and the Constitution", *The New York Review of Books*, 18/2/1988, p. 33, 35.

[18] R. Guolo, *Il partito di Dio. L'Islam radicale contro l'Occidente* (Milão, Guerini e Associati, 1994), p. 79-81.

[19] T. Draper, "Mission Impossible", *The New York Review of Books*, 6/10/1994, p. 33.

[20] L. Strauss, "Progresso o ritorno?", em R. Esposito (org.), *Gerusalemme e Atene* (Turim, Einaudi, 1998), p. 51.

[21] Y. M. Choueiri, *Il fondamentalismo islamico*, cit., p. 175.

[22] T. Draper, "Mission Impossible", cit., p. 31-4.

A LINGUAGEM DO IMPÉRIO 61

Às vezes se associa o Vaticano à cruzada proclamada em nome dos "direitos do homem" (e de "Jesus Nosso Senhor" e da "Bíblia"). E como chefes de Estado como Reagan e Bush Jr. não tiveram dificuldade em assumir os tons do pontífice medieval que proclama a cruzada, a mesma facilidade teve João Paulo II em não hesitar em vestir a roupa do jurista ou do teórico do direito natural para exigir uma "justiça penal internacional" capaz de fazer valer os superiores "valores morais" também contra o direito positivo de cada Estado individual. Mas *quis judicabit?*[*] João Paulo II parece ter percebido as ciladas da abordagem "internacionalista" quando preveniu contra a "lei do mais forte, do mais rico ou do maior"[23]. No trabalho de deslegitimação das autoridades políticas, do direito internacional e das leis de fato existentes, a Igreja católica é mais hesitante do que o "internacionalismo liberal-democrático", que às vezes gosta de acusar a primeira de ser culpada de fundamentalismo.

4. FUNDAMENTALISMO, MODERNIDADE E TOTALITARISMO

Nas análises deste fenômeno, não basta passar do singular para o plural. É preciso desembaraçar-se de outro lugar-comum: aquele que, agitando a bandeira de um "iluminismo" mesquinho, chama de fundamentalismo a revolta provinciana e obscurantista contra a modernidade. Na realidade, estamos na presença de movimentos que encontram sua base social de massa sobretudo nas cidades. Pelo menos no que diz respeito ao Egito, "é raro que consigam garantir um seguimento de massa entre as populações rurais, em grande parte ainda semianalfabetas"[24]. "Produto da escolarização de massa", os "militantes islamitas" são, em sua maioria, "jovens com menos de trinta anos, dotados, em média, de discreto nível de instrução"[25]. No âmbito do fundamentalismo sunita, "o militante típico é [...] estudante de faculdade moderna e leiga com propensão para as ciências aplicadas". É maciça a presença de "agrônomos, eletrotécnicos, médicos, engenheiros". Na Revolução Xiita, desempenharam

---

[*] Quem julgará? (N. E.)

[23] L. Accattoli, "Il Papa: 'Al mondo serve una Norimberga permanente'", *Corriere della Sera* (Milão), 14/1/1997, p. 8.

[24] B. B. Lawrence, "Oltre la retorica delle guerre sante. Il fondamentalismo islamico all'ombra del Nuovo Ordine", em R. Giammanco (org.), *Ai quattro angoli del fondamentalismo. Movimenti politico-religiosi nella loro tradizione, epifania, protesta, regressione* (Florença, La Nuova Italia, 1993), p. 176.

[25] A. Spataro, *Fondamentalismo islamico*, cit., p. 72.

62 DOMENICO LOSURDO

função de primeiro plano as elites intelectuais "formadas por um sistema educativo iraniano de ótimo nível"; a maioria recrutada entre "graduados das universidades estadunidenses" nas quais puderam ingressar graças a bolsas de estudo iranianas, "os chefes e os tecnocratas da República Islâmica" têm uma significativa experiência internacional[26].

Mas voltemos ao mundo sunita. Longe de rejeitar a modernidade enquanto tal, o fundamentalismo tem "uma atitude hostil tanto em relação ao tradicionalismo como às instituições religiosas oficiais [...]. De um ponto de vista intelectual e político, ele adota uma interpretação criativa" do texto sagrado[27]. É uma leitura em perspectiva revolucionária, não só pelos conteúdos, mas também por opor uma nova classe de intelectuais ao tradicional clero sunita, aos ulemás, aos quais fazem referência o poder constituído e a ordem social existente. No Ocidente, a ruptura, em seguida à Reforma, do monopólio clerical da interpretação do texto sagrado constituiu um momento importante do ascenso da modernidade. Mas uma ruptura análoga está se verificando no Oriente Médio, sob o impulso do fundamentalismo:

> A apropriação do papel de "intelectual religioso", para quem todo militante é de fato um ulemá, confere ao movimento islamita características de extraclericalismo que, nos grupos radicais, se torna muitas vezes anticlericalismo. Os "combatentes por Deus", como parte da primeira geração secularizada em condições de acessar de forma direta as fontes religiosas sem nenhuma intermediação dos peritos, praticaram uma leitura do Alcorão e da Suna de sinal claramente revolucionário.[28]

Com essa nova classe de intelectuais, o islamismo radical acaba de fato introduzindo uma espécie de partido político moderno em uma sociedade em outros aspectos estática. É um partido que, pela boca de seus teóricos, atribui-se uma função de "vanguarda"[29] e cuja expansão depende também de sua capacidade de organizar um mínimo Estado social, com a criação de "sociedades

---

[26] G. Kepel, *La rivincita di Dio. Cristiani, ebrei, musulmani alla riconquista del mondo* (Milão, Rizzoli, 1991), p. 46, 42-3. [Ed. port.: *A vingança de Deus: cristãos, judeus e muçulmanos à reconquista do mundo*, Amadora, Dom Quixote, 1992.]

[27] Y. M. Choueiri, *Il fondamentalismo islamico*, cit., p. 31-2.

[28] R. Guolo, *Il partito di Dio*, cit., p. 137.

[29] Y. M. Choueiri, *Il fondamentalismo islamico*, cit., p. 162.

de socorro mútuo" e assistência aos estratos mais pobres para acesso ao ensino e, portanto, à "modernidade"[30].

Até no que diz respeito à relação entre os sexos, se os aspectos reacionários são evidentes, as coisas são mais complicadas do que parecem à primeira vista. As mulheres das "classes inferiores" são um "esteio do regime" xiita iraniano[31]; e sabemos por Adam Smith que essas classes tendem a exprimir, em particular no campo sexual, uma "moral austera" e em absoluto não "liberal"[32]. Mas a moral "austera" não impediu o crescimento prodigioso nas universidades iranianas da população feminina, que hoje constitui a maioria. Vejamos agora como agem as organizações fundamentalistas no Egito:

> Criam serviços de transporte para as estudantes, que de outro modo teriam de viajar na "promiscuidade" dos ônibus de linha muito lotados onde são continuamente molestadas, com a única condição de que nos "ônibus islâmicos" as jovens usem o véu. Separam os setores de acesso às salas universitárias segundo os sexos, permitindo que as mulheres, quase sempre penalizadas na corrida às vagas das universidades de massa, possam usufruir das lições de modo digno.[33]

O islamismo radical rejeita a visão tradicional de que a esposa é o objeto de um contrato e insiste, ao contrário, "na liberdade absoluta de escolha do parceiro por parte da mulher", condena com firmeza a "poligamia sistemática" dos haréns e procura conter – às vezes até desencorajar – a poligamia enquanto tal. No que diz respeito ao véu, ele de fato não é sempre apenas uma imposição. As moças reagem ao ambiente conservador do qual provêm: "O véu que elas usam, mesmo contra a vontade dos pais, simboliza o radicalismo islamita"[34].

Em confirmação da inadequação do esquema que se apoia exclusivamente na dicotomia pré-modernidade/modernidade para explicar o fundamentalismo, tenha-se presente que o único país que viu sua vitória, no Oriente Médio, é o Irã – ou seja, o país mais moderno tanto no plano econômico-social quanto no político, e

---

[30] G. Kepel, *La rivincita di Dio*, cit., p. 39.

[31] M. Riesebrodt, *Fundamentalismus als patriarchalische Protestbewegung. Amerikanische Protestanten (1910-28) und iranische Schiiten (1961-79) im Vergleich* (Tübingen, Mohr Siebeck, 1990), p. 180.

[32] A. Smith, *An Inquiry into the Nature and the Causes of the Wealth of Nations (1775-76)* (Indianápolis, Liberty Classics, 1981), p. 794.

[33] R. Guolo, *Il partito di Dio*, cit., p. 129-30.

[34] A. Spataro, *Fondamentalismo islamico*, cit., p. 188-90, 74.

que tem por trás a revolução do início do século XX e a experiência democrática de Mossadeq esmagada em 1953 pelas manobras do Ocidente e da CIA.

Aliás, a leitura do fundamentalismo como rejeição da modernidade ou como tradicionalismo agressivo não se concilia bem com a interpretação, também bastante difundida, comprometida em soar o alarme para o novo perigo totalitário, que dificilmente pode ser considerado um fenômeno pré-moderno. Em nome da luta contra o novo totalitarismo, os ideólogos do Ocidente chamam para a cruzada contra o islã militante, o qual, por sua vez, chama o mesmo totalitarismo de um dos produtos mais ruinosos exatamente do Ocidente[35]. Por outro lado, querendo falar do totalitarismo islâmico, seria mais fácil segui-lo nos países filo-ocidentais – por exemplo, na Arábia Saudita –, e não tanto no Irã onde, bem ou mal, está presente uma forte dialética política e onde vimos Khomeini afirmar ao mesmo tempo a preeminência da norma religiosa e o princípio do caráter "constitucional" e não mais "absoluto" do poder político.

Não, o fundamentalismo não é sinônimo nem do islã pré-moderno nem do islã totalitário (aliás, as duas leituras contradizem-se). Argumentar desse modo significa abandonar-se à ideologia da guerra. Convém tentar uma abordagem diferente.

5. Fundamentalismo e encontro-desencontro de culturas

Ao concentrar agora a atenção sobre o fundamentalismo islâmico, perguntemo-nos de que modo ele define seus inimigos, ou melhor, de que modo configura a relação amigo-inimigo. É bom sublinhar logo a diversidade dessa abordagem, que parte não mais da análise das características meramente internas de uma determinada cultura, mas do modo como ela vive o conflito com outras culturas. Na visão de Sayyid Qutb (o fundador dos Irmãos Muçulmanos, sob o regime de Nasser, preso em um campo de concentração e depois justiçado), os inimigos a combater são "demônios humanos, cruzados, sionistas, idólatras, comunistas, que divergem entre si, mas convergem na ideia de opor-se com força ao islã para destruir a vanguarda dos movimentos da ressurreição islâmica na terra"[36]. Saltam aos olhos a simplificação arbitrária do alinhamento inimigo e a forma que o conflito toma como choque também religioso. É evidente o maniqueísmo dessa visão, mas isso não basta para caracterizar o fundamentalismo.

---

[35] Ibidem, p. 25.

[36] R. Guolo, *Il partito di Dio*, cit., p. 75.

É necessário aprofundar a pesquisa. De que modo Qutb define o campo dos amigos? Leiamos: "Um militante islâmico pertence a uma estirpe nobre, antiga. Faz parte daquele 'majestoso cortejo' em cuja frente se encontram muitos chefes nobres: Noé, Abraão, Ismael, Isaac, Jacó, José, Moisés, Jesus e o Selo dos Profetas, Maomé"[37]. Estamos na presença da reivindicação de uma continuidade histórica milenar ininterrupta que não conhece fraturas. O conflito atual é projetado em um passado distante, e nesse mesmo passado remoto é projetada a identidade de amigos e inimigos, tanto mais porque a estes últimos Qutb atribui uma "inata" vontade de agressão[38]. O mundo do islã é então chamado a superar a atual decadência mediante uma volta à situação precedente à agressão (militar, ideológica e política) do Ocidente, mediante uma volta a si e às origens que tendem a ser transfiguradas de forma mítica. Trata-se de proteger a identidade islâmica de qualquer contaminação e intrusão, pondo fim a séculos de ruinosa infiltração ideológica. É um exílio, uma espécie de "limpeza cultural", que ataca de maneira indiscriminada tudo o que é considerado expressão do Ocidente, do judaísmo ao cristianismo e do liberalismo ao comunismo. Aqui não é mais a luta contra a "modernidade", mas contra o Ocidente, que constitui o elemento essencial e decisivo; não se pretende defender ou reconstituir o antigo regime pré-moderno, mas uma identidade capaz de estimular a resistência contra os invasores e os opressores. Ideias e instituições não agradáveis ou consideradas perigosas são classificadas como estranhas à autêntica identidade islâmica. A operação de "limpeza cultural" ataca as expressões mais diversas da cultura, inclusive a moda e a língua: na Argélia faz tempo que se começou a luta contra o francês, oposto negativamente à "língua do Alcorão"[39] como "língua do colonizador".

A pureza desejada é apenas imaginária. Decerto não é de origem autóctone a teorização de um "partido revolucionário internacional" com funções de "vanguarda"! Na realidade, os militantes islâmicos tomaram de seus inimigos uma série de elementos: a crítica da civilização moderna e do Ocidente é tomada emprestada do conservadorismo europeu e da *Kulturkritik* ocidental. Qutb cita de modo explícito e bastante lisonjeiro Alexis Carrel; mas a dívida assim contraída é desconhecida pelo fato de que as ideias desse "homem de grande conhecimento,

---

[37] A. Spataro, *Fondamentalismo islamico*, cit., p. 71.

[38] R. Guolo, *Il partito di Dio*, cit., p. 101.

[39] G. Kepel, *La rivincita di Dio*, cit., p. 60-1.

profunda sensibilidade, extrema sinceridade e mentalidade liberal" são de imediato reconduzidas ao Alcorão. Os militantes islâmicos gostam de se colocar no centro da formação política e ideológica, mas pretendem fazer essa classificação moderna derivar não mais da Revolução Francesa, mas de um versículo do Alcorão interpretado de maneira bastante livre ou diretamente manipulado[40].

O fundamentalismo é caracterizado pela tendência a construir uma identidade imóvel, anulando as relações e as influências recíprocas entre as diferentes culturas. Uma determinada tradição cultural torna-se compacta, exclusiva e antagônica em relação às outras; assim, ela tende a assumir uma configuração étnica. O fundamentalismo é uma tradição cultural propensa a tornar-se natureza, e natureza incompatível com respeito a outras tradições culturais, elas mesmas fixadas em uma permanência sem movimento. Ideias e instituições são julgadas a partir, em primeiro lugar, de sua origem étnica, verdadeira ou presumida. A crítica do domínio ocidental torna-se a crítica do Ocidente enquanto tal, e esta, por sua vez, torna-se a crítica do "homem ocidental": seu papel hegemônico – proclama Qutb – está fatalmente destinado a exaurir-se[41]. A passagem do terreno da história para o da antropologia é a confirmação da tendência à naturalização do conflito.

6. Fundamentalismo e despertar dos povos coloniais

Não há cultura que em determinadas circunstâncias não esteja exposta ao perigo do fundamentalismo; ele não é o modo de ser desta ou daquela cultura, mas um modo de reagir no encontro-desencontro entre duas culturas diferentes caracterizado pelo enrocamento e pela construção de uma identidade zelosa, ciumenta e exclusiva; podemos dizer que o fundamentalismo é a reação de rejeição de uma cultura por outra em confrontos e a tendência a naturalizar ambas.

O surgimento de tal modo de comportar-se é tanto mais fácil quanto mais ampla a distância entre as duas culturas e mais áspero o choque. É o que em particular se verifica na relação entre Ocidente e outras partes do mundo; a resistência e o despertar dos povos e das culturas a ponto de serem subjugadas ou já subjugadas acontece também mediante crises de rejeição. Hoje, enquanto endurece o conflito entre Estados Unidos e Inglaterra, de um lado, e o mundo islâmico, do outro, ambos os lados parecem compartilhar do pressuposto segundo o qual o judaísmo é desde sempre um elemento constitutivo do Ocidente. Na realidade, Toynbee tem razão

---

[40] Y. M. Choueiri, *Il fondamentalismo islamico*, cit., p. 179-81, 30.

[41] Ibidem, p. 161.

em indicar na revolta do judaísmo (e do Oriente) contra o Ocidente greco-romano da Antiguidade clássica o primeiro exemplo de zelotismo ou de fundamentalismo.

O fundamentalismo não é um fenômeno novo nem limitado ao Oriente Médio. Vejamos de que modo, no início do século XIX, ocorre nos Estados Unidos uma das primeiras tentativas de opor resistência organizada à invasão e às devastações causadas pelos brancos. É o movimento anticolonialista liderado por Tecumseh e seu irmão:

> Os dois irmãos afirmavam que as condições lamentáveis em que se encontravam os índios eram causadas pelo alcoolismo, pelo abandono dos costumes antigos, pelas divisões internas e pela perda dos terrenos de caça cedidos aos brancos. Entre as práticas corruptas e decadentes que deviam ser eliminadas estavam as roupas de tecidos europeus; eles exortaram os índios a voltarem às tradicionais vestes de pele[42].

Essa visão é menos ingênua do que pode parecer à primeira vista. O expansionismo branco procura derrubar toda resistência privando as populações subjugadas de sua identidade, obrigando-as a renunciar às danças e às festas indígenas e a adotar um modo "civil" e norte-americano de vestir-se[43]. A volta às origens apresenta-se então como uma tentativa desesperada de recuperar a identidade negada e reprimida, de modo a poder opor um mínimo de resistência.

Ou pensemos na Revolta dos Sipais na Índia de 1857. Ela pode ser liquidada como reação do antigo regime de casta, como simples expressão da rejeição da modernidade introduzida pelo domínio inglês. E esse aspecto está sem dúvida presente, mas não se pode perder de vista o fato de que o alvo da revolta não é a modernidade enquanto tal, mas a modernidade imposta na onda da expansão colonial, de modo seletivo (de acordo com os interesses britânicos). De qualquer modo, com tal "modernidade", em primeiro lugar se deve ter em mente a opressão de uma nação e de uma cultura que soube mesmo produzir o Império Mogol, isto é, uma organização político-social bastante avançada para o seu tempo. Não é por acaso que os muçulmanos desempenham um papel importante na sublevação anti-inglesa. Por outro lado, já Disraeli se revela consciente do peso que a questão nacional exerce sobre ela[44].

---

[42] W. E. Washburn, *Gli indiani d'America* (2. ed., Roma, Riuniti, 1992), p. 187.

[43] Ibidem, p. 254.

[44] E. Stokes, *The Peasant Armed: The Indian Rebellion of 1857* (org. C. A. Bayly, Oxford, Clarendon Press, 1986), p. 4.

Nos países coloniais ou semicoloniais, as crises de rejeição ao domínio e à cultura ocidentais foram seguidas de experiências de confiança ingênua e de desilusão amarga. O exemplo da China é iluminador. Na metade do século XIX explode a Revolta dos Taiping, filo-ocidental e implacavelmente hostil com a dinastia reinante; com duras críticas ao confucionismo[45], ela se inspira no cristianismo, do qual tira em última análise o monoteísmo e o motivo messiânico do "reino celeste da grande paz". Longe de ser xenófobo, é um movimento caracterizado pela "intolerância com a cultura tradicional"; e é justamente esse aspecto que restringe sua base social e marca sua derrota[46]. Também porque, contrariando as expectativas e esperanças de seus dirigentes, a Grã-Bretanha intervém em apoio não aos modernizadores, mas à decrépita dinastia no poder. Eis que, em 1900, desenrola-se um movimento totalmente diferente: com os invasores e seus "cúmplices", os *boxers* visam também as ideias e as próprias invenções técnicas do Ocidente, enquanto defendem de modo fanático a tradição religiosa e a política autóctone. Nem o telégrafo, nem as ferrovias, nem o cristianismo escapam de sua fúria. A penetração desses elementos na China coincidira com o desenvolvimento do poderio técnico e ideológico do Ocidente e com a consequente humilhação nacional do país. "Todas as invenções e inovações modernas" são rotuladas de "estrangeiras", e o cristianismo é "religião estrangeira". Tudo o que é estranho à autêntica tradição chinesa e aos anos felizes, ou tornados felizes pela transfiguração da China anterior ao choque com as grandes potências, é objeto de uma condenação sem apelação[47]. Estamos, em última análise, diante de uma revolta de tipo fundamentalista.

Mais ou menos no mesmo ano da Revolta dos Taiping, ocorreu no Egito uma tentativa de modernização em sentido ocidental. São os anos em que *The Times* celebra o país como "maravilhoso exemplo de progresso" e em que os dirigentes egípcios chegam a declarar que sua "nação não pertence mais à África, é parte da Europa"[48]. Mas também essa profissão de fé na modernidade e no Ocidente, como aquela pronunciada na China, não serve para refrear as grandes potências. À acentuação do expansionismo inglês corresponde, no final

---

[45] J. W. Esherick, *The Origins of the Boxer Uprising* (Berkeley/Los Angeles/Londres, University of California Press, 1987), p. 323, 325.

[46] C. Suzuki e A. Feuerwerker, "China (Late Ching)", *The New Encyclopaedia Britannica* (1995, v. XVI), p. 125.

[47] V. Purcell, *The Boxer Uprising: A Background Study* (Cambridge, Cambridge University Press, 1963), p. 267; J. W. Esherick, *The Origins of the Boxer Uprising*, cit., p. 68.

[48] P. Mansfield, *Storia del Medio Oriente* (Turim, Sei, 1993), p. 98.

do século XIX, a eclosão da Revolta de Mahdi no Sudão, talvez a primeira manifestação de fundamentalismo islâmico. Sua vítima mais ilustre é, por ironia da história, o general Gordon, que se distinguiu na repressão dos Taiping na China, ou seja, na repressão de um movimento profundamente imbuído de ideias ocidentais, de protesto social e de luta contra o antigo regime.

Essa alternância de movimentos que tiram inspiração do Ocidente ou de certas correntes ocidentais de pensamento e movimentos fundamentalistas continua a manifestar-se ainda hoje. Às tentativas de modernização e de emancipação que cada vez mais se exprimiram no mundo islâmico (Mossadeq no Irã, Nasser no Egito, Arafat na Palestina, o grupo dirigente filossoviético que, por algum tempo, governou o Afeganistão) o Ocidente respondeu opondo-se não só no plano diplomático-militar, mas muitas vezes também mobilizando contra elas o tradicionalismo religioso. Este, porém, acaba na maioria das vezes passando por um desenvolvimento que o conduz a abandonar o quietismo e assumir uma militância de tipo fundamentalista.

7. REJEIÇÃO DA INTEGRAÇÃO E SEPARATISMO: SIONISMO E NAÇÕES DO ISLÃ

A dialética de aceitação e rejeição da cultura hegemônica manifesta-se como dialética de integração e separatismo no caso da diáspora dos judeus e dos afro-americanos. Aqui estamos diante de um capítulo da história particularmente instrutivo. Hoje é lugar-comum opor a sociedade aberta do Ocidente judeu-cristão ao fechamento, ao enrocamento, ao encasulamento, à xenofobia do radicalismo e do fundamentalismo islâmico. Mas isso, como logo veremos, chamou a atenção de maneira profunda para a influência do sionismo, isto é, de um movimento ideológico e político que desembocou na fundação de um Estado que hoje é considerado parte integrante do Ocidente e seu posto avançado em uma área (o Oriente Médio) sempre mais ameaçada pelo radicalismo e fundamentalismo islâmico.

O componente fundamentalista essencial do sionismo não pode fugir a um olhar atento. Das declarações de alguns dentre os mais autorizados representantes do sionismo emerge com clareza que ele não brota, em primeiro lugar, de uma necessidade real de segurança. O que angustia Herzl, o fundador do movimento sionista, é sobretudo o desaparecimento do "sentido da pertença comum [*Zusammengehörigkeit*]", o processo de assimilação que se delineia no horizonte[49].

---

[49] T. Herzl, *Zionistische Schriften* (org. L. Kellner, Berlim, Jüdischer, 1920, v. I), p. 48.

Por sua vez, Nordau, íntimo colaborador de Herzl, esclarece que, a seu ver, o problema principal é o da guarda zelosa da identidade judaica. O gueto preservou-a durante séculos. Aí o judeu pôde cultivar "todas as qualidades especificamente judaicas", os hábitos e os costumes de sua estirpe, "sua natureza específica"; pôde "conservar o judaísmo mediante a separação dos gentios"; aí ele "queria estar com os seus e não ter com os habitantes cristãos outras relações senão as de negócios"; "sentia em tudo e por tudo ser membro de uma estirpe especial, que não tinha nada em comum com os outros habitantes do país". Para o judeu, o gueto era "um lugar de refúgio", tinha "o significado espiritual e moral de uma pátria". Não foi por acaso que "onde a autoridade não o limitava a um gueto, ele o criava para si". Apesar de tudo, no gueto o judeu podia viver, "sob o aspecto moral, uma vida completa". A situação muda de modo radical depois da emancipação. Esta "transformou por completo a natureza do judeu e fez dele um ser outro". Uma catástrofe anuncia-se:

> Em uma espécie de embriaguez, o judeu apressou-se a destruir todas as pontes atrás de si. Agora ele tinha outra pátria; não tinha mais necessidade do gueto, tinha outras relações e não tinha mais necessidade de ficar ligado a seus correligionários [...]. O mimetismo carreirista tomou o lugar da oposição salvadora.

Então não estão errados "os judeus do Oriente europeu", menos atingidos pelo processo de assimilação. Eles "olham já com suspeita, como um princípio de apostasia, aqueles seus irmãos de raça que se vestem à maneira europeia" e assimilam a cultura e a língua do país em que vivem, abandonando seu "caráter judeu específico"[50]. Portanto, a volta à terra dos pais é a resposta, em primeiro lugar, ao perigo do assimilacionismo:

> Não é correto dizer que o sionismo não é outra coisa senão um ato de desafio ou de desespero contra o antissemitismo [...]. Para a maior parte dos sionistas, sim, o antissemitismo obrigou-os a refletir suas relações com os povos, mas essa reflexão os conduziu a resultados tais que seu permanente patrimônio espiritual e sentimental permaneceria mesmo se o antissemitismo desaparecesse por completo do mundo.[51]

---

[50] M. Nordau, *Zionistische Schriften* (Zionistischen Aktionskomitee [org.], Köln-Leipzig, Jüdischer, 1909), p. 47-50.

[51] Idem, *Der Zionismus. Neue, vom Verfasser vollständig umgearbeitete und bis zur Gegenwart fortgeführte Auflage* (Wiener Zionistischen Vereinigung [org.], Wien, Buchdruckerei Helios, 1913), p. 5.

Então é compreensível que os judeus críticos do sionismo vejam e condenem nesse movimento uma volta ao gueto, mesmo que seja mais amplo e mais confortável que o tradicional (*infra*, cap. V, subitem 2). Com efeito, para o sionismo se trata, em primeiro lugar, de acentuar a identidade judaica, de encontrar e reafirmar as raízes religando-se a um passado glorioso, depois dos séculos ou milênios de opressão e humilhação. Sempre segundo Nordau, graças ao "novo sionismo", ao "sionismo político", os judeus readquirem consciência de sua "competência racial" [*Rassentüchtigkeit*] e podem assim reforçar a "ambição de preservar o antiquíssimo povo até um futuro mais remoto possível, e aos grandes feitos dos antepassados acrescentar novas ações ilustres dos descendentes"[52]. A declaração de Herzl é ainda mais clara: "Creio, portanto, que crescerá da terra uma geração de judeus maravilhosos: os macabeus ressurgirão"[53].

A identidade judaica tende a ser reconstruída e reafirmada apagando-se ou afastando-se milênios de diáspora dolorosa e trágica, mas também de contaminação fecunda entre culturas diferentes, para voltar a origens transfiguradas de forma mítica. A recuperação das origens segue com a expulsão do judaísmo autêntico daqueles que se opõem ao sionismo e não partilham da preocupação da salvaguarda da identidade judaica pura. É ilimitado o desprezo de Nordau por aqueles "novos marranos", os assimilados, pelo judeu "mutilado em seu interior" e empenhado em "oprimir, falsificar, mascarar com um ato de suicídio sua verdadeira essência"[54]. Herzl não é menos drástico:

> Quem pode, quer e é obrigado a desaparecer, que desapareça. Mas a personalidade dos judeus enquanto povo não pode, não quer e não é obrigada a desaparecer [...]. Ramos inteiros do judaísmo podem morrer, cair, mas a árvore vive. Se, pois, todos ou alguns dos judeus franceses protestam contra o meu projeto, porque já estariam "assimilados", a minha resposta é simples: o assunto todo não diz respeito a eles. São franceses israelitas, muito bem! Este, porém, é um assunto interno dos judeus.[55]

Enquanto expele da comunidade judaica os assimilados, mesmo que estes compartilhem com os sionistas séculos ou milênios de história comum, Herzl,

---

[52] Ibidem, p. 4.

[53] T. Herzl, *Zionistische Schriften*, cit., v. I, p. 132.

[54] M. Nordau, *Zionistische Schriften*, cit., p. 51-3.

[55] T. Herzl, *Zionistische Schriften*, cit., v. I, p. 51.

percorrendo de novo um longuíssimo período histórico passado, religa-se de forma direta aos macabeus do século II a. C. Eles são os protagonistas de uma gloriosa luta de libertação nacional, mas são também inspirados por uma xenofobia que se volta contra a comunidade de língua grega em redor e rejeita com desdém qualquer contaminação por essa cultura. Com razão, portanto, Toynbee fala de zelotismo (ou seja, de fundamentalismo) a propósito do "refletido e entusiástico cultivo, por parte dos sionistas, de uma consciência judaica distinta e separada"[56].

Pode ser interessante uma comparação com a experiência dos afro-americanos. Nesse caso, já antes da emancipação, na onda da esperança de poder livrar-se das cadeias da escravidão, surge a aspiração de voltar para a África. Essas tendências são reforçadas após a emancipação, quando a desilusão toma o lugar de uma primeira fase de esperança e de busca da integração e da assimilação: a experiência dolorosa da persistente discriminação e das raízes profundas, e ao que parece inextricáveis, do anticamitismo (do racismo antinegro) alarga o espaço para as ideias e os movimentos separatistas. A princípio, o olhar volta-se para a África: é para lá que é preciso voltar para edificar um Estado negro independente e permitir que os ex-escravos recuperem o sentido e o orgulho da própria identidade, derrubando afinal a autofobia imposta por séculos de escravidão e opressão. Entre o fim do século XIX e início do século XX, o grande historiador afro-americano William Edward Burghardt Du Bois chama os negros a rejeitar a "absorção" no âmbito da comunidade branca. Na esperança de favorecer um estabelecimento afro-americano no Congo, na "grande terra dos pais", volta-se para as autoridades belgas. (São os anos em que, além da Palestina, o movimento sionista olha para Uganda.) Em todo caso, antes ainda de visar a separação estatal, os afro-americanos e os negros em geral devem olhar para a separação cultural, como esclarece uma palavra de ordem bastante significativa: "Para o desenvolvimento do gênio negro, da literatura e da arte negras, do espírito negro"[57].

Ou seja, nos anos em que se desenvolve o sionismo também se assiste ao surgimento de uma espécie de "sionismo" afro-americano ou negro, que às vezes faz referência explícita à tradição religiosa judaica, invocando o retorno à terra prometida. É óbvio que o projeto de constituir um Israel afro-americano na África era totalmente irrealista, e não só pela distância

---

[56] A. J. Toynbee, *A Study of History*, cit., v. VIII, p. 600.

[57] G. M. Fredrickson, *Black Liberation: A Comparative History of Black Ideologies in the United States and South Africa* (Nova York/Oxford, Oxford University Press, 1995), p. 73-5.

geográfica. Com certeza, não basta a cor da pele para constituir uma nação. Descobriram isso às próprias custas, nas décadas anteriores, os escravos afro-americanos, emancipados nos estados do noroeste dos Estados Unidos, que tinham se empenhado na colonização da Libéria, entrando logo em conflito com as populações autóctones[58]. No entanto, tal projeto parece retomar fôlego nos anos da Primeira Guerra Mundial: enquanto é reconhecido aos judeus o direito a reconstituir seu "lar" na Palestina, nos Estados Unidos Marcus Garvey empenha-se em relançar o movimento separatista negro, que, porém, depois de algum tempo, se vê obrigado a perseguir a fundação do Israel afro-americano não mais na terra dos longínquos antepassados, mas na terra em que os escravos tinham desembarcado, isto é, no próprio seio da União. Mas os obstáculos que se interpõem à realização desse novo projeto, antes desse sonho, são ainda mais formidáveis: fundar um Estado negro no país da supremacia branca? Tendo presentes as devidas diferenças, era como se os judeus tivessem tentado edificar seu Estado independente dividindo um espaço dentro do Terceiro Reich! Nesse período, os judeus olham para a Crimeia ou para o Birobidzhan para constituir uma república judaica no seio da União Soviética.

No que diz respeito aos afro-americanos, sem desaparecer por completo, o separatismo territorial tende a ceder lugar ao separatismo cultural. Primeiro se assiste à criação de Igrejas cristãs separadas e, depois, ao delineamento de uma nova demarcação religiosa mais nítida e definitiva. Fundada em 1930, a Nação do Islã reconhece um notável desenvolvimento nos anos 1950; ela visa redimir os afro-americanos ao mesmo tempo do cristianismo e do domínio branco e afirmar o islã como a religião do homem negro[59]. Não falta sequer a tentativa de realizar a separação também no nível linguístico. À semelhança, mais uma vez, dos sionistas, que redescobrem a língua hebraica para confirmar sua identidade nacional distinta, o líder afro-americano tenta, sem sucesso, dar de novo vida ao suaíli, a língua falada pelos escravos deportados da África[60]. Como se vê, os elementos do fundamentalismo estão todos aí, a começar pela busca de uma compacta identidade cultural, religiosa, nacional e até linguística e pela polêmica contra os negros assimilacionistas.

---

[58] C. Moffa, *Saggi di storia africana* (Milão, Unicopli, 1996), p. 47-9.

[59] G. M. Fredrickson, *Black Liberation*, cit., p. 152-8, 287-8.

[60] H. Arendt, "Sulla violenza", em *Politica e menzogna* (trad. S. D'Amico, Milão, SugarCo, 1985), p. 243. [Ed. bras.: *Sobre a violência*, Rio de Janeiro, Civilização Brasileira, 2009.]

Enquanto cava um abismo em relação ao opressor branco, o separatismo afro-americano afirma às vezes que os negros não são na realidade racialmente diferentes dos árabes[61]. É um ponto sobre o qual vale a pena refletir. Um capítulo essencial do fundamentalismo islâmico (e médio-oriental) é escrito nos Estados Unidos pelos afro-americanos que percebem a influência da tradição religiosa hebraica e do sionismo. À luz de tudo isso, são precipitados os gritos de escândalo da ideologia hoje dominante por causa da aspiração do "integralismo islâmico" a dar vida a "uma nação islâmica à parte"[62]. Assim, está ausente de modo radical o esforço de compreender o outro e de fazer valer critérios e normas gerais para as diversas culturas que não apresentam nenhum problema elementar; como conciliar a celebração de Israel com a demonização dos militantes afro-americanos que aspiram a uma espécie de Israel negro? Pode-se (e deve-se) criticar como irrealistas as aspirações da Nação do Islã de constituir um Estado nacional autônomo, mas também é preciso perguntar sobre as razões de seu surgimento. Em vez de proceder a uma análise comparada entre as tendências ao separatismo na comunidade judaica no final do século XIX e as tendências ao separatismo de vários modos presentes na comunidade afro-americana, a ideologia dominante identifica de imediato as primeiras com a civilização e as segundas com a barbárie.

Os separatistas negros são acusados pelos negros propensos à assimilação de retomar as palavras de ordem segregacionistas dos racistas brancos. Mas os sionistas encontram-se diante de uma acusação e de um problema análogo. Também Herzl sente-se obrigado a rechaçar a "objeção" de fornecer "ajuda aos antissemitas", impedindo ou comprometendo a "assimilação dos judeus"[63].

Se a aspiração dos afro-americanos de fundar uma espécie de Israel negra indica a influência do sionismo, o sionismo, por sua vez, tem a experiência da Libéria. Neste último caso, a volta à terra dos pais é em primeiro lugar uma iniciativa dos ex-donos de escravos, abolicionistas sim, mas certamente não convertidos à ideia de igualdade racial. Cultivado originalmente pelos brancos, o projeto separatista é mais tarde retomado pelos afro-americanos desejosos de afirmar a própria identidade. Uma mudança análoga ocorre também no âmbito do sionismo. Durante muito tempo, foram os ambientes "judiófobos" e antissemitas que acariciaram a ideia de substituir o velho gueto pela emigração

---

[61] G. M. Fredrickson, *Black Liberation*, cit., p. 288.

[62] B. Spinelli, "La frontiera dell'Ovest", *La Stampa* (Turim), 18/10/1995, p. 1, 6.

[63] T. Herzl, *Zionistische Schriften*, cit., v. I, p. 51.

ou pela deportação de seus habitantes para uma colônia distante (também Hitler parece aderir a princípio a tal ideia). Uma mesma dialética caracteriza o surgimento de tendências fundamentalistas nas comunidades (judaicas ou afro-americanas) colocadas em um espaço cultural diferente do original.

Exatamente porque o sionismo não responde em primeiro lugar a uma necessidade de segurança que as angústias e os dilemas que estão em sua origem de modo algum desapareceram com a criação de um Estado judeu poderoso e firme aliado com a única superpotência mundial. A partir da década de 1980, enquanto no campo palestino começa a se formar um movimento como o Hamas, no mundo judeu assiste-se ao desenvolvimento de movimentos que "rompem com as seduções da sociedade leiga para reorganizar sua existência exclusivamente sobre normas e proibições tiradas dos textos sagrados judeus", e que exigem a "nítida separação entre judeus e *goyim* (não judeus, gentios)", a fim de "combater a assimilação, ameaça máxima para a sobrevivência do povo eleito"[64]. Há quem chegue a declarar que, "como ameaça para o futuro do povo judeu, o matrimônio misto é pior que Auschwitz"[65]. Em Israel, os judeus ortodoxos estão empenhados em evitar o perigo representado pelo surgimento de "uma nova, ocidentalizada, sociedade israelense", o desaparecimento da "verdadeira identidade de Israel como Estado judeu" e sua "assimilação ao mundo, assim como os judeus norte-americanos se assimilaram aos Estados Unidos". Daí a escolha contra a "aldeia global" e a favor do "gueto"[66].

8. FUNDAMENTALISMO E MOVIMENTOS DE LIBERTAÇÃO NACIONAL NO OCIDENTE

Mas não é só nos povos coloniais ou de origem extraeuropeia e que depois entraram no Ocidente (judeus e afro-americanos) que se pode observar a reação de tipo fundamentalista. A longa luta pela independência do povo irlandês foi descrita por um historiador dos nossos dias como uma longa série de "guerras santas"; é incontestado o papel dirigente do clero católico – pelo menos no século XIX, "cada altar se torna uma tribuna"[67]. Isso é bem compreensível:

---

[64] G. Kepel, *La rivincita di Dio*, cit., p. 167.

[65] Citado em G. Lerner, "Lo scisma degli ebrei italiani", *La Stampa* (Turim), 18/1/1998, p. 7.

[66] T. L. Friedman, "For Orthodox Jews, the Choice Was Netanyahu or Pizza Hut", *International Herald Tribune* (Nova York), 23/9/1996, p. 8.

[67] M. Tanner, *Ireland's Holy War: The Struggle for a Nation's Soul, 1500-2000* (New Haven/Londres, Yale University Press, 2001), p. 236.

estamos diante de uma colônia considerada pela Inglaterra não menos bárbara e selvagem do que as outras.

Vejamos agora aquilo que, após o expansionismo pós-termidoriano e napoleônico, se verifica na relação entre França, de um lado, e países como Espanha e Alemanha, do outro. Tendo por trás o Iluminismo e o processo de descristianização da Revolução, e sendo caracterizada pela nítida hegemonia da cidade e da cultura urbana, a França é sem dúvida mais secularizada. Além disso, ela tem uma estrutura política mais avançada. A Alemanha não só não tem unidade nacional, mas está exposta há séculos, a partir da Paz de Westfália, ao expansionismo proveniente de além do Reno. Por longo tempo, a hegemonia cultural exercida a partir de Paris parece desenvolver-se de modo incontestável. Frederico II não só fala francês, mas não esconde também seu desprezo tanto pela cultura como pela língua alemãs, servindo-se desta apenas para se comunicar com a servidão. No momento da eclosão da Revolução de 1789, nenhum país se entusiasmou mais com ela do que a Alemanha. Difunde--se a ideia da aliança intelectual (e política) com a França. Mais grave ainda é, depois, a crise provocada pelo expansionismo pós-termidoriano e napoleônico; é a essa altura que se manifesta a reação de rejeição de tipo fundamentalista.

O recurso a essa categoria não parece excessivo ou enganoso. Examinemos a ideologia do movimento de luta antinapoleônico. Não é só a vontade de sacudir das costas o jugo político e militar francês que o caracteriza. Ele quer desembaraçar-se também de toda ideia que remeta ao odiado inimigo "hereditário" da Alemanha. A galomania acrítica é agora substituída por uma indiscriminada galofobia e teutomania. É a essa altura que a Declaração dos Direitos do Homem começa a aparecer, segundo a observação de Heine, "como algo estranho, estadunidense ou francês, como alguma coisa não alemã". A procura da autenticidade alemã abrange cada aspecto da cultura e da vida social e vê participarem também filósofos e intelectuais de primeiríssimo plano. A evolução de Fichte é em particular significativa. Leitor e admirador de Rousseau, da Revolução Francesa, da cultura do país que foi protagonista dela e da *grande nation* enquanto tal, depois da derrota de Jena se empenha em celebrar de modo enfático a nação alemã, seus costumes, valores, sua língua, à qual atribui uma originalidade, autenticidade e dignidade que as outras não parecem poder aspirar. E não é tudo. Os *Discursos à nação alemã*[*] anunciam e celebram o surgimento da "autêntica arte estatal alemã" em oposição aos modelos estrangeiros e, em primeiro lugar, franceses.

---

[*] Ed. port.: Lisboa, Temas e Debates, 2010. (N. E.)

A LINGUAGEM DO IMPÉRIO   77

Fichte não está só. Outros partidários do partido antifrancês vão ainda além. À moral sexual liberal ou libertina censurada à França opõem-se o "costume alemão" [*deutsche Sitte*] e a "fidelidade alemã" [*deutsche Treue*], até o "modo de vestir alemão" [*deutsche Tracht*], que inclui e exige a necessária vergonha para as mulheres. Nesse ponto são evidentes as analogias com o atual fundamentalismo islâmico. Por outro lado, se, com os invasores, os *boxers* chineses pretendem eliminar também os telégrafos e a tecnologia proveniente do Ocidente, não é muito diferente a posição, na esteira da guerra de libertação nacional contra a França, de um de seus maiores intérpretes. Contra "a maldita mania das fábricas", que na Alemanha é artigo de importação e que ameaça a antiga e autêntica alma alemã, Ernst Moritz Arndt lança um apelo apaixonado:

> Renunciemos a toda máquina antes de correr o perigo de que tal maquinismo [*Maschinenwesen*] nos destrua toda a visão sadia do Estado e das classes e ofícios, simples e naturais, de que depende a conservação de toda virtude, força e honestidade. Se todos os artesãos se tornam fabricantes, se enfim até a agricultura for considerada e gerida como uma fábrica, em breve desaparece das instituições humanas o que é simples, estável e sólido, então fica mal para a felicidade e o esplendor da nossa espécie.

Nem sequer as religiões escapam da nacionalização dos costumes e da cultura. Fichte fala da Bíblia como de "um livro nacional" alemão[68]. Em nome do "Deus alemão", Arndt conclama seus compatriotas a comprometer-se contra os franceses em uma "grande e santa guerra alemã". O *Catecismo*, composto por ele para os combatentes, tem cadência de versículos bíblicos.

> Esta é a guerra que agrada ao Senhor; este é o sangue do qual Deus conta as gotas no céu./ E quem cair na primeira fila, percorrendo com os mais corajosos a senda da vitória, abençoou os seus, mais tarde, descendentes, e os netos vivem na alegria e na celebridade./ E sua lembrança é sagrada no povo, e os netos pregam no lugar onde caíram pela pátria.

E ainda, "e em espírito de concórdia e de paz deveis reconhecer que tendes um só Deus, o antigo, fiel Deus, e que tendes uma só pátria, a antiga, fiel

---

[68] J. G. Fichte, "Die Republik der Deutschen, zu Anfang des zwei und zwanzigsten Jahrhunderts unter ihrem fünften Reichsvogte", em I. H. Fichte (org.), *Werke* (Berlim, de Gruyter, 1971, v. VII), p. 537-8.

Alemanha". Para o movimento patriótico em seu conjunto, o objeto de culto tende a ser o "nosso Deus alemão". Trata-se do Deus cristão de Lutero, como acontece em Arndt, ou, voltando mais, do Deus pagão germânico? Para os teutômanos esse não é o ponto mais importante; o essencial é o separatismo também religioso dos invasores. Na Alemanha de 1813, na qual ressoa com força o eco da resistência antinapoleônica, Madame de Staël percebe "na gente do povo [...] essa santa antipatia pelos costumes, os usos e as línguas estrangeiras que fortifica em todos os países o laço nacional"[69].

A identidade a opor ao inimigo invasor é construída mediante uma volta às origens, transfiguradas de maneira mítica. Os intelectuais afrancesados são odiados e desprezados, aos quais se opõe o povo simples e fiel ao germanismo autêntico, tanto mais pesquisado e venerado quanto mais se aproxima de sua origem remota. Por isso, aos mais recentes termos *Deutschland* e *deutsch* às vezes se preferem os mais antigos *Teutschland* e *teutsch*. Daqui nasce também a celebração dos antigos germanos, puros e incorruptos (assim como são descritos por Tácito). Seus costumes e hábitos assumem função análoga àquela atribuída à *Sharia* ou a *Halakhá* dos atuais fundadores islâmicos ou judeus. É principalmente aí que é preciso buscar a solução dos problemas políticos da Alemanha, e não em constituições ou instituições estranhas à autêntica alma alemã.

Aos olhos dos teutômanos do tempo, os germanos estão desde sempre em luta contra os romanos invasores e opressores, quer se trate das legiões de Varo e de Augusto, do clero e dos representantes do papado romano ou das tropas de Richelieu, Luiz XIV e Napoleão (o exército daqueles novos romanos que são os franceses). Nessa leitura é evidente a tendência à naturalização das tradições culturais e políticas dos dois países: entre as duas identidades em luta não há troca recíproca ou relação diferente daquela do antagonismo permanente. É esquecida a influência profunda exercida sobre a filosofia e a cultura alemãs por autores como Voltaire, Descartes e Rousseau. A caracterização dos romanos-franceses como eternos invasores inclui a remoção de capítulos inteiros da história, a exemplo daquele relativo ao ducado de Brunswick, que, depois de 1789, se coloca à frente da cruzada exterminadora ameaçada contra a França revolucionária.

Algo análogo se verifica na Espanha. A invasão napoleônica acaba com as relações feudais de produção, introduz de algum modo a modernidade; ao mesmo tempo, subjuga e humilha a identidade religiosa e nacional. O povo

---

[69] A. L. G. Staël-Holstein, *De l'Allemagne* (org. S. Balayé, Paris, Garnier-Flammarion, 1968, v. I), p. 57.

espanhol responde com uma insurreição que, assim como o exército napoleônico, pretende expulsar também a tradição cultural francesa em seu conjunto
e, em particular, as ideias do Iluminismo e da Revolução.

O próprio Risorgimento italiano pode ser examinado à luz do conflito
entre culturas. Reduzida a simples expressão geográfica do país que a domina e a ocupa, a Itália deve construir sua identidade para poder reivindicar e
afirmar sua independência também no plano político. Não faltam tendências
a construir uma identidade substancialmente tirada da história e, portanto,
de tipo de algum modo fundamentalista. Assim se explicam certos traços da
filosofia de Gioberti. Este celebra o "primado moral e civil dos italianos"; toma
como modelo uma mítica população original (os pelasgos); propõe-se a criar
uma escola filosófica "católica, moderada, antifrancesa, antigermânica e verdadeiramente italiana, a qual, com sua influência, destrua o mal feito há três
séculos"[70]. Nesse quadro são colocados alguns motivos presentes no próprio
hino que Mameli eleva ao "elmo de Cipião" e às glórias dos antigos romanos.

Com certeza, os movimentos nacionais de libertação podem encontrar e
encontram também expressões mais maduras. Ao polemizar contra aqueles
que exigem a expulsão patriótica da Itália da "filosofia *alemã*", cujos textos
falam a mesma língua das tropas austríacas de ocupação, Bertrando Spaventa
opõe a tese da circulação do pensamento: a filosofia clássica alemã não é pen-
sável sem o Renascimento italiano; referir-se a ela não é um ato de traição;
é sem sentido histórico contrapor tradições nacionais estereotipadas e sem
relações recíprocas. Por trás dessa tese age a lição de Hegel que, antes, combate a teutomania mediante um balanço histórico que identifica a gênese da
Revolução Francesa já em Lutero. Também para o filósofo alemão a expulsão
com motivação patriótica das ideias de 1789 não tem razão de ser: os iluministas e os revolucionários franceses se colocam, de algum modo, na esteira
da Reforma luterana, conferindo concretude mundana a um movimento que,
aos olhos de Lutero, tem uma dimensão essencialmente intimista[71].

---

[70] E. Garin, *Storia della filosofia italiana* (3. ed., Turim, Einaudi, 1978), p. 1153.

[71] Para a leitura aqui proposta das guerras antinapoleônicas, cf. D. Losurdo, "Fichte, la resistenza antinapoleonica e la filosofia classica tedesca", *Studi storici*, n. 1-2, 1983, p. 189-216;
e idem, *Hegel e la Germania. Filosofia e questione nazionale tra rivoluzione e reazione* (Milão,
Guerini-Istituto italiano per gli studi filosofici, 1997), cap. I, 2; IX, 6; XIV, 1. Para as diversas tendências do Risorgimento italiano, cf. idem, *Dai fratelli spaventa a Gramsci. Per
una storia politico-sociale della fortuna di Hegel in Italia* (Nápoles, La Città del Sole/Istituto
italiano per gli studi filosofici, 1997), cap. V.

9. Fundamentalismo e conflitos entre as grandes potências

A resistência antinapoleônica na Alemanha e na Espanha e o Risorgimento italiano são guerras de libertação nacional. Mas tendências ao fundamentalismo emergem também durante as lutas imperiais entre as grandes potências do Ocidente. Sobretudo por ocasião de guerras totais, além de militares, o choque torna-se ideológico e acaba tomando a forma também de "cruzada filosófica", para usar uma expressão à qual Boutroux recorre de modo explícito. O primeiro conflito mundial é sentido e configurado pelos lados opostos como um choque entre civilizações sem relações entre elas e irredutivelmente antagônicas, cuja identidade parece subtrair-se à mudança histórica e tende a ter um fundamento antropológico e, em última análise, étnico. A vida cultural conhece um processo de etnicização em todas as suas manifestações. Na Alemanha, um filósofo, mesmo prestigiado como Eucken, celebra a "fé alemã" [*deutsches Glauben*], o "espírito alemão" [*deutsche Gesinnung*] e até o "conhecimento alemão" [*deutsches Erkennen*] e a "criatividade artística alemã" [*deutsches Kunstschaffen*]; "o povo alemão" tem "uma liberdade espiritual peculiar a ele [*ihm eigentümlich*] na religião, na moral, no conhecimento e na arte". Essa peculiaridade deve ser protegida de toda contaminação. Não falta referência à origem mítica ou transfigurada de maneira mítica. A partir de Lutero, segundo Eucken, a essência das inspirações do povo alemão pode ser sintetizada assim: "livre, cristã, alemã"[72]. Outros autores retroagem ainda mais e, ligando-se também às guerras antinapoleônicas, remontam até Armínio. Mesmo se de vez em quando as origens são definidas de modo diferente, o significado de sua evocação permanece imutável. Ela deve servir para reunir as forças e rejeitar todo elemento estranho. Na vertente oposta, já antes de 1914, Maurras chama seus concidadãos a expulsar as "importações intelectuais ou morais", ou pelo menos exprimir profunda "desconfiança" em relação a tudo o que tem uma "etiqueta estrangeira" e uma "marca não francesa". Só assim a França poderá voltar a ser consciente de "uma história incomparável" e reconquistar "seus penates intelectuais, seus penates materiais"[73].

Tendências de tipo fundamentalista surgem também do outro lado do Atlântico. Nos Estados Unidos desencadeia-se uma caça às bruxas contra tudo

---

[72] R. Eucken, *Deutsche Freiheit ein Weckruf* (Leipzig, Quelle & Meyer, 1919), p. 20, 4, 14; D. Losurdo, *Hegel e la Germania*, cit., p. 643 (para a "cruzada filosófica").

[73] R. Girardet, *Le nationalisme français. Anthologie 1871-1914* (Paris, Editions du Seuil, 1893), p. 211.

o que tem uma etiqueta alemã. Em muitas escolas é suprimido o ensino dessa língua, enquanto se torna perigoso tocar música alemã. As famílias e até as cidades com nomes alemães apressam-se a anglicizá-los, para evitar incidentes ou para ostentar sua fé patriótica. Se na Alemanha há o empenho na expelição patriótica de tudo o que não está em plena conformidade com a autenticidade teutônica, uma análoga "limpeza cultural" ocorre nos Estados Unidos em nome da defesa e da celebração do norte-americanismo. Wilson arvora-se em intérprete do "espírito norte-americano", dos "princípios norte-americanos", do "verdadeiro norte-americanismo". É um clima que dura e que se acentua depois, no pós-guerra, como resposta também ao desafio representado pela Revolução de Outubro. Durante a campanha eleitoral de 1936, se a plataforma republicana acusa o presidente no poder de trair o "sistema norte-americano", a plataforma democrática declara, por sua vez, que quer prosseguir no "restabelecimento do modo norte-americano de viver" [*american way of living*] e do "norte-americanismo autêntico". A obsessão por uma autenticidade não contaminada por algum elemento estranho chega ao ponto de Franklin Delano Roosevelt não só celebrar o "nosso sistema norte-americano", mas também criticar Jefferson por se ter deixado influenciar demais pelas "teorias revolucionárias francesas"; em todo caso, os concidadãos são chamados a se opor, além de ao comunismo, a "qualquer outro 'ismo' forasteiro". Com certeza, seria errado confundir ou assimilar personalidades e ambientes políticos e culturais tão diferentes entre si. É claro que a referência comum ao "norte-americanismo" permite considerar estranhos à alma e ao espírito dos Estados Unidos e rejeitar idealmente as ideologias não gratas e seus seguidores[74].

10. Revolução modernizadora a partir do alto, fluxos migratórios e reação nativista e fundamentalista

O encontro-desencontro entre culturas não é necessariamente provocado por guerras. Às vezes é uma revolução modernizadora, como aquela da qual, na Rússia, Pedro, o Grande é protagonista. A ocidentalização do país é promovida do alto com punho de ferro. Um despotismo impiedoso regulamenta até os mínimos aspectos da vida privada e, sem poupar absolutamente a nobreza,

---

[74] D. Losurdo, *Democrazia o bonapartismo. Trionfo e decadenza del suffragio universale* (Turim, Bollati Boringhieri, 1993), p. 167-70. [Ed. bras.: *Democracia ou bonapartismo: triunfo e decadência do sufrágio universal*, São Paulo, Unesp, 2004.]

DOMENICO LOSURDO

prescreve "raspar a barba e vestir-se à moda alemã". Contra essa imposição que, em nome da "civilização ocidental", tinha "esquecido a nacionalidade" russa[75], desenvolve-se o movimento eslavófilo que rejeita a modernização e os métodos autocráticos com que fora formulada, e que recupera o sentido da nação condenando o Ocidente em seu conjunto e auspiciando o retorno à Rússia anterior a Pedro, o Grande, transfigurada de maneira mítica. O difícil equilíbrio entre regeneração e involução, já colocado em evidência por Marx em relação à revolta antinapoleônica da Espanha (*infra*, cap. II, subitem 15), deixa rapidamente o lugar para prevalecer sempre mais claro o segundo aspecto, à medida que a eslavofilia e o pan-eslavismo se tornam instrumento ideológico da política externa czarista e de suas aspirações expansionistas.

Enfim, são os fluxos migratórios em massa que podem provocar o encontro--desencontro entre as culturas, sobretudo se depois eles se desenvolvem em conexão com ásperos conflitos. É um fenômeno que caracteriza em primeiro lugar a história dos Estados Unidos. Um duplo conflito das civilizações preside sua fundação: persuadidos de serem o novo Israel e o povo eleito por Deus, os puritanos fogem de uma Europa percebida e rotulada por eles como o lugar do pecado e da corrupção, para desembarcar no Novo Mundo, onde a hostilidade dos peles-vermelhas selvagens e pagãos os esperam. E esse duplo conflito é continuamente renovado, por um lado, pela progressiva expansão dos colonos e das guerras contra os índios e, por outro, pelas sucessivas ondas de imigrantes (inclusive escravos negros deportados da África), que provêm de todos os cantos do mundo e que trazem consigo uma cultura sempre diferente. A identidade cristã do povo eleito, em nítida oposição ao mundo profano ou pagão que o circunda, é acentuada pelos movimentos periódicos de despertar religioso, que lembram ao povo eleito o pacto único que o liga a Deus e a missão sagrada que lhe compete edificar uma "cidade na colina", chamada a ser exemplo para toda a humanidade.

É neste terreno que o fundamentalismo estadunidense aprofunda suas raízes. Historicamente ele pode assumir e assumiu conteúdos bastante diferentes. Nos anos que precedem a Guerra da Secessão, o movimento de luta contra a escravidão – o abolicionismo – é transpassado de forma profunda pelo fundamentalismo cristão; classifica e queima em público a Constituição federal como um "acordo com o Inferno" e um "pacto com a Morte"; denuncia os

---

[75] A. I. Herzen, *Breve storia dei Russi. Lo sviluppo delle idee rivoluzionarie in Russia* (Milão, Corbaccio, 1994), p. 82, 148.

"corresponsáveis pelo pecado da escravidão" como cúmplices do "Demônio"; identifica o "Anticristo" nos governos que não se conformam com a lei divina, cuja preeminência não é lícito desconhecer em nenhum caso ("não conheço outros governantes além de Deus"); assim como o pecado da escravidão, chama a erradicar toda uma série de outros vícios, como o "deísmo", a "heresia", o "capital bancário", os "bordéis", as estalagens[76].

Outras vezes, o fundamentalismo cristão assume conteúdos muito diferentes. Voltemos ao movimento a partir do qual o termo "fundamentalismo" aparece. Examinemos, então, a situação dos Estados Unidos nas últimas décadas do século XIX e nas primeiras do século XX. Com o fim da Guerra da Secessão, desenvolve-se um gigantesco processo de industrialização e urbanização, com afluxo maciço de irlandeses católicos, judeus da Europa oriental etc. A isso é preciso acrescentar o fenômeno do crescimento das igrejas afro-americanas, possibilitado pela abolição da escravidão e estimulado pela necessidade de os ex-escravos encontrarem um refúgio qualquer da perseguição branca. Além de servir de veículo de religiões ou confissões diferentes, a nova onda de imigrantes favorece a penetração ou a difusão do socialismo e do anarquismo. No plano mais estritamente cultural, as ideias, os valores, os costumes dominantes são desafiados também pelo processo de secularização, pela difusão da teoria evolucionista darwiniana (que lança uma sombra de dúvida sobre o relato bíblico da criação), pelo surgimento de uma nova moral sexual em conexão tanto com o processo de urbanização e a atenuação do controle social, como com a incipiente emancipação feminina. No plano econômico-social, a nova onda de imigrantes provenientes da Europa agrava a concorrência no mercado de trabalho (a válvula de escape do Far West já está fechada). O conflito político--social entrelaça-se de forma estreita com uma grave crise de identidade.

O fundamentalismo estadunidense do início do século pretende dar uma resposta a tudo isso. O inimigo, o veículo da difusão da desordem política, social e ideológica, é identificado nos imigrantes e em todos aqueles que, embora cidadãos estadunidenses, sob a influência ruinosa de elementos e doutrinas estrangeiras, voltaram as costas para o "americanismo puro". Compreende-se então o embate dos movimentos nativistas e, em particular, da Ku Klux Klan. Como antídoto para as contaminações, desvios e distorções verificadas é recomendada a volta às origens; ao "Evangelho dos tempos antigos e de antigo

---

[76] D. Losurdo, *Controstoria del liberalismo* (Roma/Bari, Laterza, 2005), cap. V, § 11. [Ed. bras.: *Contra-história do liberalismo*, Aparecida, Ideias & Letras, 2006.]

molde" [*old-time, old-fashioned Gospel*], enfim livre das incrustações da crítica racionalista e histórica e restituído ao seu significado original e literal; a volta à "religião de antigo estilo" [*old-style religion*] ou à "religião dos tempos antigos" [*old-time religion*] a considerar como "o verdadeiro fundamento da nossa incomparável civilização"[77]. É nesse quadro que entra a proibição da difusão da teoria darwiniana da evolução, aprovada em alguns estados sob pressão do fundamentalismo.

A religião original assim recuperada forma uma só coisa com a nação: "A Constituição dos Estados Unidos está baseada na Bíblia Sagrada e na religião cristã, e um ataque a uma é um ataque também à outra"; então é preciso "colocar uma Bandeira e uma Bíblia" em cada escola de modo que a América possa superar a crise recuperando sua identidade autêntica de nação e de civilização cristã[78].

A moral não escapa ao processo de etnicização. Surge a teorização de uma "moral anglo-saxã" que condena de forma severa a dissolução e a libertinagem espalhadas. Como manifestações de decadência são denunciados o baile, o jazz e as roupas femininas inconvenientes; em alguns estados são apresentados projetos de lei que visam castigar com contravenções ou com prisão moças e mulheres vestidas de modo audacioso demais. Não por acaso, os fundamentalistas desempenham papel essencial na aprovação da legislação proibitiva[79].

E também nesse caso aparece a tendência a tornar diferentes tradições culturais compactas e estereotipadas e a naturalizá-las. Um estudioso sintetiza deste modo a imagem da Alemanha entre os fundamentalistas protestantes:

> A essência e a influência ruinosa da cultura alemã manifestam-se, por um lado, no racionalismo alemão na forma da crítica bíblica histórico-filológica (que procura dissolver a partir de dentro os fundamentos da fé), por outro lado, na filosofia evolucionista (socialdarwinista) de Friedrich Nietzsche, que ataca o cristianismo a partir de fora. Expressão direta dessas duas correntes é a bárbara guerra mundial desencadeada pelos alemães. Além disso, a *cerveja alemã* mina os fundamentos da moral cristã.[80]

---

[77] N. MacLean, *Behind the Mask of Chivalry: The Making of the Second Ku Klux Klan* (Nova York/Oxford, Oxford University Press, 1994), p. 22, 92-3.

[78] Ibidem, p. 92, 11; M. Riesebrodt, *Fundamentalismus als patriarchalische Protestbewegung*, cit., p. 57.

[79] N. MacLean, *Behind the Mask of Chivalry*, cit., p. 126, 31; M. Riesebrodt, *Fundamentalismus als patriarchalische Protestbewegung*, cit., p. 62, 13.

[80] M. Riesebrodt, *Fundamentalismus als patriarchalische Protestbewegun*, cit., p. 64.

Afastados, para dar dois exemplos, a contribuição de Spinoza para a exegese racionalista do texto sagrado e o papel decisivo desempenhado por Darwin, Galton e pela cultura inglesa na elaboração da teoria evolucionista e do socialdarwinismo, o inimigo alemão adquire uma firmeza sem rupturas; sua definição tende a deslizar do terreno da história para o da antropologia (e da natureza). Na vertente oposta, uma férrea linha de continuidade conduz, segundo os fundamentalistas estadunidenses, do cristianismo original e de Paulo de Tarso aos Pais Peregrinos, que fundam as colônias no Novo Mundo, e destes aos Pais Fundadores, que dão origem aos Estados Unidos e a uma história que é sagrada no plano político e religioso; de fato, o conteúdo de verdade da Bíblia e da Constituição estadunidense é idêntico[81].

11. Fundamentalismo nativista e Liga Norte

A este tipo de fundamentalismo pode ser aproximado o atual fenômeno da Liga Norte na Itália. A imigração maciça proveniente do Sul e o consequente encontro-desencontro entre duas culturas não provocam problemas particulares nos anos do milagre econômico. Diferente é a situação que se criou em tempos mais recentes. Por um lado, o milagre esgotou-se e a concorrência no local de trabalho tornou-se mais áspera; por outro lado, o processo de secularização e a crise do marxismo enfraqueceram em medida mais ou menos grave as ideologias capazes de desempenhar uma função de integração. Então, surge um movimento de tipo nativista e fundamentalista. Nesse caso, a *old-time religion* deve ser encontrada de forma clara. Assim se explicam as oscilações da Liga Norte: por um lado, vemos as tentativas de dobrar em sentido nativista o catolicismo; por outro, as tentações de dar vida a uma espécie de religião neopagã, baseada no culto do Pó e dos penates de uma Padânia chamada a livrar-se das influências contaminadoras de culturas e grupos estranhos à sua alma autêntica. É clara a tendência a construir uma identidade mítica, caracterizada por valores peculiares, incompreensíveis e impedidos aos "sujos". O processo de naturalização chega até a teorização de uma estirpe padana e celta, empenhada em recuperar sua pureza.

---

[81] Ibidem, p. 73-4.

12. Arcaísmo e inovação no fenômeno fundamentalista

O fundamentalismo é uma possibilidade sempre presente no decurso da história universal. Voltemos às análises de Toynbee. Precedido, como sabemos, de "uma longa série de *mahdis* judeus", o Mahdi propriamente dito, "o fanático sudanês, é a antítese de Pedro, o tecnocrata russo"[82]. Se, por um lado, é assimilado aos zelotas protagonistas da resistência nacional judaica, por outro lado, o herói islâmico é oposto ao czar que impõe de cima a ocidentalização da Rússia, provocando a reação dos eslavófilos. Sempre segundo o historiador inglês, expressões de zelotismo são tanto a revolta dos *boxers* na China como o desenvolvimento do movimento sionista. Portanto, no curso do encontro-desencontro entre culturas diferentes podem surgir duas atitudes típicas ideais opostas: o "herodianismo" ou o "petrismo" de um lado, e o zelotismo ou o mahdismo do outro[83].

Rejeitando a atitude estereotipada que atribui o fundamentalismo a uma cultura determinada, esse modelo tem o mérito de partir do conflito entre as culturas e de identificar em cada uma delas a realidade ou a possibilidade de uma reação segundo o princípio do zelotismo ou do mahdismo. No entanto, esse modelo me parece anulado por um erro fundamental. Toynbee identifica zelotismo com "arcaísmo" e herodianismo com "futurismo"[84]. Na realidade, argumentar desse modo implica confundir o significado político-social objetivo de um movimento com a consciência ideológica de seus protagonistas. Não há dúvida de que os *mahdis* judeus ou islâmicos, os zelotas das mais diversas culturas, se refiram à tradição e à sua sacralidade; no entanto, colocam em movimento processos cheios de elementos novos, que pouco ou nada têm a ver com o passado. O mesmo Toynbee é de algum modo obrigado a reconhecer isso quando, depois de ter identificado no sionismo uma forma de zelotismo, considera oportuno acrescentar que se trata de um zelotismo diferente daquele ritualista e tradicionalista[85].

Mas tais especificações podem valer também para outros movimentos. Tomemos a revolta dos *boxers*. Ao que parece, ela se desenvolve sob o signo do arcaísmo: contra as invasões "estrangeiras" de todo tipo pretende defender

---

[82] A. J. Toynbee, *Il mondo e l'Occidente*, cit., p. 86.

[83] Idem, *A Study of History*, cit., v. VIII, p. 580-623.

[84] Ibidem, p. 622.

[85] Ibidem, p. 600.

a cultura e as instituições tradicionais e faz profissão de lealdade à dinastia existente. No entanto, esta acaba sendo posta em discussão de maneira violenta na medida em que é considerada incapaz de opor resistência eficaz e decidida à ameaça do Ocidente[86]. Uma atitude do gênero tem muito pouco a ver com a tradição. A aspereza do choque e a necessidade de tornar o mais unânime possível a resistência contra o invasor, estimulando relações que tendem a ser mais igualitárias em relação às mulheres[87], acaba por também chamá-las a participar da luta. E também esse é um fato novo. O próprio radicalismo da rejeição do cristianismo, e de tudo o que é estrangeiro, não remete à tradição. Basta pensar na curiosidade e no interesse com que em seu tempo foram recebidos na corte os jesuítas e os missionários cristãos. Não, esse radicalismo pressupõe a experiência dolorosa da invasão e nasce do desejo de opor a ela uma identidade nacional compacta e sem rachaduras. Sem terem consciência disso, algo que os *boxers* acabaram tomando emprestado do Ocidente é a ideia de nação e de unidade nacional.

É interessante também o caso dos eslavófilos. Embora se movam em uma constelação histórica totalmente diferente, também eles percebem a necessidade de opor-se à ameaça (real ou imaginária) do Ocidente mediante a construção ou reconstrução da identidade nacional, e ao fazerem isso acabam se inspirando de maneira ampla na filosofia ocidental (alemã). Por sua vez, a própria ideia de nação e de resistência nacional implica o alargamento da base social. Consegue a transfiguração em sentido popular ou populista da Rússia anterior a Pedro; mas tal transfiguração é um elemento da realidade e incide sobre ela, no sentido de que estimula a reivindicação da abolição da servidão da gleba, mas está em contradição com a autêntica comunidade popular russa[88]. É preciso não perder de vista o fato de o eslavofilismo ser também a reação contra uma aristocracia que busca interlocutores nas classes privilegiadas do Ocidente, mas despreza de modo profundo o povo russo, assimilado a uma espécie de raça inferior e bárbara. Segundo Herzen, a aristocracia russa "é mais cosmopolita que a revolução", mas só no sentido de que a primeira erguia uma barreira tão maciça entre si e as classes populares que tornava impossível o surgimento da própria ideia de nação. O aristocrata russo gostava de fazer profissão de fé do cosmopolitismo, bem como do Iluminismo, mas no fim,

---

[86] J. W. Esherick, *The Origins of the Boxer Uprising*, cit., p. 254.

[87] V. Purcell, *The Boxer Uprising*, cit., p. 267.

[88] H. Seton-Watson, *Storia dell'impero russo (1801-1917)* (Turim, Einaudi, 1971), p. 238, 243.

principalmente, proteger de todo escrúpulo moral sua "condição de soberano respeito ao escravo"[89].

Se o fenômeno do fundamentalismo tem uma história passada muito longa, hoje assume amplidão e qualidades novas. De um lado, a "globalização" generaliza o encontro-desencontro entre culturas; de outro, a imposição de um mercado mundial, que deveria ser totalmente autorregulado, envolve já na metrópole capitalista, e mais ainda nas colônias ou nos países periféricos, a destruição dos laços comunitários e das identidades culturais e de grupo enraizadas em uma tradição secular. É uma dialética já analisada por Marx: a irrupção do "cosmopolitismo" da "produção capitalista" e do cristianismo (a religião mais funcional a ela) destrói o "laço natural de gênero" [*natürlicher Gattungszusammenhang*], substituindo-o por uma atomização que entrega os mais fracos a seus destinos[90]. Então se manifestam reações de tipo fundamentalista, em que encontram expressão, ao mesmo tempo, o desconforto social e o protesto contra um "universalismo" agressivo e imperial, que pretende igualar e anular as diferenças culturais e nacionais.

13. Choque de civilizações e de almas opostas ou "circulação do pensamento"?

Como sabemos, tendências fundamentalistas surgem também durante as guerras travadas no Ocidente. Agora nos coloquemos outro problema: no que diz respeito aos conflitos que opõem o Ocidente em seu conjunto a movimentos de luta nas colônias ou no Terceiro Mundo, o fundamentalismo está sempre e necessariamente do lado destes últimos? Hoje, soam obsessivos os apelos a tomar posição firme em defesa da tradição e da "alma" do Ocidente, o qual encarnaria ao mesmo tempo a herança do mundo judeu-cristão e do greco-romano. O mito genealógico greco-romano-judaico-cristão assim construído esquece e remove capítulos essenciais da história, a saber: os conflitos sangrentos e impiedosos que há muito opõem o mundo grego e romano ao judaísmo e ao cristianismo (sem tais conflitos, e a consequente destruição do Estado judeu e a drástica dizimação da população que o habitava, não poderiam ser compreendidas a diáspora e a história do judaísmo enquanto tal); e o choque entre as duas grandes religiões,

---

[89] A. I. Herzen, *Breve storia dei Russi*, cit., p. 92.

[90] K. Marx e F. Engels, *Marx/Engels Werke (MEW)* (Berlim, Dietz, 1955-1989, v. XXIII), p. 93; v. XXVI, t. III, p. 441-2.

no decorrer do qual a comunidade judaica frequentemente buscou refúgio no mundo islâmico, com o estreitamento de um laço tão forte que a Disraeli parece a aliança entre "árabes judaicos" e "árabes maometanos". Assim, não há mais traço de que o extermínio dos judeus ocorreu, como sublinha Arendt, "no centro da civilização ocidental". Isso tudo não é só esquecido, mas também reprimido. Fabuliza-se sobre uma "alma" ocidental, chamada a enfrentar a ameaça islâmica. Se a alma não é raça, tampouco é propriamente cultura, a qual se refere à história; pela tradição teológica que a acompanha, a categoria *alma* parece referir-se a uma realidade que diz respeito à eternidade (*infra*, cap. VI, subitem 1; cap. VII, subitem 1). É característica essencial do fundamentalismo a tendência a construir tradições culturais estereotipadas, antagônicas e sem "circulação do pensamento" entre uma e outra; e o mito genealógico que acabamos de ver é exatamente o cartão de visita do fundamentalismo do Ocidente.

A fim de esclarecer melhor este último ponto, convém voltar ao primeiro conflito mundial. Em um momento alto de sua evolução, Giovanni Gentile zomba dos "pseudoconceitos" dos ideólogos da guerra que, na Alemanha, celebram a "fidelidade alemã", a "vontade alemã", a "castidade alemã" etc. De modo análogo procedem também os ideólogos do lado oposto: uns e outros pretendem pôr "a hipoteca sobre todas as virtudes e as mais altas capacidades humanas", atribuindo a ela o monopólio sobre uma nação ou tradição cultural. Entre essas virtudes, há uma em particular que os países da Tríplice Entente parecem reivindicar para sua glória exclusiva: o respeito à individualidade. A guerra é lida como choque entre "duas mentalidades, uma latina e anglo-saxã (pluralista) e a outra alemã (monista e panteísta)". Gentile objeta: são acaso monistas os alemães Leibniz, Herbart e Lotze? E, na vertente oposta, "toda a filosofia latina é pluralista? E são pluralistas Descartes e Malebranche? E Bruno é pluralista?". E "quem não sabe que o panteísmo de Goethe tem origens exóticas e remonta a Spinoza, que não é alemão, e ao nosso Bruno?"[91]. O filósofo italiano, neste momento discípulo autêntico de Hegel, assim evidencia uma tendência, que poderemos definir de tipo fundamentalista, do clima ideológico daqueles anos: a nacionalização da moral e da cultura e a oposição estereotipada de duas tradições culturais que tendem a ser naturalizadas, como demonstra o recurso à categoria *mentalidade*. Polemizando contra tudo isso, Gentile refere-se à história e à tese spaventiana da circulação do pensamento europeu.

---

[91] D. Losurdo, *Dai fratelli spaventa a Gramsci*, cit., cap. V.

Agora é lícito fazer duas perguntas. Os "pseudoconceitos" deixam de ser tais uma vez que o adjetivo "alemão" ou "francês" ou "latino" ou "germânico" é substituído pelo adjetivo "europeu" ou "ocidental"? E cessa de ser estereotipada uma visão que, em vez de monismo alemão e pluralismo latino e anglo-saxão, opõe monismo (ou holismo) oriental a pluralismo (ou individualismo) ocidental? Os epítetos que à Alemanha reservam seus inimigos ocidentais servem agora para promover a campanha contra o Oriente, e em particular contra o islã, lançada por um Ocidente no qual, nesse meio tempo, foi cooptada a própria Alemanha. A metamorfose não tornou absolutamente mais persuasivos os velhos estereótipos e pseudoconceitos; especificamente, é bastante problemático recorrer à categoria *individualismo* para caracterizar a história do Ocidente e, em particular, do seu país líder, em cujo âmbito ainda em pleno século XX a pertença à raça foi o critério decisivo para determinar a sorte do indivíduo. Se por individualismo se entende o reconhecimento da dignidade do indivíduo em sua universalidade, ele não pode ser pensado sem a contribuição representada pelo desafio de culturas e povos estranhos ao Ocidente e com ele frequentemente em luta.

A tese da circulação do pensamento faz-se valer em nível mundial e não só para os elementos positivos, mas também para os negativos. Hoje está bastante difundida a denúncia do islã como a religião da guerra santa (e, por isso, do fanatismo e da intolerância); porém, Maomé tira esse tema do Antigo Testamento, no qual, aliás, ele está presente de forma mais gravemente naturalista (tem uma conotação étnica, além de religiosa). É, pois, pouco estranho ao Ocidente o motivo da guerra santa e da cruzada, que atravessa em profundidade a história dos Estados Unidos.

14. DURAÇÃO LONGA E PECULIARIDADE DO FUNDAMENTALISMO ESTADUNIDENSE

Claro, "guerra santa" é a guerra travada pelo povo eleito contra os peles-vermelhas pagãos, assimilados aos habitantes abusivos da terra prometida e, portanto, destinados a ser eliminados e aniquilados. Mas santas e queridas por Deus são também as guerras que o povo eleito trava de vez em quando contra esta ou aquela potência europeia. A Guerra dos Sete Anos é sentida e combatida pelos colonos ingleses na América do Norte – não se cansam de acentuar os sermões dos pastores protestantes – como uma guerra santa na qual o próprio Deus guia e salva Inglaterra-Israel da ameaça representada pela França papista e substancialmente pagã: a vitória conquistada sobre os inimigos é a prova da "presença favorável, providencial de Deus no seu povo". Poucos anos depois, durante a Guerra de Independência, é a Inglaterra que constitui o coração da linha de batalha dos "inimigos de Deus", ao passo que os colonos norte--americanos rebeldes são para sempre "os fiéis cristãos, os bons soldados de Jesus Cristo", chamados a cultivar "um espírito marcial" e "a arte da guerra", de modo a concluir "a obra do Senhor"[92].

Estamos na segunda metade do século XVIII. Se a Europa conhece o grande período do Iluminismo, nada comparável parece haver do outro lado do Atlântico. Analisando de forma crítica a tradição judaico-cristã, Voltaire visa de modo particular a ideia de povo eleito e a de guerra santa. Claro, os dois motivos estão estreitamente interligados pelo fato de que a guerra santa é, em última análise, a guerra travada pelo povo eleito. Do outro lado do Atlântico, porém, esses dois motivos não só não são questionados, mas também conhecem um triunfo justo a partir do final do século XVIII, como demonstram as cruzadas primeiro contra a França e depois contra a Inglaterra.

Poder-se-ia objetar que, ao contrário de tudo o que acontece no mundo islâmico, na América do Norte o fundamentalismo não impõe uma religião de Estado, pois as mais diferentes religiões e confissões podem desenvolver-se. Aos observadores mais atentos, porém, não escapou o fato de que os Estados Unidos nos colocam na presença de "uma religião nacional". James Bryce, no final do século XIX, chega a essa conclusão. Mas devemos identificar tal religião com o cristianismo, como pensa o ilustre jurista e politólogo inglês? É verdade que, em apoio a sua tese, ele poderia ter invocado as repetidas tomadas de posição, entre os séculos XIX e XX, por parte da Suprema Corte ou da Comissão de Justiça do Senado: "somos um povo cristão", "esta é uma nação cristã" e "a única e melhor garantia para a perpetuação da instituição republicana é o patriotismo cristão". Mas como explicar, então, a virulenta polêmica anticatólica e "antipapista", que por tempo, muito tempo, caracterizou a vida religiosa, cultural e política dos Estados Unidos[93]? Huntington, ao precisar, nos nossos dias, que a religião nacional seria exatamente o cristianismo, resolveria a dificuldade? Ficaria ainda por explicar a conciliação enfim conseguida com o catolicismo e o peso bastante considerável do judaísmo.

---

[92] E. Sandoz, *Political Sermons of the American Founding Era: 1730-1805* (Indianápolis, Liberty Press, 1991), p. 216-9, 623-4.

[93] S. P. Huntington, *La nuova America* (Milão, Garzanti, 2005), p. 18.

Para nos aprofundarmos no problema e encontrarmos uma resposta mais adequada convém analisarmos o conflito político-religioso que se manifesta nos Estados Unidos por ocasião da guerra com a Espanha. Mesmo tendo por alvo um país catolicíssimo, também essa guerra é travada por Washington como uma guerra santa. Isso colocou os próprios católicos estadunidenses em uma situação difícil, pois estavam subordinados hierarquicamente a uma autoridade (a pontifícia) acusada ou suspeita de incitar o inimigo, a Espanha[94]. São compreensíveis o mal-estar e a irritação de Leão XIII, que em uma carta apostólica (*Testem benevolentiae nostrae**) intervém, em 1899, para condenar o "norte-americanismo". No entanto, a Igreja católica é obrigada, em última análise, a capitular. Em 1905 o arcebispo Ireland declara:

> Não podemos deixar de crer que não tenha sido destinada à América uma missão particular [...], a de realizar uma nova ordem social e política. [...] com o triunfo da Igreja na América, a verdade católica viajará nas asas da influência norte-americana e circundará o universo.[95]

A legitimação plena da Igreja católica pressupõe que ela primeiro aceite o dogma central da "religião nacional" em vigor nos Estados Unidos, o dogma da missão moral providencial de que o povo eleito estadunidense está investido. E no século XX esse dogma é mais vezes proclamado e reforçado pelo episcopado católico estadunidense. Durante a Guerra Fria, o cardeal Spellman, como foi observado, não apenas celebra a "missão messiânica da América", mas também chega a "identificar os juízos e as ações da nação norte-americana com os de Deus". Em outras palavras, "os prelados católicos reconciliaram o universalismo católico com o nacionalismo estadunidense"[96]. Para sermos exatos, a Igreja de Roma é obrigada também a sofrer a renacionalização que o cristianismo conhece em terra norte-americana, chamado agora a consagrar o novo Israel, "a cidade na colina", o povo eleito. O conflito potencial entre as diferentes confissões cristãs é neutralizado à medida que nenhuma delas põe em discussão o dogma constitutivo da religião nacional

---

[94] Ibidem, p. 114.

* Testemunho da nossa benevolência. Palavras iniciais de carta apostólica do Papa Leão XIII. (N. E.)

[95] Ibidem, p. 117-8.

[96] Idem.

estadunidense, o dogma que exatamente transfigura e consagra a nação escolhida por Deus.

Agora compreendamos o encontro com o judaísmo. Também nesse caso, fique claro que a legitimação plena passa pela aceitação preventiva do "norte-americanismo" como religião nacional. Nos anos em que o judaísmo parecia estar ligado à Revolução de Outubro e à Rússia soviética, nos Estados Unidos manifestou-se um antissemitismo bastante virulento (*infra*, cap. IV, subitem 1), que só desapareceu depois que tal ligação foi desfeita. Se, para ser aceito, o catolicismo teve de fazer calar seu universalismo, o judaísmo teve de deslocar a ênfase do profetismo, que alimentava as esperanças das classes e dos povos oprimidos a se recuperarem, para o tema do povo eleito, reinterpretado de modo a abraçar, além de Israel propriamente dito, também o novo Israel representado pela República estadunidense. Dessa forma, além da óbvia dimensão geopolítica, a aliança de Israel com os Estados Unidos assume um significado também teológico.

É nesse contexto que é preciso colocar o conflito com o islã, que sem dúvida não esperou o dia 11 de setembro para se manifestar. Já na década de 1830, organizando-se como Nação do Islã, os negros manchavam-se com a grave culpa de pôr em discussão o mito genealógico dos Estados Unidos e uma religião nacional que parece resistir a todos os desafios. Ela é repetidas vezes acentuada com solenidade nas proclamações do presidente dos Estados Unidos, que terminam infalivelmente com a invocação ritual: "God bless America!" [Deus abençoe a América!]. E que seus inimigos tremam, porque na luta entre bem e mal, como sabemos, Deus não pode ser "neutro", não pode senão ficar do lado da nação que ele escolheu para liderar o mundo e derrotar o mal.

Se múltiplas são as formas que o fenômeno do fundamentalismo pode assumir, só no caso da América do Norte e de Israel ele acaba consagrando teologicamente um país e um povo bem determinado, e só no caso dos Estados Unidos o fundamentalismo garante a assistência divina à pretensão de edificar um império mundial.

15. COMO AVALIAR CONCRETAMENTE OS DIFERENTES FUNDAMENTALISMOS E SEUS CONFLITOS

Quando nos deparamos com um conflito no qual se chocam culturas diferentes e em estágios diferentes de seu desenvolvimento, uma tendência bastante difusa se poupa o cansaço da análise concreta para enfileirar-se imediatamente com o contendente que encarna ou parece encarnar a cultura mais moderna e mais avançada. O resultado objetivo desse modo de se comportar é a justificação do expansionismo colonial até em suas expressões mais brutais e mais sanguinárias. Para dar só um exemplo: no final do século XIX se consuma o genocídio dos aborígenes nos Estados Unidos, na Austrália e na Nova Zelândia; quem o perpetra são países e povos de enraizadas tradições liberais e democráticas, que se orgulham de uma cultura nitidamente superior àquela de suas vítimas. Devemos tomar posição a favor dos vencedores? O rigor intelectual e moral exige que se proceda de modo diferente: mais do que fazer uma classificação banal dos povos e das culturas que se chocam repetidas vezes, é preciso questionar a natureza concreta do conflito.

Pode parecer-nos primitiva e ingênua, e realmente o é, a atitude dos índios guiados por Tecumseh que esperam parar a invasão branca banindo os tecidos europeus e impondo a volta às vestes de pele tradicionais. Revela-se primitiva e ao mesmo tempo caracterizada por uma inquietante intolerância a atitude dos fundamentalistas cristãos estadunidenses que pretendem colocar fora da lei, assim como a escravidão, o divórcio, a licenciosidade dos costumes, o álcool e toda uma série de outros "pecados". Com razão se pode dizer que os colonos brancos e os proprietários de escravos exprimem uma cultura mais madura, mais equilibrada, mais "moderna". Representam, por isso, a causa dos direitos do homem? Dificilmente podemos nos identificar com os *boxers* que, na tentativa de recuperar a independência e a alma autêntica da China, se empenham em banir as ferrovias e os telégrafos; devemos por isso considerar melhores os invasores ocidentais e Guilherme II que, em um célebre e famigerado discurso, convida os soldados alemães a semear o terror e a não fazer prisioneiros entre os bárbaros pagãos, de modo a aplanar a estrada para o cristianismo, para a civilização e para o Ocidente?

Hoje, de um lado, desenvolvem-se movimentos de independência nacional que agitam o Alcorão e não se cansam de gritar que "Alá é grande"; de outro, Bush Jr. promove no Oriente Médio a causa da ocupação militar e da hegemonia dos Estados Unidos e de Israel, fortalecendo-se com a Bíblia e proclamando que Deus não pode ser "neutro". Mesmo se, por acaso, devesse exprimir-se mediante uma cultura mais equilibrada, nem por isso a cultura da ocupação militar e da hegemonia cessaria de ser injusta.

A história coloca-nos continuamente na presença de movimentos nos quais – ainda que de modo confuso, turvo e, às vezes, bárbaro – se agitam aspirações legítimas à independência nacional ou à recuperação de uma identidade cultural e de uma dignidade humana há muito tempo oprimidas.

Isso vale para movimentos que se desenvolveram na Europa. Voltemos por um instante para a sublevação contra Napoleão na Alemanha e na Espanha. Mesmo duramente crítico de toda galofobia e teutomania (e por isso de toda tendência fundamentalista), Hegel acaba reconhecendo o caráter inelutável e progressivo de tal revolta. Na era napoleônica, nas palavras de Marx, "todas as guerras de independência travadas contra a França levam a marca comum de uma regeneração que se une com a reação". Trata-se de movimentos propensos a ver na cultura iluminista e revolucionária proveniente da França um veículo de desnacionalização e de assimilação, um instrumento a serviço de uma política expansionista e de opressão nacional; quer dizer, são levados a identificar a luta contra os invasores com a luta contra o Iluminismo e a Revolução Francesa. Nesse sentido, a regeneração (o processo real de libertação da ocupação estrangeira) une-se a uma reação (a ideologia confusa e turva que acompanha tal processo e que é precursora de sucessivas involuções e regressões)[97].

É um entrelaçamento que pode ser constatado também nos movimentos nacionais que se desenvolveram na Irlanda e na Polônia, protagonistas de uma grande luta de libertação, caracterizada pela identificação imediata entre consciência nacional e consciência religiosa católica (traço claramente fundamentalista). No final do século XVIII, Frederico II da Prússia e d'Alembert, em sua correspondência, zombavam do povo polonês que confiava à "Santa Virgem Maria" suas esperanças de resgate nacional[98], mas nem o filósofo nem o "rei iluminista" representavam a causa da liberdade e do progresso. No início do século XX, além de no clero católico (rotulado de obscurantista e fundamentalista *ante litteram** pelos campeões do Império liberal inglês), o movimento nacional irlandês recoloca suas esperanças no improvável renascimento da língua e cultura gaélicas, mas isso não nos impede de reconhecer a legitimidade da aspiração à independência do povo irlandês.

Devemos hoje argumentar de modo diferente em relação ao fundamentalismo islâmico e outros movimentos análogos? Convém refletir sobre um fato. Despachadas no Ocidente como simples expressões de xenofobia e de rejeição da modernidade, as Revoltas dos Sipais, de Mahdi e dos *boxers* tendem a ser consideradas, nos países em que se iniciaram, como revoluções nacionais ou primeiras, incertas e

---

[97] D. Losurdo, "Fichte, la resistenza antinapoleonica e la filosofia classica tedesca", cit., p. 189-92.

[98] Fréderic II, "Correspondance de Monsieur d'Alembert avec Frédéric II Roi de Prusse", em *Oeuvres posthumes* (Berlim, Voss et Fils et Decker et Fils, 1791, v. XX), p. 169-70.

*   Antes da letra. Antes de ser escrito, oficializado ou publicado. (N. E.)

rudes expressões de uma revolução nacional. A revolta dos *boxers* é inserida por Mao Tse-Tung entre as "guerras justas" contra o imperialismo[99]. Já Lênin, empenhado em levantar a questão nacional e colonial, recusa-se a ler aquela revolta segundo o esquema caro a um campeão do imperialismo, Guilherme II, como simples expressão da insensatez dos "selvagens chineses", da "hostilidade da raça amarela contra a raça branca" ou do "ódio dos chineses pela cultura e civilização europeias"[100].

Leitor de Hegel e Marx, o revolucionário russo certamente não é um seguidor do fundamentalismo antiocidental. Explícitas são sua polêmica contra os eslavófilos e sua zombaria em relação àqueles que, no "Ocidente materialista" e "podre", pretendem opor "a luz [que] brilha só do Oriente místico religioso". A denúncia impiedosa da política de saque, de agressão e de genocídio feita à metrópole capitalista, de fato, não desemboca na transfiguração de um mundo ainda não contaminado pela modernidade capitalista e ocidental. Longe de ser sinônimo de liquidação sumária da tradição cultural europeia, a condenação do colonialismo e do imperialismo é feita por Lênin em nome também do "espírito europeu" e da "cultura europeia" que irrompem nas colônias, que, tomadas pelas "ideias de liberdade", começam a rebelar-se contra seus senhores. Nessa visão não há lugar para uma oposição estereotipada de identidades estáticas sem "circulação do pensamento" de uma à outra. Ainda depois da conquista do poder, Lênin, por um lado, convida os revolucionários ocidentais a estudar e assimilar de modo criativo a lição de Outubro e, por outro, solicita que os revolucionários e o povo russo se aproveitem, no plano político estatal, dos "melhores modelos da Europa ocidental", ainda que seja para transformá-los e superá-los[101].

Quem quiser lutar a sério contra o fundamentalismo em suas diversas manifestações deve empenhar-se em reconstruir, em condições totalmente novas, uma posição capaz de conjugar a crítica do Ocidente com o reconhecimento de seus pontos altos. O enfraquecimento e a desagregação de tal posição explicam o fato de, hoje, os movimentos de resistência dos povos em condição colonial ou semicolonial tenderem a assumir sempre mais a forma de guerra de religião e de civilização. Rompido o equilíbrio entre crítica do Ocidente e herança dos seus pontos mais altos, a guerra santa do islã apresenta-se como a resposta à guerra santa do Ocidente, que de modo errôneo se arvora em lugar da racionalidade leiga e antidogmática.

---

[99] Mao Tse-Tung, "Sulla tattica contro l'imperialismo giapponese", em *Opere scelte* (Pequim, Edizioni in Lingue Estere, 1969, v. I), p. 182.

[100] V. I. Lênin, *Opere complete* (Roma, Riuniti, 1955-1970, v. IV), p. 408-9.

[101] V. I. Lênin, *Opere complete*, cit., v. XVIII, p. 152-5; v. XXXIII, p. 445-6, 450.

III. ANTIAMERICANISMO

1. A DOENÇA MORTAL DO AMERICANISMO

Infelizmente, uma campanha iniciada a partir da última guerra contra o Iraque serve de obstáculo para a reflexão autocrítica sobre o fundamentalismo do Ocidente e, sobretudo, de seu país líder. Nessa ocasião, procurou-se calar o movimento de protesto e as críticas e reservas expressas por alguns governos europeus, classificando-se tais manifestações de hostilidade ou de desafio como expressões de antiamericanismo. E mais ainda porque elas, como uma atitude política errada, foram pintadas como o sintoma mais ou menos agudo de uma doença: o desajuste em relação à modernidade e a surdez às razões da democracia.

Afirma-se que o antiamericanismo aproxima correntes de esquerda e de direita e caracteriza as piores páginas da história europeia; e conclui-se que desculpar uma atitude desenvoltamente crítica em relação aos Estados Unidos não promete nada de bom. Mais uma vez surge o dogmatismo da ideologia dominante, que evita duas perguntas que deveriam ser elementares e obrigatórias. É o antiamericanismo na Europa ou o antieuropeísmo nos Estados Unidos que se manifesta com mais força? E por que a primeira atitude deveria ser mais deplorável que a segunda? Entretanto, sem perder tempo em enfrentar tais problemas, crescem nas duas margens do Atlântico os livros, os ensaios e as intervenções jornalísticas que denunciam a difusão do antiamericanismo, pesquisam seus sintomas, reconstroem sua gênese, sempre para chegar à conclusão de que se trata de uma doença grave que ataca tanto a direita como a esquerda.

2. O MITO DO ANTIAMERICANISMO DE ESQUERDA

As coisas estão verdadeiramente nesses termos? A tese da convergência, em perspectiva antidemocrática, do antiamericanismo de esquerda e de direita tem fundamento? No que diz respeito ao primeiro, convém partir de Marx, que define os Estados Unidos como o "país da emancipação política consumada" ou como "o exemplo mais perfeito de Estado moderno", o qual garante o domínio da burguesia sem excluir *a priori* qualquer classe social do gozo dos direitos políticos[1]. Pode-se notar certa tolerância: mais do que estar ausente, nos Estados Unidos a discriminação censitária assume a forma "racial".

Ainda mais desequilibrada em sentido filoamericano é a atitude de Friedrich Engels. Depois de distinguir entre "abolição do Estado" em sentido comunista, em sentido feudal ou em sentido burguês, ele acrescenta:

> Nos países burgueses a abolição do Estado significa a redução do poder estatal no nível da América do Norte. Nela, os conflitos de classe desenvolveram-se apenas de modo incompleto; as colisões de classe são de vez em quando camufladas mediante a emigração da superpopulação proletária para o Oeste. A intervenção do poder estatal, reduzida a um mínimo no Leste, não existe no Oeste.[2]

Além da abolição do Estado (ainda que em sentido burguês), o Oeste parece ser sinônimo de ampliação da esfera da liberdade: não se faz referência à sorte reservada aos peles-vermelhas, como também se cala sobre a escravidão dos negros. Análoga é a orientação da *A origem da família, da propriedade privada e do Estado*[*]: os Estados Unidos são indicados como o país em que, pelo menos em certos períodos da história e em certas partes de seu território, o aparelho político e militar separado da sociedade tende a reduzir-se a zero[3]. Estamos em 1884; nesse momento os negros não só estão privados dos direitos políticos conquistados imediatamente depois da Guerra de Secessão, mas também submetidos a um regime de *apartheid* e a uma violência que chega até às formas mais ferozes de linchamento. No sul dos Estados Unidos talvez o Estado fosse fraco, mas era muito mais forte a Ku Klux Klan, com certeza expressão da sociedade civil,

---

[1]   K. Marx e F. Engels, *Marx/Engels Werke (MEW)* (Berlim, Dietz, 1955-1989) v. I, p. 352; v. III, p. 62.

[2]   Ibidem, v. VII, p. 288.

[*]   Rio de Janeiro, Bertrand Brasil, 1995. (N. E.)

[3]   Ibidem, v. XX, p. 166.

a qual, porém, pode ser o lugar do exercício do poder, e de um poder também bastante brutal.

Sobretudo, é importante notar que, no plano da política internacional, Engels parece fazer eco à ideologia do *manifest destiny* [destino manifesto], como emerge da celebração da guerra contra o México. Graças também à "coragem dos voluntários estadunidenses", "a esplêndida Califórnia foi arrancada dos indolentes mexicanos, os quais não sabiam o que fazer com ela"; aproveitando-se das novas gigantescas conquistas, "os enérgicos ianques" dão novo impulso à produção e à circulação da riqueza, ao "comércio mundial", à difusão da "civilização" [*Zivilisation*][4]. Escapa a Engels um fato denunciado com força, naquele mesmo período, pelos círculos abolicionistas estadunidenses: a expansão dos Estados Unidos significara a reinstituição da escravidão no Texas arrancado do México.

Vamos agora à história do movimento comunista propriamente dito. É conhecido o fascínio que o taylorismo e o fordismo exerceram sobre Lênin e Gramsci. Em 1923, Bukharin vai além: "precisamos somar o americanismo ao marxismo"[5]. Um ano depois, Stálin parece olhar com tanta simpatia para o país que participou da intervenção contra a Rússia soviética que dirige um significativo apelo aos quadros bolcheviques: se quiserem estar de fato à altura dos "princípios do leninismo", devem saber interligar "o ímpeto revolucionário russo" e "o espírito prático norte-americano". "Americanismo" e "espírito prático" significam aqui não apenas o realismo, mas também a intolerância com os preconceitos, e referem-se, em última análise, à democracia. Como Stálin esclarece em 1932, os Estados Unidos são certamente um país capitalista; no entanto, "as tradições na indústria e na praxe produtiva têm algo de democratismo, o que não se pode dizer dos velhos países capitalistas da Europa, onde ainda está vivo o espírito senhoril da aristocracia feudal"[6]. O "americanismo" é apreciado também por Gramsci por sua capacidade de desenvolver as forças produtivas e introduzir sangue novo nas hierarquias sociais existentes e, portanto, "por seus elementos subversivos da sociedade europeia que se estagna". Compreende-se então o "antiamericanismo" difundido no lado leste do Atlântico, que "é cômico antes ainda de ser estúpido", apegado

---

[4] Ibidem, v. VI, p. 273-5.

[5] Bukharin citado em O. Figes, "The Greatest Relief Mission of All", *The New York Review of Books*, 13/3/2003, p. 24.

[6] J. Stálin, *Werke* (Hamburgo, Roter Morgen, 1971-1973), v. VI, p. 165; v. XIII, p. 101-2.

de modo quixotesco aos resíduos do antigo regime destinados a ser eliminados pela evolução histórica[7].

Ao seu modo, Heidegger tem razão quando censura os Estados Unidos e a União Soviética (e o movimento comunista) por representar, de um ponto de vista metafísico, o mesmo princípio, que consiste no desencadeamento da técnica e na "massificação do homem"[8]. Não há dúvida que os bolcheviques se sentem atraídos pela América do *melting pot*, do *self-made man* e do desenvolvimento das forças produtivas. Outros aspectos, porém, são decididamente repugnantes aos olhos deles. Conhecemos a denúncia indignada que o jovem Ho Chi Minh fez da prática horrível dos linchamentos e do regime de supremacia branca em geral. No entanto, ela de modo algum desemboca em uma condenação indiscriminada dos Estados Unidos: a Ku Klux Klan, que revela toda "a brutalidade do fascismo", acabará sendo derrotada, além de pelos negros, judeus e católicos (as vítimas em níveis diferentes dessa brutalidade), por "todos os estadunidenses decentes"[9]. Com certeza, não estamos na presença de um antiamericanismo indiferenciado.

3. Celebração do "americanismo" e mitologia imperial

Vimos personalidades do mundo comunista, tão diferentes entre si como Bukharin, Stálin e Gramsci, exprimirem-se com fervor sobre o "americanismo" ou sobre o "espírito prático norte-americano", sobre um país ao qual, com certa generosidade, é atribuído o mérito de ter promovido uma grandiosa revolução das forças produtivas graças à sua capacidade de superar as barreiras de casta e de raça. No entanto, o "americanismo" pode ter uma apreciação de sinal contrário. Um historiador estadunidense de nossos dias assim descreveu o clima de exaltação expansionista que se criou em seu país entre o final do século XIX e começo do século XX, na esteira da triunfal vitória sobre a Espanha, quando surgiu aquilo que mais tarde será chamado o século norte-americano:

---

[7] A. Gramsci, *Quaderni del carcere* (ed. crítica, org. V. Gerratana, Turim, Einaudi, 1975), p. 347, 635, 2152. [Ed. bras.: *Cadernos do cárcere*, Rio de Janeiro, Civilização Brasileira, 2002.]

[8] D. Losurdo, *La comunità, la morte, l'Occidente. Heidegger e "l'ideologia della guerra"* (Turim, Bollati Boringhieri, 1991), p. 90.

[9] W. C. Wade, *The Fiery Cross: The Ku Klux Klan in America* (Nova York/Oxford, Oxford University Press, 1997), p. 203-4.

A esse impulso prepotente foram dados nomes diferentes: jingoísmo, nacionalismo, imperialismo, chauvinismo e até fascismo e nazismo. [Theodore] Roosevelt preferia usar o nome simples, e para ele mais belo, de americanismo.[10]

Não por acaso, o estadista de quem se fala aqui é o "mensageiro do militarismo e do imperialismo norte-americano", e também um pouco do "racismo"[11].

Nesse contexto, o "americanismo" é a palavra de ordem que legitima e consagra o "destino manifesto" e a missão imperial dos Estados Unidos, dos anglo-saxões, da raça branca. Em seu nome são reforçadas, em primeiro lugar, a doutrina Monroe e a subjugação da América Latina: sim – declara em 1916 Simeon Davison Fess, membro da Câmera dos Representantes – a Washington compete a tarefa de "manter o americanismo neste continente"[12]. No plano interno, a Ku Klux Klan desencadeia os pogrom e os linchamentos, em primeiro lugar, contra os negros e os brancos "traidores" (mas sem poupar em sua campanha de ódio os judeus, os orientais e os católicos), agitando a bandeira do "americanismo puro" ou do "americanismo cem por cento"[13]. Mais tarde, durante a Guerra Fria, o macarthismo espiona, demite do emprego, prende e persegue não só os comunistas, mas também todos os suspeitos de cultivar ideias *un-American* [não americanas] e diferente do americanismo autêntico.

Então se compreende bem porque o jovem Ho Chi Minh compara a Ku Klux Klan com o fascismo. Por outro lado, as semelhanças entre os dois movimentos não escapam às testemunhas estadunidenses do tempo; não poucas vezes, com juízo de valor positivo ou negativo, elas comparam os homens em uniforme branco do sul dos Estados Unidos com os "camisas negras" italianos e com os "camisas cinzentas" alemães, a Ku Klux Klan com os movimentos fascista e nazista[14]. Não há dúvida: é forte a influência que certo "americanismo" exerce sobre a reação europeia.

Em 1919, Moeller van den Bruck, um dos profetas do Terceiro Reich, celebra o "Amerikanismus" ou a "Amerikanertum", esse "grande" e "jovem princípio" que, corretamente entendido, leva a tomar posição pelos "povos e raças jovens"[15].

---

[10] E. Morris, *The Rise of Theodore Roosevelt* (Nova York, Ballantine Books, 1980), p. 461.

[11] R. Hofstadter, *La tradizione politica americana* (Bolonha, Il Mulino, 1960), p. 206.

[12] A. K. Weinberg, *Manifest Destiny: A Study of Nationalistic Expansionism in American History* (Chicago, Quadrangle Books, 1963), p. 436.

[13] N. MacLean, *Behind the Mask of Chivalry: The Making of the Second Ku Klux Klan* (Nova York/Oxford, Oxford University Press, 1994), p. 4-5, 14.

[14] Ibidem, p. 184.

[15] A. Moeller van den Bruck, *Das Recht der jungen Völker* (Munique, Piper, 1919), p. xi, 39-40.

"Americanismo" – acentua alguns anos depois Leopold Ziegler – não só exprime a "mentalidade das raças colonizadoras" e é sinônimo de "colonização", mas também é sinônimo de colonização em larga escala, de expansão no "grande espaço", no "poderoso espaço vital". A história dos Estados Unidos é "a história de uma inaudita extensão, ampliação, inchação" e confirma de modo plástico o princípio da "desigualdade e diferença no valor entre as raças diferentes" e entre indivíduos diferentes de uma mesma raça[16].

Na Itália do início do século XX, quem eleva um hino ao "americanismo conquistador" e ao seu "campeão magnífico" (Theodore Roosevelt) é o nacionalista Enrico Corradini. De modo análogo posicionam-se – observa Napoleone Colajanni de forma crítica a posições democráticas – "os imperialistas nietzscheanos da Itália", também eles fascinados pela vitalidade expansionista e pela "apologia da força e da violência" do presidente estadunidense[17]. Com efeito, um enaltecedor do imperialismo, Angelo Mosso, fascinado de modo muito particular pela epopeia do Far West, declara admirado: "o *ianque* representa o *super-homem*"[18].

Mais tarde, Corradini e os nacionalistas confluem no Partido Fascista. Também em Mussolini e no fascismo italiano se pode surpreender uma admiração por um país ou por um povo marcado pela "juventude" e pelo vigor, "sadio", sem certas características "decadentes" da "Europa muito velha" (a expressão "Europa *stravecchia* [muito velha]"[19] é de Vittorio Mussolini). Em 1930, é Robert Michels que afirma, antes celebra, a "afinidade entre o tipo ianque e o tipo fascista". Ela – prossegue o politólogo ítalo-alemão – "não é conhecida por ninguém melhor do que pelo próprio Benito Mussolini, que em sua mensagem ao povo estadunidense disse: 'As duas nações, de fato, têm muitos pontos em comum. A Itália de hoje, como a América, é sadia, simples e cheia de confiança em si mesma'"[20].O *Duce*

---

[16] L. Ziegler, "Amerikanismus", *Weltwirtschaftliches Archiv*, n. 23, 1926, p. 69-71, 73, 77.

[17] N. Colajanni, *Latini e Anglo-Sassoni (Razze inferiori e razze superiori)* (2. ed., Roma/Nápoles, Rivista popolare, 1906), p. 317 [nota].

[18] M. Nani, "Fisiologia sociale e politica della razza latina. Note su alcuni dispositivi di naturalizzazione negli scritti di Angelo Mosso", em A. Burgio e L. Casali (orgs.), *Studi sul razzismo italiano* (Bolonha, Clueb, 1996), p. 32.

[19] Cf. R. de Felice, *Mussolini il duce – lo Stato totalitario 1936-1940* (Turim, Einaudi, 1981, v. II), p. 291, 328-9, 108.

[20] R. Michels, "L'Italia di oggi. Storia della cultura politica ed economica dal 1860 al 1930", em G. Panella (org.), *Socialismo e fascismo (1925-1934)* (Milão, Giuffrè, 1991), p. 109. A referência é à mensagem de Mussolini de dezembro de 1926.

do fascismo admira, em particular, a "dura e fascinante", a "grande conquista" do Far West, que pode servir de modelo para a expansão colonial[21] e que, de fato, mais tarde inspira Hitler em sua guerra de extermínio contra os "indigentes" da Europa oriental.

Quando, para calar as críticas contra a política de Washington, se recorda a contribuição essencial que os Estados Unidos, com outros países (a começar pela União Soviética), deram para a luta contra a Alemanha hitlerista e seus aliados, se diz apenas uma parte da verdade; a outra parte é constituída pelo papel notável que os movimentos reacionários e racistas estadunidenses desempenharam em inspirar e alimentar a agitação que acabou desembocando no triunfo de Hitler. Por outro lado, o fascínio que os Estados Unidos exercem sobre a reação não é um fenômeno limitado apenas ao século XX; não se pode esquecer que, já a partir do final do século XVIII, a República estadunidense torna-se um polo de atração e às vezes um refúgio para os proprietários de escravos, cada vez mais perseguidos pela revolução e pela agitação abolicionista[22].

4. O NAZISMO E O FASCÍNIO DO ESTADO RACIAL NO SUL DOS ESTADOS UNIDOS

Aqui convém concentrar-nos no século XX. Já na década de 1920, entre a Ku Klux Klan e os círculos alemães de extrema direita estabelecem-se relações de troca e de colaboração com base no racismo antinegro e antijudaico. A partir disso, uma estudiosa estadunidense de nossos dias acredita que possa concluir: "Se a grande depressão não tivesse atingido a Alemanha com toda a força, como de fato atingiu, o nacional-socialismo poderia ser tratado como às vezes é tratada a Ku Klux Klan, como uma curiosidade histórica, cujo destino já estava marcado"[23]. Quer dizer, para explicar o fracasso do *invisible empire* [império invisível] nos Estados Unidos e a chegada do Terceiro Reich na Alemanha seria necessário, mais que uma história ideológica e política diferente, um contexto econômico diferente. Essa afirmação pode ser exagerada. Continuam firmes os motivos de inspiração que o nazismo tira de certos aspectos da República estadunidense.

---

[21] Ver a intervenção de 14 de novembro de 1933 em B. Mussolini, *Scritti politici* (org. E. Santarelli, Milão, Feltrinelli, 1979), p. 282.

[22] D. Losurdo, *Controstoria del liberalismo* (Roma/Bari, Laterza, 2005), cap. V, § 8. [Ed. bras.: *Contra-história do liberalismo*, Aparecida, Ideias & Letras, 2006.]

[23] N. MacLean, *Behind the Mask of Chivalry*, cit., p. 184.

Em 1937, Rosenberg celebra os Estados Unidos como um "esplêndido país do futuro". Limitando a cidadania política apenas aos brancos e ratificando em cada nível e com todos os meios a *white supremacy*, ele teve o mérito de formular a feliz "nova ideia de um Estado racial", ideia para que agora esforçam-se para pôr em prática, "com força juvenil", mediante expulsão e deportação de "negros e amarelos"[24]. Basta dar uma olhada na legislação aprovada por Hitler logo depois de conquistar o poder para perceber as analogias com a situação vigente nos Estados Unidos, em particular no sul: da cidadania política, reservada aos arianos, são excluídos os judeus, os ciganos e os poucos mulatos que viviam na Alemanha (no final da Primeira Guerra Mundial, tropas de cor do exército francês tinham participado da ocupação do país). E, assim como nos Estados Unidos, também no Terceiro Reich a miscigenação, ou a contaminação do sangue em consequência das relações sexuais e matrimoniais entre membros da raça superior e membros das raças inferiores, é proibida pela lei. "A questão negra" – escreve Rosenberg – "está, nos Estados Unidos, no vértice de todas as questões decisivas"; e uma vez que o absurdo princípio da igualdade tiver sido cancelado para os negros, não se vê porque não devem ser tratadas "as necessárias consequências também para os amarelos e os judeus"[25].

Tudo isso não é de se admirar. A construção de um Estado racial é elemento central do programa nazista. Pois bem, quais eram, naquele momento, os possíveis modelos? Certamente, Rosenberg faz referência também à África do Sul. É bom que ela fique firmemente "em mãos nórdicas" e brancas (graças a "leis" oportunas contra os "índios", bem como contra os "negros, mulatos e judeus"), e que constitua um "sólido bastião" contra o perigo representado pelo "despertar negro"[26]. Mas o ideólogo nazista sabe de algum modo que a legislação segregacionista da África do Sul teve ampla inspiração no regime de *white supremacy* que se afirmou no sul dos Estados Unidos depois do fim da Guerra de Secessão e da escravidão propriamente dita[27]. E por isso volta o seu olhar, em primeiro lugar, para esse regime.

A orientação de Hitler não é diferente. Depois de ter afirmado que "a mistura do sangue do ariano com o de povos inferiores" tem consequências desastrosas, *Mein Kampf* [Minha luta] prossegue:

---

[24] A. Rosenberg, *Der Mythus des 20. Jahrhunderts* (Munique, Hoheneichen, 1937), p. 673.

[25] Ibidem, p. 668-9.

[26] Ibidem, p. 666.

[27] T. J. Noer, *Briton, Boer, and Yankee: The United States and South Africa 1870-1914* (Kent, The Kent State University Press, 1978), p. 106-7, 115, 125.

A América do Norte, cuja população é formada em grande maioria por elementos germânicos, os quais só muito raramente se misturaram com povos inferiores e de cor, mostra uma humanidade e uma civilização bem diferente daquela das Américas Central e do Sul, onde os imigrantes em grande parte latinos muitas vezes se fundiram com os habitantes originais.[28]

Como se vê, os Estados Unidos são um modelo de pureza branca e ariana. Em outra ocasião, o futuro *Führer* torna explícita a homenagem ao "americanismo" [*Amerikanertum*], entendido como expressão vital de "um povo jovem e racialmente selecionado"[29], de um povo que, graças à guarda ciumenta da própria pureza racial, se revela de uma vitalidade extraordinária. Podemos compreender de maneira ainda mais fácil o fascínio exercido pelos Estados Unidos sobre o nazismo se tivermos presente que Hitler olha não para um expansionismo colonial genérico, mas para a construção de um império continental, mediante a anexação e a germanização dos territórios orientais contíguos ao Reich. A Alemanha é chamada a expandir-se na Europa oriental como em uma espécie de Far West, tratando os "indígenas" do mesmo modo que os peles-vermelhas[30] e sem nunca perder de vista o modelo estadunidense, cuja "inaudita força interior"[31] o *Führer* celebra.

5. *UNTERMENSCHEN* E "SOLUÇÃO FINAL" ENTRE ESTADOS UNIDOS E ALEMANHA

O modelo estadunidense deixa traços profundos também no plano categorial e linguístico. É exatamente nesse nível que se verificam as surpresas mais sensacionais, aquelas que colocam ou deveriam colocar definitivamente em crise o mito de um antiamericanismo homogêneo nas fileiras da extrema direita. Tentemos interrogar-nos sobre o termo-chave suscetível de exprimir de modo claro e concentrado a carga de desumanização e de violência genocida inerente à ideologia nazista. Nesse caso, não é preciso fazer pesquisas difíceis: *Untermensch* é o termo-chave que de forma antecipada priva de qualquer dignidade humana

---

[28] A. Hitler, *Mein Kampf* (Munique, Zentralverlag der Nsdap, 1939), p. 313-4.

[29] Idem, *Hitlers Zweites Buch. Ein Dokument aus dem Jahre 1928* (org. e comentários G. L. Weinberg, Stuttgart, Deutsche Verlags-Anstalt, 1961), p. 125.

[30] Idem, *Idee sul destino del mondo* (Pádua, Edizioni di Ar, 1980), p. 541, 591, conversas de 8 e 30 de agosto de 1942.

[31] Idem, *Mein Kampf*, cit., p. 153-4.

a todos os que estão destinados a ser escravizados a serviço da raça dos senhores ou a ser aniquilados como agentes patogênicos, culpados de fomentar a revolta contra a raça dos senhores e contra a civilização como tal. Pois bem, o termo *Untermensch*, que desempenha um papel tão central e tão nefasto na teoria e na prática do Terceiro Reich, não é senão a tradução do norte-americano *under man* [subumano]! Rosenberg, que exprime sua admiração pelo autor estadunidense Lothrop Stoddard, reconhece-o. A Stoddard cabe o mérito de ter cunhado o termo em questão, que sobressai como subtítulo (*The Menace of the Under Man* [A ameaça do subumano]) de um livro publicado em Nova York em 1922 e de sua versão alemã [*Die Drohung de Untermenschen*], que apareceu três anos depois. A respeito de seu significado, Stoddard esclarece que ele indica a massa de selvagens dentro e fora do Ocidente, incapazes de civilização e dela inimigos incorrigíveis, com os quais é preciso proceder a um radical ajuste de contas, se se quer evitar o perigo que ameaça destruir a civilização[32]. Já elogiado por dois presidentes estadunidenses (Harding e Hoover) antes ainda de ser elogiado por Rosenberg, Stoddard é depois recebido com todas as honras em Berlim, onde encontra não apenas os expoentes mais ilustres da eugenia nazista, mas também os mais altos hierarcas do regime, inclusive Adolf Hitler[33], à época entregue a sua campanha de dizimação e escravização dos "indígenas" ou dos *Untermenschen* da Europa oriental, e empenhado nos preparativos para o aniquilamento dos *Untermenschen* judeus, considerados os loucos inspiradores da Revolução Bolchevique e da revolta dos escravos e dos povos das colônias.

Nos Estados Unidos da *white supremacy*, bem como na Alemanha – na qual cada vez mais se firma o movimento que depois desembocou no nazismo –, o programa de restabelecimento das hierarquias raciais liga-se estreitamente ao projeto eugênico. Trata-se, em primeiro lugar, de encorajar a procriação dos melhores, de modo a evitar o perigo do "suicídio racial" [*Rasseselbstmord*] que ameaça os brancos. Quem soa o alarme, em 1918, é Oswald Spengler, o qual, porém, para tal propósito, se refere de modo explícito ao ensinamento de Theodore Roosevelt (que, aliás, tirara o termo do sociólogo Edward A. Ross,

---

[32] Cf. D. Losurdo, *Nietzsche, il ribelle aristocratico. Biografia intellettuale e bilancio critico* (Turim, Bollati Boringhieri, 2002), cap. 27, § 7.

[33] Sobre a eugenia entre Estados Unidos e Alemanha, cf. S. Kühl, *The Nazi Connection. Eugenics, American Racism and German National Socialism* (Nova York/Oxford, Oxford University Press, 1994), p. 61. O lisonjeiro julgamento do presidente Harding é relatado na introdução de L. Stoddard, *Le flot montant des peuples de couleur contre la suprématie mondiale des blancs* (Paris, Payot, 1925).

que o tinha cunhado em 1901)[34]. No caso do estadista estadunidense, a evocação do espectro do "suicídio racial" [*race suicide*] e da "humilhação racial" [*race humiliation*] anda ao lado da denúncia da "diminuição dos nascimentos entre as raças superiores", ou "no âmbito da antiga linhagem dos nativos norte-americanos". Obviamente, a referência aqui não é aos "selvagens" peles-vermelhas, mas aos *wasp* – os *white, anglo-saxon protestants* [brancos, anglo-saxões e protestantes], à primeira onda de imigrantes que no plano cultural, religioso e racial exprimiam o americanismo em toda a sua pureza[35].

Também nesse caso, uma pesquisa histórica imparcial conduz a resultados surpreendentes. O *race suicide* temido por Theodore Roosevelt e por uma ampla opinião pública estadunidense torna-se, no Terceiro Reich, o *Volkstod*, a "morte do povo" ou da raça[36]. Para evitar esse perigo não basta o crescimento demográfico dos melhores, é preciso também conter ou bloquear a reprodução dos piores – é necessária uma "higiene racial" abrangente. *Rassenhygiene*, outra palavra-chave da ideologia nazista, não é, em última análise, senão a tradução alemã para *eugenics*, a nova ciência inventada na Inglaterra na segunda metade do século XIX por Francis Galton e que, não por acaso, conhece seu triunfo máximo nos Estados Unidos. Aí é mais do que nunca agudo o problema da relação entre as "três raças" e entre os "nativos", de um lado, e a massa crescente de imigrantes pobres, do outro. Muito antes da chegada de Hitler ao poder, às vésperas da Primeira Guerra Mundial, é publicado em Mônaco um livro que, já no título, indica os Estados Unidos como modelo de "higiene racial". O autor, vice-cônsul do Império Austro-Húngaro em Chicago, celebra os Estados Unidos pela "lucidez" e pela "pura razão prática" da qual dão prova ao enfrentar, com a devida energia, um problema tão importante, no entanto tão frequentemente afastado, a saber: violar as leis que proíbem as relações sexuais e matrimoniais inter-raciais pode levar a até dez anos de reclusão, além dos protagonistas, também de seus cúmplices[37]. Mais tarde, em 1923, um médico alemão, Fritz Lenz, lamenta-se pelo fato de que, a respeito da "higiene racial", a Alemanha está muito atrás dos Estados Unidos[38].

---

[34] O. Spengler, *Der Untergang des Abendlandes* (Munique, Beck, 1980), p. 683; S. Kühl, *The Nazi Connection*, cit., p. 16.

[35] Cf. T. Roosevelt, *The Letters* (orgs. E. E. Morison, J. M. Blum e J. J. Buckley, Cambridge, Harvard University Press, 1951) v. I, p. 487 [nota], 647, 1113; v. II, p. 1053.

[36] R. J. Lifton, *Ärzte im Dritten Reich* (Stuttgart, Klett-Cotta, 1988), p. 30.

[37] G. Hoffmann, *Die Rassenhygiene in den Vereinigten Staaten von Nordamerika* (Munique, Lehmanns, 1913), p. ix, 67-8.

[38] R. J. Lifton, *Ärzte im Dritten Reich*, cit., p. 29.

108   DOMENICO LOSURDO

Mesmo depois da conquista do poder pelo nazismo, os ideólogos e "cientistas" da raça continuam a acentuar: "Também a Alemanha tem muito a aprender com as medidas dos estadunidenses: eles sabem o que fazem"[39].

Não é sem precedentes, na outra margem do Atlântico, sequer o termo-chave que de modo eufemista e alusivo preanuncia o aniquilamento de um povo inteiro. Entre o fim do século XIX e início do XX aparecem nos Estados Unidos livros que invocam a "solução final e completa" [*final and complete solution*] do permanente apego ao paganismo por parte dos "povos inferiores" ou a "solução final" [*ultimate solution*] da questão negra[40]; mais tarde, porém, os nazistas teorizam e buscam colocar em prática com coerência radical e sem precedentes a "solução final" [*Endlösung*] da questão judaica.

Sem dúvida, há outra América que, longe de ser amada, é desprezada e odiada pelo nazismo e pelo fascismo. É a América do *melting pot* e da mistura racial. A polêmica contra ela se torna bastante áspera depois do começo das hostilidades entre Alemanha e Estados Unidos. Quem coloca dois países de sangue germânico e ariano um contra o outro só pode ser a "judaização" e a "negrização" infelizmente em curso na América do Norte, são as influências externas e as manobras de raças estranhas à civilização. Para Hitler, corre "sangue judeu" nas veias de Franklin Delano Roosevelt, cuja mulher tem um "aspecto negroide"[41]. Em todo caso, revela-se claramente mitológica a tese da convergência entre antiamericanismo de direita e de esquerda. Na realidade, são justamente os aspectos postos sob acusação pela tradição que, pelo abolicionismo, desembocam no movimento comunista, que suscitam simpatia e entusiasmo na vertente oposta. Quem é amado por uns é odiado por outros, e vice-versa.

6. MISSÃO IMPERIAL E FUNDAMENTALISMO CRISTÃO NA HISTÓRIA DOS ESTADOS UNIDOS

Se quisermos compreender as recentes manifestações de "antiamericanismo" e de "antieuropeísmo" nas duas margens do Atlântico, devemos escolher uma abordagem diferente. Depois de ser profundamente marcada pelo grande período

---

[39] H. S. R. Günther, *Rassenkunde des deutschen Volkes* (Munique, Lehmanns, 1934), p. 465.

[40] Cf. D. Losurdo, *Controstoria del liberalismo*, cit., p. 330.

[41] A. Hitler, *Reden und Proklamationen 1932-1945* (org. M. Domarus, Munique, Süddeutscher, 1965), p. 1797, discurso de 11 de dezembro de 1941; idem, *Idee sul destino del mondo*, cit., p. 476, conversa de 1º de julho de 1942.

do Iluminismo, no final do século XIX a Europa conhece um processo ainda mais radical de secularização. Agora são tanto os seguidores de Marx quanto os seguidores de Nietzsche que consideram irrefutável a "morte de Deus". Bem diferente é o quadro apresentado pelos Estados Unidos. Em 1899, a revista *Christian Oracle* assim explica a decisão de mudar seu nome para *The Christian Century*: "Cremos que o próximo século será testemunha, para a cristandade, dos maiores triunfos de todos os séculos e que ele será mais autenticamente cristão que todos os séculos precedentes"[42].

Nesse momento está em andamento a guerra contra a Espanha, acusada pelos dirigentes estadunidenses de privar injustamente Cuba de seu direito à liberdade e à independência, recorrendo ademais, em uma ilha "tão vizinha de nossas fronteiras", a medidas que repugnam ao "senso moral do povo dos Estados Unidos" e que representam uma "desgraça para a civilização cristã"[43]. Referência indireta à doutrina Monroe e apelo à cruzada em nome ao mesmo tempo da democracia, da moral e da religião entrelaçam-se para excomungar, por assim dizer, um país muito católico e conferir o caráter de guerra santa para todos os efeitos a um conflito que consagraria o papel de grande potência imperial dos Estados Unidos. Mais tarde, o presidente McKinley explica a decisão de anexar as Filipinas com uma iluminação de "Deus Onipotente" que, depois de prolongadas orações de joelhos, em uma noite até então particularmente angustiante, enfim o livra de qualquer dúvida e indecisão. Não era lícito deixar a colônia nas mãos da Espanha ou cedê-la "à França ou à Alemanha, os nossos rivais comerciais no Oriente"; tampouco era lícito entregá-la aos próprios filipinos que, "incapazes de autogoverno", teriam feito o país cair em uma condição de "anarquia e desgoverno" ainda pior do que os produzidos pelo domínio espanhol:

> Não restava outra coisa senão manter as Filipinas, educar os filipinos, elevando-os, civilizando-os e cristianizando-os, e, com a ajuda de Deus, fazer o melhor que pudermos por eles, como nossos irmãos, para os quais, também, Cristo morreu. Então fui para cama, peguei no sono e dormi profundamente.[44]

---

[42] M. Olasky, *The Tragedy of American Compassion* (Washington, Regnery Gateway, 1992), p. 135.

[43] De acordo com a resolução do Congresso de 20 de abril de 1898, em H. S. Commager, *Documents of American History* (7. ed., Nova York, Appleton-Century-Crofts, 1963, v. II), p. 5.

[44] McKinley citado em W. Millis, *The Martial Spirit* (Chicago, Elephant Paperbacks, 1989), p. 384.

Hoje conhecemos os horrores que significou a repressão ao movimento independentista nas Filipinas. A guerrilha desencadeada por ele foi enfrentada por meio da destruição sistemática das colheitas e do gado, encerrando a população em massa em campos de concentração, onde morriam de fome e de doenças; em certos casos, se recorria até ao assassinato de todas as pessoas do sexo masculino com idade acima de dez anos[45].

No entanto, apesar da amplidão dos "danos colaterais" provocados por ela, a marcha da ideologia da guerra imperial-religiosa conhece uma nova etapa triunfal com a Primeira Guerra Mundial. Logo depois da intervenção estadunidense, em uma carta ao coronel House, Wilson assim se exprime a propósito de seus "aliados": "Quando a guerra tiver acabado, poderemos submetê-los ao nosso modo de pensar pelo fato de eles estarem, entre outras coisas, financeiramente em nossas mãos"[46]. O elemento de *Realpolitik* na política externa de Wilson é evidente. Isso não o impede de travar a guerra como uma cruzada, inclusive no sentido literal do termo, destinada a fazer triunfar no mundo a causa da paz, da democracia e dos valores cristãos (*infra*, cap. VI, subitem 11). E, de novo, interesses materiais e geopolíticos, ambições hegemônicas e imperiais e boa consciência missionária e democrática fundem-se em uma unidade indissolúvel e irresistível.

Com essa mesma plataforma ideológica, os Estados Unidos enfrentam os posteriores conflitos do século XX. Particularmente significativa é a Guerra Fria, assim lida por Eisenhower em 1953: "A liberdade está em luta contra a escravidão; a luz, contra as trevas"[47]. Outro protagonista dessa época, Foster Dulles, é, segundo a definição de Churchill, "um puritano rigoroso". Dulles declara com orgulho: "No departamento de Estado ninguém conhece a Bíblia melhor do que eu". O fervor religioso não é um assunto privado: "Estou convencido de que precisamos fazer com que nossos pensamentos e práticas políticas reflitam do modo mais fiel a fé religiosa segundo a qual o homem tem sua origem e seu destino em Deus"[48]. Assim como a fé, outras categorias fundamentais da teologia irrompem na luta política em nível internacional:

---

[45] D. Losurdo, *Il revisionismo storico. Problemi e miti* (Roma/Bari, Laterza, 1996), cap. V, § 5.

[46] H. Kissinger, *Diplomacy* (Nova York, Simon and Schuster, 1994), p. 224. [Ed. bras.: *Diplomacia*, 3. ed., Rio de Janeiro, Francisco Alves, 2001.]

[47] D. N. Lott, *The Presidents Speak: The Inaugural Addresses of the American Presidents, from Washington to Clinton* (Nova York, Henry Holt and Company, 1994), p. 304.

[48] H. Kissinger, *Diplomacy*, cit., p. 534-5.

aos olhos de Dulles, os países neutros que se recusam a tomar parte na cruzada contra a União Soviética se mancham de "pecado", ao passo que os Estados Unidos, que se colocam à frente de tal cruzada, são o "povo moral" por excelência[49]. Em 1983, é Ronald Reagan quem guia esse povo que se distingue de todos os outros por sua moral e sua proximidade de Deus. Reagan dá impulso à fase culminante da Guerra Fria, destinada a ratificar a derrota do inimigo ateu, com uma linguagem explícita e agudamente teológica, que chama a combater e liquidar o "pecado e o mal" em todo canto do mundo, em nome da "Escritura" e de "Jesus Nosso Senhor" (*supra*, cap. II, subitem 3).

Chegamos, enfim, aos nossos dias. No discurso inaugural de seu primeiro mandato presidencial, Clinton não é menos religiosamente inspirado que seus predecessores e que seu sucessor: "Hoje celebramos o mistério da renovação estadunidense". Depois de recordar o pacto feito entre "os nossos Pais Fundadores" e "o Todo-Poderoso", Clinton sublinha: "Nossa missão é sem tempo"[50]. Ligando-se a essa tradição e radicalizando-a ainda mais, George W. Bush conduziu sua campanha eleitoral proclamando um verdadeiro dogma: "Nossa nação é eleita por Deus e tem o mandato da história para ser um modelo para o mundo"[51].

Como se vê, na história dos Estados Unidos, a religião é chamada a desempenhar em nível internacional uma função política de primeiro plano. Estamos na presença de uma tradição política que se exprime com uma linguagem explicitamente teológica. Mais que as declarações dadas pelos chefes de Estado europeus, as "doutrinas" de tempo em tempo enunciadas pelos presidentes estadunidenses fazem pensar nas encíclicas publicadas e nos dogmas proclamados pelos pontífices da Igreja católica. Os discursos inaugurais dos presidentes são verdadeiras cerimônias sagradas. Limito-me a dois exemplos. Em 1953, depois de convidar seus ouvintes a inclinar a cabeça diante do "Deus Todo-poderoso", dirigindo-se diretamente a ele, Eisenhower exprime este desejo: "Que tudo possa redundar para o bem do nosso amado país e para a tua glória. Amém". Nesse caso, salta aos olhos com particular evidência a identidade que existe entre Deus e a América do Norte. Meio século depois, o quadro não mudou. Sabemos de

---

[49] S. Z. Freiberger, *Dawn over Suez: The Rise of American Power in the Middle East, 1953-1957* (Chicago, Ivan R. Dee, 1992), p. 42-3.

[50] D. N. Lott, *The Presidents Speak*, cit., p. 366.

[51] R. Cohen, "No, Mr. Lieberman, America Isn't Really God's Country", *International Herald Tribune* (Nova York), 8/9/2000.

112 Domenico Losurdo

que modo Clinton iniciou seu discurso inaugural. Vejamos como o conclui. Após citar a sagrada "Escritura", o novo presidente termina: "Do alto desta celebração ouvimos um chamado ao serviço no vale. Escutamos as trombetas. Fizemos a mudança de guarda. E agora, cada um ao seu modo e com a ajuda de Deus, devemos responder ao chamado. Obrigado e que Deus abençoe a todos nós"[52]. De novo, os Estados Unidos são celebrados como a "cidade na colina", a cidade bendita de Deus. No discurso proferido logo depois de sua reeleição, Clinton sente a necessidade de agradecer a Deus por tê-lo feito nascer estadunidense.

Até a aniquilação atômica de Hiroshima torna-se ocasião para elevar um hino ao Onipotente, que fortaleceu clara e justamente sua confiança no povo eleito, garantindo-lhe o privilégio da terrível nova arma de destruição em massa. O presidente Truman assim argumenta: "Agradecemos a Deus por tê-la colocado à nossa disposição, e não dos nossos inimigos, e pedimos que ele nos guie para usá-la segundo as suas disposições e os seus desígnios"[53]. Como se vê, a legitimação e a assistência divina são garantidas também para as novas Hiroshimas que poderiam verificar-se no futuro.

7. O Iluminismo e o distanciamento entre Estados Unidos e Europa

Diante dessa ideologia, dessa teologia da missão, a Europa sempre se sentiu embaraçada. É conhecida a ironia de Clemenceau a propósito dos quatorze pontos de Wilson: o bom Deus teve a modéstia de limitar-se a dez mandamentos! Em 1919, em uma carta, John Maynard Keynes define Wilson como "o maior impostor da Terra"[54].

Freud expressa-se em termos talvez ainda mais ásperos, a propósito da tendência do estadista estadunidense em achar-se investido de uma missão divina: estamos na presença de "muito evidente insinceridade, ambiguidade e inclinação a negar a verdade"; por outro lado, Guilherme II acha-se "um homem predileto da Providência"[55]. Mas aqui Freud erra, e erra duas vezes,

---

[52] D. N. Lott, *The Presidents Speak*, cit., p. 302, 369.

[53] R. J. Lifton, G. Mitchell, *Hiroshima in America: Fifty Years of Denial* (Nova York, Putnam's Sons, 1995), p. 28.

[54] R. Skidelsky, *John Maynard Keynes. Speranze tradite 1883-1920* (Turim, Bollati Boringhieri, 1989), p. 444.

[55] S. Freud, "Introduzione allo studio psicologico su Thomas Woodrow Wilson", em *Opere* (org. C. L. Musatti, Turim, Bollati Boringhieri, 1995, v. XI), p. 35-6. [Ed. bras.: *Thomas Woodrow Wilson: um estudo psicológico*, Rio de Janeiro, Graal, 1984.]

pois não tem razão em personalizar um problema de caráter geral. Em 1912 Wilson chega à presidência derrotando o Partido Progressista, que para sua convenção tinha escolhido como música de fundo a canção *Avante soldados de Cristo*; e o candidato do Partido Progressista, Theodore Roosevelt, tinha concluído seu discurso de aceitação proclamando: "Estamos no Armagedom e combatemos pelo Senhor"[56]. No que diz respeito a fervor teológico e autoconsciência missionária, é difícil dizer qual dos dois candidatos se distingue mais!

Sobretudo ao comparar Wilson com Guilherme II, Freud corre o risco de encostar duas tradições ideológicas bastante diferentes. É verdade que também o imperador alemão não desconsidera enfeitar com motivos religiosos suas ambições expansionistas: ao se dirigir às tropas que estão de partida para a China, ele invoca a "bênção de Deus" sobre a tarefa de empresa chamada a esmagar até o sangue a revolta dos *boxers* e a difundir o "cristianismo"; está disposto a considerar os alemães "o povo eleito de Deus"[57]. Este último motivo é amplamente retomado por Hitler, que já antes da conquista do poder declara sentir-se chamado a realizar "a obra do Senhor" e querer obedecer à vontade do "Todo-poderoso". Mais tarde, o *Führer* conclui os pronunciamentos que se seguiram à agressão contra a União Soviética com uma constante invocação: "Que o Senhor Deus nos ajude nesta luta". Ainda mais eloquente é a conclusão do pronunciamento de 19 de dezembro de 1941: "O Senhor Deus não negará a vitória aos seus corajosos soldados"[58]. Por outro lado, sempre segundo Hitler, os alemães são "o povo de Deus"[59], e então se compreende o lema *Gott mit uns* [Deus conosco].

Tudo isso é verdade. No entanto, é preciso não dar muito valor ao peso desses motivos ideológicos. Na Alemanha (a pátria de Marx e de Nietzsche), o processo de secularização está bastante avançado. A invocação da "bênção de Deus" por parte de Guilherme II não é levada a sério sequer nos círculos chauvinistas. Pelo menos aos olhos dos seus expoentes mais precavidos (Maximilian Harden), parecem ridículas a volta aos "dias da Cruzada" e a pretensão de "conquistar o

---

[56] W. S. Hudson, *Religion in America* (3. ed., Nova York, C. Scribner's Sons, 1981), p. 317.

[57] J. C. G. Röhl, *Wilhelm II. Der Aufbau der Persönlichen Monarchie, 1888-1900* (Munique, Beck, 2001), p. 1157; idem, *Wilhelm II. Die Jugend des Kaisers 1859-1888* (Munique, Beck, 1993), p. 412.

[58] A. Hitler, *Mein Kampf*, cit., p. 70, 439; idem, *Reden und Proklamationen 1932-1945*, cit., p. 1732, 1815, discursos de 22 de junho e 19 de dezembro de 1941.

[59] H. Rauschning, *Gespräche mit Hitler* (2. ed., Zurique/Viena/Nova York, Europa, 1940), p. 227.

mundo para o Evangelho"; "assim vagueiam em redor do Senhor os visionários e os especuladores astutos". Sim, antes ainda de subir ao trono, o futuro imperador celebra os alemães como "o povo eleito de Deus", mas já sua mãe, filha da rainha Vitória e propensa a reivindicar o primado da Inglaterra, zomba[60].

É um ponto sobre o qual convém refletir mais. Na Europa, os mitos genealógicos imperiais neutralizaram-se de maneira alternada; as famílias reais eram todas aparentadas entre elas de modo que, no âmbito de cada uma, se confrontavam ideias de missão e mitos genealógicos imperiais diferentes e contrastantes. A experiência das duas guerras mundiais desacreditou mais essas ideias e genealogias. Por outro lado, apesar de sua derrota final, a agitação comunista de várias décadas, conduzida em nome da luta contra o imperialismo e do princípio da igualdade entre as nações, deixou alguns traços na consciência europeia. O resultado disso é claro: na Europa, deixa de ter credibilidade toda ideia de missão imperial e de eleição divina agitada por este ou aquele país; não há espaço para a ideologia imperial religiosa que ocupa um papel tão central nos Estados Unidos.

No que diz respeito particularmente à Alemanha, a história que vai do Segundo ao Terceiro Reich apresenta uma oscilação entre a saudade de um paganismo guerreiro e centrado em torno do culto de Wotan e a aspiração de transformar o cristianismo em uma religião nacional, chamada a legitimar a missão imperial do povo alemão. Esta segunda tentativa encontra sua expressão mais completa no movimento dos *deutsche Christen*, os "cristãos alemães". Pouco crível por causa do processo de secularização que já tinha atacado a sociedade em seu conjunto e a própria teologia protestante (pensemos em Karl Barth e em Dietrich Bonhoeffer), e também por causa das simpatias paganizantes dos dirigentes do Terceiro Reich, essa tentativa só podia ter um seguimento escasso. A história dos Estados Unidos, ao contrário, é atravessada em profundidade pela tendência a transformar a tradição judaico-cristã enquanto tal em uma espécie de religião nacional que consagra o *exceptionalism* [excepcionalismo] do povo estadunidense e a missão salvífica confiada a ele.

Podemos agora compreender os limites da abordagem de Freud e Keynes. Obviamente, como em cada grupo dirigente, também nas administrações estadunidenses que se sucedem cada vez mais não faltam os hipócritas, os calculadores, os cínicos, mas não há motivo para duvidar da sinceridade de

---

[60] J. C. G. Röhl, *Wilhelm II. Der Aufbau der Persönlichen Monarchie, 1888-1900*, cit., p. 1157; idem, *Wilhelm II. Die Jugend des Kaisers 1859-1888*, cit., p. 412.

Wilson, ontem, e de Bush Jr., hoje. Quando este se gloria de sua familiaridade com Deus, está em plena consonância com a tradição político-religiosa passada e com o modo difuso de sentir de seus concidadãos. Mas esse é um elemento de força, não de fraqueza. A certeza tranquila de representar uma causa santa e divina facilita não só a mobilização unânime nos momentos de crise, mas também a repressão ou a banalização das páginas mais negras da história dos Estados Unidos. Sim, durante a Guerra Fria, Washington colocou em cena sangrentos golpes de Estado e impôs ferozes ditaduras militares na América Latina, enquanto na Indonésia, em 1965, promoveu o massacre de algumas centenas de milhares de comunistas ou de filocomunistas. Por mais desagradáveis que possam ser, porém, esses detalhes não estão em condição de ofuscar a santidade da causa encarnada pelo "império do bem".

Weber chega mais perto da verdade quando, durante a Primeira Guerra Mundial, denuncia o "cant" estadunidense[61]. O "cant" do qual Weber fala (e antes também Nietzsche, em relação à Inglaterra)[62], ou a falsa consciência à qual Engels faz referência, não é a mentira nem propriamente a hipocrisia consciente; é a hipocrisia de quem consegue mentir até para si mesmo, ou, preferindo-se, é a sinceridade que resulta de uma dupla mentira, uma voltada para o mundo exterior e outra para si mesmo. Tanto em Keynes como em Freud, manifestam-se ao mesmo tempo a força e a fraqueza do Iluminismo. Amplamente iluminada pela ideologia imperial-religiosa que grassa além do Atlântico, a Europa revela-se, todavia, incapaz de compreender de forma adequada essa ligação entre fervor moral e religioso, de um lado, e busca lúcida e imparcial pela hegemonia política, econômica e militar em nível mundial, do outro. Mas essa ligação, esse fundamentalismo peculiar, permite que os Estados Unidos – fortes por sua consagração divina – considerem irrelevantes a ordem internacional vigente, as meras leis humanas.

8. "Drapetomania", "etnopsiquiatria" e "movimentos políticos de massa patológicos"

É nesse quadro que se coloca a deslegitimação da ONU, o substancial descarte da Convenção de Genebra, as advertências lançadas aos próprios "aliados". Também

---

[61] M. Weber, "Zwischen zwei Gesetzen", em *Gesammelte politische Schriften* (3. ed., org. J. Winckelmann, Tübingen, Mohr/Siebeck, 1971), p. 144.

[62] Cf. D. Losurdo, *Nietzsche, il ribelle aristocratico*, cit., cap. 22, § 3.

116   Domenico Losurdo

eles são chamados a inclinar-se, sem tergiversações demasiadas, à vontade da nação eleita por Deus. Compreende-se bem a perplexidade e as reações negativas provocadas pelo fato de o presidente dos Estados Unidos arvorar-se em soberano mundial não vinculado e não limitado por nenhum organismo internacional. E eis que os ideólogos da guerra gritam de modo escandaloso por causa da difusão dessa doença terrível que, como sabemos, é o antiamericanismo.

Aqueles que assim argumentam, ou se recusam a argumentar, fariam bem em ler ou reler Tocqueville. Infelizmente, invocado com tanta frequência quando, reduzindo de fato a *quantité négligeable* [insignificância] os negros escravizados e os peles-vermelhas eliminados da face da Terra, ele santifica a "democracia na América", o autor francês é esquecido e afastado quando escreve suas talvez mais agudas e atuais páginas, aquelas que descrevem de modo pungente e clarividente a autoconsciência exaltada e chauvinista dos Estados Unidos: "Os estadunidenses, nas relações com os estrangeiros, parecem intolerantes para com a menor censura e insaciáveis de elogios [...]. A sua vaidade não é apenas ávida, é inquieta e invejosa". Estamos na presença de um "orgulho nacional" desmedido, de um "patriotismo irritável" [*patriotisme irritable*], que não tolera crítica de espécie alguma e que estimula uma política externa agressiva e expansionista. Dirigindo-se a um interlocutor estadunidense e fazendo referência às tentativas de expansão para o sul levadas adiante também por meio de aventureiros "privados", Tocqueville escreve:

> Vi não sem preocupação esse espírito de conquista, e até de rapina, que por alguns anos se manifesta entre vós. Não é um sinal de boa saúde para um povo que já tem mais território que pode encher. Confesso que não poderei evitar a tristeza se vier a saber que a nação [estadunidense] embarca em um empreendimento contra Cuba ou, o que seria ainda pior, a confia aos seus filhos perdidos.[63]

Aflora à memória do leitor menos jovem a lembrança da Baía dos Porcos, ou da tentativa de invasão de Cuba em 1961, conduzida, como aqui previsto, com a tarefa confiada à iniciativa "privada" dos "filhos perdidos"; somos levados a pensar nas persistentes ameaças sofridas pela ilha que, como Tocqueville sabia, já desde os tempos de Jefferson tentava os Estados Unidos.

---

[63] A. de Tocqueville, *Oeuvres completes* (org. J. P. Mayer, Paris, Gallimard, 1951), v. I, t. 2, p. 233-4; v. I, t. 1, p. 247; v. VII, p. 147. [Ed. bras. (v. I, t. 1 e 2): *A democracia na América*, São Paulo, Martins, 2000, 2 v.] Cf. D. Losurdo, *Controstoria del liberalismo*, cit., cap. VIII, § 13.

A LINGUAGEM DO IMPÉRIO   117

Mas chamar a atenção para tudo isso significa expor-se de novo à acusação de antiamericanismo. Por singular que seja, a denúncia dessa doença não deixa de ter analogias históricas. Em meados do século XIX, no sul dos Estados Unidos, o regime escravista é vivo e vital. No entanto, já se espalham as primeiras dúvidas e inquietações: aumenta o número dos escravos fugidos. Esse fenômeno não só alarma, mas também espanta os ideólogos da escravidão e da *white supremacy*: como é possível pessoas "normais" se subtraírem a uma sociedade tão bem ordenada e à hierarquia da natureza? Não há dúvida, estamos diante de uma doença psíquica. Mas de que se trata exatamente? Em 1851, Samuel Cartwright, cirurgião e psicólogo da Louisiana, acha que pode enfim chegar a uma explicação, que ele comunica a seus leitores pelas colunas de uma autorizada revista científica, a *New Orleans Medical and Surgical Journal*. Partindo do fato de que no grego clássico *drapetes* é o escravo fugitivo, o cientista chega à triunfal conclusão de que a doença psíquica que impele os escravos negros à fuga é exatamente a "drapetomania"[64]. Não é o único exemplo de abordagem em perspectiva psicopatológica para "explicar" a revolta ou as inquietações dos povos coloniais ou de origem colonial. Na década de 1950, estoura uma revolta no Quênia. O objetivo é claro: os insurrectos não pretendem mais ter as terras expropriadas, querem livrar-se do domínio inglês e conseguir a independência nacional. Intervém então um estudioso (o doutor J. C. Carothers) que se empenha em penetrar nos segredos da *african mind* [mente africana]. Agora tudo fica mais claro: a revolta é expressão da incapacidade das mentes primitivas de adaptar-se à modernidade e à mudança, uma "doença" que é necessário e possível curar graças à "etnopsiquiatria". É apenas o caso de dizer que essa leitura encontra logo grande sucesso entre os colonos e entre os ambientes mais chauvinistas da administração colonial inglesa[65].

A atual campanha contra o antiamericanismo tem muitos pontos de contato com a campanha desencadeada, em seu tempo, contra a drapetomania e as outras doenças psíquicas diagnosticadas pela "etnopsiquiatria". Politólogos e historiadores de sucesso não hesitam em sentenciar: afanar-se a perguntar razões da difusa hostilidade, em particular no Oriente Médio, à política israelense e estadunidense não é só perda de tempo, mas também sinônimo de cegueira;

---

[64] E. Eakin, "Is Racism Abnormal? A Psychiatrist Sees It as a Mental Disorder", *International Herald Tribune* (Nova York), 17/1/2000, p. 3.

[65] N. Ascherson, "The Breaking of the Mau Mau", *The New York Review of Books*, 7/4/2005, p. 28-9.

significa fechar os olhos diante da "existência de movimentos políticos de massa patológicos"[66]. Os palestinos colocam-nos na presença de "uma sociedade verdadeiramente doente": "é preciso construir para eles algo semelhante a uma jaula"[67]. Nesse diagnóstico não terão dificuldade de se reconhecerem os colonos comprometidos com a expropriação das terras palestinas.

---

[66] P. Berman, *Terrore e liberalismo* (Turim, Einaudi, 2004), p. 170.

[67] Diz o historiador israelense Benny Morris, citado em H. Siegman, "Replica a B. Morris", *The New York Review of Books*, 8/4/2004, p. 79.

IV. ANTISSEMITISMO

1. ANTIAMERICANISMO E ANTISSEMITISMO? FORD E HITLER

Deixando de lado as homenagens prestadas em seu tempo ao "americanismo" (ou a certos aspectos dele) por expoentes de primeiro plano do fascismo e do nazismo, a ideologia dominante continua inabalável em sua tentativa de calar qualquer crítica a Washington, como expressão não só de antiamericanismo, mas também de antissemitismo. "O antiamericanismo é o novo antissemitismo" – é a manchete de *La Stampa* em uma correspondência de Nova York, que noticia uma conferência do "filósofo e jornalista francês Bernard-Henry Lévy no Council on Foreign Relations, um dos centros de elaboração da política externa norte-americana"[1]. Para confirmar a ligação entre essas duas doenças, ou melhor, entre esses dois sintomas de uma única doença, se acrescenta um rápido balanço histórico. Não foi por acaso que a loucura criminal, que desembocou na "solução final", se manifestaria só de um lado do Atlântico, aquela que hoje com frequência e de boa vontade fecha os olhos para o antissemitismo dos inimigos de Israel, enquanto reserva um olhar sempre mais desconfiado e hostil para a superpotência agora solitária, a única aliada confiável do Estado judeu.

Ouçamos Elie Wiesel:

O problema é a Europa. Foi no passado e ainda é hoje. Trata-se de um continente no qual o ódio contra os judeus foi crescendo, enraizando-se no decorrer dos

---

[1] B. H. Lévy, "L'antiamericanismo è il nuovo antisemitismo" (entrevista a M. Molinari), *La Stampa* (Turim), 28/1/2006, p. 11.

séculos, com origens e matrizes diferentes, e no qual, portanto, continua sendo urgente combatê-lo, denunciá-lo, sem nunca abaixar a guarda.[2]

Ainda mais longe vai uma personalidade de primeiro plano do mundo político israelense, Natan Sharansky, que não só absolve os Estados Unidos, mas também chama a se opor à "onda antissemita-antiamericana" que grassa na Europa[3]. Sim, no tema do antissemitismo passado e presente e da luta contra essa infâmia tornou-se lugar-comum opor positivamente o Novo ao Velho Mundo.

Essa oposição é historicamente fundamentada? Seus partidários fariam bem se relessem Herzl, que, para demonstrar ou confirmar a onipresença do antissemitismo, citava repetidas vezes o exemplo da República estadunidense[4]. Talvez ele tivesse em mente um fato paradoxal. A primeira crise grave do processo de emancipação dos judeus, em ato no Ocidente no século XIX, manifesta-se exatamente na República estadunidense. Grant, o general que dirige o exército da União, toma medidas drásticas contra um grupo étnico que considera responsável pela violação do bloqueio econômico imposto ao sul. Assistimos assim à primeira deportação dos judeus (do Tennessee). É verdade que a medida é logo revogada[5]; mas também o é que não resiste à pesquisa histórica o mito chamado hoje a fornecer uma importante contribuição para a transfiguração da solitária superpotência mundial.

Mais ainda se se tem presente a influência que, também na questão do antissemitismo, os Estados Unidos exerceram sobre a Alemanha. Logo depois de outubro de 1917, Henry Ford, o magnata da indústria automobilística, empenha-se em denunciar a Revolução Bolchevique como o resultado do complô judeu e, para isso, funda uma revista de grande tiragem, *The Dearborn Independent*. Os artigos nela publicados são reunidos em novembro de 1920 em um volume, *O judeu internacional**, que logo se torna um ponto de referência do antissemitismo internacional. Para confirmar a tese do

---

[2] E. Wiesel, "L'Europa è la frontiera dell'intolleranza" (entrevista a M. Molinari), *La Stampa* (Turim), 26/1/2004, p. 7.

[3] N. Sharansky, "Il pregiudizio antisemita allontana la pace in Medio Oriente" (entrevista a F. Nirenstein), *La Stampa* (Turim), 19/1/2004, p. 12.

[4] T. Herzl, *Zionistische Schriften* (org. L. Kellner, Berlim/Charlottenburg, Jüdischer, 1920), v. I, p. 47; v. II, p. 237.

[5] H. M. Sachar, *A History of the Jews in America* (Nova York, Vintage, 1993), p. 80.

* Porto Alegre, Livraria do Globo, 1933. (N. E.)

complô, o industrial estadunidense utiliza os *Protocolos dos sábios de Sião*[*], cuja credibilidade é reforçada; agora é uma personalidade não política de profissão e conhecida por sua inteligência e senso prático que testemunha em seu favor. É verdade que depois de algum tempo Ford é obrigado a calar sua campanha, mas o livro já fora traduzido na Alemanha, onde obteve extraordinário sucesso. Mais tarde, hierarcas nazistas de primeiro plano como Von Schirach e Himmler dirão ter-se inspirado no magnata da indústria automobilística estadunidense ou ter partido dele. Himmler, em particular, conta que compreendeu "a periculosidade do judaísmo" apenas a partir de Ford: "para os nacional-socialistas foi uma revelação". Seguiu depois a leitura dos *Protocolos dos sábios de Sião*: "Esses dois livros nos indicaram o caminho a percorrer para libertar a humanidade afligida pelo maior inimigo de todos os tempos, o judeu internacional" (nota-se a fórmula cara a Henry Ford). E esses dois livros, sempre segundo Himmler, teriam desempenhado um papel "decisivo" [*ausschlaggenbend*] também na formação do *Führer*[6]. Poderia tratar-se de testemunhas em parte interessadas. Mas há um dado de fato: nas conversas de Hitler com Dietrich Eckart, a personalidade que teve sobre ele maior influência (*Mein Kampf* termina prestando-lhe uma homenagem solene), percebe-se a influência do "escrito de extraordinária importância" do "conhecido produtor de automóveis estadunidense"[7]. Ford está presente também quando não é explicitamente citado. Em todo caso, a tese formulada por ele já em 1920, segundo a qual a veridicidade dos *Protocolos* é demonstrada pelo papel obscuro e infame desempenhado pelos judeus durante a guerra – e sobretudo por ocasião das convulsões na Rússia ("a Revolução Russa é de origem racial, não política", e ela, servindo-se de palavras de ordem humanitárias e socialistas, exprime na realidade uma "aspiração racial ao domínio

---

[*]   Rio de Janeiro, Simões, 1958. (N. E.)

[6]   Sobre Schirach, cf. W. L. Shirer, *Storia del Terzo Reich* (4. ed., Turim, Einaudi, 1974), p. 230. [Ed. bras.: *Ascensão e queda do Terceiro Reich*, Rio de Janeiro, Agir, 2008, 2 v.]; sobre Himmler, cf. L. Poliakov, *Storia dell'antisemitismo* (Florença, La Nuova Italia, 1974-1990, v. IV), p. 293 [ed. bras.: *A Europa suicida: 1870-1933 – História do antissemitismo IV*, São Paulo, Perspectiva, 2007, Coleção Estudos, v. 66], que remete ao testemunho de Felix Kersten (o massagista finlandês do hierarca nazista), mais amplamente utilizado por mim: *Das Buch von Henry Ford*, 22 de dezembro de 1940, CCX-31, mantido no Centre de documentation juive contemporaine de Paris.

[7]   D. Eckart, *Der Bolschewismus von Moses bis Lênin. Zwiegespräch zwischen Adolf Hitler und mir* (Munique, Hoheneichen, 1924), p. 52 [nota 30].

mundial"[8]) –, não pode não ter um impacto particularmente devastador em um país como a Alemanha, que sofreu a derrota e se sente ainda ameaçada pela revolução. *O judeu internacional* aparece como iluminação fulgurante para o movimento chauvinista, revanchista e antissemita que cresce pavorosamente.

Agora é evidente o caráter superficial e instrumental da oposição entre Europa e Estados Unidos, como se o trágico acontecimento do antissemitismo não tivesse envolvido ambos. Em 1933, Spengler sente a necessidade de especificar: a judeufobia abertamente professada por ele não se confunde com o racismo "materialista" caro aos "antissemitas na Europa e na América do Norte"[9]. O antissemitismo biológico, que sopra impetuoso também do outro lado do Atlântico, é considerado excessivo até por um autor comprometido com um indiciamento contra a cultura e a história judaicas no decorrer de sua evolução. É também por isso que Spengler parece covarde e inconsequente aos olhos dos nazistas. O entusiasmo deles se volta para outro lugar: *O judeu internacional* continua a ser publicado com grande honra no Terceiro Reich, com prefácios que sublinham o mérito histórico decisivo do autor e industrial estadunidense (por ter esclarecido a "questão judaica") e revelam uma espécie de linha de continuidade de Henry Ford a Adolf Hitler[10]!

Infelizmente, a visão estereotipada dos Estados Unidos como lugar não contaminado pelo contágio universal ganhou terreno também na historiografia. Um historiador estadunidense de sucesso define o antissemitismo e até o "antissemitismo exterminacionista" como uma "característica comum do povo alemão"[11]. Nem sequer no índice onomástico de seu livro aparece Henry Ford! Também não figuram nele os nomes dos antissemitas estadunidenses mais inquietantes que, antes de Hitler, já exigiam o "extermínio" [*extermination*] dos judeus, de modo a realizar a necessária "desinfecção" [*disinfection*] da sociedade[12]. Sim, acentua outra voz do coro que cresce na República estadu-

---

[8] H. Ford, *Der internationale Jude* (Leipzig, Hammer, 1933), p. 128 ss, 145.

[9] O. Spengler, *Jahre der Entscheidung* (Munique, Beck 1933), p. 157.

[10] Cf., por exemplo, o prefácio às 29ª e 30ª edições alemãs, que leva a data de "junho e agosto de 1933", de H. Ford, *Der internationale Jude*, cit., p. 3-5.

[11] D. J. Goldhagen, *Hitler's Willing Executioners: Ordinary Germans and the Holocaust* (Londres, Little, Brown and Company, 1996), p. 49 ss, 455-6. [Ed. bras.: *Os carrascos voluntários de Hitler: o povo alemão e o holocausto*, São Paulo, Companhia das Letras, 1997.]

[12] R. Singerman, "The Jew as Racial Alien: The Genetic Component of American Anti-Semitism", em D. A. Gerber (org.), *Anti-Semitism in American History* (Urbana/Chicago, University of Illinois Press, 1987), p. 112.

nidense, é preciso enfrentar com medidas radicais o "imperialismo judeu, com seu objetivo final de estabelecer um domínio judeu em escala mundial". Um duro destino – trovejam outras vozes ainda mais explícitas – espera o povo responsável por esse infame projeto. Começam a aparecer "massacres de judeus tais [...] que até agora se julgava que fossem impossíveis" e, portanto, "em escala sem precedentes nos tempos modernos"[13].

O motivo ideológico que pretende ligar de modo indissolúvel antiamericanismo e antissemitismo é tão frágil que pode ser facilmente derrubado. Basta pensar na celebração do "genuíno americanismo de Henry Ford" como obra da Ku Klux Klan[14]. Pelo menos no caso dessa organização, que mantém relações com os círculos mais reacionários da Alemanha e com o próprio movimento nazista, o antissemitismo anda ao lado de uma exaltada profissão de fé no americanismo. Não podemos esquecer, aliás, que o furor antissemita não impede que Hitler preste homenagem explícita ao "americanismo" (*supra*, cap. III, subitem 4).

Mesmo se quisermos atribuir algum fundamento à lenda hoje em circulação, a oposição maniqueísta entre os dois continentes é bastante discutível no plano ético. Se o racismo antijudaico desembocou na "solução final", certamente não é uma bagatela o racismo que, na América, realizou a deportação, a dizimação ou o aniquilamento dos peles-vermelhas ou a escravização e a opressão dos negros mesmo depois da abolição formal da escravatura, em pleno século XX. Ainda depois da derrocada do Terceiro Reich, continuou a manifestar-se um sinistro comportamento racista, pelo qual Clinton se sentiu obrigado a pedir desculpas à comunidade afro-americana: "Nos anos 1960 mais de quatrocentos homens de cor do Alabama foram usados como cobaias humanas pelo governo. Doentes de sífilis não foram curados porque as autoridades queriam estudar os efeitos da doença em uma 'amostra da população'"[15]. Os ameríndios e os afro-americanos não foram as únicas vítimas do racismo que grassou do lado oeste do Atlântico. Pensemos nas humilhações, nas perseguições e nos linchamentos sofridos também pelos "amarelos", em particular pelos chineses.

Opor de maneira maniqueísta, na questão do antissemitismo, o exemplo positivo dos Estados Unidos e o negativo da Europa é uma operação caracte-

---

[13] J. W. Bendersky, *The "Jewish Threat": Anti-Semitic Politics of the US Army* (Nova York, Basic Books, 2000), p. 58, 54, 96.

[14] N. MacLean, *Behind the Mask of Chivalry: The Making of the Second Ku Klux Klan* (Nova York/Oxford, Oxford University Press, 1994), p. 90.

[15] R. E., "Clinton: 'Usammo i neri come cavie umane. Una vergogna americana'", *Corriere della Sera* (Milão), 10/4/1997, p. 8.

124 DOMENICO LOSURDO

rizada não só pelo princípio da manipulação histórica, mas também por uma forma sutil de racismo.

2. ONIPRESENÇA E VOLATILIDADE DA ACUSAÇÃO DE ANTISSEMITISMO

Concentremo-nos no antissemitismo. Assistimos a um fenômeno bastante singular. Por um lado, temos uma acusação onipresente, tão onipresente que ataca, além de pessoas e círculos determinados, categorias centrais do discurso político e historiográfico. No começo do século XX, um liberal inglês de esquerda, John Atkinson Hobson, ao desenvolver sua análise crítica do imperialismo, acena para o papel desempenhado pelo capital judeu na África do Sul[16]. Um aclamado jornalista e historiador de nossos dias se aproveita disso para rotulá-lo como "antissemita"[17]. Com Hobson ele liquida também Lênin, que ao primeiro atribui o mérito de ter fornecido "uma ótima e detalhada exposição das características econômicas e políticas fundamentais do imperialismo"[18]. Portanto, segundo a triunfal conclusão do jornalista e historiador citado, "aprofunda suas raízes na teoria antissemita do complô" aquela "teoria leninista do imperialismo" que agiu de modo nefasto nas "posições assumidas por numerosos estadistas do Terceiro Mundo em relação ao imperialismo e ao colonialismo, ao exigirem a independência nos anos de 1960 e 1970"[19]. Acontece muitas vezes de sermos levados a calar as críticas à política de Israel (apoiada pelos Estados Unidos) considerando-as antissemitas. Mas agora se torna expressão de antissemitismo qualquer manifestação de intolerância em relação à expansão não só das colônias israelenses na West Bank, mas também das ambições imperiais expressas de forma cada vez mais claras por Washington.

O que importa se o debate sobre o imperialismo e o recurso ao termo em questão são bem anteriores a Hobson e Lênin, tanto que na segunda metade do

---

[16] J. A. Hobson, *The War in South Africa: Its Causes and Effects* (Londres, Nisbet, 1900), p. 189, 275.

[17] P. Johnson, *Modern Times: From the Twenties to the Nineties* (Nova York, Harper Collins, 1991), p. 152. [Ed. bras.: *Tempos modernos: o mundo dos anos 20 aos 80*, Rio de Janeiro, Bibliex, 1994.]

[18] V. I. Lênin, *Opere complete* (Roma, Riuniti, 1955-1970, v. XXII), p. 197. [Ed. bras.: *Obras escolhidas em três volumes*, 3. ed., São Paulo, AlfaOmega, 1986.] A referência é a J. A. Hobson, *L'imperialismo* (Milão, Isedi, 1974).

[19] P. Johnson, *Storia degli ebrei* (Milão, Tea, 1994), p. 639-41. [Ed. bras.: *História dos judeus*, 2. ed., Rio de Janeiro, Imago, 1995.]

século XIX já Gladstone pode declarar que é "dedicado ao Império" Britânico, mas "contrário ao imperialismo"[20]? E que importa se, com base na lógica de Johnson, Hannah Arendt deveria ser acusada de antissemitismo, pois ela usou amplamente essa categoria, agora posta sob acusação, para sua reconstrução da origem do totalitarismo? Não por acaso *The New York Times* concedeu, há alguns anos, ao jornalista-historiador citado a honra do feliz anúncio de que enfim o colonialismo está voltando, e de modo triunfal[21]! E é preciso reconhecer a ele um mérito: ainda que de modo rude, ele antecipou uma tendência que apareceria com nitidez só alguns anos depois; o zelo em denunciar a vergonha e o horror do antissemitismo anda ao lado do silêncio descarado sobre as vítimas do colonialismo e do imperialismo e, antes, ao lado da acusação (a de suspeita de antissemitismo) de uma das categorias em geral utilizadas para chamar a atenção sobre tais vítimas.

Aliás, esse zelo é um tanto seletivo, como demonstra o misterioso desaparecimento desse motivo de acusação na leitura da história estadunidense. De acordo com as circunstâncias, porém, a acusação acaba se voltando também contra autores e personalidades que, à primeira vista, pareceriam acima de qualquer suspeita. Quando, em 1963, publica *Eichmann em Jerusalém*[*], com ataques polêmicos contra o sionismo e contra a tentativa de Israel de instrumentalizar o processo contra o criminoso nazista em sentido antiárabe, Hannah Arendt torna-se o alvo de uma odiosa campanha internacional que pretende classificá-la como antissemita. Na França, o semanário *Le Nouvel Observateur*, ao publicar trechos do livro (escolhidos com perfídia), pergunta acerca da autora: "*Est-elle nazie?*" [Ela é nazista?][22]. Estamos diante de uma acusação contra a qual ninguém está protegido, paradoxalmente sequer o governo israelense. Contra as forças de ordem enviadas por ele, os representantes mais fanáticos do fundamentalismo judeu não hesitam em gritar: "Sede como os nazistas, odiai os judeus"[23]. Isso foi em 1996, mas esse fenômeno se manifestou em escala ainda maior em 2005, por ocasião da retirada de Gaza.

---

[20] C. C. Eldridge, *England's Mission: The Imperial Idea in the Age of Gladstone and Disraeli 1868-1880* (Chapel Hill, The University of North Carolina Press, 1973), p. xv-xvi, 41-2.

[21] Cf. D. Losurdo, *Il revisionismo storico. Problemi e miti* (Roma/Bari, Laterza, 1996), cap. III, § 9.

[*] São Paulo, Companhia das Letras, 1999. (N. E.)

[22] A. Elon, "The Case of Hannah Arendt", *The New York Review of Books*, 6/11/1997, p. 25-9.

[23] F. Nierenstein, "All'Intifada dello Shabbat", *La Stampa* (Turim), 18/8/1996, p. 8.

126   Domenico Losurdo

Não há dúvida, é extrema a desenvoltura com que hoje é pronunciada ou calada a acusação de antissemitismo. Mais do que nunca é necessária sua análise histórica e filosófica.

3. Intolerância religiosa e perseguição racial

Convém fazermos uma pergunta preliminar: estamos na presença de um fenômeno, de uma doença universal e eterna? São justo as vozes mais altas da cultura judaica que previnem contra a dilatação indevida da categoria *antissemitismo* que, utilizada de modo indiferenciado, se revela, segundo Lazare, "um termo mal escolhido"[24]. Mais recentemente, Hannah Arendt criticou a confusão entre "antissemitismo, ideologia leiga do século XIX" e "ódio aos judeus [...] de origem religiosa, inspirado pela hostilidade recíproca de duas fés em luta entre elas"; "durante todo o século XIX, enquanto os ressentimentos antijudaicos estavam amplamente difundidos nas classes cultas da Europa, o antissemitismo enquanto ideologia permaneceu, salvo raras exceções, o apanágio de elementos excêntricos em geral e de grupos extremistas marginais em particular"[25].

Para confirmar as especificações de Lazare e de Arendt é bom darmos uma olhada na história. No final do século IV, Jerônimo de Strídon descreve uma peregrinação melancólica, mas instrutiva, que tem como meta as ruínas de uma cidade outrora florescente e orgulhosa:

> No dia da destruição de Jerusalém se vê pessoas tristes que vêm visitá-la, mulheres decrépitas e velhos cheios de trapos e de anos, que mostram tanto em seus corpos como em sua roupa a ira do Senhor. Uma multidão de criaturas piedosas recolhe-se debaixo do brilhante patíbulo do Senhor e sua cintilante ressurreição e, diante de uma bandeira brilhante com uma cruz que tremula ao vento do Monte das Oliveiras, chora sobre as ruínas do Templo. No entanto, esses não são dignos de piedade.[26]

---

[24] B. Lazare, *L'antisémitisme. Son histoire et ses causes* (Paris, Documents et Témoignages, 1969), p. 11.

[25] H. Arendt, "Prefácio", em *Elemente und Ursprünge totaler Herrschaft* (Munique/Zurique, Piper, 1986), p. 17, 21. [Ed. bras.: *Origens do totalitarismo: antissemitismo, imperialismo, totalitarismo*, São Paulo, Companhia das Letras, 1989.]

[26] Jerônimo de Strídon, citado em P. Johnson, *Storia degli ebrei*, cit., p. 61.

"Brilhante patíbulo", "cintilante ressurreição": a humilhação dos seguidores de Cristo foi transformada em glória; o triunfo daqueles classificados como responsáveis pela crucificação transformou-se no seu contrário. Todos são chamados a meditar sobre esse fato extraordinário. A sorte dos derrotados pode suscitar piedade, mas tal piedade não deve chegar a ponto de cancelar um espetáculo edificante, que constitui uma prova decisiva da divindade de Cristo e de sua Igreja. O poder estatal, agora nas mãos dos cristãos, garante ou impõe a permanência dessa representação sagrada. Já está em ato a perseguição aos judeus. Sua condição na Idade Média cristã é descrita com precisão tocante por Abelardo, que faz um judeu assim falar:

> Dispersos em todas as regiões do mundo, sozinhos, sem a liderança de um rei ou de um príncipe terreno, somos oprimidos por tributos muito graves e cada dia pagamos pela nossa miserável vida um preço intolerável. Todos pensam que é justo desprezar-nos e odiar-nos, tanto que, quando alguém nos ofende, crê realizar um ato justo. Os nossos perseguidores estão convencidos de que a desgraça da nossa escravidão deve-se ao ódio de Deus [...]. Até o sono [...] é para nós inquieto e cheio de medo, de modo que, quando dormimos, não podemos pensar em nada senão no punhal que ameaça nossas gargantas [...]. A preço caro conquistamos a proteção dos soberanos a quem obedecemos, mas sabemos bem o quanto desejam matar-nos para que assim seja mais fácil fazer butim de tudo o que temos [...]. Não podemos possuir nem campos nem vinhedos nem outras propriedades e não há ninguém que possa proteger-nos de agressões evidentes ou insidiosas. E assim, para viver nos resta apenas o lucro que obtemos emprestando dinheiro aos outros povos, o que nos torna ainda mais odiosos.[27]

Essa atitude simpática em relação às vítimas não é compartilhada pelo grande antagonista de Abelardo, Bernardo de Claraval, o qual, porém, depois da experiência da Primeira Cruzada, procura evitar a repetição dos horrores contra os judeus sucedidos naquela ocasião: aniquilar os judeus significaria apagar da face da terra as "testemunhas da nossa redenção" (*testes* [...] *nostrae redemptionis*) e dar um duro golpe na profecia que prevê sua conversão final e, portanto, o triunfo universal de Cristo[28] (é um tema que remonta a Paulo e a

---

[27] P. Abelardo, *Dialogo tra un filosofo, un giudeo e un Cristiano* (Milão, Rizzoli, 1992), p. 58-63.

[28] Bernardus Clarae-Vallensis Abbas, "Epistola CCCLXIV", em J. P. Migne (org.), *Patrologiae cursus completus* (Paris, Garnier, 1962, Series latina, v. CLXXXII), col. 567.

Agostinho). A cristandade triunfante e a representação pública desse triunfo exigem, por um lado, a humilhação dos judeus e, por outro, que essa situação não se torne naturalmente intransponível, mas seja superável mediante o batismo e a conversão. A história medieval e moderna é marcada por debates recorrentes entre cristãos e judeus com o sucesso deslumbrante, mais ou menos garantido, dos primeiros. Em todo caso, um convertido do judaísmo não só não é rejeitado, mas também é acolhido com particular calor; leva consigo seus conhecimentos veterotestamentários, talmúdicos e das línguas semíticas, um patrimônio de extraordinária utilidade na polêmica e na luta contra a comunidade judaica; não por acaso, nos debates públicos, às vezes é exatamente o convertido que representa as razões do cristianismo contra o judaísmo[29], e as representa com o zelo todo particular dos neófitos.

Concluindo, o que caracteriza a teologia-filosofia cristã da história é uma violenta judeufobia que não pode e não deve ir além quando se trata de antissemitismo racial, bloqueando o caminho de fuga da conversão e, portanto, refutando a própria teologia-filosofia cristã da história. Ainda no século XVIII ocorre um interessante diálogo entre Frederico II e um pastor protestante. O primeiro objeta: "Afinal de contas, não há a mínima prova em apoio a todo o vosso cristianismo". A resposta do segundo é imediata: "Claro que há, são os judeus"[30].

Elemento essencial da paisagem cristã, os judeus sofrem uma perseguição que se exprime também no desejo ardente da conversão; daí a obrigação, em determinadas circunstâncias, de escutar, em atitude compungida e submissa, as pregações intermináveis dos seus missionários e perseguidores. Tomás de Aquino e outros depois dele condenam o batismo forçado das crianças judias[31]. Mas essa prática continua a existir, de modo camuflado, até o fim do Estado pontifício. Nele, em 1858, um menino judeu de seis anos, Edgardo Mortara, tirado da família por ter sido batizado (secretamente, por iniciativa da doméstica cristã), torna-se pupilo de Pio IX, que até o fim o trata de modo paternamente afetuoso: além de um fundo vitalício, concede a ele uma dispensa especial para tornar-se sacerdote na idade de 21 anos. Abandonando sua obscuridade,

---

[29] K. Spanier, "Christian Hebraism and the Jewish Christian Polemic", em H. Goldman (org.), *Hebrew and the Bible in America: The First Two Centuries* (Hanover/Londres, University Press of New England, 1993), p. 4-5.

[30] E. Rosenstock-Huessy, *Out of Revolution: Autobiography of Western Man* (Providence/Oxford, Berg, 1993), p. 220.

[31] Tomás de Aquino, *Summa Theologiae*, v. II, II, q. 10, art. 12. [Ed. bras.: *Suma teológica*, São Paulo, Loyola, 2001-2006, 9 v.]

o "sexto filho de uma modesta família de comerciantes" torna-se um pregador brilhantíssimo e apreciado internacionalmente. Tenta em vão converter a mãe em seu leito de morte; muito mais tarde, oitenta anos depois de ter sido tirado de sua família, Edgardo Mortara falece serenamente em uma abadia belga, em 11 de março de 1940[32]. Pouco mais de um ano depois, terá início com a agressão contra a União Soviética a caçada humana contra os judeus, sem distinção de idade e de sexo, desencadeada pelo Terceiro Reich no âmbito de uma política destinada a desembocar na "solução final".

Somos levados a comparar dois acontecimentos. O primeiro (horrível): meninos judeus raptados para serem batizados e convertidos de modo que possam merecer a salvação eterna e, às vezes, certa ascensão social já no mundo terreno. O segundo: crianças judias tomadas para serem exterminadas com sua família e seu povo. Não tem sentido colocar os dois acontecimentos em uma linha de continuidade sem ruptura. Eles são qualitativamente diferentes, e essa diferença essencial não é eliminada pela virulência das acusações feitas aos judeus já na Idade Média cristã. É verdade que se visa, no primeiro caso, a religião e, no outro, a raça. Por mais cruel que possa ser, a discriminação (a exclusão da comunidade humana e civil) político-moral deixa para a vítima a válvula de escape da conversão e é qualitativamente diferente da discriminação racial, naturalmente intransponível[33]. O recurso indiferenciado à categoria *antissemitismo* comete o erro de eliminar diferenças essenciais.

Seria possível evitar a dificuldade distinguindo antissemitismo teológico de antissemitismo racial. Mas não seria uma solução real para o problema. A categoria *antissemitismo teológico* apresentaria o inconveniente de confundir as dimensões religiosa e racial; além do mais, separaria os judeus das outras vítimas da intolerância religiosa. Há como ver que a Idade Média cristã reserva uma sorte ainda mais dura aos "pagãos" e aos "hereges". Por outro lado, depois da Reforma, também os protestantes e os católicos sofrem a intolerância religiosa. Trata-se de perseguições que às vezes resultam em matanças horríveis: de um lado, a Noite de São Bartolomeu, do outro lado, os massacres em grande escala sofridos pelos católicos irlandeses. No entanto, em todos esses casos, exatamente porque é mais a religião que a raça que deve ser levada em conta, via de regra a conversão põe fim à discriminação. A mais

---

[32] D. I. Kertzer, *Prigioniero del Papa Re* (Milão, Rizzoli, 1996), p. 431-5 e passim. [Ed. bras.: *O sequestro de Edgardo Mortara*, Rio de Janeiro, Rocco, 1998.]

[33] D. Losurdo, *Il revisionismo storico*, cit., cap. II, § 8.

cruel perseguição antijudaica não pode ser definida como antissemitismo. Os semitas são um grupo étnico, uma "raça"; mas na Idade Média cristã não é a raça que é discriminada. O judeu que se converte escapa da perseguição, ao passo que se expõe a ela o "gentio" que abraça o judaísmo.

Então se revela acrítica a comparação de dois fenômenos entre si qualitativamente diferentes. Se o que inspira a judeufobia cristã é a busca obsessiva da assimilação a ser obtida por qualquer meio, o que agita o antissemitismo, pelo menos em seu estágio final, é o pesadelo da assimilação, a ser evitada também à custa da aniquilação do corpo estranho. A separação ocorre também na Idade Média, como demonstra o gueto. Do ponto de vista dos cristãos, esse é, porém, um meio e uma etapa em vista da assimilação, que de fato se verifica em cada conversão individual. O grande debate que se desenvolve a partir de Agostinho questiona se é lícito assumir, em relação aos não cristãos, a atitude de "obrigar a entrar" [*compellere intrare*] na comunidade salvífica da Igreja: as dúvidas dizem respeito a *compellere* [obrigar], não a *intrare* [entrar][34]. O antissemitismo, porém, desemboca no *apartheid* ou no extermínio.

4. Panteão do Ocidente e inferno do antissemitismo

Portanto, é preciso delimitar a categoria *antissemitismo*. Os autores empenhados em reconstruir sua história não parecem preocupar-se com isso. Ao lado dos expoentes da primeira judeufobia cristã, encerrados e confinados no inferno do "antissemitismo" estão desde Poliakov e outros historiadores de orientação análoga por razão diferente e em diferentes círculos de acordo com a gravidade de suas culpas, Erasmo com Lutero e Calvino, Voltaire e d'Holbach, Kant e Fichte, bem como Hegel, Marx e Nietzsche. A busca das origens do antissemitismo deve parar no cristianismo ou é preciso ir além e incluir Sêneca, Juvenal, Tácito etc.? A essa altura, o inferno antissemita está completo, mas já abrange quase por inteiro o panteão da cultura ocidental, de modo que agora Adolf Hitler deveria sentir-se lisonjeado por estar em tão prestigiosa companhia! A ideologia dominante não se cansa de opor não só ao islã, mas aos bárbaros do Ocidente em seu conjunto, a excelência religiosa e a cultura do Ocidente, mas agora vemos que todos os grandes espíritos dessa civilização se tornam corresponsáveis pela loucura e pelo crime que desembocaram no extermínio sistemático de um povo!

---

[34] J. Höffner, *Christentum und Menschenwürde. Das Anliegen der spanischen Kolonialethik im Goldenen Zeitalter* (Trier, Paulinus, 1947), p. 40.

Fica claro que a suspeita e a acusação de antissemitismo continuam a existir de modo um tanto seletivo. No prefácio à sua obra, Poliakov põe em evidência a influência perniciosa exercida por Spinoza (e por seus "violentos ataques contra o judaísmo") sobre Voltaire, "prestigioso propagandista desta forma de 'antissemitismo'"[35]. A referência é ao *Tratado teológico-político** e, em particular, à sua polêmica contra o tema bíblico do "povo eleito". Devemos considerar também o judeu Spinoza como antissemita? Devemos condenar ao inferno dos opressores um dos grandes campeões da luta contra a intolerância? Devemos transformar em algoz aquela que eventualmente seja a vítima? Poliakov não chega a esse ponto. Não dedica nenhum capítulo ou parágrafo de sua monumental história ao filósofo judeu, que é excomungado pela "nação de Israel" e que, segundo o relato de seu discípulo Johannes Colerus, depois foge de uma tentativa de homicídio orquestrada pela comunidade judaica ortodoxa. Portanto, os "violentos ataques contra o judaísmo" não são necessariamente sinônimo de antissemitismo. Mas o que dizer então de Voltaire, que tira de Spinoza "essa forma de 'antissemitismo'"? As aspas e as cautelas consideradas necessárias no prefácio referido são depois deixadas de lado, e o grande iluminista torna-se "o grande profeta do antissemitismo anticlerical moderno"[36]. Contudo, é o mesmo Poliakov quem continua a sublinhar a dívida contraída por Voltaire em relação a Spinoza.

Uma literatura cada vez maior não poupa a acusação de antissemitismo ao judeu Karl Marx. Mas quem "abriu o caminho" para ele foi Moses Hess, a quem se deve a caracterização dos judeus como povo dado ao culto de Mamona e do dinheiro. O próprio Poliakov reconhece isso ao acrescentar que, já na *Triarquia europeia* (1841), anterior ao encontro com Marx, Hess formula outra acusação contra o judaísmo, contrapondo "o Deus humanista dos cristãos ao Deus nacionalista de Abraão, Isaac e Jacó"[37]. Não faltam aqueles que acham que, mais que inspirar-se em Hess, Marx teria copiado muito dele. Assim, deve-se acrescentar que a operação de saque de algum modo atenuou a aspereza da demanda original. Esta não só identifica Jeová com Moloch (um deus que exigia sacrifícios humanos), mas acusa o cristia-

---

[35] L. Poliakov, *Storia dell'antisemitismo*, cit., v. I, p. 6. [Ed. bras.: *De Cristo aos judeus da corte – história do antissemitismo I*, 2. ed., São Paulo, Perspectiva, 2007, Coleção Estudos, v. 63.]

* São Paulo, Martins, 2008. (N.E.)

[36] Ibidem, v. III, p. 89.

[37] Ibidem, p. 315, 468.

nismo em primeiro lugar por ter herdado esse motivo horrível: "O deus dos cristãos é uma reprodução de Moloch-Jeová dos judeus, ao qual era sacrificado o filho primogênito"; "o mistério do *sangue de Cristo*, assim como o mistério do *antigo culto judaico do sangue*, revela-se aqui, enfim, como o mistério do antigo animal de rapina"[38].

Afinal, por que a suspeita de antissemitismo deveria valer para Marx e não para Hess? Retomemos a leitura de Poliakov: "um dos primeiros pioneiros do socialismo na Alemanha, Moses Hess, depois de abrir caminho para Marx e Engels, [...] batia o caminho do sionismo político"[39]. Se Hess é o avô do sionismo, Marx o é do "socialismo real": é essa trajetória diferente que explica a diversidade do tratamento reservado aos dois autores? Depois de conhecer Marx, Hess fala dele em termos entusiasmados como "o único filósofo vivo" que reúne em si "Rousseau, Voltaire, d'Holbach, Lessing, Heine". Entre os cinco autores aqui elencados, um é judeu (Heine) e o outro (Lessing) distinguiu-se por uma memorável defesa do judaísmo. A acusação de antissemitismo dirigida a Marx teria parecido absurda a Hess. Deve-se acrescentar que Rousseau, Voltaire e, d'Holbach, tomados aqui como símbolos da grandeza humana, são, os três, chamados por Poliakov – embora em acusações de gravidades diferentes – ao banco dos réus do antissemitismo.

5. Três tipos radicalmente diferentes de atitudes críticas em relação ao judaísmo

Para orientar-se nesse labirinto é preciso procurar um fio condutor. Quando a crítica dirigida ao judaísmo (ou a alguns de seus aspectos) se torna sinônimo de espírito de perseguição? Se não se responde a tal pergunta, se deixa o campo livre para o arbítrio ou para o uso instrumental e terrorista da acusação de antissemitismo. É possível descobrir um critério objetivo: a crítica do judaísmo, em si legítima (como a de qualquer tradição religiosa ou cultural), transforma-se em algo qualitativamente diferente só quando ela se entrelaça com a reivindicação de uma discriminação negativa feita pelos seguidores daquela tradição. À luz de tal critério podemos perguntar-nos se tinha sentido a acusação de antissemitis-

---

[38] Sobre Hess e Marx cf. J. Frankel, *Gli ebrei russi. Tra socialismo e nazionalismo (1862-1917)* (Turim, Einaudi, 1990), p. 28-33.

[39] L. Poliakov, *Storia dell'antisemitismo*, cit., v. III, p. 315. [Ed. bras.: *De Voltaire a Wagner – história do antissemitismo III*, 2. ed., São Paulo, Perspectiva, 1996, Coleção Estudos, v. 65.]

A linguagem do império 133

mo feita, por exemplo, a Hegel e a Marx: embora impiedosos em relação ao judaísmo, eles não só não teorizam nenhuma discriminação negativa, mas também lutam para que tal discriminação, existente no tempo deles, seja afinal eliminada. É absurdo colocar no mesmo plano Hegel e sua escola (decididamente a favor da emancipação dos judeus) e aqueles que querem perpetuar o regime de discriminação e que, exatamente por isso, desencadeiam polêmicas furibundas contra o grande filósofo e seus discípulos (entre os quais, não por acaso, não poucos são judeus: Heine, Gans, Hess, Lassalle, o próprio Marx). Infligir a mesma acusação a Marx (judeu crítico do judaísmo, mas empenhado na realização da plena igualdade civil e política de judeus e cristãos) e a Bauer (propenso a adiar a emancipação dos judeus indefinidamente) significa transformar a categoria *antissemitismo* em uma noite em que todas as vacas são pardas, uma noite que nos impediria de distinguir e avaliar as lutas históricas reais pela emancipação dos judeus.

As considerações feitas a propósito de Hegel ou de Marx podem ser estendidas a Voltaire. Sua crítica do judaísmo não pode ser arbitrariamente separada da forte denúncia das perseguições desencadeadas pela Inquisição, que vigia de perto o judeu e está pronta "a queimá-lo na fogueira se não comer toicinho, e a confiscar todos os seus haveres"[40]. O escárnio, também rude e chocante, do judaísmo anda ao lado da luta pelo fim da horrível discriminação negativa sofrida por seus seguidores. Por outro lado, os juízos formulados pelo iluminista francês sobre o catolicismo são ainda mais ásperos: a palavra de ordem na luta contra o fanatismo clerical ("*Ecrasez l'infame!*" [Esmaguem o infame!]) é pronunciada com o olhar voltado para a Igreja, não para a sinagoga. As primeiras vítimas de tal fanatismo são exatamente os judeus, em relação aos quais a Igreja mostra uma atitude intolerante até a crueldade e contraditória até o ridículo. Ela apela para Paulo de Tarso, o qual, porém, por certo período de sua vida, se mostra respeitoso da lei mosaica, "*judaíza*" e, desse modo, "realiza o que hoje se julga um delito abominável, punido com fogueira na Espanha, em Portugal e na Itália"[41].

Tomar posição a favor das vítimas não significa identificar-se com sua cultura e religião. Em geral, Voltaire prefere o Novo ao Antigo Testamento. Mas há pelo menos um momento em que os lados se trocam, no sentido de que o

---

[40] F. M. Arouet Voltaire, *Dizionario filosofico* (Milão, Mondadori, 1968), p. 507, verbete "Patrie". [Ed. bras.: *Dicionário filosófico*, São Paulo, Matin Claret, 2002, Coleção A Obra-Prima de Cada Autor/Série ouro.]

[41] Ibidem, p. 190-1, verbetes "Christianisme" e "Recherches historiques sur le Christianisme".

Antigo Testamento é positivamente contraposto a Agostinho (e, indiretamente, a Paulo de Tarso). É o que se verifica no decorrer da polêmica contra o tema do "alimento criminoso" (a degustação da maçã proibida), consumida no Éden por Adão e Eva, que marca a condenação não só dos responsáveis diretos, mas também de todas as gerações sucessivas:

> Os judeus foram perfeitamente ignorantes do pecado original [...]. É preciso admitir que santo Agostinho foi o primeiro a acreditar nessa estranha fantasia, digna da cabeça quente e fantástica de um africano pecador e arrependido, maniqueísta e cristão, indulgente e perseguidor, que passou a vida a contradizer a si mesmo.[42]

Privilegiar negativamente esta ou aquela tradição religiosa é marcado pelas necessidades mutáveis da luta política. Se a reabilitação da vida terrena inclui a crítica do tema do pecado original e do vale de lágrimas (portanto, em primeiro lugar, do Novo Testamento), a denúncia das guerras de gabinete do antigo regime investe contra o "Deus dos exércitos" – portanto, em primeiro lugar, o Antigo Testamento[43]. É preciso acrescentar que a crítica do judaísmo é, às vezes, feita também pela "direita": Voltaire olha com suspeita para o papel que o messianismo dos profetas pode desempenhar nos movimentos plebeus radicais.

É necessário insistir mais no esclarecimento das categorias. Já distingui entre judeufobia religiosa e antissemitismo racial. No entanto, nenhuma das acusações pode ser feita a autores que, mesmo criticando o judaísmo ou alguns de seus aspectos, condenam ou denunciam a discriminação negativa, reivindicada em sentido inverso, porém, com motivações e modalidades bastante diferentes, por adeptos tanto da judeufobia quanto do antissemitismo. É preciso fazer intervir uma terceira categoria, *antijudaísmo*, crítica legítima (o que não significa correta) da tradição religiosa e cultural judaica.

Voltaire parece quase fundir Antigo Testamento e Alcorão em uma única religião guerreira e sem escrúpulos humanitários. Vemos Maomé apelar para o "Deus dos exércitos" e referir-se a Abraão, pronto a sacrificar seu filho Isaac, "sufocando para o seu Deus o grito da natureza"[44]. Para compreender a aspereza desse julgamento é preciso ter presente a escassa atenção que Voltaire dá

---

[42]   Ibidem, p. 513-4, verbete "Péché originel".

[43]   Ibidem, p. 363-5, verbete "Guerre".

[44]   F. M. Arouet Voltaire, *Mahomet ou le fanatisme* (Paris, Librairie de la Bibliothèque Nationale, 1885), ato III, cena VI.

à questão nacional, como revelam as linhas depreciativas reservadas à revolta judaica contra o exército romano de ocupação. Mas é idêntica a incompreensão do papel de algum modo nacionalista de Maomé, protagonista da tomada de consciência e da unificação do mundo árabe[45]. Aqui nos encontramos em um limite da razão iluminista enquanto tal: pensemos em d'Alembert, que dá crédito à pretensão de Frederico II, comprometido em apresentar o expansionismo da Prússia em detrimento da Polônia católica e obscurantista como contribuição para a difusão das luzes (*supra*, cap. II, subitem 15). Não teria sentido querer explicar a surdez do Iluminismo por meio da questão nacional, colocando-a repetidas vezes na conta do antissemitismo e da judeufobia ou da islamofobia.

Voltaire torna-se agressivo em particular contra o Alcorão, "este livro incompreensível que faz fremir o sentido comum em cada página"; seu autor, Maomé, representa "o que a astúcia quer inventar de mais atroz e o que o fanatismo pode fazer de mais horrível"[46]. Se há um texto sagrado que suscita no Iluminista francês um ódio sem trégua é o texto sagrado, sobretudo aquele que o é para o mundo árabe. Tanto os judeus como os árabes são semitas; seria uma atitude bem estranha querer denunciar na crítica do texto sagrado para os judeus uma manifestação de antissemitismo ou de judeufobia, celebrando ao mesmo tempo na crítica do texto sagrado para o mundo árabe-islâmico uma expressão de emancipação iluminista! A condenação da judeufobia ou do antissemitismo deveria ser sinônimo de rejeição de toda discriminação. Ela se transformaria no seu contrário se acabasse consagrando o favorecimento de uma única tradição religiosa – a judaica –, que, ao contrário de todas as outras, estivesse protegida de toda crítica, ao estigmatizar como perseguidores aqueles que ousassem pronunciá-la.

Não prova nada o fato de que em Vichy os cúmplices da matança dos judeus às vezes tenham apelado para Voltaire; o fascismo italiano reivindicou a herança do Risorgimento, mas isso não significa que Mazzini e Garibaldi sejam os inspiradores das infâmias antissemitas e anticamitas de Mussolini! Pode-se dizer que, depois do horror de Auschwitz, certos movimentos espirituais se tornaram intoleráveis; no entanto, seria anti-histórico projetar nossa sensibilidade hodierna diretamente sobre textos de dois séculos atrás.

---

[45] F. M. Arouet Voltaire, "Lettre au roi de Prusse sur la tragédie de Mahomet", em *Mahomet ou le fanatisme*, cit., p. 4.

[46] Ibidem, p. 8.

6. A longa duração da controvérsia judaico-cristã

É ampla a literatura comprometida em sublinhar a presumida linha de continuidade que vai desde a judeufobia protocristã até o antissemitismo racial. Na realidade, o desenvolvimento secular da Igreja pode ser descrito, por um lado, como a história de sua judeufobia, mas, por outro, como a história de sua obstinada resistência às tentativas, de "direita" e de "esquerda", de eliminar ou redimensionar sua herança do cânone do Antigo Testamento. Pensemos nos gnósticos, em Marcião, nos cátaros, em Erasmo etc. O capítulo talvez mais interessante dessa segunda história desenrola-se nos anos mais trágicos do século XX: à direita, ambientes próximos do nazismo, herdando um motivo do antissemitismo do século XIX, pretendem arianizar Jesus, enquanto o fascismo italiano se esforça em romanizar o cristianismo, separando-o totalmente de seus inícios em Jerusalém; à esquerda, uma fascinante figura judaica, Simone Weil, para no limiar da conversão, retida pelo persistente apego da Igreja católica ao Antigo Testamento. Weil sente repugnância pelas partes pré-exílicas, aquelas que descrevem a conquista de Canaã e o extermínio de seus habitantes:

> A dignidade de texto sagrado concedida a relatos cheios de crueldade impiedosa sempre me mantiveram longe do cristianismo, mais ainda porque há vinte séculos esses relatos nunca deixaram de exercer influência sobre todas as correntes do pensamento cristão [...]. Nunca consegui compreender como um espírito racional possa considerar o Javé do Antigo Testamento e o Pai invocado no Evangelho como um só e mesmo ser.[47]

Daí a simpatia de Weil pelos gnósticos, por Marcião, pelos maniqueístas e cátaros. Em vão um jesuíta procura "tranquilizá-la dizendo que, depois de 'suficientes esforços de compreensão', ela conseguiria ler as histórias de massacres no Antigo Testamento com 'o estado de espírito adaptado'"[48].

A tese da linha de continuidade sem corte desde a judeufobia até o antissemitismo pode ser comparada com aquela, cara aos homossexuais, que descreve a história das perseguições sofridas por eles como uma tragédia "do Levítico

---

[47] S. Weil, "Lettera a Déodat Roché" (23/1/1941), em G. Gaeta (org.), *I catari e la civiltà mediterranea* (Gênova, Marietti, 1996), p. 42-3.

[48] G. Fiori, *Simone Weil* (Milão, Garzanti, 1990), p. 359.

a Hitler"[49]. Talvez esta segunda linha de continuidade seja mais crível que a primeira: o Novo Testamento não prevê que os judeus sejam mortos, ao passo que o Levítico exige que os homossexuais o sejam. Hitler constrói sua demanda maníaca contra o judaísmo e sua sempiterna "função destruidora" instituindo uma terceira linha de continuidade, que vai de Paulo de Tarso a Trótski[50]. Trata-se de acabar de uma vez por todas com uma tradição ruinosa que vai da subversão judaico-cristã (Paulo) à subversão judaico-bolchevique (Trótski). E, assim como ao promover a "solução final" não apela para as epístolas paulinas e não é o herdeiro da judeufobia cristã, ao desencadear a caça aos homossexuais o *Führer* não se refere certamente ao Levítico: a condenação do "mundo judeu--bolchevique" anda ao lado da denúncia da "doença cristã"[51]. É preciso liquidar a tradição judaico-cristã em seu conjunto, de modo a recuperar os valores da autêntica civilização ariana e salvar o Ocidente de uma trajetória ruinosa (da qual é parte integrante a atitude frouxa em relação aos homossexuais e aos "degenerados" de todo tipo).

A tese da linha de continuidade do antijudaísmo desde Paulo de Tarso até Hitler foi contestada pela cultura judaica de orientação laica. Pensemos em Freud, que na crítica antissemita do judaísmo vê em ação uma crítica camuflada do cristianismo[52]. Sobretudo Arendt sublinhou o forte peso da "apologética" judaica na denúncia do antijudaísmo cristão como precursor do antissemitismo nazista[53]. Cara aos ambientes judeus mais ortodoxos, essa visão continuísta visa rotular a infâmia nazista, mas também a condenar e a deslegitimar o cisma cristão do judaísmo. Mais do que diante de um debate historiográfico, estamos diante de uma controvérsia teológica nunca adormecida. Bem antes do advento do Terceiro Reich, já no século XIX, um judeu francês, Joseph Salvador, considerou o cristianismo responsável por genocídio, por ter objetivamente "justificado Roma em seus atos de extermínio em detrimento do povo antigo",

---

[49] Crítico dessas duas linhas de continuidade é S. T. Katz, *The Holocaust in Historical Context: The Holocaust and Mass Death before the Modern Age* (Nova York/Oxford, Oxford University Press, 1994, v. I), p. 527.

[50] A. Hitler, *Idee sul destino del mondo* (Pádua, Edizioni di Ar, 1980), p. 124, conversa da noite de 1 a 2 de dezembro de 1941.

[51] Ibidem, p. 301, conversa de 17 de fevereiro de 1942.

[52] S. Freud, "L'uomo Mosè e la religione monoteistica: tre saggi (1934-1938)", em *Opere* (org. C. L. Musatti, Turim, Bollati Boringhieri, 1995, v. XI), p. 412-3. [Ed. bras.: *Moisés e o monoteísmo: Esboço de psicanálise e outros trabalhos*, Rio de Janeiro, Imago, 2006, v. XXIII.]

[53] H. Arendt, "Prefácio", cit., p. 21-2.

não só condenando o movimento de libertação nacional dos judeus, mas também demonstrando aos conquistadores que seu comportamento "constituía a consequência obrigatória, a vingança legítima pelo crime de deicídio cometido pelo vencido"[54]. Em outras palavras: de que lado estavam os cristãos enquanto Roma destruía Jerusalém e massacrava seus habitantes, ao mesmo tempo que em Massada e em outros lugares os protagonistas da Revolução Nacional Judaica preferiam suicidar-se a render-se?

Audiatur et altera pars[*]. No início do século III, Tertuliano aponta o dedo contra os judeus: "*Synagogas Judaeorum, fontes persecutionum*"[55][**]. A perseguição anticristã de Nero é pouco anterior à destruição de Jerusalém e do templo. São os anos em que o judaísmo "está presente até na antecâmara imperial: o dançarino preferido de Nero, Alituro, é judeu, e a mulher do soberano, Pompeia, é provavelmente uma convertida ao judaísmo"[56], religião em relação à qual, segundo "uma tradição talmúdica", o próprio Nero parece nutrir alguma simpatia[57]. Seja como for, qual é a posição dos judeus diante das perseguições anticristãs? Demos a palavra a Poliakov: "Não é inverossímil que os judeus da diáspora, fortes por seus antigos privilégios, tenham procurado tomar distância dos rivais, e que em alguma ocasião tenham denunciado às autoridades aqueles que eles consideravam perigosos hereges"[58].

Os lados invertem-se pouco depois, por ocasião da nova fogueira desesperada da Revolução Nacional Judaica, liderada em 132 por Simon bar Kokhba. Os cristãos, que olham com superioridade, e às vezes com simpatia, para a feroz repressão imperial, não podem senão parecer ser tratados como traidores dos revoltosos: o massacre da comunidade cristã é denunciado por Justino Mártir[59]. As últimas esperanças dos judeus extinguem-se junto com o imperador Juliano, que, em um encontro com seus dirigentes em Antioquia, se comprometera a

---

[54] E. Fleischmann, *Le christianisme "mis à nu". La critique juive du christianisme* (Paris, Plon, 1970), p. 65.

[*] Que seja ouvida também a parte contrária. (N. E.)

[55] J. Isaac, *Genèse de l'antisémitisme* (Paris, Calman-Lévy, 1956), p. 145.

[**] Sinagogas dos Judeus, fontes de perseguição. (Espressão que há em um texto de Tertuliano, *Scorpiace*, X) (N. E.).

[56] P. Vidal-Naquet, *Il buon uso del tradimento. Flavio Giuseppe e la guerra giudaica* (Roma, Riuniti, 1980), p. 26-7.

[57] P. Johnson, *Storia degli ebrei*, cit., p. 153.

[58] L. Poliakov, *Storia dell'antisemitismo*, cit., v. I, p. 28.

[59] P. Johnson, *Storia degli ebrei*, cit., p. 165.

reconstruir o templo em Jerusalém. O imperador, que para os cristãos é o temível apóstata (o qual reatualiza a lembrança e o terror das antigas perseguições), para os judeus é uma personalidade tão promissora que parece, com a linguagem hodierna, uma espécie de "protossionista"[60]. Pelo menos até Juliano, a história das relações entre judeus e cristãos é a história de duas comunidades que, em concorrência e em luta cruel uma contra a outra, procuram ambas conquistar o favor ou o controle do poder imperial.

A divisão exprime-se não só nas excomunhões recíprocas, mas também no prazer maligno com que uma comunidade olha para as desgraças e a tragédia da outra. Assim como os cristãos veem na destruição de Jerusalém e do templo a confirmação do fracasso do judaísmo, os judeus aduzem as perseguições contra os cristãos para zombar da tese da divindade de Jesus: "Não há nenhum entre vós cujas orações sejam agradáveis a Deus e façam cessar as vossas desgraças?"[61].

Arendt tem razão: são sem sentido as histórias do antissemitismo baseadas na ideia de continuidade ininterrupta da perseguição dos judeus a partir, pelo menos, da pregação evangélica, como se ao antijudaísmo do cristianismo não correspondesse a hostilidade dos judeus em relação a cristãos e gentios. Paradoxalmente, é exatamente a ideia de uma continuidade ininterrupta que fundamenta a judeufobia neotestamentária e medieval. Voltando até antes da perseguição de Diocleciano e de Nero (na qual viam a mão dos judeus), os cristãos chegavam a Cristo crucificado e, ainda antes, aos outros profetas que o povo judeu cometera o erro de não escutar.

Aproximemo-nos um pouco mais da verdade histórica, imaginando um cristão e um judeu na Roma imperial do fim do século III (à véspera do Édito de Constantino), empenhados em uma polêmica furibunda, durante a qual cada um mostra satisfação pelas desgraças do outro. O cristão: "Sois cúmplices do poder imperial romano, açulastes as perseguições contra nós. Sois traidores!". O judeu: "Foram vocês que falaram que esfolaram as mãos aplaudindo enquanto as legiões romanas massacravam o povo judeu, do qual vocês provieram. Vocês são os traidores!". O cristão: "As vossas desgraças são fruto da vossa arrogância. Pretendeis ser o povo eleito? Pois aí está a destruição de Jerusalém!". O judeu: "E vocês são a comunidade fundada pelo filho de Deus? Nero e Diocleciano vos servem de lição!".

Pelos insultos recíprocos vemos desenvolver-se uma grande tragédia histórica: nesse momento, o cristianismo representa um universalismo que é, por

---

[60] J. G. Gager, *The Origins of Anti-Semitism: Attitudes toward Judaism in Pagan and Christian Antiquity* (Nova York/Oxford, Oxford University Press, 1985), p. 94-5.

[61] L. Poliakov, *Storia dell'antisemitismo*, cit., v. I, p. 31.

um lado, a tomada de nota e a legitimação da derrota da Revolução Nacional Judaica e, por outro lado, a superação de um nacionalismo não privado de tons naturalistas; na vertente oposta, mesmo com esses limites, o judaísmo é a defesa da identidade nacional contra um universalismo agressivo. Nesse sentido, o já citado Salvador põe sob acusação a universalidade cristã como mera expressão e justificação do universalismo imperial romano[62].

Então se compreende que a matança dos judeus do século XX tenha constituído nova etapa dessa bimilenar controvérsia teológica. Inicialmente, os setores mais conservadores do catolicismo leram a tragédia de Auschwitz segundo os esquemas clássicos, como uma nova prova da cólera divina contra o povo "deicida". Uma leitura desse gênero só pode ser repugnante para a consciência moral dos nossos dias. Explica-se o embaraço da Igreja, empenhada agora não só na reflexão autocrítica sobre sua tradição afeita à judeufobia, mas também no esforço de reformulação de sua filosofia-teologia da história. Se por séculos ou milênios teve de enfrentar aqueles que faziam pressão para que o "Velho Testamento" fosse excluído do cânone, hoje a Igreja católica encontra-se exposta a impulsos de sinal contrário: não só a expressão *Antigo Testamento* substituiu a *Velho Testamento*, mas alguns teólogos prefeririam falar de *Primeiro Testamento*.

Ao lidarmos com instituições milenares, mais do que nunca é necessário termos presente a dimensão de longa duração. Por um lado, a Igreja católica visa não só reabsorver o cisma protestante, mas também se apresentar como a intérprete da consciência moral e religiosa do mundo. Tirando das costas uma mancha vergonhosa, coloca-se à frente do movimento cristão de autocrítica (depois de tudo, é no terreno do protestantismo que se verificou o fenômeno dos *deutsche Christen*, os quais prostituíram totalmente o cristianismo ao nazismo "ariano"). Do outro lado, uma comunidade que passou por uma tragédia horrível, muitas vezes vivida com fervor religioso, como o holocausto, não pode não aspirar ao papel de intérprete da consciência moral e religiosa do mundo. Do lado dos ambientes mais ortodoxos do judaísmo, a tese da absoluta unicidade e incomparabilidade da matança dos judeus e a tese da férrea linha de continuidade que conduz a esse mal a partir do "Novo Testamento" visam, se não a reabsorver o cisma cristão, de qualquer modo, a deslegitimá-lo. Não por acaso é tido como alvo particular Paulo de Tarso, o protagonista da divisão da comunidade judaico-cristã e da separação que o cristianismo infligiu ao judaísmo.

---

[62] E. Fleischmann, *Le christianisme "mis à nu"*, cit., p. 65.

7. O PLANO INCLINADO DA JUDEUFOBIA

Considerar a judeufobia um capítulo da história da intolerância religiosa não significa negar suas peculiaridades. Elas são fundamentalmente duas (além da longa duração temporal e da amplidão da área geográfica interessada pelo fenômeno).

1. O judaísmo é a religião de um povo determinado; por isso, o alvo da polêmica pode facilmente deslizar da religião para a "raça". Na Espanha do século XV, vemos Vicente Ferrer, um santo incansável e violento em suas tentativas de conversão, mas decididamente contrário tanto ao pogrom como aos batismos forçados[63], polemizar contra o cristão que não se alegra com a conversão dos judeus. Seria preciso abraçá-los e amá-los de modo particular, mas em vez disso se continua a "desprezá-los". No entanto, Jesus era judeu, Maria era judia: "Esse deus circuncidado é o nosso Deus, e tu serás condenado como aquele que morre judeu". Portanto, é fácil deslizar da religião para a raça, mas a Igreja vigia para que isso não se verifique: a despeito da reivindicação da "pureza de sangue" [*limpieza de sangre*], os convertidos continuam a ser plenamente aceitos na cristandade[64]. No entanto, mesmo se tal deslizamento via de regra não se verificar, a ligação entre as dimensões religiosa e étnica tende a tornar o conflito mais áspero. Isso vale não só para os judeus. Os banhos de sangue feitos pelas Cruzadas explicam-se também pelo fato de que ao choque entre cristianismo e islã se sobrepõe o choque entre "francos", de um lado, e "mouros" ou "sarracenos", do outro. Considerações análogas podem ser feitas sobre a conquista inglesa e protestante da Irlanda, cujos habitantes sofrem tratamento feroz por serem "papistas" e "bárbaros" (alguns historiadores contemporâneos do lado irlandês falam até em tentativa de "solução final").

2. Para compreender a segunda peculiaridade da judeufobia, voltemos a Abelardo e ao judeu de seu *Dialogo*: "Para viver nos resta apenas o lucro que obtemos emprestando dinheiro aos outros povos, o que nos torna ainda mais odiosos". O conflito religioso entrelaça-se com o conflito social. Além de ser atacado por sua religião, o judeu é atacado pela posição ocupada no âmbito de uma divisão social do trabalho, imposta, aliás, pelo grupo dominante. É um fenômeno que se pode verificar também em relação a outros povos.

---

[63] L. Poliakov, *Storia dell'antisemitismo*, cit., v. II, p. 180. [Ed. bras.: *De Maomé aos marranos – História do antissemitismo II*, 2. ed., São Paulo, Perspectiva, 1996, Coleção Estudos, v. 64.]

[64] S. T. Katz, *The Holocaust in Historical Context*, cit., p. 368 [nota], p. 372-5.

No Império Otomano, a "correspondência entre nacionalidade e ocupação" constituía a regra: os armênios, mais que os judeus, eram "banqueiros e negociantes"[65], e essa circunstância pode ter desempenhado o seu papel no genocídio que mais tarde afetou os armênios. Algo semelhante pode ser dito hoje das minorias étnicas chinesas do Sudeste asiático: na Indonésia de 1965, por ocasião da subida do general Suharto ao poder, na esteira da repressão de um golpe de Estado atribuído aos comunistas, verificaram-se massacres em larga escala de chineses, odiados ao mesmo tempo como "comunistas" e como "exploradores" (não por acaso essas minorias étnicas chinesas são às vezes definidas como os judeus da Ásia). Vemos agir também nesse caso uma trágica ligação entre conflito político-social e conflito étnico.

Essa ligação é ainda mais estreita no caso do judaísmo, o qual é ao mesmo tempo uma religião e uma nação. A excomunhão (pensemos em Spinoza) implica na exclusão da "nação dos judeus"; a conversão, por sua vez, toma forma de uma cooptação no âmbito de tal nação. Não por acaso, no que diz respeito aos judeus, nas principais línguas (com exceção do russo) o termo que indica a religião designa ao mesmo tempo o grupo étnico a que ela pertence. E esse entrelaçamento de conflito religioso, político-social e racial leva muitos a procurar livrar-se da complexidade da situação na categoria *antissemitismo* como fenômeno mais ou menos perene e universal.

Na realidade, o plano inclinado para o deslizamento provável ainda não é o deslizamento real, ao qual se opõe há tempos a Igreja católica, decidida a manter móveis as fronteiras pelo menos dentro da família judaico-cristã, como demonstra a própria vicissitude da *limpieza de sangre*. Nesse momento, o batismo põe fim à violência antijudaica, até quando esta é de "origem não religiosa, mas política e econômica"[66]. O salto qualitativo verifica-se mais tarde.

8. JUDEUS NA IDADE MÉDIA: DISCRIMINADOS NEGATIVAMENTE EM RELAÇÃO AOS CRISTÃOS E POSITIVAMENTE EM RELAÇÃO AOS ISLÂMICOS

O fato é que, para todo um período histórico, o que caracteriza a posição dos judeus é, por um lado, uma discriminação negativa em relação à Igreja oficial e, por outro lado, uma discriminação positiva em relação a todos os outros grupos religiosos. Tomás de Aquino faz uma comparação significativa: se

---

[65] A. J. Toynbee, *Il mondo e l'Occidente* (Palermo, Sellerio, 1992), p. 77.

[66] H. Arendt, "Prefácio", cit., p. 20.

A LINGUAGEM DO IMPÉRIO 143

com "muçulmanos e pagãos" os cristãos não têm nenhum texto sagrado em comum, podem discutir com os judeus com base no Antigo Testamento e com os hereges, no Novo Testamento[67]. Aliás, quanto a estes últimos, a discussão não pode ir até o infinito. Aqueles que conheceram a fé verdadeira a partir de dentro não têm o direito de renegá-la ou falsificá-la. Pode-se recorrer também à coação física para obrigá-los a manter as promessas uma vez formuladas e prosseguir a obra iniciada: *"sunt etiam corporaliter compellendi, ut impleant quod promiserunt, et teneant quod semel susceperunt**"*. Se os hereges, os falsificadores da fé, se obstinam, são piores que os malfeitores que falsificam a moeda: merecem, pois, a morte[68]. Assim se explica a cruzada contra os cátaros.

Em teoria, nem sequer os muçulmanos deveriam ser objeto de coação no plano religioso, pois conheceram a verdadeira fé ainda menos que os judeus; mas é bem restrito o espaço da comunicação com aqueles que, segundo a definição de Tomás de Aquino, são *"omnis doctrinae divinae prorsus ignari"*[69]** e, em sua maioria, rejeitam submeter-se à autoridade legítima. Se é obrigatório – sublinha Bernardo, citando de forma indireta Virgílio e fazendo sua a tradição da *Roma aeterna – parcere subiectis**** [os judeus], é necessário *debellare superbos****** [os muçulmanos][70]. Os judeus são considerados ovelhas negras (que é preciso tratar de modo bastante rude) de uma família que continua a estar, de algum modo, unida. Não por acaso, as guerras contra os "pagãos" são muitas vezes marcadas por palavras de ordem veterotestamentárias. Assim como Constantino convertido e em luta contra os bárbaros, Carlos Magno, também comprometido contra os pagãos, é o "novo Davi". Isso vale também para as Cruzadas[71]. Embora contenham horríveis consequências para a comunidade judaica, elas continuam a ter como alvo um inimigo bem mais radical, que representa o mal enquanto tal. Demos

---

[67] Tomás de Aquino, *Summa contra Gentiles*, I, 2. [Ed. bras.: *Súmula contra os gentios*, Porto Alegre, EST/EDIPUCRS, 1990-1996, 2 v.]

* (Os hereges e todos os apóstatas) devem ser forçados, inclusive fisicamente, a cumprir o que prometeram e a manter o que uma vez receberam. (N. E.)

[68] Idem, *Summa Theologiae*, II, II, q. 10, art. 8; II, II, q. 11, art. 3.

[69] Idem, *Summa contra Gentiles*, I, 6.

** (Homens) que ignoravam totalmente a doutrina divina. (N. E.)

*** Roma eterna – poupar os que se submetem. (N. E.)

**** Debelar os que resistem. (N. E.)

[70] Bernardus Clarae-Vallensis Abbas, "Epistola CCCLXIV", cit., col. 568.

[71] J. Flori, *La première croisade. L'Occident chrétien contre l'Islam (Aux origines des idéologies occidentales)* (Bruxelas, Complexe, 1992), p. 112, 124 e passim.

144 DOMENICO LOSURDO

a palavra de novo a Bernardo: se a cristandade é chamada a punir a culpa dos judeus impondo-lhes uma "*duram* [...] *captivitatem*"* (e há de ser condenada toda ação que for além disso), o cruzado que matar o malfeitor islâmico pratica, na realidade, não um *homicidium* [morte de um homem], mas um *malicidium* [morte de uma mal]. Portanto, pode ser cruel: "*in morte pagani christianus gloriatur*"[72]**. Aos hereges malfeitores dentro da comunidade cristã (segundo a definição de Tomás de Aquino) correspondem os muçulmanos como malfeitores externos.

Para os judeus, o enlaçamento entre discriminação negativa e discriminação positiva ocorre em toda a história da Idade Média. Os laços comuns com a cristandade dominante são percebidos em certas ocasiões pelos próprios judeus, que, durante a luta contra Maimônides, não hesitam em apelar para os "doutores da Inquisição", com os quais mantêm "excelentes relações", para se tornarem "guardas da pureza da fé judaica" contra os hereges e os racionalistas[73]. (Pouco antes ocorrera a cruzada contra os cátaros que desprezavam o Antigo Testamento.)

É bem diferente a atitude que a Idade Média cristã assume em relação ao mundo islâmico. Neste caso, a discriminação é univocamente negativa. Na opinião do teólogo bizantino Máximo, o Confessor, contemporâneo de Maomé, os islâmicos "comportam-se como animais ferozes, embora se apresentem como seres humanos"; não é por acaso que eles às vezes são representados com a cabeça de cão, como cinocéfalos[74]. Cerca de dois séculos depois de Máximo, o Confessor, e de Maomé, "filho das trevas" e propagador de doutrinas satânicas, o bispo Eulógio de Córdoba denuncia os "bárbaros" seguidores do segundo, aquelas "bestas brutas" que são os árabes[75].

Não só não há ligação entre discriminação negativa e positiva, mas, desde o início, a discriminação negativa é justificada com argumentos que, ultrapassando o âmbito puramente religioso, tendem a assumir também uma dimensão

---

* Duro cativeiro. (N. E.)

[72] Bernardus Clarae-Vallensis Abbas, "Epistola CCCLXIV", cit., col. 568; idem, "De Laude Novae Militiae ad Milites Templi", em J. P. Migne (org.), *Patrologiae cursus completus*, cit., col. 924.

** O cristão se gloria na morte dos pagãos. (N. E.)

[73] L. Poliakov, *Storia dell'antisemitismo*, cit., v. I, p. 76.

[74] A. Wheatcroft, *Infedeli. 638-2003: il lungo conflitto tra cristianesimo e islam* (2. ed., Roma/ Bari, Laterza, 2004), p. 56. [Ed. bras.: *Infiéis: o conflito entre a cristandade e o islã*, Rio de Janeiro, Imago, 2005.]

[75] J. Flori, *La guerre sainte. La formation de l'idée de croisade dans l'Occident chrétien* (Paris, Aubier, 2001), p. 242.

étnico-racial. Os seguidores de Maomé são chamados de descendentes de Caim, são de algum modo caracterizados por tendências homicidas congênitas, ou, ainda mais significativamente, como bastardos, sendo descendentes de Agar (a concubina do patriarca Abraão)[76]. Segundo o relato veterotestamentário, Agar é uma escrava egípcia, e seu filho – Ismael, o resultado de uma relação adúltera – une-se, por sua vez, a uma esposa egípcia. Em todo caso, ele não faz parte do povo eleito e é com razão excluído do pacto que Deus estabelece com Abraão e seu filho legítimo (Isaac).

Com a chegada das Cruzadas, enquanto Bernardo de Claraval assemelha a matança dos muçulmanos a um benéfico *malicidium*, Tomás de Aquino os rotula não só, já sabemos, como privados de religião, mas também como "*homines bestiales in desertis morantes*"[77]*. O juízo de condenação é motivado não só pela religião, ou melhor, pela idolatria que eles professam, mas também por sua colocação geográfica, a saber: são habitantes do deserto, lugar onde não há traços de aglomeração civil e de civilização propriamente dita. O paradigma religioso tende a entrelaçar-se com o naturalista. Estamos diante – prossegue Tomás de Aquino parafraseando Aristóteles – de "*barbari qui sunt naturaliter servi*"**, de "*homines irrationales et quasi brutales*"[78]***. Como se vê, os árabes são mais vistos como grupo étnico que os judeus. Se no âmbito da Idade Média cristã há um "antissemitismo", ele atinge muito mais os primeiros que os segundos; os muçulmanos começam a ser separados da comunidade cristã por uma barreira não exclusivamente religiosa.

Assim se explica o fato de que mais tarde o próprio Las Casas, que tem o enorme mérito histórico da problematização do limite entre civilização e barbárie, não tem dúvida sobre os "turcos" e os "mouros". Eles são "infiéis e bárbaros", mas não em uma acepção "meramente negativa", como no caso dos índios, os quais não tiveram a sorte de entrar em contato com a mensagem cristã antes; não, os islâmicos não só rejeitam a mensagem há séculos (obstinando-se "contra toda racionalidade" em "pecados feios" e em costumes "bestiais"), mas também a combatem com fúria. Para eles, portanto, vale por

---

[76] A. Wheatcroft, *Infedeli*, cit., p. 7-8.

[77] Tomás de Aquino, *Summa contra Gentiles*, I, 6.

* Homens bestializados moradores do deserto. (N. E.)

** Bárbaros que por natureza são servos. (N. E.)

[78] Aristóteles, *In octo libros "Politicorum" Aristotelis expositio*, I, lect. 4 e I, lect. 1. [Ed. bras.: *A política*, 3. ed., São Paulo, Martins, 2006.]

*** Homens irracionais e meio brutos. (N. E.)

146 Domenico Losurdo

completo uma dura verdade: "Todos aqueles a quem falta a verdadeira fé não são nem podem ser plenamente chamados homens, mas animais selvagens"[79].

9. As origens do primeiro racismo biológico: negros, mouros e islâmicos

Na época carolíngia, a Igreja não se cansa de denunciar o fato de que proprietários judeus tinham escravos entre os cristãos[80]. Ela se preocupa com o proselitismo dos senhores que devem ser de algum modo impedidos e, portanto, discriminados. Mas a discriminação mais nítida é sofrida obviamente pelos escravos. Entre eles, já com o primeiro surgimento da potência islâmica e em época carolíngia, os muçulmanos são bastante numerosos. Compreende-se bem isso. Quando a guerra é acompanhada pela percepção da "irredutível heterodoxia religiosa" do inimigo, a redução deste à escravidão é mais fácil. É exatamente isso que se verifica no choque entre islã e cristianismo: os dois competidores reagem do mesmo modo[81], mesmo sendo, pelo que parece, maior a possibilidade de emancipação e até de ascensão social para os escravos cristãos em mãos dos muçulmanos que se convertem à religião dos seus senhores[82]; não é por acaso que esse percurso é bem mais frequente do que o que vai em direção contrária (ou seja, de conversão do islâmico ao cristianismo)[83].

Não é tão importante o fato de que, no século XIII, na Itália, os escravos são quase todos sarracenos: é preciso não perder de vista o estado de guerra, declarada ou latente. Há outro elemento que atrai nossa atenção. Se analisarmos os atos cartoriais da época, veremos que muitas vezes são objeto de compra e venda domésticas os servos "sarracenos", cuja cor "negra" [*nigrus*] ou oliva [*olivacius*] é acentuada. Ou seja, não só pela religião ou ausência de religião, enquanto substancialmente idólatras e pagãos, mas também pela cor da pele árabe e islâmica, eles tendem a ser assimilados aos negros, os quais começam a ser vistos como os escravos por excelência. Na Espanha do final do século XIV fala-se de "etíopes (= africanos), bárbaros (= berberes) ou muçulmanos" como

---

[79] B. de las Casas, *La leggenda nera. Storia proibita degli spagnoli nel Nuovo Mondo* (Milão, Feltrinelli, 1981), cap. XII, p. 232-4.

[80] L. Poliakov, *Storia dell'antisemitismo*, cit., v. I, p. 39-46.

[81] C. Verlinden, *L'esclavage dans l'Europe médiévale* (Gent-Brugge, Rijksuniversiteit Te Gent, 1955-1977, v. I), p. 103.

[82] M. Malowist, *La schiavitù nel Medioevo e nell'età moderna* (Nápoles, Esi, 1987), p. 61.

[83] L. Scaraffia, *Rinnegati. Per una storia dell'identità occidentale* (Roma/Bari, Laterza, 1993), p. ix.

sinônimos[84]. Eles constituem o conjunto "do território e da raça dos infiéis", na linguagem utilizada pelos priores de Florença em um documento de 1366, que ratifica a irrelevância do batismo e a legitimidade da escravidão racial[85].

Está claramente surgindo o racismo biológico. Ele atinge em primeiro lugar os negros, identificados como os descendentes de Cam e Canaã, condenados por Noé à escravidão. Sugere-se aí o processo que mais tarde levará, na América colonial, a discriminar, de um lado, branco, cristão e livre e, do outro, negro, pagão e escravo[86]. E o racismo biológico, que dá seus primeiros passos, tende a afetar, ou pelo menos a tocar de leve, árabes e islâmicos, os *homines bestiales** e os escravos por natureza [*naturaliter servi*], segundo as expressões já revistas por Tomás de Aquino: "Em 1452, o papa Nicolau V autorizou o rei de Portugal a privar da liberdade os mouros e os pagãos; e em 1488, o papa Inocêncio VIII aceitou a doação de cem mouros, feita por Fernando da Espanha, e os distribuiu entre os cardeais e a nobreza"[87].

Certamente, o reservatório "natural" dos escravos fica na África negra que, além de ser a encarnação plena do paganismo, é indefesa nos planos político e militar. É verdade que, se os judeus continuam a ser reconhecidos como membros da comunidade cristã e civil – embora subalternos e insubordinados e, por isso, a serem disciplinados quando necessário de modo também bastante rude –, os árabes, os mouros e os sarracenos começam a fazer parte do mundo colonial que desponta no horizonte.

10. O ANTISSEMITISMO COMO CRISE DA "FAMÍLIA ARIANO-SEMÍTICA" E JUDAICO-CRISTÃ

Com um salto de alguns séculos, vemos essa tradição medieval e moderna agir por trás de Tocqueville. Ao sublinhar positivamente o "perfume bíblico" das empresas dos colonos que na América conquistam a terra prometida, limpando-a de seus habitantes abusivos, ele presta homenagem também ao Antigo Testamento (e ao judaísmo). Bem diferente é a posição tomada frente

---

[84] C. Verlinden, *L'esclavage dans l'Europe médiévale*, cit., vol. II, p. 141-5; vol. I, p. 359.

[85] D. B. Davis, *Il problema della schiavitù nella cultura occidentale* (Turim, Sei, 1971), p. 133-4. [Ed. bras.: *O problema da escravidão na cultura ocidental*, Rio de Janeiro, Civilização Brasileira, 2001.]

[86] W. D. Jordan, *White over Black: American Attitudes Toward the Negro, 1550-1812* (Nova York, Norton and Company, 1977), p. 94-8.

* Ver nota da página 145. (N. E.)

[87] D. B. Davis, *Il problema della schiavitù nella cultura occidentale*, cit., p. 133.

ao islã, surgida em particular da celebração da conquista da Argélia. A "nação cristã" avança, em vão recebendo oposição dos "indígenas" e dos muçulmanos, os quais dão prova do "ódio mais furioso contra os cristãos". Assistimos ao choque não só entre duas religiões, mas também "entre duas raças, sendo uma iluminada e a outra ignorante, uma se eleva e a outra se degrada"[88].

Alguns anos depois, com Napoleão III, a França começa a diferenciar os árabes dos judeus que vivem na Argélia: só estes últimos podem aspirar a conseguir a cidadania. Esse processo culmina na lei aprovada pela Terceira República em 24 de outubro de 1870, a lei Crémieux, com base na qual "os israelitas indígenas dos departamentos da Argélia são declarados cidadãos franceses"[89]. A dicotomia medieval entre ortodoxia e heterodoxia religiosa (parcial para os judeus e total para os islâmicos) foi substituída pela dicotomia entre povos civilizados, em cujo âmbito são cooptados os judeus, e povos não civilizados e coloniais, dos quais os árabes fazem parte. Renan dá um passo além, pois no final do século XIX celebra a "grande família ariano-semítica" em oposição às "raças semisselvagens" destinadas a serem subjugadas ou exterminadas[90]. Dessa "grande família" fazem parte, ainda que de modo subalterno, os judeus – não por acaso o escritor francês sublinha que "a raça israelita prestou ao mundo os maiores serviços", sobretudo no plano religioso –, mas com certeza não os árabes e os islâmicos, que tendem a ser confinados entre as "raças semisselvagens", como mostra a dura acusação feita contra eles: "o islamismo foi a cadeia mais pesada que a humanidade jamais carregou"; é evidente a "nulidade intelectual das raças que tiram unicamente dessa religião a sua cultura e a sua educação"[91]. A família "ariano-semítica" aparece como a secularização da família judaico-cristã da Idade Média, ao passo que as "raças semisselvagens" são as herdeiras dos "pagãos" e dos *homines bestiales*[*] e *naturaliter servi*[**]. Se a família judaico-cristã se baseava na primazia intolerante e, às vezes, bastante violenta dos cristãos, a família "ariano-semítica" cara a Renan repousa na preeminência incontestável dos arianos. Mesmo com as rígidas relações hierárquicas internas que a carac-

---

[88] A. de Tocqueville, *Oeuvres completes* (org. J. P. Mayer, Paris, Gallimard, 1951), v. I, t. 1, p. 32; vol. III, t. 1, p. 216-25. [Ed. bras. (v. I, t. 1 e 2): *A democracia na América*, São Paulo, Martins, 2000, 2 v.]

[89] P. Birnbaum, *Un mythe politique: la "République juive"* (Paris, Gallimard, 1995), p. 369.

[90] E. Renan, *Oeuvres complètes* (org. H. Psichari, Paris, Calmann-Lévy, 1947-1961, v. VIII), p. 585.

[91] Ibidem, v. I, p. 944, 946, 956.

[*] Ver nota da página 145. (N. E.)

[**] Servos por natureza. (N. E.)

A LINGUAGEM DO IMPÉRIO   149

terizam, trata-se de uma família distinta e exclusiva, que se opõe positivamente em seu conjunto à massa exterminada dos povos coloniais (incluídos os árabes) que a circundam.

Mas a família ariano-semítica mostra-se atravessada por profundas divisões já no momento em que é teorizada. Assim como a família judaico-cristã estava estreitamente ligada aos representantes mais fanáticos da cristandade medieval, agora os teóricos mais intransigentes da civilização ariana não suportam contaminações de espécie alguma. Desfazendo a ambiguidade da ligação entre discriminação negativa e discriminação positiva, os mais radicais adeptos medievais da judeufobia tendiam a colocar os judeus no campo do "paganismo"; agora, os racistas mais desprendidos procuram excluir os próprios judeus do Ocidente, da civilização e da raça ariana, e, além disso, delimitar essa área bastante restrita por meio de uma barreira naturalista e intransponível. Substancialmente ineficaz nos séculos da judeufobia cristã e da discriminação com base religiosa, o critério da *limpieza de sangre*, depois de ter tomado uma profundidade naturalista a partir do encontro com os povos coloniais – nas colônias espanholas, ele se propunha a bloquear, em primeiro lugar, a mobilidade social dos mulatos[92] –, torna-se um elemento constitutivo essencial do antissemitismo que está surgindo. Após ter mirado, em primeiro lugar, os pagãos e os islâmicos ou os negros e os mouros, o racismo biológico afeta também os judeus, que estão prestes a se tornar na Europa o alvo principal e a ser atacados com uma sistematicidade sem precedentes. Se o antijudaísmo não contém nenhuma discriminação e a judeufobia contém a ligação entre discriminação negativa e positiva, o antissemitismo é caracterizado por uma discriminação univocamente negativa e pela passagem da discriminação político-moral para a discriminação naturalista. A rígida barreira que isolava da barbárie circunstante a "grande família ariano-semítica" (herdeira da família judaico-cristã) acaba agora atravessando e lacerando, de modo irremediável e insuperável, essa mesma "família".

11. Da judeufobia cristã ao antissemitismo ou do racismo colonial ao racismo antijudaico?

Podemos aqui retomar o fio do discurso inicial deste capítulo. A tese da linha de continuidade entre judeufobia religiosa e antissemitismo racial não resiste à

---

[92] H. S. Klein, *Slavery in the Americas: A Comparative Study of Virginia and Cuba* (Chicago, Ivan R. Dee, 1989), p. 205-6.

análise histórica e filosófica. Para confirmar a diversidade qualitativa dos dois fenômenos aqui comparados, tenha-se presente que o antissemitismo racial se constitui no século XIX empenhando-se em uma dura polêmica contra a judeufobia cristã, a quem ele censura por ter ingenuamente confiado ao batismo a solução da "questão judaica". Na realidade – observa Fritsch, referindo-se a Schopenhauer –, ele não elimina de modo algum os laços étnicos e raciais que continuam a existir entre os judeus[93]. Ao contrário dos cristãos medievais, o homem de cultura moderna – insiste Dühring – deve concentrar sua atenção não na religião, mas nas "características raciais"[94]. Nessa mesma linha se coloca Hitler, que não se cansa de acentuar que, na luta contra os judeus, é preciso basear-se não na "representação religiosa", mas no "conhecimento racial", libertando-se enfim da ilusão de que para resolver o problema bastaria "um borrifo de água batismal"; ocultando a aspereza do antagonismo, a superstição cristã e o seu "pseudoantissemitismo" [*Scheinantisemitismus*] obstaculizam de modo funesto a afirmação do antissemitismo autêntico[95].

Não só não há continuidade entre judeufobia religiosa e antissemitismo racial, mas também este, ao sublinhar o papel decisivo da raça, acaba frequentemente rompendo com o cristianismo enquanto tal, além de romper com a judeufobia. Estamos na presença de uma religião que erra em "considerar e tratar [os judeus] como o povo ao qual pertenceria a mãe do redentor"; é preciso então tomar nota das ruinosas consequências filojudaicas "dessas doutrinas religiosas cristãs"[96]. Sim, "a raça judaica" faz-se forte com a "tolerância cristã". Mas isso não acontece por acaso: não só o Antigo, mas também o Novo Testamento exprime "o espírito da raça judaica" e é um produto da "tradição cultural da raça judaica". O Ocidente é chamado a enfrentar o perigo da "judaização cristianizante"[97]. Em última análise, a solução da questão judaica inclui o ajuste de contas com o cristianismo.

A esta altura convém voltar à observação de Arendt, que faz partir do século XIX a difusão do antissemitismo propriamente dito, isto é, do

---

[93] T. Fritsch, *Mein Beweis-Material gegen Jahve* (Leipzig, Hammer, 1911), p. 166.

[94] E. Dühring, *Die Judenfrage als Racen-, Sitten- und Culturfrage* (Leipzig, Reuther, 1881), p. 155-6.

[95] A. Hitler, *Mein Kampf* (Munique, Zentralverlag der Nsdap, 1939), p. 130-2.

[96] E. Dühring, *Die Judenfrage als Racen-, Sitten- und Culturfrage*, cit., p. 100.

[97] Idem, *Der Ersatz der Religion durch Vollkommneres und die Ausscheidung alles Judäerthums durch den modernen Völkergeist* (2. ed., Berlim, Kufahl, 1897), p. 2, 51-2, 60.

antissemitismo racial. Estamos na época de ouro do expansionismo colonial e do racismo contra os povos coloniais ou de origem colonial: há uma relação entre os dois fenômenos? Em outras palavras, o racismo colonial contribuiu para estimular o surgimento e a difusão do racismo antijudaico? Em 1882, depois de uma longa agitação, os xenófobos estadunidenses reivindicam e obtêm a adoção de medidas contra a "invasão" dos chineses. Traduzido de imediato para o alemão, o *Chinese exclusion act* [Ato de exclusão dos chineses] é acolhido com entusiasmo pela *Neue Deutsche Volkszeitung*, que, na legislação chinófoba aprovada nos Estados Unidos, indica o modelo da legislação antissemita a ser aprovada na Áustria e na Alemanha:

> É possível traçar paralelos entre a proibição estadunidense de imigração que afeta os chineses e a proibição de imigração dos judeus por nós reivindicada. O Estado mais livre do mundo demonstrou que direitos e liberdade devem ser limitados, quando o interesse geral o exige.[98]

Algumas décadas mais tarde, exatamente na década de 1920, na Alemanha, parte-se da legislação em vigor nos Estados Unidos – e enfaticamente elogiada – que proíbe a imigração de grupos étnicos indesejados, para se sustentar a tese de que o povo alemão deveria comportar-se de modo análogo em relação aos judeus da Europa oriental e meridional. Só assim ele poderia conservar sua pureza "nórdica"[99]. Nessa linha coloca-se Hitler em pessoa. Em *Mein Kampf* podemos ler:

> Ao negar, por princípio, a imigração a elementos com saúde ruim e excluir rigorosamente determinadas raças do acesso à cidadania, a União estadunidense professa já, ainda que em seus fracos inícios, uma concepção própria do conceito *völkisch* de Estado.[100]

Tal visão *völkisch*, que rompe com a prática ruinosa e antinatural da mistura de raças heterogêneas, deve valer na Alemanha sobretudo contra os judeus, o

---

[98] H. Gollwitzer, *Die gelbe Gefahr. Geschichte eines Schlagwortes. Studien zum imperialistischen Denken* (Göttingen, Vandenhoeck und Ruprecht, 1962), p. 174-5.

[99] S. Kühl, *The Nazi Connection: Eugenics, American Racism and German National Socialism* (Nova York/Oxford, Oxford University Press, 1994), p. 26.

[100] M. Zimmermann, *Wilhelm Marr: The Patriarch of Antisemitism* (Nova York/Oxford, Oxford University Press, 1986), p. 49.

veículo mais perigoso de contaminação. No capítulo precedente, vimos Hitler e Rosenberg referirem-se de modo explícito ao regime de supremacia branca existente nos Estados Unidos, com suas normas de proteção à pureza do sangue branco e com as pesadas discriminações contra "negros e amarelos", para invocar ou legitimar a legislação aprovada pelo Terceiro Reich em Nuremberg em detrimento dos judeus, mas também, significativamente, dos mulatos e dos ciganos. Mais evidente ainda é a influência que o racismo colonial exerce sobre o racismo antijudaico quando se reflete sobre o fato de que, na opinião de Wilhelm Marr (o qual se define com orgulho como o "patriarca do antissemitismo"), nas veias dos judeus corre "sangue negro" (*infra*, cap. VI, subitem 3). Por outro lado, ao polemizar contra ele, um crítico alemão observa: "Marr despreza a raça dos judeus [...] do mesmo modo que nos Estados Unidos um sulista de sangue puro despreza a raça de cor e toda pessoa em cujas veias corre uma gota de sangue africano"[101].

Ao fazer tudo provir da judeufobia cristã, as costumeiras histórias do antissemitismo dão prova de ingenuidade metodológica e historiográfica. Deixar de lado o caráter não indolor da passagem do paradigma religioso para o paradigma racial, ou seja, da judeufobia ao antissemitismo propriamente dito, significa remover a passagem muito mais fácil verificada no âmbito de um mesmo paradigma, o racial, do racismo contra os povos coloniais ao racismo antijudaico, do racismo que a princípio tinha como alvo os povos totalmente estranhos à raça branca ao racismo que afeta um povo que chegou ao Ocidente, mas é considerado para sempre de origem "oriental" (*infra*, cap. VI, subitem 10). Pode-se dizer que a judeufobia religiosa tornou mais difícil a luta contra o antissemitismo racial; mas uma coisa bem diferente é traçar uma linha de continuidade desde a condenação cristã do judaísmo até a "solução final" posta em ação por Hitler agitando a ameaça terrível (para a raça branca e ariana) representada pelo judaísmo, mas também, como sabemos, pela "doença cristã". Parece mais lógico proceder de modo diferente. No início do século XX, além de serem praticadas, a dizimação e a aniquilação das "raças inferiores" são teorizadas de modo explícito por personalidades políticas de primeiro plano, como o estadunidense Theodore Roosevelt (*infra*, cap. VI, subitem 11). Convém perguntar-se por meio de quais processos sociais e ideológicos o genocídio contra os bárbaros fora do Ocidente acaba afetando de modo particularmente trágico os bárbaros dentro do Ocidente – os judeus –,

---

[101] Idem.

que, na opinião de Goebbels e do nazismo, constituem "um corpo estranho no âmbito das nações civilizadas"[102].

A esta altura podemos compreender melhor a importância do capítulo estadunidense na história do antissemitismo do século XX. É oportuno partir da Ku Klux Klan, o movimento que faz valer pela primeira vez o motivo da "supremacia branca" em relação aos judeus, além dos negros. O racismo biológico, que há séculos ataca com ferocidade os segundos, começa a investir também contra os primeiros, o que representa um pavoroso salto de qualidade com respeito à tradicional judeufobia de motivação religiosa. O linchamento, até aquele momento reservado aos afro-americanos, em 17 de agosto de 1915 tira a vida do judeu Leo Frank, acusado também de ser dominado por uma sexualidade animalesca, pronto a recorrer à violência para possuir e baixar ao seu nível uma mulher de civilização superior. Ignorado por Poliakov, esse acontecimento se dá no Sul, que continua a venerar a memória da Confederação escravista e onde, com as palavras de ordem que visam aos ex-escravos, começa a ressoar uma nova: "Enforca o judeu, enforca o judeu!"[103]. A Ku Klux Klan é o primeiro movimento no Ocidente que conjuga agitação antissemita e violência de grupos fascistas, um fenômeno até aquele momento limitado à Rússia czarista. Depois entra Ford, na vanguarda do fornecimento de uma leitura racial "orgânica", desta vez univocamente antijudaica, dos revezes verificados no século XX, cuja "lição" é acolhida com entusiasmo na Alemanha.

Mais absurda ainda se revela a tese da linha de continuidade do antijudaísmo cristão ao semitismo racial se refletirmos sobre o fenômeno, bem difuso nos Estados Unidos, dos chamados "sionistas cristãos": também estes estão muitas vezes preocupados em converter os judeus, mas, dado que tal milagre passa pela tomada de posse por parte destes últimos de toda a terra do Antigo Testamento reservada ao povo eleito, é preciso lutar em apoio do grande Israel, sem se preocupar demais com a deportação e os lutos infligidos ao povo palestino: pelo menos neste caso, a polêmica antijudaica do cristianismo desemboca na perseguição não mais dos judeus, mas dos árabes.

Compreensível nos anos posteriores ao desabamento do Terceiro Reich, quando toda a atenção estava concentrada na Alemanha, a hoje dominante leitura da história do antissemitismo revela em tempos mais recentes sua

---

[102] J. Goebbels, *Tagebücher* (org. R. G. Reuth, Munique/Zurique, Piper, 1991), p. 1569. [Ed. bras.: *Diário. Últimas anotações*, Rio de Janeiro, Nova Fronteira, 1978.]

[103] H. M. Sachar, *A History of the Jews in America*, cit., p. 301-7.

sabedoria de *Realpolitik*: apaga-se uma importante função de estímulo que o racismo colonial e, em particular, o anticamitismo (que se manifestaram com força particular na República estadunidense) tiveram na formação do racismo antijudaico. Isso permite que se ponha na sombra um capítulo central da história do antissemitismo, o capítulo estadunidense. São explícitas e repetidas as lembranças dos hierarcas nazistas em relação ao regime de *white supremacy*, por um lado, e a Henry Ford, por outro lado. Mas tudo isso desapareceu. O silêncio sobre o racismo colonial permite ocultar também o fato de árabes e islâmicos terem sido as primeiras vítimas dos processos de racialização que se desenvolveram no Ocidente. Então se delineia a fantástica paisagem ideológica dos nossos dias. O país protagonista das guerras no Golfo, empenhado em apoiar incondicionalmente Israel e em redesenhar de modo soberano o mapa geográfico e político do mundo islâmico e de uma área de importância crucial no plano geoeconômico e geopolítico, seria o campeão da luta contra o antissemitismo, a ponto de antiamericanismo e antissemitismo tenderem a tornar-se sinônimos; os países europeus, que hesitam em seguir essa política de guerra e de choque frontal, se revelariam culpados de não ter rompido totalmente com a tradição do antissemitismo, uma infâmia que encontraria então no mundo árabe e islâmico o seu lugar preferido. Com efeito, Goldhagen, historiador (e ideólogo) de sucesso, sentencia que na Europa os "demônios antissemitas" se agitam "escondidos sob a máscara do antissionismo, sob a forma da condenação das medidas israelenses contra os palestinos"[104]. Portanto, um pequeno distanciamento do governo de Tel Aviv ou um movimento de simpatia e de compaixão pela sorte de um povo submetido à ocupação militar bastaria para provocar uma acusação que justo depois de Auschwitz soa infamante como nunca: de condenação da hierarquização dos povos e das "raças", a denúncia do antissemitismo viraria o seu contrário, ou seja, a concessão de privilégios exclusivos, senão a um povo, pelo menos a um governo, posto ao abrigo de qualquer crítica.

E não é tudo. Voltemos à obra de Poliakov. O primeiro volume, como já esclarece o subtítulo, abrange o período que vai *De Cristo aos judeus da corte*. Dado que a abordagem é constituída pela "solução final", a obra em seu conjunto poderia ter-se intitulado: *De Jesus a Hitler: história do antissemitismo*. Bem mais explícito é o já citado Goldhagen: "Longe de constituir um elemento

---

[104] D. J. Goldhagen, *Una questione morale. La Chiesa Cattolica e l'Olocausto* (Milão, Mondadori, 2003), p. 248-9.

incidental do Novo Testamento, o antissemitismo é aspecto constitutivo da narração evangélica de vida e de morte de Jesus e da respectiva mensagem sobre Deus e o homem"[105]. Outro conhecido intelectual estadunidense de origem judaica acentua que "o Novo Testamento é a fonte primária do antissemitismo na tradição ocidental", ainda que depois acrescente, com graciosa concessão: isso "não significa afirmar que o Novo Testamento seja igual a Auschwitz"[106]. Em todo caso, para desembaraçar-se do antissemitismo, os cristãos deveriam deixar de ser cristãos. Esse modo de argumentar é singularmente dogmático: é aplicado de forma unilateral a só uma tradição religiosa. Veremos Toynbee sublinhar o peso funesto que o motivo veterotestamentário das "guerras do Senhor" exerceu na colonização puritana da América do Norte e na aniquilação dos peles-vermelhas, comparados aos habitantes abusivos da terra prometida por Deus ao povo eleito (*infra*, cap. VI, subitem 11). Deveremos considerar culpados em relação aos peles-vermelhas aqueles que continuam a venerar como texto sagrado o Antigo Testamento ou a Bíblia hebraica? A própria Igreja católica foi alvo de ferozes perseguições não apenas na União Soviética e em outros países comunistas, mas também, já muito antes, na Irlanda colonizada e oprimida pelos anglicanos: devemos ler nas críticas ao cristianismo e, sobretudo, ao catolicismo feitas por autores como Goldhagen a tentativa de banalizar ou, pior, de realimentar tais perseguições?

Mas o dogmatismo é incapaz de pensar as regras do discurso em termos gerais. Enquanto a ideologia dominante, por um lado, é propensa a instituir uma férrea linha de continuidade entre judeufobia cristã e antissemitismo racial (de Cristo ou de Paulo de Tarso a Hitler!), por outro lado, faz apelo à unidade do Ocidente judeu-cristão contra o islã. Os dois motivos mal se conciliam entre si, mas a coerência é a última das preocupações dos ideólogos da guerra. Eles não parecem ter dúvidas sobre o fato de que o epicentro do antissemitismo teria se transferido da Alemanha para o Oriente Médio. A difusão do antissionismo confirmaria isso.

---

[105] Ibidem, p. 263.

[106] S. T. Katz, *The Holocaust in Historical Context*, cit., p. 251.

V. ANTISSIONISMO

1. "O SIONISMO COMO UMA ESPÉCIE DE ANTISSEMITISMO"

Como o antiamericanismo – sentencia um dos filósofos mais celebrados pelos órgãos de imprensa da ideologia dominante –, com maior razão "o antissionismo é uma forma de antissemitismo"[1]. Agora deveria estar claro o caráter extravagante da primeira afirmação; ela é mais persuasiva que a segunda? Conhecemos as mudanças radicais que caracterizam a história das categorias que aqui são objeto de pesquisa, mas a leitura atual do "antissionismo" nos coloca diante de um caso particularmente clamoroso. No final do século XIX, é Herzl que se refere à opinião difusa que vê "no sionismo uma espécie de antissemitismo". Não está totalmente errado porque, com a realização do sonho sionista, se poderá dizer:

> Os antissemitas tiveram razão. Podemos concedê-la a eles; também nós seremos felizes.
>
> Dá-se razão a eles porque eles têm razão. Não podiam deixar-se submeter por nós no Exército, na administração, em qualquer ramo do comércio, como agradecimento pelo fato de terem nos libertado generosamente do gueto. Nunca devemos esquecer essa ação magnânima dos povos civilizados.[2]

Ou seja, dada a iniciativa e a exuberância intelectual e econômica da população de origem judaica, a constituição de um Estado judeu fora da Europa é de

---

[1] B. H. Lévy, "L'antiamericanismo è il nuovo antisemitismo", *La Stampa* (Turim), 28/1/2006, p. 11.

[2] T. Herzl, "Zionistisches Tagebuch", em *Briefe und Tagebücher* (orgs. A. Bein et al., Berlim/Frankfurt/Viena, Propyläen, 1984-1985, v. II), p. 606, 201.

interesse tanto dos sionistas como dos antissemitas. Os primeiros conseguem realizar seus objetivos nacionais (e religiosos), os segundos se livram de uma presença que se torna cada vez mais incômoda.

Com efeito, quem deseja o cumprimento da "profecia de Herzl" e toma posição a favor do sionismo ("A Palestina para os judeus! Os judeus na Palestina!") são, na França (o país no final do século XIX à frente da campanha antijudaica), os mais fervorosos antissemitas, os discípulos e os seguidores de Edouard Drumont, o qual se encontra pessoalmente com Herzl e escreve uma recensão bastante favorável de seu livro, *O Estado judeu**, que esclareceu de uma vez por todas como se pode resolver o problema dos judeus: basta "devolver todos eles à Palestina"[3].

O quadro não muda com a chegada do antissemitismo propriamente fascista. A favor da causa do sionismo pronunciam-se Céline (exatamente no contexto de um texto, *Bagatelles pour un massacre* [Bagatelas por um massacre], inspirado por um antissemitismo odioso como nunca) e um discípulo e admirador seu, René Gontier, que exprime seu aplauso vivo por "um nacionalismo estritamente judeu, com sua língua, seu folclore, seus costumes e sua cultura". Em 1943, já no título de um artigo, Marcel Déat auspicia a criação de "um Estado judeu". Enfim, em seu testamento espiritual, Pierre Drieu La Rochelle escreve: "Morro antissemita (respeitoso dos judeus sionistas). [...] Por outro lado, amo as raças em sua casa. Amarei sinceramente os judeus na casa deles. Seriam um belo povo"[4].

Ainda a notável distância do fim da Segunda Guerra Mundial, em 1967, por ocasião da Guerra dos Seis Dias, Xavier Vallat, que estivera em Vichy como comissário para assuntos judeus, publica um artigo com o título "Minhas razões para ser sionista". Os judeus "rejeitam a assimilação" e, por outro lado, não se pode tolerar "um Estado no Estado". Portanto, "fora de um sionismo integral, não há solução racional e eficaz do problema judeu". Em termos análogos, nas colunas de uma revista de extrema direita (*Ravirol*) exprime-se, sempre na mesma ocasião, outro velho campeão do antissemitismo francês (Lucien Rebatet): "A causa de Israel é a causa de todos os ocidentais"; estes não podem não desejar "a vitória do exército sionista"[5].

---

* Rio de Janeiro, Garamond, 1998. (N. E.)

[3] P. Birnbaum, *"La France aux Français". Histoire des haines nationalistes* (Paris, Seuil, 1993), p. 237-8, 366 [nota 4].

[4] Ibidem, p. 237-9, 240-1.

[5] Ibidem, p. 241-2.

Os antissemitas ou os adeptos da judeufobia aqui citados não só aplaudem o sionismo, mas, como observado, muitas vezes professam um "sionismo intransigente e conquistador" nos moldes de "um grande Israel", e aderem ao "projeto sionista mais radical", caracterizado por "uma generosidade territorial praticamente ilimitada"[6]. E os árabes? A resposta mais clara a essa pergunta vem de outro expoente de primeiro plano do antissemitismo ou da judeufobia "sionista" francesa, Herman de Vries de Heekelingen, autor de um ensaio muito bem informado publicado em 1941, que pretende demonstrar a visão de longo alcance de "Theodore Herzl, o criador do sionismo moderno". Portanto, a França e a Europa poderão reconquistar sua pureza só quando os judeus edificarem no Oriente Médio um Estado suficientemente extenso para reabsorver toda a diáspora: ele abrangerá a Palestina e a Cisjordânia e, talvez, "uma parte da Síria e da Mesopotâmia". Mas o que fazer com aqueles que já ocupam esse território? "Não falta lugar para os árabes, se eles quiserem emigrar"; fariam bem em aceitar a "transferência" para "outras partes da Ásia Menor ou da África". Por outro lado, "o interesse geral da humanidade tem a precedência com respeito ao interesse de uma minoria". Para poder livrar-se de uma presença incômoda, o Ocidente deve em absoluto levar a termo "a solução do angustioso problema judeu". Portanto, se os árabes continuarem a se opor ao sionismo, é preciso saber recorrer às "maneiras fortes". Durante a Primeira Guerra Mundial, "populações inteiras foram deportadas" [*transporté*]; por que não se deveria agir de modo análogo em relação aos árabes? É o preço a pagar pela realização da "solução definitiva" [*solution définitive*] do problema judeu"[7]. A expressão aqui utilizada parece antecipar aquela posteriormente utilizada pelos nazistas; no autor francês, porém, ela significa não mais a aniquilação dos judeus, mas a deportação dos árabes. O modelo atual parece ser a deportação sofrida pelos armênios e que desembocou, na realidade, em um genocídio.

A consonância entre sionismo e antissemitismo não é um fenômeno limitado à França. Nos anos imediatamente posteriores à Revolução de Outubro, difunde-se na Inglaterra o mito do "complô judeu-bolchevique", e um movimento antissemita radical (The Britons) invoca medidas enérgicas: é preciso privar os judeus da cidadania e tornar obrigatória para eles a escolha sionista, de modo a transformar a Palestina em um "gueto mundial". Então se compreende

---

[6] Ibidem, 244, 247-8.

[7] Ibidem, 244, 246-8.

160   DOMENICO LOSURDO

a observação polêmica contra o sionismo feita por Lucien Wolf, encarregado das relações internacionais da comunidade judaica inglesa: "Os antissemitas são sempre sionistas ardentes e simpáticos"[8].

Obviamente, nossa atenção deve concentrar-se na Alemanha. Em 1920, Alfred Rosenberg, futuro ideólogo do Terceiro Reich, mas já nesse tempo escritor bastante prolífico de libelos antissemitas, escreve: "O sionismo deve ser apoiado com força, de modo a promover cada ano a transferência de um certo número de judeus alemães para a Palestina ou, de qualquer modo, para além das fronteiras [da Alemanha]"[9].

Para esse fim convém, sobretudo, ter presente a observação de Arendt sobre o entusiasmo suscitado em seu tempo, em certos ambientes nazistas, pelas teses expressas por Herzl em seu livro *O Estado judeu*:

> Depois da leitura desse famoso clássico sionista, Eichmann aderiu pronta e definitivamente às ideias sionistas [...]. De novo, em 1939 ele protestou parece que contra os profanadores do túmulo de Herzl em Viena, e houve quem garantiu tê-lo visto em trajes civis na comemoração do 35º aniversário da morte de Herzl.[10]

Aliás, não se deve perder de vista a ambivalência que caracteriza o nazismo e que se torna particularmente evidente em Hitler. Por um lado, ele manifesta seu virulento antissemitismo, carregado de pulsões genocidas, também em relação aos sionistas, acusados de duplicidade pelo fato de não quererem de fato realizar de modo completo e definitivo a transferência dos judeus para a Palestina e visarem, na realidade, não tanto a criação de um Estado nacional, mas antes conseguir o domínio mundial. Por outro lado, *Mein Kampf* fala do "sionismo" como de "um grande movimento", empenhado em afirmar ou em acentuar o "caráter *völkisch* do judaísmo". É uma afirmação tanto mais significativa se pensarmos que Hitler faz aqui profissão de "nacionalismo *völkisch*"[11]. O sionismo seria algo positivo se conseguisse realmente pôr fim à presença do

---

[8]   S. Kadish, *Bolsheviks and British Jews: The Anglo-Jewish Community, Britain and the Russian Revolution* (Londres/Portland, Frank Cass, 1992), p. 41, 168.

[9]   A. Rosenberg, citado em E. Piper, *Alfred Rosenberg Hitlers Chefideologe* (Munique, Blessing, 2005), p. 65.

[10]   H. Arendt, *La banalità del male. Eichmann a Gerusalemme* (5. ed., Milão, Feltrinelli, 1993), p. 48-9. [Ed. bras.: *Eichmann em Jerusalém: um relato sobre a banalidade do mal*, São Paulo, Companhia das Letras, 1999.]

[11]   A. Hitler, *Mein Kampf* (Munique, Zentralverlag der Nsdap, 1939), p. 60, 11.

judaísmo na Europa e no Ocidente e, portanto, liquidar a sociedade multirracial e multicultural que infelizmente irrompe com força.

Nesse contexto está a "odiosa aliança" que por breve tempo se realizou entre nazismo e sionismo. Sirvo-me aqui da definição e da sofrida descrição que um eminente historiador estadunidense de origem judaica faz de tal acontecimento. Logo depois da chegada de Hitler ao poder, vemos "nazistas e sionistas atuarem em comum acordo por um êxodo judeu". Daí o ataque conjunto contra os judeus assimilacionistas, com os sionistas utilizando argumentos "penosamente seme-lhantes à linha nazista de descrédito da cidadania alemã dos judeus". Então se compreende que a *Jüdische Rundschau*, o órgão de imprensa dos sionistas, fique substancialmente imune à onda de proibições e de perseguições que acometem a imprensa alemã logo após o incêndio do Reichstag em 27 de fevereiro de 1933. Poucas semanas depois, em 7 de abril, o jornal chama sionistas e nazistas a serem "parceiros honestos". No final do mesmo mês, um oficial das SS que cuida da questão judaica, o barão Leopold Von Mildenstein, visita Tel Aviv e outros assentamentos e leva daí uma impressão positiva:

> Foram tiradas várias fotografias e levadas numerosas lembranças para a Ale-manha. Cerca de dezoito meses mais tarde, uma detalhada série ilustrada foi publicada em *Der Angriff* sob o título "Um nazista vai à Palestina". O jornal de Goebbels ficou tão orgulhoso com essa série que mandou cunhar uma medalha comemorativa da viagem: de um lado a suástica, do outro uma estrela de Davi.

Enquanto o regime impõe a *Gleichschaltung*, ou seja, uma igualdade sem restos, a *Jüdische Rundschau* fica livre para "fazer propaganda do sionismo como uma filosofia política totalmente autônoma, a única filosofia política autônoma permitida pelo Terceiro Reich". Enfim:

> Em 1933 foi encorajado o ensino da língua hebraica em todas as escolas judaicas. Em 1935 foram permitidos os uniformes para os grupos dos Jovens Sionistas, os únicos uniformes não nazistas permitidos na Alemanha. Quando, no final de 1935, as Leis de Nuremberg privaram os judeus alemães de sua cidadania, tornou-se ilegal para os judeus içar a bandeira alemã; no entanto, as mesmas leis estipularam que o judeu alemão podia içar a bandeira sionista com a estrela de Davi.[12]

---

[12] E. Black, *The Transfer Agreement: The Dramatic Story of the Pact between the Third Reich and Jewish Palestine* (Cambridge, Brookline, 1999), p. 173-5.

É um acontecimento que, ainda em 1935, desemboca no acordo de "transferência" [*haavara*, em hebraico] para a Palestina de um número significativo de judeus alemães com uma parte considerável de seus bens. Segundo Ernst Nolte, "o nacional-socialismo vitorioso colocou-se completamente do lado dos sionistas e com o acordo-*haavara* de 1935 promoveu a colonização judaica da Palestina, mais do que qualquer outro Estado"[13]. De maneira mais sóbria, um historiador israelense observou que o acordo com base no qual 20 mil judeus puderam emigrar e transferir da Alemanha para a Palestina quase 30 milhões de dólares serviu para "dar impulso" ao "empreendimento sionista"[14].

Obviamente, é preciso não perder de vista o caráter instrumental desse acordo entre sionismo e nazismo. O primeiro aspira a promover o assentamento judeu na Palestina, mais ainda porque vê surgir no horizonte sombras bastante ameaçadoras; o segundo anseia por reconquistar sua pureza ariana, desembaraçando-se o mais rápido possível de uma presença racialmente contaminante e que, ademais, pode pôr fim ao boicote proclamado por diversas organizações judaicas, sobretudo estadunidenses.

Por outro lado, por mais paradoxal que seja, a convergência que se acabou de ver reflete uma lógica que vai além do mundo judeu. Em 1922, Garvey, o líder afro-americano que já conhecemos, procurou estabelecer um contato com a Ku Klux Klan[15]. Os mais ferozes partidários da supremacia branca poderiam olhar com simpatia para a causa do retorno dos negros, tão profundamente odiados por eles, à África. Talvez também as aproximações entre sionistas e antissemitas tenham inspirado esse movimento do campeão do separatismo negro (que tem o sionismo como modelo).

2. A CULTURA JUDAICA E A CRÍTICA DO SIONISMO COMO SINÔNIMO DE VOLTA AO "GUETO" E DE PROJETO COLONIAL

Assim como os afro-americanos olham em sua maioria com desprezo para os separatistas negros e suas tentativas de aliança com os racistas brancos, os teóricos do sionismo a princípio se chocam com uma hostilidade bastante difusa no âmbito da

---

[13] E. Nolte, *Der europäische Bürgerkrieg 1917-1945. Nationalsozialismus und Bolschewismus* (Frankfurt/Berlin, Ullstein, 1987), p. 508.

[14] T. Segev, *Il settimo milione* (Milão, Mondadori, 2001), p. 21.

[15] G. M. Fredrickson, *Black Liberation: A Comparative History of Black Ideologies in the United States and South Africa* (Nova York/Oxford, Oxford University Press, 1995), p. 155.

comunidade judaica, na qual há forte presença tanto das tendências à assimilação como das correntes radicais comprometidas com projetos de transformação revolucionária do Ocidente e do mundo inteiro; ainda que por razões diversas, umas e outras são surdas ao apelo da volta às origens e às raízes. "Fora os antissemitas, até agora só ouvi um garoto judeu dizer que a Palestina seria o nosso país" – essa observação de um personagem do romance juvenil de Herzl[16] é significativa. Herzl observa com desapontamento a hostilidade dos "nossos adversários judeus", favoráveis à assimilação, que em absoluto não se deixam atrair pelo "judaísmo puramente nacional dos sionistas"[17]. Antes – lamenta-se, por sua vez, Nordau – os "judeus assimilados" não hesitam em afirmar que "os sionistas perseguiriam o mesmo fim dos antissemitas e seriam seus aliados"[18]. Há até – indigna-se Herzl – quem veja os judeus sionistas como "judeus antissemitas"[19]. Com efeito, encontra-se um eco favorável entre judeufobia e antissemitismo; o sionismo choca-se logo com setores bastante amplos do mundo judeu. Nesse caso, deixando de lado os ambientes ortodoxos que uniam a volta a Sião e o cumprimento de suas expectativas messiânicas, concentro-me na reação dos ambientes favoráveis à assimilação.

Conhecemos a reabilitação sionista dos aspectos positivos e comunitários da experiência do gueto (*supra*, cap. II, subitem 7) e acabamos de ver os antissemitas ingleses ansiarem pela solução da "questão judaica" mediante a criação de um "gueto mundial" na Palestina. No lado oposto, Rosa Luxemburgo rotula o Estado judeu invocado pelos sionistas como um "gueto palestino", inspirado pela preocupação do separatismo e da pureza[20]. Com efeito, Herzl previne contra o perigo representado pelos "matrimônios mistos", pela "mistura racial" [*Rassenvermischung*] e pela "decadência dos judeus por causa da mistura", e repetidamente opõe os judeus "fiéis à estirpe" [*stammestreu*] aos assimilados, estes dignos apenas de desprezo. Estes, "usando termos de Darwin, desempenham apenas uma função cromática", ou seja, limitam-se a um toque de cor a uma estirpe, a uma raça diferente e estranha[21]. Nordau talvez se exprima em termos ainda mais drásticos.

---

[16] T. Herzl, *Altneuland* (10. ed., Viena, Löwit, 1933), p. 44.

[17] Idem, "Zionistisches Tagebuch", cit., v. III, p. 345.

[18] M. Nordau, *Zionistische Schriften* (org. *Zionistischen Aktionskomitee,* Köln/Leipzig, Jüdischer, 1909), p. 299.

[19] T. Herzl, *Zionistische Schriften* (org. L. Kellner, Berlim/Charlottenburg, Jüdischer, 1920, v. I), p. 279.

[20] R. Luxemburgo, "Fragment über Krieg, nationale Frage und Revolution", em *Politische Schriften* (org. O. K. Flechtheim, Frankfurt, Europäische Verlagsanstalt, 1968, v. III), p. 143.

[21] T. Herzl, *Zionistische Schriften,* cit., v. I, p. 52, 59.

164   DOMENICO LOSURDO

A seu ver, impõe-se uma "separação em nome da pureza" [*reinliche Scheidung*] que coloque fim à política de assimilação, percebida como um elemento de contaminação e como um perigo mortal. Ela conduz à perda da "individualidade étnica", à "morte talvez lenta, mas certa, do povo judeu", que mal começou, graças ao sionismo, a tomar consciência de sua "competência racial"[22]. Compreende-se o eco simpático suscitado por tais teses nos âmbitos antissemitas. Basta pensar, por exemplo, nos antissemitas ingleses, que já no início da década de 1920 queriam a proibição dos casamentos mistos e a obrigatoriedade para todos os judeus da solução sionista, de modo a evitar de uma vez por todas o perigo de misturas e contaminações intoleráveis[23].

Também compreensível, na vertente oposta, é a dura reação dos ambientes judeus que veem com horror a política de pureza racial. A ironia de Arendt é pungente: em 1963, por ocasião do processo de Eichmann, "o Ministério Público denunciou as infames leis de Nuremberg de 1935, que tinham proibido os matrimônios mistos e as relações sexuais entre judeus e alemães"; no entanto, no mesmo momento em que é feita essa acusação, em Israel vigora uma legislação análoga, de modo que "um judeu não pode casar-se com um não judeu". E não é tudo. A Lei Rabínica inclui uma série de discriminações com base étnica: "os filhos nascidos de matrimônios mistos são, por lei, bastardos (os filhos nascidos de genitores judeus fora do vínculo matrimonial são legitimados), e se alguém por acaso tem uma mãe não judia, não pode casar-se e não tem direito a funeral"[24].

Mas Victor Klemperer ultrapassa todos nesse tipo de crítica. Enquanto é obrigado a esconder-se para fugir da perseguição e da "solução final" que o Terceiro Reich reservou aos judeus, ele não hesita em falar, a propósito dos escritos e da ideologia de Herzl, do "extraordinário parentesco" e de "profundos pontos em comum" com o hitlerismo. Com provável referência, por um lado, ao horror pelos casamentos mistos e pela "mistura racial" manifestado pelo fundador do sionismo já no final do século XIX e, por outro, à legislação aprovada pelo Terceiro Reich em Nuremberg (que proibiu o matrimônio dos arianos não só com os judeus, como escreve Arendt, mas também com ciganos e "mulatos"), Klemperer chega a uma conclusão drástica: "A doutrina da raça de Herzl é a fonte dos nazistas, são eles que

---

[22] M. Nordau, *Der Zionismus. Neue, vom Verfasser vollständig umgearbeitete und bis zur Gegenwart fortgeführte Auflage* (org. Wiener Zionistischen Vereinigung, Viena, Buchdruckerei Helios, 1913), p. 3-4, 15.

[23] S. Kadish, *Bolsheviks and British Jews*, cit., p. 41.

[24] H. Arendt, *La banalità del male*, cit., p. 15-6.

copiam o sionismo, não o contrário". Pelo menos nesse caso o sionismo é a fonte da *lingua tertii Imperii* [25][*]. Mais tarde, ao fazer de forma sistemática a análise justo da linguagem do Terceiro Reich, embora prevenindo obviamente contra assimilações apressadas e sem sentido de personalidades entre si tão diferentes, o eminente filólogo formula a hipótese de que o futuro *Führer* poderia ter absorvido em Viena "formas de linguagem e de pensamento próprias de Herzl"[26].

Prosseguindo em sua crítica, Klemperer mostra simpatia pela população árabe que se insurge contra o processo de expropriação e colonização e o "destino de índios" a ela reservado pelos colonos sionistas[27]. Com efeito, é o próprio Herzl que se refere de modo explícito ao modelo estadunidense de expansão no Far West. O único esclarecimento é que os sionistas pretendem proceder a uma "tomada de posse da terra" que não deixe espaço à improvisação. É preciso evitar o "modo verdadeiramente ingênuo" com que se procedeu do outro lado do Atlântico, onde "a abertura de um novo território" (tirado dos índios) se dá no âmbito de uma concorrência tumultuada e até violenta entre os colonos[28]. É um motivo que encontramos em Nordau, o qual vê os "pioneiros do assentamento judeu na Palestina" refazerem as pegadas gloriosas dos "Pais Peregrinos" na América[29].

O fato de tomar um modelo que, historicamente, incluíra a expropriação e a deportação (e dizimação) dos índios revela-se ruinoso. Logo depois da guerra, Arendt condena com força os planos de "transferência dos árabes da Palestina para o Iraque" e denuncia a mistura explosiva de "ultranacionalismo", "misticismo religioso" e pretensão de "superioridade racial" que se forma[30]. Assumindo "a linguagem dos nacionalistas mais radicais", o sionismo toma

---

[25] V. Klemperer, *Ich will Zeugnis ablegen bis zum letzten* (org. W. Nowojski e H. Klemperer, 5. ed., Berlim, Aufbau, 1960), v. II, p. 142, 146; v. I, p. 564-5.

[*] Linguagem do Terceiro Reich. (N. E.)

[26] Idem, *LTI. Notizbuch eines Philologen* (Leipzig, Reclam, 2005), p. 266. [Ed. bras.: *LTI: a linguagem do Terceiro Reich*, Rio de Janeiro, Contraponto, 2009.]

[27] Idem, *Ich will Zeugnis ablegen bis zum letzten*, cit., v. I, p. 65.

[28] T. Herzl, *Zionistische Schriften*, cit., v. I, p. 117-8; idem, "Zionistisches Tagebuch", cit., v. II, p. 193.

[29] M. Nordau, *Der Zionismus*, cit., p. 7.

[30] H. Arendt, "Ripensare il sionismo", em *Ebraismo e modernità* (org. G. Bettini, Milão, Unicopli, 1986), p. 83; idem, "Der Besuch Menahem Begins und die Ziele seiner politischen Bewegung. Offener Brief an die *New York Times*", em *Essays und Kommentare* (orgs. E. Geisel e K. Bittermann, Berlim, Tiamat, 1989, v. II), p. 115.

166   Domenico Losurdo

a forma explícita de "pansemitismo"[31]; mas por que o pansemitismo deveria ser melhor do que o pangermanismo? Olhando bem, o sionismo "não é senão a aceitação acrítica do nacionalismo de inspiração alemã". Este assemelha as nações a "organismos biológicos super-humanos"; mas também para Herzl "existiam apenas agregados sempre iguais de pessoas, vistos como organismos biológicos misteriosamente dotados de vida eterna"[32]. E, de novo, com a referência ao "nacionalismo de inspiração alemã", cheio de motivos "biológicos", somos reconduzidos ao nazismo, ou pelo menos à ideologia depois herdada e radicalizada pelo Terceiro Reich. Por outro lado, no final de 1948, por ocasião da visita de Begin aos Estados Unidos, em uma carta aberta ao *The New York Times* assinada também por Albert Einstein, Arendt chama à mobilização contra o responsável pelo Massacre de Deir Yassin, observando que o partido dirigido por ele está "estreitamente relacionado com os partidos nacional-socialistas e fascistas"[33].

Não há dúvida: são vários os componentes do movimento sionista e são também sionistas com uma longa história de esquerda que promovem a fundação do Estado de Israel; mas seria absurdo querer justificar, por exemplo, o desvio chauvinista da social-democracia alemã por ocasião da Primeira Guerra Mundial com o argumento das grandes lutas populares travadas por esse partido no passado e do prestígio internacional de tal modo por ele acumulado. De resto, olhemos mais de perto a esquerda sionista, confiando sempre na análise e no testemunho de Arendt. Ela faz referência ao "movimento nacional judeu social-revolucionário", mas assim o caracteriza: trata-se de círculos certamente comprometidos na busca por experiências coletivistas e por uma "rigorosa realização da justiça social dentro de seu pequeno âmbito". No conjunto, estamos na presença de um "conglomerado absolutamente paradoxal de abordagem radical e reformas sociais revolucionárias em política interna e de métodos antiquados e totalmente reacionários em política externa, e isso no campo das relações entre judeus e outros povos e nações"[34]. O "conglomerado" aqui denunciado é sinônimo de social-chauvinismo. Por isso é pouco contínua essa ligação entre expansionismo (em detrimento dos povos coloniais) e o espírito comunitário (chamado

---

[31]   H. Arendt, "Ripensare il sionismo", cit., p. 101-2.

[32]   Ibidem, p. 107-8; idem, "Lo Stato ebraico: cinquant'anni dopo? Dove ha portato la politica di Herzl?", em *Ebraismo e modernità*, cit., p. 131.

[33]   Idem, "Der Besuch Menahem Begins und die Ziele seiner politischen Bewegung", cit., p. 113.

[34]   Idem, "Ripensare il sionismo", cit., p. 85-8, 92.

A LINGUAGEM DO IMPÉRIO   167

a cimentar o povo dominante empenhado em uma difícil prova de guerra) em que Klemperer vê um dos motivos da semelhança entre sionismo e nazismo[35].

No entanto, apesar de sua autoridade, essas intervenções não são imunes a exasperações polêmicas e a riscos de simplificação excessiva. É difícil atribuir ao sionismo as ambições de domínio mundial e de inversão radical em sentido reacionário do curso da história, que desempenham um papel central na ideologia e no programa político de Hitler. Além disso, não há equivalência entre racismo e contrarracismo (ou seja, racismo de reação), e um e outro estão indissoluvelmente interligados no sionismo. Klemperer, em particular, errou em não compreender que no sionismo encontra expressão a exigência de um povo, tradicionalmente oprimido, de conseguir o reconhecimento não só como conjunto de indivíduos, mas também como povo, como cultura, como entidade metaindividual. Infelizmente, essa exigência de reconhecimento é buscada às custas de outro povo, que tende a ser assemelhado a uma tribo indígena, segundo o modelo estadunidense, naqueles anos confusos de grande prestígio. Por todas essas razões, seguindo uma metodologia que em circunstâncias distintas utilizei em relação a outras personalidades importantes (mas bem diferentes) do século XIX alemão (ou seja, em relação a Nietzsche[36]), mais que transformar Herzl no improvável profeta dos movimentos observados décadas mais tarde, em um contexto histórico e político profundamente mudado, convém primeiro colocá-lo em seu tempo.

3. A "IDEIA SIONISTA" COMO IDEIA "COLONIAL": HERZL E RHODES

Caracteriza o sionismo uma palavra de ordem inequívoca – "uma terra sem povo para um povo sem terra!"[37]. Estamos na presença da ideologia clássica da tradição colonial, que sempre considerou *res nullius** os territórios conquistados ou cobiçados e sempre esteve propensa a reduzir a *quantité négligeable* as populações indígenas; da ideologia que acompanhou em particular a marcha expansionista dos colonos norte-americanos. Quando lemos em Nordau que o sionismo pretende transformar "uma terra que hoje é um deserto" em um "jardim florescente"[38], não podemos

---

[35]   V. Klemperer, *Ich will Zeugnis ablegen bis zum letzten*, cit., v. II, p. 146.

[36]   Cf. D. Losurdo, *Nietzsche, il ribelle aristocratico. Biografia intellettuale e bilancio critico* (Turim, Bollati Boringhieri, 2002), em particular a parte V.

[37]   Israel Zangwill, citado em J. H. Schoeps, *Zionismus, Texte zu seiner Entwicklung* (2. ed. rev., Gütersloh, Fourier, 1983), p. 32.

*   Coisa de ninguém. (N. E.)

[38]   M. Nordau, *Der Zionismus*, cit., p. 16.

168 DOMENICO LOSURDO

deixar de pensar em autores como Locke e Tocqueville que comparam exatamente a um deserto ou a um "berço vazio" a terra habitada pelos índios[39].

Ao promover o movimento sionista, Herzl recomenda-se nestes termos aos chanceleres das grandes potências ocidentais: "A maior parte dos judeus não é mais oriental"; "como representantes da civilização ocidental, queremos levar limpeza, ordem e costumes iluminados do Ocidente a esse canto agora infecto e desolado do Oriente, a esse canto doente"[40]. Ao estabelecer-se na Palestina, os judeus podem "sanar aquela chaga do Oriente", levar para lá "civilização e ordem" e até garantir a "proteção dos cristãos no Oriente". Concluindo, "os judeus são o único elemento civilizador que pode colonizar a Palestina"[41].

No patriarca do sionismo salta aos olhos, de imediato, a celebração explícita do colonialismo: "os Estados que pensam em seu futuro" conduzem uma "política colonial", sem nunca perdê-la de vista. É nesse contexto que se coloca a desejada volta dos judeus para a Palestina: "a ideia sionista, que é colonial", pode ser mais facilmente compreendida naqueles países que estão empenhados com sucesso em conquistar territórios no ultramar. Dirigindo-se aos ingleses, Herzl declara que espera em particular o apoio deles: "Os grandes políticos do vosso país foram os primeiros a reconhecer a necessidade da expansão colonial. Por isso tremula em todos os mares a bandeira de uma Grã-Bretanha ainda maior [*Größer Britanniens*]"[42].

Também Herzl pretende caminhar nessa direção: "Em benefício da Europa edificaremos lá uma trincheira contra a Ásia, representaremos o posto avançado da civilização contra a barbárie"[43]. Quer dizer, a colonização judaica da Palestina reforçará o domínio mundial do Ocidente, ainda mais porque ela tornará mais seguro o caminho para a Índia e a China[44]. Assim se abrirá até "o caminho mais curto" "a estrada estratégica [*Heerstrasse*] dos povos civilizados" em direção à Ásia[45]; nesse sentido, "o Estado judeu é uma necessidade mundial"[46].

Por todas essas razões, a tal Estado caberá uma tarefa de primeira grandeza, ainda mais porque ele hospedará um povo "cuja história está contida

---

[39] Cf. A. Losurdo, *Controstoria del liberalismo* (Roma/Bari, Laterza, 2005), cap. VII, § 5. [Ed. bras.: *Contra-história do liberalismo*, Aparecida, Ideias & Letras, 2006.]

[40] T. Herzl, "Zionistisches Tagebuch", cit., v. II, p. 156, 337, 678.

[41] Ibidem, p. 332, 617, 591.

[42] Idem, *Zionistische Schriften*, cit., v. I, p. 156; v. II, p. 101-2.

[43] Ibidem, v. I, p. 68.

[44] Idem, "Zionistisches Tagebuch", cit., p. 469-70, 592.

[45] Ibidem, p. 727, 332-3; cf. também idem, *Zionistische Schriften*, cit., v. II, p. 101.

[46] Ibidem, v. I, p. 44.

na Sagrada Escritura"[47]. Sim, às *Gesta Dei per Francos*[*] são chamadas a se seguirem "as ações de Deus mediante os judeus"[48]. Não se trata de um motivo abstratamente teológico: "Os judeus se tornarão uma *grande nation* [grande nação]". Suscita reflexões a expressão francesa, que se refere à França expansionista pós-termidoriana: "Por causa de nosso futuro comércio mundial devemos enfrentar o mar e ter à disposição amplas extensões de terra para a nossa agricultura mecanizada e em grande escala"[49]. Sim, na Palestina os judeus se tornarão protagonistas de "uma colonização grandiosa"; poderão inspirar-se no exemplo dos ingleses, "os mais fortes e mais audazes empreendedores coloniais entre os povos"[50].

Estamos na presença de um projeto expansionista bastante ambicioso. Não admira então que, folheando os diários de Herzl, nos encontremos diante de um álbum de família do colonialismo e do imperialismo entre os séculos XIX e XX. O líder do movimento sionista procura e estabelece contatos com Rhodes (o campeão do imperialismo inglês, que se propõe a lucrar com "algo de colonial" a se realizar na Palestina)[51], com Cromer (na opinião de Arendt, a encarnação do "burocrata imperialista" britânico que, "na fria indiferença, na genuína falta de interesse pelos povos administrados", desenvolve "uma nova forma de governo", "uma forma de governo mais perigosa do que o despotismo e a arbitrariedade")[52], com Kipling, para não falar de Joseph Chamberlain e de Guilherme II. Este último parece exercer um fascínio irresistível: "Ele tem verdadeiramente olhos imperialistas [...]. Ele sorriu para mim e me fulminou com seus olhos dominadores [*Herrenaugen*]"; é "um imperador da paz"[53].

Mas em Herzl devemos ter presente um segundo aspecto importante. Ele recomenda a colonização da Palestina e também o sionismo como antídoto ao movimento revolucionário que cresce na metrópole capitalista: é necessário desviar "um proletariado que incute medo" para um território que exige

---

[47] Ibidem, p. 140.

[*] Façanhas de Deus (realizadas) pelos francos. (N. E.)

[48] Idem, *Altneuland*, cit., p. 17.

[49] Idem, "Zionistisches Tagebuch", cit., v. II, p. 324, 156.

[50] Idem, *Altneuland*, cit., p. 18, 241-2.

[51] Idem, "Zionistisches Tagebuch", cit., v. III, p. 327.

[52] H. Arendt, *Le origini del totalitarismo* (Milão, Edizioni di Comunità, 1989), p. 259, 295-7. [Ed. bras.: *Origens do totalitarismo: antissemitismo, imperialismo, totalitarismo*, São Paulo, Companhia das Letras, 1989.]

[53] T. Herzl, "Zionistisches Tagebuch", cit., v. II, p. 664, 678, 676.

"homens que o cultivem". Libertando-se de "um excesso de proletários e desesperados", a metrópole europeia pode ao mesmo tempo exportar a civilização para o mundo colonial:

> Com esse aumento da civilização e da ordem iria junto o enfraquecimento dos partidos revolucionários. Para tal propósito, é preciso lembrar que em toda parte estamos em luta contra os revolucionários e, de fato, dissuadimos os jovens intelectuais e os operários do socialismo e do niilismo à medida que desenvolvemos um ideal popular mais puro.[54]

Na Rússia, abandonando a precedente militância revolucionária, "socialistas e anarquistas convertem-se ao sionismo"[55]. Herzl agita, portanto, um motivo bem difundido no final do século XIX e que encontra sua expressão clássica em Rhodes: "Se não se quer a guerra civil, é preciso se tornar imperialista"[56]. Nos dois personagens aqui confrontados, a expansão colonial é o antídoto para a subversão socialista, a agressão aos povos coloniais é a outra face da paz que se espera conseguir na metrópole capitalista e colonialista.

Então Arendt tem razão quando, em 1942, contrapõe negativamente Herzl a outra grande figura da cultura judaica, Lazare. Ao contrário do primeiro, este busca promover a emancipação dos judeus não mais arrancando algumas concessões coloniais das grandes potências da época, mas inserindo em um projeto revolucionário abrangente de orientação anticolonialista e anti-imperialista a luta dos judeus e a luta dos outros povos oprimidos, a luta contra o antissemitismo e a luta contra o racismo colonial. Daí a comparação entre os sofrimentos padecidos pelos judeus e os infligidos aos negros nas colônias africanas da Alemanha ou de outros países, aos árabes afetados pela expansão colonial da Itália ou aos irlandeses há séculos oprimidos pela Inglaterra; daí também a aspiração a soldar em um bloco unitário os povos excluídos por várias razões e em modalidades diversas do Ocidente e do poder dominante em nível internacional[57].

---

[54] Ibidem, p. 657, 713.

[55] Ibidem, p. 605.

[56] Rhodes, citado em V. I. Lênin, *Opere complete* (Roma, Riuniti, 1955-1970, v. XXII), p. 257. [Ed. bras.: *Obras escolhidas em três volumes*, 3. ed., São Paulo, AlfaOmega, 1986.]

[57] H. Arendt, "Herzl e Lazare", em *Ebraismo e modernità*, cit..

4. O antissemitismo desde a Alemanha nazista até o Oriente Médio

Historicamente, prevaleceu a linha de Herzl. Se para os antissemitas europeus e ocidentais ela é a solução da "questão judaica" (com a recuperação da ansiada pureza racial e cultural), para os árabes o sionismo representa a agudização do problema da independência e da autodeterminação. Para libertar-se da pressão do colonialismo sionista, personalidades e ambientes do mundo árabe não hesitaram em buscar contatos também com a Alemanha hitlerista. Devemos então denunciar o movimento nacional palestino e árabe como o cúmplice e o herdeiro do antissemitismo nazista? Embora avalizado por estudiosos bastante autorizados[58], este modo de argumentar é discutível como nunca. Sabe-se que, durante a Segunda Guerra Mundial, o nacionalista indiano Subhas Chandra Bose procurou e conseguiu o apoio da Alemanha e do Japão. De Berlim lançou seus apelos ardorosos pela sublevação contra a dominação colonial inglesa. Graças a um submarino que lhe foi posto à disposição pelas autoridades alemãs, em julho de 1943 chegou a Cingapura e, a partir daí, organizou um Exército Nacional indiano e um governo no exílio[59]. Portanto, trata-se de uma colaboração com o Eixo bem mais ampla e concreta do que aquela que pode ser censurada a certas personalidades do mundo árabe. Mas tudo isso não faz de Bose um seguidor do Terceiro Reich e do regime militar fascista japonês, e menos ainda do antissemitismo hitlerista. Nem podem ser apressadamente considerados campeões do imperialismo japonês e do seu feroz racismo antichinês e anticoreano os nacionalistas que, na Indonésia, saudaram as tropas do Império do Sol Levante como libertadores do jugo do colonialismo holandês[60].

No que diz respeito à Alemanha, durante a Primeira Guerra Mundial ela tinha procurado promover, contra a Rússia czarista, a independência da Polônia e, contra a Grã-Bretanha, a independência da Irlanda, do Egito, da Índia etc. É nesse contexto que se colocam as esperanças de algumas personalidades árabes e de alguns setores do movimento independentista de poder na Alemanha e na Itália e na rivalidade e no conflito entre as grandes potências ocidentais para tirar de suas costas o jugo colonial. Mas não tem sentido aproveitar-se disso

---

[58] B. Lewis, *Semiti e antisemiti. Indagine su un conflitto e un pregiudizio* (Bolonha, Il Mulino, 1990), p. 155-82.

[59] M. Torri, *Storia dell'India* (Roma/Bari, Laterza, 2000), p. 599-600.

[60] R. von Albertini, *La decolonizzazione. Il dibattito sull'amministrazione e l'avvenire delle colonie tra il 1919 e il 1960* (Turim, Sei, 1971), p. 802.

para representar os palestinos e os árabes ou os nacionalistas de outros países como os cúmplices ou os herdeiros do antissemitismo nazista.

Mais de um século e meio antes, a fim de derrotar a Inglaterra, os revolucionários norte-americanos se tinham valido do apoio de dois países que representavam de modo típico o Antigo Regime e o absolutismo monárquico – França e Espanha. Mas nenhum historiador sério sonharia em traçar uma linha de continuidade dos Bourbon a Washington e Jefferson.

Eventualmente se pode censurar a Bose a incompreensão do fato de que, em nível mundial, e apesar das semelhanças na própria Índia, o apoio principal do domínio imperialista era constituído sempre pela coalizão nazifascista, o Eixo Alemanha-Japão-Itália. É certo que a posição da Inglaterra, que naqueles anos não hesitava em metralhar com a aviação as multidões dos revoltosos independentistas, não ajudava[61]. Nos Estados Unidos, não faltam os negros que olham para o Japão e para a Alemanha como um possível contrapeso para o regime de *white supremacy*, imperante em nível mundial e no próprio coração do Ocidente[62]. Nesse contexto se pode colocar o deslumbramento de que é vítima até o grandíssimo intelectual afro-americano, já nosso conhecido, Du Bois, que, em nome do não envolvimento comum à raça branca dos senhores, convida exatamente a China (naquele momento sofrendo a brutal agressão por parte do Japão) a chegar a um acordo com os invasores[63]. Essa recomendação é estimulada pela trágica experiência da caça aos negros e aos amarelos (tanto chineses como japoneses) que grassa na República estadunidense entre os séculos XIX e XX e que não desaparecera sequer na década de 1930. Podemos criticar Bose, os indonésios e os afro-americanos que tardam a tomar consciência dos termos novos da questão colonial e nacional depois de concretizada a ameaça nazifascista, mas é absurdo querer transformá-los em solícitos algozes a serviço da Alemanha, Japão e Itália.

Voltando aos árabes, é verdade que o Grão-Mufti de Jerusalém olha com simpatia para o Terceiro Reich; mas analogamente, no âmbito do movimento sionista, há personalidades significativas que, logo depois da tomada do poder pelos nazistas, não hesitam em declarar: "Se não fosse pelo antissemitismo, não

---

[61] M. Torri, *Storia dell'India*, cit., p. 598.

[62] J. W. Dower, *War without Mercy: Race and Power in the Pacific War* (Nova York, Pantheon Books, 1986), p. 174.

[63] G. Procacci, *Dalla parte dell'Etiopia. L'aggressione italiana vista dai movimenti anticolonialisti d'Asia, d'Africa, d'America* (Milão, Feltrinelli, 1984), p. 232-3.

teríamos nada contra a ideologia de Hitler. O *Führer* salvou a Alemanha"[64]. Por outro lado, conhecemos o acordo de "transferência" de 1935. O mesmo estudioso empenhado em fazer pesar a acusação ou a suspeita de antissemitismo sobre o nacionalismo palestino e árabe reconhece que, no que diz respeito à emigração judaica para a Palestina, a convergência e a cooperação entre sionismo e Terceiro Reich se prolongam por alguns anos: "Os nazistas não só permitiram essa emigração, mas também a favoreceram até estourar a guerra"[65].

Finalmente, quando os árabes são acusados de terem colaborado com a Alemanha nazista e de terem herdado dela o antissemitismo, esquece-se de que eles estão entre as vítimas da política racial do Terceiro Reich. Logo depois da chegada de Hitler ao poder, os estudantes árabes na Alemanha começam a sofrer humilhações por serem "negros" e membros de uma "raça inferior"[66]. Os árabes são os primeiros a perceber em toda a sua dureza as consequências da política eugênica adotada pelo regime. Se as leis de Nuremberg "limitam-se" a proibir as relações sexuais e matrimoniais entre alemães, de um lado, e judeus, ciganos e negros, do outro, a preocupação com a pureza racial vai além no caso dos chamados "bastardos do Reno", nascidos na Alemanha após a Primeira Guerra Mundial da união entre soldados de origem africana das tropas de ocupação francesas e mulheres alemães; eles são submetidos a esterilização forçada, e entre eles há também "bastardos" de origem marroquina e árabe. Com o início das hostilidades, entre os prisioneiros de guerra chegam de novo à Alemanha os negros. Entre esses estranhos à estirpe branca e ariana, com "conhecidos instintos bestiais", está "o francês de cor prisioneiro de guerra" que "é norte-africano", "é maometano". Para evitar qualquer contaminação ruinosa, todos devem ser isolados por uma barreira de cor e de raça: penas severas, que chegam à condenação à morte, aguardam os que a ultrapassarem[67].

Se o nazismo representou a tentativa de reafirmar o domínio da raça dos senhores e estabelecer um regime de *white supremacy* de dimensões globais e sob hegemonia alemã, não surpreende que tenha afetado também os árabes, há muito tempo rotulados de "negroides" pela tradição colonialista e racista, e os islamitas, já identificados e denunciados por Spengler como campeões da agitação e da revolta

---

[64] T. Segev, *Il settimo milione*, cit., p. 22.

[65] B. Lewis, *Semiti e antisemiti*, cit., p. 88.

[66] G. Höpp, "Arabische Opfer des Nationalsozialismus", em G. Höpp, P. Wien e R. Wildangel (orgs.), *Blind für die Geschichte? Arabische Begegnungen mit dem Nationalsozialismus* (Berlim, Schwarz, 2004), p. 218.

[67] Ibidem, p. 219, 230-1.

dos povos coloniais e de cor contra a superior "humanidade branca" e ocidental (*infra*, cap. VI, subitem 3). Por outro lado, Hitler gloria-se de ser o herdeiro do "Ocidente" que derrotou o "Oriente" em duas lutas historicamente decisivas, aquela travada por Roma antiga contra os cartagineses e aquela que, alguns séculos mais tarde, expulsa os árabes da Espanha[68]. O mundo fenício, árabe e islâmico é o polo antagônico da civilização da qual o nazismo se ergue como defensor.

5. Aspereza do conflito e passagem da história para a "natureza"

Ao refutar a assimilação do antissionismo e do antissemitismo, observei que a luta dos palestinos e árabes tem em mente não mais a identidade étnica dos colonos, mas o processo de colonização enquanto tal. No entanto, o desvio naturalista e racista de um conflito político-social é sempre possível. Nem sequer aqueles que defendem uma causa nobre estão imunes a tal perigo. Durante a Segunda Guerra Mundial, enquanto grassa a barbárie hitlerista, Franklin Delano Roosevelt não só declara sentir-se "mais do que nunca sedento de sangue alemão", mas acaricia também por algum tempo um projeto bastante radical:

> Devemos ser duros com a Alemanha e entendo como povo alemão não apenas os nazistas. Devemos castrar o povo alemão ou tratá-lo de modo que não possa mais continuar a reproduzir gente que queira comportar-se como no passado.[69]

O inimigo que invadiu a França em 1870, em 1914 e em 1940 acaba configurando-se como um país e um povo com características imutáveis. A fim de bloquear sua reprodução impõe-se a "castração".

Verifica-se um desvio naturalista e racial também da luta pela independência conduzida pelo povo palestino? A pergunta é lícita e até obrigatória, mas sob a condição de ser formulada de modo não dogmático, e para os dois rivais: são primeiro os palestinos que manifestam animosidades raciais antijudaicas ou são os israelenses que dão prova de animosidade racial antipalestina e antiárabe? Em outras palavras, o perigo principal é hoje constituído pelo antissemitismo antijudeu ou, antes, pelo racismo antiárabe?

---

[68] A. Hitler, *Reden und Proklamationen 1932-1945* (org. M. Domarus, Munique, Süddeutscher, 1965), p. 1796-7, discurso de 11 de dezembro de 1941.

[69] Cf. D. Losurdo, *Il revisionismo storico. Problemi e miti* (Roma/Bari, Laterza, 1996), cap. IV, § 5.

Vamos agora a um reconhecimento do terreno. Para orientar-me, me aterei principalmente a análises feitas, em primeiro lugar, nas colunas de autorizados órgãos de imprensa estadunidenses, por judeus israelenses ou norte-americanos. Pois bem:

> O Estado de Israel ampliou suas fronteiras mais de 50% além das áreas atribuídas ao Estado judeu pela ONU em 1947, enquanto a área destinada aos palestinos já foi reduzida em cerca de 60%, e tudo isso sem contar as colônias e as outras expropriações realizadas por Israel na Cisjordânia.[70]

E não é tudo: "o furto de terra, que anda ao lado do muro, chega a aproximadamente 12% da Cisjordânia"; no conjunto, é "inevitável" a impressão de um processo de colonização que avança e cava um fosso entre "colonizadores" e "colonizados"[71].

O território por enquanto livre do processo de colonização torna-se cada vez mais fraco e estilhaçado e, portanto, em condições de hospedar apenas "bantustões desunidos"[72]. Delineia-se agora com clareza uma realidade "cada vez mais semelhante à da África do Sul do *apartheid*"[73]. Estamos na presença de um plano bem preciso. Em um artigo publicado em *Haaretz*, em 18 de setembro de 2002, Avi Primor, ex-alto-funcionário do Ministério do Exterior de Israel e nesse momento pró-reitor da Universidade de Tel Aviv, explicava "a estratégia sul-africana de Sharon": nas décadas de 1970 e 1980, importantes círculos políticos e governativos simpatizavam com os esforços do regime branco sul-africano de manter o controle total sobre a maioria negra, evitando, porém, expor-se excessivamente à campanha crescente de denúncia do racismo. A brilhante solução foi: os negros tornam-se "cidadãos" de um bantustão ou de uma espécie de reserva indígena, formalmente "Estados independentes", mas de fato sem qualquer autonomia no plano econômico e militar. Desse modo, a minoria branca continuava a exercer plena soberania sobre os negros, sem ter qualquer responsabilidade em relação a eles, dado que agora se tratavam de "estrangeiros". A aplicação de tal modelo à Faixa de Gaza e à Cisjordânia permitiria que Israel se mantivesse como "Estado

---

[70] H. Siegman, "Hamas: The Last Chance for Peace?", *The New York Review of Books*, 27/4/2006, p. 43, 46.

[71] R. Cohen, "Ariel Sharon Deploys a Paradoxical Strategy", *International Herald Tribune* (Nova York), 21/7/2004, p. 2; idem, "Israel's Wall, a Victory for the Logic of War", *International Herald Tribune* (Nova York), 14/7/2004, p. 2.

[72] H. Siegman, "Hamas: The Last Chance for Peace", cit., p. 43, 46.

[73] Z. K. Brzezinski, "To Lead, US Must Give up Paranoid Politics", *International Herald Tribune* (Nova York), 15-16/11/2003, p. 4.

judeu", evitando a ameaça representada pelo rápido crescimento demográfico dos "negros" palestinos e perpetuando a subjugação destes de diferentes formas[74]. A seu modo, a "solução" revelou-se brilhante. Não obstante o "desempenho", Israel continua a ter total controle sobre a Faixa de Gaza e arredores, o espaço aéreo, o fornecimento de água e de energia elétrica, a vida e a morte – como demonstram as recorrentes incursões de carros armados e blindados –, os bombardeios, as "execuções extrajudiciárias" com seu séquito de "danos colaterais" mais ou menos amplos, tudo decidido de forma soberana por Tel Aviv.

Quem sublinha a preocupante semelhança com o regime racista branco é uma parte considerável da própria comunidade judaica sul-africana; em primeiro lugar, são os "heróis judeus" da luta contra o regime branco de segregação e opressão racial[75]. Por outro lado, os próprios círculos governativos israelenses acabam revelando o modelo que atua por trás deles. Em 2002, Effi Eitam, ministro no governo Sharon, declarava que o "animal ruim" responsável pelos atentados suicidas não merecia sequer "uma reserva chamada Estado terrorista palestino"[76].

Primeiro, é singular serem suspeitos de racismo mais os colonizados que os colonizadores, mais as vítimas do *apartheid* que os responsáveis por ele. Desapareceu o sentimento de "superioridade racial" que, segundo a denúncia que já conhecemos de Arendt, desde o início caracterizou setores importantes da sociedade israelense? Tendo presente a experiência histórica, é difícil pensar que o processo em ação de expropriação e de marginalização dos palestinos não corresponda a uma ideologia suscetível de justificar essas práticas coloniais. O que um pastor luterano relata de Belém é sintomático. Ao ouvi-lo falar em árabe ao telefone, os soldados israelenses gritaram para ele: "Árabe imundo!", "Por que falas árabe? É uma língua infame"[77]. Não se trata de um episódio isolado. Um sociólogo francês, que sublinha sua parcial ascendência judaica, denuncia a "incapacidade sempre maior dos israelenses de considerarem os árabes como seres humanos"[78]. Sem dúvida trata-se de

---

[74] H. Siegman, "Sharon's Real Purpose Is to Create Foreigners", *International Herald Tribune* (Nova York), 25/9/2002, p. 7.

[75] J. Jeter, "Declaration against Israel Splits Jews in South Africa", *International Herald Tribune* (Nova York), 21/12/2001, p. 2.

[76] J. Bennet, "Suicide Bomb Kills 19 on Bus in Israel", *International Herald Tribune* (Nova York), 19/6/2002, p. 1, 4.

[77] K. B. Richburg, "Israeli 'Acts of Revenge' Embitter the People of Bethlehem", *International Herald Tribune* (Nova York), 9/4/2002, p. 9.

[78] E. Todd, *Dopo l'Impero* (Milão, Tropea, 2003), p. 109, 112. [Ed. bras.: *Depois do império*, Rio de Janeiro, Record, 2003.]

A LINGUAGEM DO IMPÉRIO 177

uma generalização apressada, embora não faltem sintomas bastante inquietantes. Felizmente, o racismo é criticado no próprio Israel. Quando, em 1991, o então primeiro-ministro, Yitzhak Shamir, convidou Zeevi para fazer parte do governo, levantou-se no Parlamento uma voz vibrante de protesto:

> A participação do Partido da deportação [*transfer*] no governo é para Israel uma profunda mancha política, moral e social. Quem incluir tal partido na coalizão do governo confirma as resoluções da ONU, segundo as quais o sionismo é racismo.[79]

Em 2002, 46% da população israelense pronunciou-se a favor da expulsão dos palestinos da Cisjordânia, "uma espécie de limpeza étnica da Terra Santa"[80]. Entre os mais impacientes e radicais está David Hartman, "um rabino e filósofo que dirige um *think tank* em Jerusalém", que convida a resolver de uma vez por todas o problema colocado pela presença dos palestinos: "eliminai-os, arrasai-os" [*Wipe them out. Level them*][81]. Ainda em 2002, reagindo à onda de atentados suicidas, deputados de extrema direita exigiram no Parlamento israelense: "Para cada judeu sepultado em consequência de um ataque, devemos estar seguros de que sejam mortos mil palestinos"[82]. É preciso tomar nota, observa o historiador Tom Segev, "tornaram-se legítimos o ódio pelos palestinos e um verdadeiro racismo"[83]. Estão bem presentes em Israel setores que continuam a insistir na diferença qualitativa substancial entre judeus e *goyim*[84] e que tendem a desumanizar de modo particular o povo palestino.

Os acontecimentos verificados em agosto de 2000, quando Israel é chacoalhado pelas declarações do rabino Ovadia Yossef, suscitam reflexões. Por um lado, ele sustenta que nas vítimas de Auschwitz reencarnaram-se as almas de

---

[79] H. Siegman, "Sharon's Real Purpose Is to Create Foreigners", cit.

[80] N. D. Kristof, "The Boomerang Syndrome", *International Herald Tribune* (Nova York), 3/4/2002, p. 6.

[81] L. Hockstader, "War-Weary Israel Sees non Easy Exit", *International Herald Tribune* (Nova York), 2-3/3/2002, p. 3.

[82] J. Bennet, "Suicide Bomb Kills 19 on Bus in Israel", cit.

[83] R. Cohen, "Ariel Sharon Deploys a Paradoxical Strategy", cit.

[84] N. Abraham, "I media degli Stati Uniti e il fondamentalismo islâmico", em R. Gianmanco (org.), *Ai quattro angoli del fondamentalismo. Movimenti politico-religiosi nella loro tradizione, epifania, protesta, regressione* (Florença, La Nuova Italia, 1993), p. 266-7; G. Kepel, *La rivincita di Dio. Cristiani, ebrei, musulmani alla riconquista del mondo* (Milão, Rizzoli, 1991), p. 213, 230.

gerações anteriores de pecadores (culpados de se terem afastado da ortodoxia judaica); por outro, manifesta um racismo delirante em relação aos palestinos ("com as serpentes não se pode falar de paz") e aos árabes em geral ("todo dia o Senhor Todo-poderoso arrepende-se de ter criado os ismaelitas")[85]. Depois da onda de polêmicas e protestos, o rabino se desdiz ou reinterpreta só as declarações relativas ao holocausto judeu. Quanto ao resto, não sente a necessidade de desmentir ou retificar e ninguém o obriga a fazê-lo. Algumas semanas depois, enquanto grassa a Segunda Intifada e os palestinos morrem às dezenas, ceifados pelo fogo das forças de ocupação, não faltam em Israel os "duros" que, na Internet, depois de definirem os palestinos como "diabos", convidam os soldados "a disparar nas genitálias deles 'para assim garantir que não possam mais procriar'"[86].

Não é um extremista isolado que se exprime desse modo. É preocupante o culto reservado a Baruch Goldstein, "o médico colono que em fevereiro de 1994 invadiu a Mesquita de Abraão, em Hebron, e disparou sobre os crentes ajoelhados nos tapetes para rezar" (morreram 29, enquanto os feridos passaram de uma centena). Em 1997, em honra desse "santo", é publicado um livro, *L'Uomo Benedetto* [O homem bendito]. Nele se pode ler: "A sua ação na mesquita é o cumprimento de mandamentos essenciais da lei religiosa, entre os quais a obrigação de vingar-se dos não judeus, o extermínio de não judeus pertencentes à semente de Amalec, a santificação do Nome divino". Não parecem querer opor-se a essa glorificação em perspectiva teológica do genocídio "os muitos rabinos que defendem e às vezes recomendam, mas de qualquer modo toleram, as ações de Goldstein ou de Yigal Amir" (o assassino do primeiro-ministro israelense, culpado de ter procurado um compromisso com os palestinos)[87].

6. Ideologia dominante e uso dogmático das categorias

Mas – se objetará – a recusa a reconhecer Israel não é a prova irrefutável da persistência do antissemitismo entre os palestinos e no mundo islâmico? Topamos de novo com uma pergunta legítima e obrigatória, se não for formulada de

---

[85] A. Baquis, "Il rabbino di Shas sbalordisce Israele: 'Anime di peccatori reincarnate le vittime della Shoah'", *La Stampa* (Turim), 7/8/2000, p. 11.

[86] Idem, "E il Paese festeggiava ignaro", *La Stampa* (Turim), 1/10/2000, p. 3.

[87] B. Spinelli, "Il culto del Santo Sterminatore", *La Stampa* (Turim), 2/7/1998; idem, "Amore e guerra in Palestina", *La Stampa* (Turim), 14/4/2002.

modo unilateral e dogmático. Se a recusa a reconhecer a um povo o direito de constituir-se como Estado independente é sinônimo de racismo, isso deve valer para todos. A situação nesse campo esclarece de modo inequívoco qual é o povo que há décadas vê seus direitos nacionais permanecerem desconhecidos. Aliás, sabe-se bem que Sharon, durante boa parte de sua vida, rejeitou com horror a ideia de um Estado palestino; mesmo depois de sua presumida virada, na realidade ele continuou a bloquear tal perspectiva dando impulso à política de colonização e celebrando os colonos como "a nata do povo judeu"; estamos na presença de uma política que visa "destinar um povo inteiro a uma permanente condição de apátrida [*permanent homelessness*]"[88]. Se os dirigentes iranianos e do Hamas são culpados de antissemitismo, devemos falar de racismo antiárabe por parte dos dirigentes israelenses. Na realidade, em relação aos palestinos, o problema é outro: qual Israel eles são chamados a reconhecer e com quais limites? Os limites de 1948, de 1967 ou aqueles resultantes de um processo posterior, galopante, de colonização, que não deixa mais espaço para um Estado palestino real, mas só para bantustões desunidos ou para reservas indígenas? Considerando bem – foi afirmado com autoridade –, a posição do Hamas é a rejeição de um reconhecimento unilateral, é uma "busca intransigente de reciprocidade"[89].

Mais radical parece ser a posição do presidente iraniano Ahmadinejad, segundo o qual, como Estado "artificial", Israel estaria destinado a desaparecer. É uma tomada de posição com frequência classificada no Ocidente como sintoma da vontade de responder à matança dos judeus; mas essa leitura é um expediente polêmico. Está bem mais perto da verdade quem, escrevendo em um jornal insuspeito de antissemitismo, o *International Herald Tribune*, observou que nos encontramos diante mais de uma referência a uma presumida "inevitabilidade histórica" do que do "enunciado de uma política"[90]. Convém então recordar que foram personalidades muito ilustres do Ocidente que colocaram em dúvida a oportunidade e a legitimidade da fundação de Israel. Em particular, Karl Popper não hesitava em falar de *"erro desastroso"*[91]; ainda mais

---

[88] H. Siegman, "Israel Is Still Blocking the Road to Peace", *International Herald Tribune* (Nova York), 25/72005, p. 6; idem, "Sharon Rewrites the Peace Script", *International Herald Tribune* (Nova York), 12/6/2002, p. 8.

[89] Idem, "Hamas: The Last Chance for Peace'", cit., p. 43, 46.

[90] W. Pfaff, "Israel's Personal Superpower", *International Herald Tribune* (Nova York), 6-7/5/2006, p. 4.

[91] B. Spinelli, "Integralisti allo specchio", *La Stampa* (Turim), 29/9/1996, p. 1, 13.

significativo é o julgamento de Arendt, que em maio de 1946 reconhecia com franqueza a "injustiça perpetrada em detrimento dos árabes"[92]. O grave erro do presidente iraniano é o de não distinguir de forma clara entre julgamento histórico e projeto político. Podemos dizer que a fundação dos Estados Unidos implica e agrava as infâmias sofridas pelos peles-vermelhas, mas é de imediato evidente a todos a impossibilidade da volta à situação anterior à chegada dos colonos europeus à América. *Mutatis mutandis*[*], não há motivo para argumentar de modo diferente em relação à fundação de Israel. Mas cometem um erro simétrico ao de Ahmadinejad aqueles que se apressam em denunciar um programa genocida em qualquer reivindicação de ressarcimento moral proveniente do mundo árabe e islâmico pela injustiça sofrida com a fundação do "Estado judeu" e a consequente expulsão da população palestina.

Aliás, é preciso não perder de vista a realidade atual. O processo de colonização dos territórios foi tão longe que, se se quiser evitar o horror de "um grande Israel etnicamente limpo" ou fundado na discriminação negativa em relação aos árabes, o único caminho que se pode percorrer é o de "um único Estado integrado, binacional, de judeus e árabes, israelenses e palestinos", dando adeus, portanto, ao atual Israel como "Estado judeu", que se tornou agora "um anacronismo". Essa é a conclusão de uma análise fechada e documentada, feita por um historiador anglo-americano de origem judaica nas colunas da *New York Review of Books*[93]. É essa também a opinião de um grande intelectual palestino-estadunidense falecido há pouco, Edward W. Said.

Provavelmente, a perspectiva aqui sugerida é utópica. Assim como na Palestina, em Israel afirmou-se agora uma identidade nacional autônoma. Mas neste segundo caso, trata-se de uma identidade israelense, com a inclusão, portanto, da minoria árabe, ou de uma identidade exclusivamente judaica, com a marginalização e até a expulsão dos árabes israelenses, como exigem com voz cada vez mais alta setores não desprezíveis dos partidários políticos do "Estado judeu"? Se a isso se acrescentar o problema já visto da crescente insignificância da hipótese de um Estado nacional palestino como consequência do incessante processo de colonização, pode-se compreender a conclusão a que chegam os estudiosos citados.

---

[92] H. Arendt, "Lo Stato ebraico: cinquant'anni dopo? Dove ha portato la politica di Herzl?", em *Ebraismo e modernità*, cit., p. 133.

[*] Mudado o que deve ser mudado; feitas as devidas modificações/adaptações. (N. E.)

[93] T. Judt, "Israel: The Alternative", *The New York Review of Books*, 23/10/2003, p. 10.

Não se dá um passo à frente na busca de uma solução rotulando de antissemita o presidente iraniano, o qual insiste na ideia de que é a Europa que tem de reparar os crimes do antissemitismo, não o povo palestino. Como vemos, é a opinião expressa, em seu tempo, por um ilustre historiador como Toynbee, que vê na fundação de Israel a afirmação do "cínico princípio de fazer os indefesos pagarem" pelas culpas dos outros. Podem e devem ser condenadas com firmeza as tentativas de Ahmadinejad de colocar em dúvida a realidade e a radicalidade da "solução final". Tais tentativas são a expressão desajeitada e infeliz do desejo de chamar a atenção para os sofrimentos e as injustiças impostas aos palestinos e árabes, àqueles que se encontram na infeliz posição de vítimas das vítimas (para usar uma fórmula cara a Said). Por outro lado, na vertente oposta, com certeza não ajuda na conservação da memória de uma tragédia e de um horror inapagável na história da humanidade a visão segundo a qual o perigo para o mundo judeu representado pelos casamentos mistos seria mais grave que Auschwitz (*supra*, cap. II, subitem 7). Declarações desse tipo podem apenas alimentar o clima de suspeita já difundido no mundo árabe e islâmico. Alguns de seus setores, na tentativa de explicar a tempestade que se abateu sobre ele e que grassa há décadas, trazem à tona, pelo que parece, até os *Protocolos dos sábios de Sião*[*]. Mas para explicar tal fenômeno de barbarização cultural, que de qualquer modo permanece limitado, não serve o recurso à categoria *antissemitismo*, à ideologia historicamente chamada a legitimar, na Europa oriental, a persistente opressão dos judeus e, no Ocidente, as práticas de desemancipação infligidas a eles. Depois de Israel, o Irã é o país no Oriente Médio que hospeda o maior número de judeus (20 mil), e estes não parecem sofrer consequências significativas da violenta retórica anti-israelense que grassa em Teerã[94]. Nem se manifestam tendências de expulsão dos judeus do Irã, à semelhança da "transferência" dos árabes sonhada por certos círculos israelenses. A infeliz referência aos *Protocolos* talvez seja expressão da incapacidade de compreender um processo que se consumou de forma bastante rápida, a tendência à transformação, em poucas décadas, do Oriente Médio em um protetorado estadunidense-israelense. Em todo caso, não estão legitimados a dar lição nesse campo aqueles países ocidentais, inclusive os Estados Unidos, que, ao contrário do mundo islâmico, alimentaram de forma direta a infausta mitologia que desembocou na "solução final". E, sobretudo, se é compreensível

---

[*] Rio de Janeiro, Simões, 1958. (N. E.)

[94] N. D. Kristof, "Starting Another War", *International Herald Tribune* (Nova York), 13/9/2006, p. 8.

no plano psicológico, é loucura no plano teórico e inaceitável no plano ético a pretensão, própria sobretudo de um país como a Alemanha, de ser perdoado pelo horror inapagável anteriormente infligido aos judeus por meio da insensibilidade em relação à tragédia que se abateu sobre os palestinos.

7. Do mito fundamentalista das identidades eternas à recuperação leiga da história

Portanto, é compreensível que o perigo de uma leitura em perspectiva naturalista (e racial) do conflito seja mais acentuado no país empenhado na expansão colonial, ou seja, em um processo que desde sempre percebeu a necessidade de autolegitimar-se excluindo suas vítimas da comunidade civil propriamente dita. No caso do Oriente Médio, o que impede a compreensão de uma verdade que deveria ser elementar é o mito do antissemitismo universal e perene. Na opinião de Arendt, ele é o *pendant* do mito do complô, caro aos antissemitas e que desde sempre os judeus fazem pesar sobre os países em que estão estabelecidos e no mundo em seu conjunto[95]. O mito de um antissemitismo em permanente espreita aprofunda suas raízes em uma visão naturalista da ação segundo uma presumida oposição eterna "entre judeus e gentios"[96].

A tese de um anticamitismo eterno (e de um eterno racismo contra os povos coloniais em seu conjunto) tem mais credibilidade? Como sabemos, o advento do racismo biológico antinegro é em alguns séculos anterior ao advento do antissemitismo propriamente dito. Exatamente os negros chamam a atenção para o fato de que há bastante tempo foram considerados e tratados como escravos por excelência; impossibilitados de esconder a cor da pele e a identidade própria, conheceram uma sorte que, pelo menos do ponto de vista de Malcolm X, exprime de modo concentrado o horror da história universal; por séculos foram a mercadoria humana de mercadores de escravos ora cristãos, ora judeus, ora muçulmanos (mas sobre este último ponto os militantes afro-americanos, muitas vezes convertidos ao islã, tendem a ser reticentes)[97]. Eliminada no plano jurídico, a discriminação contra os negros continua a ser

---

[95] H. Arendt, "Prefácio", em *Elemente und Ursprünge totaler Herrschaft* (Munique/Zurique, Piper, 1986), p. 17-8. [Ed. bras.: *Origens do totalitarismo: antissemitismo, imperialismo, totalitarismo*, São Paulo, Companhia das Letras, 1989.]

[96] Idem, "Ripensare il sionismo", cit., p. 90, 97-8.

[97] D. Losurdo, *Il revisionismo storico: problemi e miti* (Roma/Bari, Laterza, 1996), cap. V, § 6.

muito vital no plano social, o que é confirmado por sua maciça presença nos corredores da morte, nas prisões estadunidenses e nos recorrentes episódios de violência policial selvagem da qual os negros muitas vezes são o alvo.

No entanto, é preciso ter presente a observação de caráter geral formulada por Habermas, segundo a qual a derrocada do Terceiro Reich "privou de *qualquer* legitimação quem desde aquele momento não tivesse prestado homenagem (mesmo que apenas verbalmente, apenas com referência à letra) ao espírito universalista do iluminismo político"[98]. Na realidade, ainda depois da Segunda Guerra Mundial foram necessárias lutas prolongadas para derrotar o regime de *white supremacy* no sul dos Estados Unidos e na África do Sul; no entanto, hoje, mesmo que as vítimas esperem em vão receber o ressarcimento moral com justiça tributado aos judeus, pelo menos em sua forma clássica, o anticamitismo (e o racismo colonial em geral) tem também uma vida difícil.

É preciso desembaraçar-se de uma vez por todas do mito da imobilidade e da eternidade em suas diversas configurações. Podemos aqui retomar, reinterpretando-a e adaptando-a às circunstâncias, uma observação de Hegel. Pode muito bem haver um povo que em determinadas circunstâncias desempenhe uma função histórica mundial, e que por algumas de suas realizações determinadas no campo político ou social acabe objetivamente indicando um percurso de validade universal; mas atribuir a um povo específico uma missão eterna e global de guia da humanidade, como a ideologia estadunidense gosta de fazer, significa enveredar por um caminho escorregadio em direção a uma visão naturalista e não sem conotações racistas do processo histórico. Podemos argumentar de modo análogo para o povo mártir. Por todo o período histórico que viu a escravidão institucionalizada e o regime de *white supremacy* grassarem, foram os negros que exprimiram com sua tragédia o horror da história universal, mas sobretudo nos anos do Terceiro Reich esse horror encontrou expressão de modo ainda mais concentrado na "solução final" infligida aos judeus. Mas exatamente esse horror modificou de forma radical os termos atuais do problema: ainda nas palavras de Arendt, "o antissemitismo, graças a Hitler, foi desacreditado, talvez não para sempre, mas certamente, pelo menos, para a época atual"[99].

---

[98] J. Habermas, *Aus Katastrophen lernen?* (trad. it. em org. L. Ceppa, *La costellazione postnazionale. Mercato globale, nazioni e democrazia*, Milão, Feltrinelli, 1999), p. 14. [Ed. bras.: "Aprender com as catástrofes? Um olhar diagnóstico retrospectivo sobre o breve século XX", em *A constelação pós-nacional: ensaios políticos*, São Paulo, Litterata Mundi, 2001.]

[99] H. Arendt, *La banalità del male*, cit., p. 18-9.

O desvio naturalista do conflito no Oriente Médio, como de qualquer outro conflito, está sempre à espreita, mas apenas um suplemento de conhecimento e investigação histórica pode evitar ou conter o perigo. Voltemos a Franklin Delano Roosevelt. Talvez o estadista norte-americano tivesse sido assaltado por algumas dúvidas a mais, se por ventura tivesse lido Madame de Staël, que, no início do século XIX, vê os alemães demasiado inclinados para a poesia e para a filosofia e demasiado presos ao gosto pela "imparcialidade" para poderem desafiar "o medo do perigo" e dar prova da "coragem" requerida aos soldados. Nos anos do domínio napoleônico da Europa, é na França, e não na Alemanha, que "o gosto pela guerra é universal"[100]. E se depois pudesse ter lido um teórico da raça na Alemanha do final do século XIX, Franklin Delano Roosevelt teria visto que, na opinião desse autor (Theodor Waitz), como bem demonstrava a sorte infligida aos peles-vermelhas, a "escola estadunidense" é que devia ser sinônimo de exterminação genocida[101]. Portanto, quem acaso quisesse evitar a repetição de tais práticas mediante a "castração" dos responsáveis, naquele momento com certeza não teria pensado nos alemães!

É preciso não perder de vista uma verdade elementar. Bem longe de ser a repetição do idêntico, a história é caracterizada por incessantes mudanças e por viravoltas até bastante radicais. Mesmo quem, sob o ponto de vista político, está bastante longe das posições dos teóricos do materialismo histórico, pode aprender com eles uma importante lição de método. Nos anos de Napoleão III, enquanto personalidades importantes do movimento operário (como Lassalle) continuam a olhar com simpatia ou benevolência para países protagonistas da Grande Revolução, Marx identifica na França bonapartista não já a herdeira da Grande Revolução, mas o baluarte da reação. Lênin talvez vá além ao analisar o gigantesco conflito internacional iniciado na esteira da derrocada do Antigo Regime, quando observa:

> As guerras da Grande Revolução francesa começaram como guerras nacionais e eram tais. Eram guerras revolucionárias, garantiam a defesa da Grande Revolução contra a coalizão das monarquias contrarrevolucionárias. Mas depois de Napoleão fundar o Império Francês e subjugar toda uma série de Estados nacionais europeus – Estados

---

[100] A. L. G. Necker Staël-Holstein, *De l'Allemagne* (org. S. Balayé, Paris, Garnier-Flammarion, 1968, v. I), p. 60-1.

[101] M. Lémonon, *Le rayonnement du Gobinisme en Allemagne* (Tese de Doutorado, Estrasburgo, Universidade de Estrasburgo II, 1971), p. 382.

que já tinham uma longa existência, capazes de viver –, então as guerras nacionais francesas se tornaram guerras imperialistas, que *por sua vez* deram origem a guerras de libertação nacional e *contra* o imperialismo napoleônico.[102]

Até durante um acontecimento aparentemente unitário (o confronto entre a França e seus inimigos), o agredido pode transformar-se em agressor e o agressor, em agredido; o oprimido pode virar o opressor e o opressor, o oprimido. A visão – por tanto tempo cara aos chauvinistas tanto franceses como alemães – que denunciava o "inimigo hereditário" colocado na outra margem do Reno como o eterno agressor e invasor não tem sentido algum.

Portanto, quem está de fato interessado em combater o desvio naturalista e racista de um conflito deveria, em primeiro lugar, evitar sujeitar-se ao mito das identidades imóveis no tempo. À luz desse critério é lícito interrogar-se: qual é o povo mártir por excelência dos nossos dias? É uma pergunta que procurarei responder no capítulo seguinte. Mas impõe-se um esclarecimento preliminar. Aqui não se trata de buscar um sujeito a santificar. Um povo pode ser oprimido sob certos aspectos e ao mesmo tempo participar de uma política de opressão em outros. Na opinião de Marx, na Europa do século XIX, onde o processo de emancipação dos judeus parece enfim derrubar todos os obstáculos, são os irlandeses que constituem o povo mártir por excelência. No entanto, os irlandeses, vítimas de uma opressão feroz que às vezes parece chegar ao limiar da "solução final", emigrados para os Estados Unidos estão entre os que apoiam Jackson, o presidente dono de escravos que dá início à deportação sistemática dos peles-vermelhas. Além disso, os imigrantes irlandeses, ao lado dos outros brancos e, sobretudo, dos brancos pobres, acabam muitas vezes participando do preconceito racial que submete os negros, primeiro, à escravidão e, depois, ao regime terrorista de supremacia branca.

Vítimas desse regime, que se diverte em transformar seu linchamento e seu lento e sádico suplício em espetáculo de massa, os afro-americanos, no entanto, participam da expansão do Far West contra os peles-vermelhas e se distinguem na batalha ou no massacre que em Wounded Knee, em 1890, vitimou mulheres e crianças daquele povo infeliz.

Nos nossos dias, historiadores estadunidenses de origem indígena chamam a atenção para o "holocausto" que foi consumado no Novo Mundo contra os aborígenes. No entanto, seria totalmente errado transfigurar a América pré-colombiana,

---

[102] V. I. Lênin, *Opere complete*, cit., v. XXII, p. 308.

como se nela estivessem ausentes as contradições e a opressão nacional (na realidade, é até a presença desses elementos que favorece o triunfo dos *conquistadores*). Sobretudo outro aspecto é importante. Entre os séculos XVIII e XIX não faltaram, na América, ingleses e, nos Estados Unidos, tribos indígenas que partilharam do difuso racismo antinegro e do ódio contra os abolicionistas, e que possuíram escravos negros e até se distinguiram na caça terrorista aos escravos negros fugidos, de modo a serem particularmente apreciadas como as campeãs mais intransigentes da escravidão[103].

Vítimas de uma opressão secular – até milenar – desencadeada, primeiro, pela judeufobia e, depois, de modo incomparavelmente mais grave, pelo antissemitismo, os judeus, no entanto, participaram, ao lado de outros povos, do tráfico dos escravos negros e, obviamente, nem eles ficaram imunes aos preconceitos que os negros e os povos coloniais em geral sofriam, os primeiros a serem afetados pelo racismo biológico. Enfim, é historicamente insustentável a visão cara ao fundamentalismo islâmico, que tende a absolutizar a situação atual e, portanto, a pintar como vítima perpétua do Ocidente judeu-cristão aquele islã que, ainda no final do século XVII, apresentava-se em ofensiva às portas de Viena. A mesma fragilidade tem a visão cara aos afro-americanos da Nação do Islã, que representam a religião por eles abraçada como sempre imune às infâmias censuradas ao Ocidente: portanto, ao denunciar a escravidão por séculos sofrida pelos negros, eles se limitam a apontar o dedo contra os cristãos e, sobretudo, contra os judeus, deixando de lado o papel desempenhado pelo próprio islã nesse episódio.

O que limita a fronteira entre oprimidos e opressores não é uma linha étnica definida de uma vez por todas, imóvel no tempo e sem nenhuma rachadura. Tão inconsistente quanto essa ideia é a representação de um povo perseguido em todo lugar e em todo tempo pelo ódio racial e, portanto, sempre a ponto de sofrer uma perseguição mais ou menos horrível e até a réplica da "solução final". Conforme Arendt, a visão segundo a qual os judeus "teriam sido sempre o objeto passivo e sofredor das perseguições cristãs" ou de outro gênero é apenas a reapresentação "em forma modernizada do antigo mito do povo eleito"[104]. Na realidade, assim como não há um povo que por suas instituições possa reivindicar para si a missão de guia eterno e global da

---

[103] L. M. Hauptman, *Between Two Fires: American Indians in the Civil War* (Nova York, Free Press Paperbacks, 1995), p. 45-52, 88-93.

[104] H. Arendt, "Prefácio", cit., p. 19.

humanidade, não há um povo que seja mártir de modo permanente e sobre todos os aspectos: de qualquer maneira que se manifestar, a reivindicação de uma perene primazia moral não resiste à pesquisa histórica e não deixa de ter implicações inquietantes.

8. AS VÍTIMAS ENTRE REIVINDICAÇÃO DO RESSARCIMENTO MORAL E POLÍTICA DA CULPA

É nesse contexto que são colocadas as críticas, às vezes provenientes de dentro da própria cultura judaica, que censuram a Israel a indébita instrumentalização política do holocausto e a arbitrária construção de uma presumida linha de continuidade desde a perseguição nazista até a resistência palestina e árabe[105]. Embora justificadas de forma ampla, essas críticas apresentam o limite de não colocar o problema em uma perspectiva geral.

É bastante fraca a linha que separa a legítima e sacrossanta reivindicação de um ressarcimento moral e a utilização política, imediata e, portanto, tendencialmente instrumental, de tal ressarcimento. Mesmo chamando a atenção para o "crime original" que se consumou a partir da fundação dos Estados Unidos em detrimento dos negros (e dos índios), Arendt não hesita em criticar a tendência dos afro-americanos, das vítimas, a apoiar-se nos sentimentos de culpa compreensivelmente difusos entre os descendentes dos opressores para agitar a ideia de uma espécie de "culpa coletiva" e universal dos brancos e promover objetivos de modo algum racionais[106].

Nos anos da Guerra Fria, a União Soviética procurava calar os ataques que lhe eram dirigidos, por exemplo, pela invasão da Tchecoslováquia, rotulando-os como expressões de "antissovietismo". Em certo sentido, esses ataques estavam inseridos em uma ideal linha de continuidade a partir da infausta tradição que tinha visto a União Soviética ser agredida, primeiro, pela Entente e, depois, sobretudo, de modo muito mais bárbaro, pelo Terceiro Reich. Nessa perspectiva, exagerar um pouco na condenação da invasão da Tchecoslováquia e esquecer as reais exigências de segurança de um país outras vezes agredido significava seguir os passos dos agressores e até de Hitler!

---

[105] N. G. Finkelstein, *Beyond Chutzpah: On the Misuse of Anti-Semitism and the Abuse of History* (Berkeley/Los Angeles/Londres, University of California Press, 2005).

[106] H. Arendt, "Sulla violenza", em *Politica e menzogna* (trad. S. D'Amico, Milão, SugarCo, 1985), p. 209-10, 243. [Ed. bras.: *Sobre a violência*, Rio de Janeiro, Civilização Brasileira, 2009.]

Particularmente interessante é o caso da China, onde se verificou um dos capítulos mais horríveis da Segunda Guerra Mundial. A desumanização do inimigo atingiu um acabamento bastante raro. Demonstram isso não só o famigerado Massacre de Nanquim em 1937, mas também outros casos menos conhecidos. Os experimentos de vivisseção não foram feitos em animais, mas nos chineses, os quais, por outro lado, constituíam o alvo vivo dos soldados japoneses que treinavam assalto com baioneta. Pequim teve razão em protestar contra o primeiro-ministro japonês Koizumi, que regularmente prestava homenagem a um sacrário onde estão conservados os restos dos japoneses mortos, mas também dos criminosos de guerra responsáveis por tais horrores. No entanto, seria bastante discutível uma visão que quisesse traçar uma linha de continuidade entre os que causaram massacres e vivisseções ontem e os aspirantes a provocar massacres e vivisseções hoje, entre o Império do Sol Nascente (aliado de Hitler e Mussolini) e o Japão atual: nesse caso se teria ultrapassado o limiar que separa a reivindicação justa do ressarcimento moral por uma política instrumental da culpa. Esse limiar deve ser respeitado também no Oriente Médio, onde felizmente ninguém presta homenagem a Hitler, mesmo se, em resposta à política da culpa censurada a Israel, se manifesta a infeliz tendência a redimensionar o horror do holocausto judeu. Concluindo, não tem sentido partir da polêmica anti-israelense e do antissionismo difundido no mundo árabe e islâmico para fazer deste o herdeiro de uma loucura e de uma infâmia consumadas no Ocidente e em um contexto sem nenhuma relação com o atual conflito médio-oriental. A ideologia tradicional do colonialismo rotulava suas vítimas como bárbaros; agora os "bárbaros" se tornaram também "antissemitas".

Mas contra aqueles que deveriam mostrar simpatia em relação às vítimas já estava pronta e afiada a arma cortante de um novo motivo de acusação: "filoislamismo"! A atitude de conciliação e de apaziguamento em relação ao islã seria um sintoma posterior da doença mortal que devora a Europa: "Do antiamericanismo ao antiocidentalismo e ao filoislamismo, tudo continua como dantes"[107]. Entre os decretos de excomunhão agitados pela ideologia dominante, agora aparece o "filoislamismo".

---

[107] O. Fallaci, "Il nemico che trattiamo da amico", *Corriere della Sera* (Milão), 15/9/2006, p. 8.

VI. FILOISLAMISMO

1. LUTA CONTRA O ISLÁ, DEFESA DO OCIDENTE E INVENÇÃO DA TRADIÇÃO "GRECO-ROMANO-JUDAICO-CRISTÁ"

Quem chama à vigilância e à luta contra um perigo erroneamente subavaliado são vozes variegadas como nunca, que, no entanto, confluem em um coro compacto e poderoso. Muito antes de 11 de Setembro, o eminente teórico do choque das civilizações sentenciou: "O verdadeiro problema para o Ocidente não é o fundamentalismo islâmico, mas o islá enquanto tal"[1]. É uma tese que, radicalizada, nos Estados Unidos ressoa nas pregações de pastores e pregadores fundamentalistas, os quais proclamam a cruzada contra o islá em nome da verdadeira religião e do cristianismo. Não é menos enfático o grito de alarme na Europa secularizada, onde, porém, a cruzada de além do Atlântico gosta de usar uma roupagem mais airosa e mais "leiga": trata-se de enfrentar o inimigo declarado da modernidade e, exatamente, do laicismo. Um ponto essencial fica claro: é preciso enfim ajustar as contas com uma religião, uma cultura que – proclamam os pastores fundamentalistas estadunidenses – tem como seu fundador um "terrorista"[2], ou – enfatizam os campeões europeus do laicismo – um "cortador de cabeças"[3]. Na realidade, vimos que os terroristas que praticam atentados suicidas poderiam apelar para a figura veterotestamentária de Sansão.

---

[1]   S. P. Huntington, *Lo scontro delle civiltà e il nuovo ordine mondiale* (Milão, Garzanti, 1997), p. 319. [Ed. bras.: *O choque das civilizações e a recomposição da nova ordem mundial*, Rio de Janeiro, Objetiva, 1997.]

[2]   A. Lieven, *Giusto o sbagliato è l'America* (Milão, Sperling & Kupfer, 2005), p. 197. [Ed. port.: *América: a bem ou a mal*, Lisboa, Tinta da China, 2007.]

[3]   O. Fallaci, "Il nemico che trattiamo da amico", *Corriere della Sera* (Milão), 15/9/2006, p. 8.

No tocante aos cortadores de cabeças propriamente ditos, um texto inserido exatamente no cânone dos livros bíblicos pela Igreja católica celebra a figura de Judite que, depois de o ter enfeitiçado e enganado, decapita "prostrado no leito e mergulhado em vinho" Holofernes, o general que guiava os inimigos de Israel. Os feitos dessa heroína, assistida pelo Senhor e por Ele bendita "mais que todas as mulheres da terra" (Judite 8,13), são imortalizados, entre outros, por Mantegna, que representa Judite, acompanhada por sua criada, enfiando na sacola de provisões seu troféu ensanguentado – a cabeça de sua vítima.

No entanto, segundo os campeões da islamofobia que hoje se espalha nas duas margens do Atlântico, Maomé já teria declarado guerra ao Ocidente e seria preciso partir daí para compreender a crise no Oriente Médio, o terrorismo, o 11 de Setembro. É clara a identidade do inimigo, e não menos nítida é a do seu antagonista. É necessário tomar posição firme em defesa da tradição e da "alma judaica e ocidental" contra os ataques dos terroristas "conscientemente antiocidentais, antieuropeus e antijudeu-cristãos"[4]. Para ser mais preciso, além da Jerusalém judaica e cristã, o Ocidente, em virtude de seu amor pela democracia, pelo diálogo fundado na razão e pelo direito, encarnaria também a herança de Atenas e de Roma. Está, portanto, delineando-se uma tradição – antes uma "alma" – ocidental, que poderia ser definida como "greco-romano-judaico-cristã", há cerca de um milênio e meio atacada e ameaçada pelo islã. Até aqui, a ideologia da guerra.

Agora convém dar uma olhada na história. Ela confirma a existência de uma "alma greco-romano-judaico-cristã" própria do Ocidente? Chamei várias vezes a atenção para as implicações inquietantes daquele substantivo, ao qual com frequência se recorre e que parece referir-se a uma mítica idade eterna. Vale a pena ter presente uma definição de Rosenberg, ou seja, do principal teórico do Terceiro Reich: a "alma" é a "raça vista a partir de dentro", assim como a raça é o "lado exterior da alma"[5]. Agora, porém, concentremo-nos nos adjetivos usados quando se fala de alma ou tradição "greco-romano-judaico-cristã". Sua aproximação imediata, ou melhor, sua fusão, remove os conflitos que se alastraram entre os diversos componentes dessa entidade que parece tão compacta. Deixemos de lado os conflitos "menores" ou de duração mais breve, como aquele durante o qual Roma não hesita em destruir Corinto para subjugar a Grécia.

---

[4] B. Spinelli, "La frontiera dell'Ovest", *La Stampa* (Turim), 18/10/1995.

[5] A. Rosenberg, *Der Mythus des 20. Jahrhunderts* (Munique, Hoheneichen,1937), p. 2.

Decididamente mais lacerante e prolongado foi o choque que opôs mundo grego-romano de um lado e judaísmo e cristianismo do outro. Pense-se na resistência feroz que, no século II a. C., os macabeus opuseram à difusão da cultura helenista. A fim de defender a identidade judaica, João Hircano não hesita em realizar "massacres de populações de cidades cuja única culpa era falar grego"[6]. Se for possível, ainda mais trágico é o choque com o mundo romano, tanto que, em 74 d. C., os defensores de Jerusalém, e ainda mais de Massada, preferiram suicidar-se em massa a render-se. Por sua vez, antes de sucumbir ao cristianismo, o Império Romano procura sufocá-lo, desencadeando contra ele uma série de perseguições em larga escala.

Estamos diante de uma luta de morte durante a qual, segundo a aguçada leitura de Nietzsche, se enfrentam Oriente e Ocidente. Obteve a vitória o Deus oriental da tradição judaico-cristã, que vê um *crimen laesae maiestatis*[*] no pecado e em cada mínima infração à norma emanada dele de modo soberano; um Deus onipotente e perfeito, cuja infinita distância em relação aos homens torna imperceptíveis ou anula as diferenças existentes entre estes últimos. Ao Oriente refere-se também a concepção unilinear do tempo e a expectativa mais ou menos messiânica de um *novum*[**], que no mundo antigo se afirma entre escravos, servos e malogrados de todo tipo e que depois age de maneira ruinosa durante a tradição revolucionária. A difusão, no mundo helenista e romano, do judaísmo e do cristianismo, o triunfo sobre o politeísmo e sobre um mundo que considerava óbvia e natural a desigualdade entre os homens e a escravidão dos bárbaros, tudo isso significou, sempre na opinião de Nietzsche, o triunfo do Oriente judeu-cristão, servil e plebeu, sobre o Ocidente pagão, politeísta e aristocrático. Ou seja, a ideia de igualdade que se afirmou no Ocidente e de que ele se orgulha a ponto de aduzi-la como motivo de sua primazia e missão universal aprofunda suas raízes em uma religião oriental, em cujo centro está a afirmação da sujeição universal dos homens a um Senhor absoluto.

Por outro lado, a oposição do mundo judeu-cristão ao islã não leva em conta a longa duração do conflito entre judaísmo e cristianismo. É um acontecimento que parece ter algumas sequelas ainda em nossos dias, a julgar pelo menos por um crítico (judeu) do fundamentalismo judaico. Ele refere que, ao tomar de

---

[6] P. Johnson, *Storia degli ebrei* (Milão, Tea, 1994), p. 122. [Ed. bras.: *História dos judeus*, 2. ed., Rio de Janeiro, Imago, 1995.]

[*] Crime de lesa-majestade. (N. E.)

[**] Novo. (N. E.)

modo literal o convite do Talmude a entregar às chamas, onde for possível, todas as cópias do Novo Testamento que lhe caírem nas mãos, no dia 23 de março de 1980 "centenas de cópias dos evangelhos foram pública e ritualmente entregues às chamas em Jerusalém, sob os auspícios da Yad Le'akhim, uma organização religiosa financiada pelo Ministério dos Assuntos Religiosos de Israel"[7]. Por outro lado, vimos que os círculos mais ortodoxos do judaísmo e intelectuais de fama internacional denunciam as origens do antissemitismo no Novo Testamento e daí partem para traçar uma linha de continuidade que chega até Auschwitz (*supra*, cap. IV, subitem 11). Mas pode-se pensar em termos unitários uma civilização que abraça tanto os responsáveis como as vítimas da "solução final"?

Enfim, é preciso não esquecer as profundas divisões que por séculos atravessaram a cristandade. Não é necessário remontar às guerras religiosas. Ainda no final do século XIX, os Estados Unidos definem sua identidade cristã em oposição também ao catolicismo, bem como ao papismo. E é uma oposição que, além do significado religioso, assume uma dimensão étnica, a julgar pelo menos pelo manual usado pela Congregational Home Missionary Society, publicado por seu secretário, Josiah Strong, e que encontra um imediato e extraordinário sucesso tanto nos Estados Unidos como na Inglaterra. A acusação feita contra a Igreja de Roma é implacável: "o romanismo ensina mais a intolerância religiosa do que a liberdade religiosa"; "Roma exige mais a censura das ideias e da imprensa do que a liberdade de imprensa e de expressão"; ela "aprova mais a união entre Igreja e Estado do que a sua total separação"; pratica um "absolutismo em religião" que não pode não provocar consequências também no plano político. Nesse momento, os católicos são totalmente estranhos aos *wasp*: não são protestantes, não pertencem à nobre estirpe dos "anglo-saxões" (a raça na qual se encarna a ideia de liberdade)[8]; em certo sentido, nem sequer fazem propriamente parte da raça branca, segundo a opinião expressa por Franklin já em meados do século XVIII (*infra*, cap. VII, subitem 3).

Ainda mais estereotipada revela-se a oposição entre mundo judeu-cristão, de um lado, e islã, de outro, pelo fato de os judeus por séculos terem se sentido

---

[7] N. Abraham, "I media degli Stati Uniti e il fondamentalismo islamico", em R. Giammanco (org.), *Ai quattro angoli del fondamentalismo. Movimenti politico-religiosi nella loro tradizione, epifania, protesta, regressione* (Florença, La Nuova Italia,1993), p. 264.

[8] J. Strong, *Our Country* (Cambridge, The Belknap Press of Harvard University Press, 1963), p. 74-5, 200.

muito mais próximos do islã que do cristianismo. Os árabes que, logo após a morte de Maomé, avançam em nome deste são "aclamados como libertadores de todos os judeus do Ocidente", os quais às vezes fornecem uma contribuição importante para a luta contra a cristandade[9]. É o que se verifica na Espanha, onde não por acaso se desenvolve uma esplêndida "tradição judaico-islâmica"[10], com o surgimento também de uma grande cultura judaica de língua árabe.

O que preocupa os cristãos é a solidariedade ou cumplicidade. Em 1096, em marcha para os lugares santos a "libertar", os cruzados atacam com furor as comunidades judaicas encontradas no caminho. O enfurecido comportamento popular na Alemanha é assim esclarecido no século XIX pelo historiador alemão de origem e religião judaicas que já conhecemos: "Os judeus são tão infiéis como os sarracenos, ambos são inimigos hereditários do cristianismo. A cruzada pode iniciar no local, entrementes organizando as coisas com os judeus"[11]. A mesma lógica preside, cerca de quatro séculos depois, à expulsão de islâmicos e judeus da Espanha na reconquista cristã.

A lembrança da "tradição judaico-islâmica" não desaparece facilmente. Ainda na metade do século XIX, na opinião de um grande estadista inglês de origem judaica, Benjamin Disraeli, é tão sólido o laço entre árabes e judeus que uns e outros podem ser subsumidos em uma única categoria. Temos, portanto, os "árabes mosaicos" (ou os "árabes judeus"), artífices uns e outros da esplêndida civilização que se afirma na Espanha não atormentada pela intolerância cristã?

> A população judaica, que sofria sob a mais sanguinária e atroz perseguição, voltou o olhar para seus irmãos simpáticos da Meia-Lua [...]. Os filhos de Ismael garantiram aos filhos de Israel direitos e privilégios iguais àqueles que eles tinham [...]. Durante esses séculos é difícil distinguir o seguidor de Moisés do fiel de Maomé; ambos edificavam palácios, jardins e fontes, ocupavam em plano de igualdade os mais altos cargos estatais, competiam em um comércio extenso e iluminado e rivalizavam reciprocamente em universidades renomadas.[12]

---

[9]   B. Lazare, *L'antisémitisme. Son histoire et ses causes* (Paris, Documents et Témoignages, 1969), p. 52-3.

[10] B. Lewis, *Il suicidio dell'islam* (Milão, Mondadori, 2002), p. 170. [Ed. bras.: *Que deu errado no Oriente Médio?*, Rio de Janeiro, Jorge Zahar, 2002.]

[11] H. Graetz, *Geschichte der Juden von den ältesten Zeiten bis auf die Gegenwart* (Berlim, Arani, 1998, v. VI), p. 84.

[12] B. Disraeli, *Coningsby or the New Generation* (org. S. M. Smith, Oxford/Nova York, Oxford University Press, 1982, livro IV), cap. 10, p. 183-4.

Portanto, ao lado de uma tradição judaico-cristã havia uma judaico-islâmica. Não falta sequer uma tradição islâmico-cristã. Como se sabe, é a "monumental obra de tradução do grego para o árabe" que permitiu que o mundo cristão-latino recuperasse a ligação com o helenismo, que fora perdida "nos séculos da decadência do Império Romano". A contribuição árabe e islâmica para o Ocidente cristão não para por aí. De modo mais geral, é preciso ter presente a "importantíssima contribuição dos pensadores muçulmanos para o pensamento filosófico e científico da Baixa Idade Média"; "as próprias universidades europeias [...] nasceram no final do século XII a partir de um modelo muito semelhante àquele que se desenvolvera antes na *madrasa* islâmica" (hoje tão desprezada)[13]. Nem sequer a mais alta produção artística do Ocidente pode ser pensada fora desse contexto, se é verdade que a *Divina comédia** de Dante Alighieri é profundamente influenciada pela "escatologia islâmica"[14]. Em meados do século XIX veremos um ilustre historiador francês colocar na conta da influência do islã as páginas mais negras da história da cristandade (as Cruzadas, a Inquisição e o extermínio dos ameríndios) (*infra*, cap. VII, subitem 9); no entanto, esse singular modo de proceder acaba confirmando a existência daquela civilização islâmico-cristã, hoje totalmente reprimida.

Olhando bem, a construção da identidade do Ocidente ou da presumida tradição ou alma "greco-romano-judaico-cristã", com a consequente nítida oposição ao islã, apresenta modalidades semelhantes àquelas de qualquer outra mitologia fundamentalista. Com certeza, colocando-nos em uma perspectiva global e de longa duração, os conflitos que se verificaram no âmbito daquela "tradição" se tornam pequenos, mas o conflito que opôs o cristianismo sobretudo ao islã conhece também um drástico redimensionamento. E desse apequenamento geral pode surgir um quadro insólito, como aquele delineado por Toynbee:

> Assim como a posse espiritual que todos nós, cristãos e muçulmanos, compartilhamos é um par de herança comum – uma parte herdada dos judeus e a outra dos gregos –, poderemos definir a nossa sociedade cristão-muçulmana como greco-judaica, para distingui-la tanto da sociedade hindu da Índia como da sociedade budista confuciana do Extremo Oriente.

---

[13] R. W. Bulliet, *La civiltà islamico cristiana. Una proposta* (Roma/Bari, Laterza, 2005), p. 24, 9, 39.
* São Paulo, Editora 34, 2001, 3 v. (N. E.)

[14] M. Asín Palacios, *Dante e l'islam. L'escatologia islamica nella Divina Commedia* (Milão, Est, 1997).

Vistas assim do alto, em um horizonte que abraça toda a humanidade, as diversas variações muçulmanas e cristãs sobre o modo de ver greco-judaico comum quase desaparecem da vista. Parecem totalmente insignificantes em comparação com as características comuns a todos nós, membros muçulmanos e cristãos, da família cultural greco-judaica.[15]

2. HERDEIRO DO ANTISSEMITISMO TRADICIONAL OU ALVO DE UM NOVO "ANTISSEMITISMO"? O ISLÁ HOJE

Tendo reprimido séculos e séculos de história, e em particular o esplêndido período judeu-islâmico do qual são protagonistas, segundo Disraeli, "árabes judeus" e "árabes maometanos", agora o Ocidente "judeu-cristão" é oposto de modo maniqueísta a um islá desenvoltamente rotulado como herdeiro de um antissemitismo que, exatamente no Ocidente, conheceu seu maior desenvolvimento e seu capítulo mais infame. De todo inconsistente no plano historiográfico, esta operação apresenta uma dupla vantagem: seus protagonistas podem atenuar o sentimento de culpa pela tragédia sem precedentes no passado infligida aos judeus e, ao mesmo tempo, arranjar a boa consciência para o tratamento hoje reservado ao mundo árabe-islâmico.

Estamos na presença de uma antiga civilização que, depois de permanecer na ofensiva por longo tempo, acaba sofrendo relativamente tarde o ímpeto expansionista do Ocidente. Mesmo sendo um dos maiores teóricos da supremacia branca, na década de 1920 Stoddard faz um balanço histórico que ainda hoje merece atenção. Apenas a partir do século XIX o islá "percebe o peso do ataque ocidental", intensificado cada vez mais. "A Grande Guerra representou o estágio final desse processo de subjugação", enquanto "em Versalhes as potências europeias mostraram de modo inequívoco que não tinham nenhuma intenção de afrouxar seu domínio sobre o Oriente Próximo e Médio"[16]. A reação não podia faltar: a "incessante pressão da agressão europeia" e o estímulo da Primeira Guerra Mundial e da Revolução de Outubro criam as condições para o "despertar maometano". Concluindo, "todo o mundo do islá está agora em profunda agitação"[17]. Não contentes por terem imposto seu domínio colonial aos povos árabes, França e Inglaterra tentam

---

[15] A. J. Toynbee, *Il mondo e l'Occidente* (Palermo, Sellerio, 1992), p. 51.

[16] L. Stoddard, *The New World of Islam* (Nova York, C. Scribner's Sons, 1922), p. 22-3, 75.

[17] Ibidem, p. 24-5, v.

por algum tempo desmembrar a Turquia e têm de ajustar contas não só com a resistência do povo e do exército turco, mas também com as manifestações de protesto e de cólera que acabam envolvendo a própria população muçulmana da Índia[18]. Assim se delineiam diante de nossos olhos os elementos constitutivos do atual conflito entre Ocidente e mundo árabe-islâmico, e não é a religião ou o fundamentalismo que desempenha nele um papel decisivo, mas o choque entre expansionismo e resistência – uma resistência proveniente também de um país como a Turquia, que bem naqueles anos está empenhada em um esforço de secularização e de ocidentalização drásticas. A subjugação colonial do Oriente Médio realizada pelo Ocidente conhece um forte impulso depois da Primeira Guerra Mundial, no mesmo período em que começa a desenvolver-se o processo de descolonização iniciado pela Revolução de Outubro. Essa circunstância não pode não agravar o sentimento de humilhação nacional.

O que aconteceu nas décadas seguintes? Podemos procurar responder a essa pergunta dando a palavra ao grande historiador inglês já várias vezes citado. Vemos o que, segundo Toynbee, se verifica logo depois da Segunda Guerra Mundial:

> A partir do mesmo cínico princípio de fazer os indefesos pagarem, em 14 de maio de 1948, na Palestina, os sionistas fundaram o Estado de Israel, com a força das armas e durante uma guerra na qual mais de meio milhão de árabes palestinos perderam suas casas, e tudo isso como compensação pelas atrocidades cometidas contra os judeus entre 1933 e 1945, não no Levante, mas na Europa, e não por ação dos árabes, mas dos alemães.[19]

É verdade, tudo isso é de algum modo avalizado pela ONU (e, sobretudo, pelos Estados Unidos e pela União Soviética), mas também o expansionismo colonial anglo-francês em detrimento dos povos árabes, imediatamente após a Primeira Guerra Mundial, pôde contar com a legitimação da Sociedade das Nações. No que diz respeito ao segundo pós-guerra, com a sorte infligida às *displaced persons*, os "refugiados" (para usar o eufemismo corrente), é preciso ter presente o "massacre de homens, mulheres e crianças" com o qual os colonos

---

[18] Ibidem, p. 84-5.

[19] A. J. Toynbee, *A Study of History* (Oxford, Oxford University Press, 1951-1954, v. VIII), p. 258. [Ed. ital.: *Panorami della storia*, Milão, Mondadori, 1954; ed. bras.: *Um estudo da história*, 2. ed., São Paulo, Martins Fontes, 1987.]

sionistas se mancharam em Deir Yassin. É uma tragédia que deixa traços bastante profundos no espírito dos árabes; eles tinham se iludido que a consciência moral da humanidade, tornada mais sensível pelas infâmias que tinham acabado de acontecer e, sobretudo, pelo horror que acometera os judeus, não toleraria aquilo que se verifica na Palestina[20].

De forma mais geral, se com a derrocada e a revelação dos horrores do Terceiro Reich se assiste ao descrédito definitivo do antissemitismo propriamente dito, o racismo antiárabe continua a mostrar-se vital nos anos em que o regime mundial de supremacia branca e ocidental passa pelo desafio dos povos coloniais em luta pela emancipação. A capitulação da Alemanha nazista coincide com a feroz repressão das manifestações de alegria dos argelinos, culpados aos olhos das autoridades francesas de terem assumido tons independentistas: nos choques que se espalharam, milhares ou talvez dezenas de milhares de argelinos foram mortos, bombardeados e metralhados também do alto. O massacre é visto com indiferença na Europa. Nem a Noite ou o Dia de São Bartolomeu suscita indignação, quando, em 17 de outubro de 1961, a polícia francesa desencadeia em Paris a violência contra árabes e magrebinos: "dezenas de cadáveres jogados no Sena". E não é tudo: "Massacrados a golpes, mortos a tiros de pistola, afogados na indiferença de uma 'cidade branca' que deixou os policiais desencadearem a caçada humana e o assassinato nas grandes avenidas"[21]. No entanto, "eram os parisienses, na 'Flor', que se divertiam com o espetáculo, exultando com as cenas terríveis"[22].

A violência do Ocidente, ao qual Israel foi agora cooptado com todas as honras, também não cessou nas décadas seguintes. Sobre esse ponto demos a palavra a Huntington:

O Departamento de Defesa estadunidense relata que, nos quinze anos entre 1980 e 1995, os Estados Unidos se envolveram em dezessete operações militares no Oriente Médio, todas dirigidas contra Estados muçulmanos. Não existe registro nem de longe comparável a esse das operações militares estadunidenses contra a população de qualquer outra civilização.[23]

---

[20] Ibidem, p. 258-9, 288-91 e notas.
[21] E. Benedetto, "L'anniversario dimenticato", *La Stampa* (Turim), 19/10/1995.
[22] U. Munzi, "Vendetta 34 anni dopo?", *Corriere della Sera* (Milão), 17/10/1995.
[23] S. P. Huntington, *Lo scontro delle civiltà e il nuovo ordine mondiale*, cit., p. 318.

Se, depois, incluirmos no cálculo as inumeráveis ações empreendidas por Israel, o resultado é ainda mais impressionante.

Em todo caso, o quadro estratégico da região sofreu mudanças radicais:

> A aposta [da Primeira Guerra do Golfo] era estabelecer se o grosso das maiores reservas petrolíferas do mundo seria controlado pelos governos sauditas e pelos emirados – cuja segurança era confiada à potência militar ocidental – ou por regimes independentes antiocidentais em condições de utilizar – e talvez decididas a isso – a arma do petróleo contra o Ocidente.

Felizmente, agora o golfo Pérsico "tornou-se um lago estadunidense"[24]. Por outro lado, nascido em teoria como refúgio para os que escaparam da "solução final", Israel não só conheceu um processo de notável expansão territorial mediante a incorporação ou a colonização de territórios tirados da Síria e do povo palestino, mas também se afirmou como uma grande potência militar, fornida até de um notável arsenal nuclear, sobrepondo-se de forma pavorosa aos países árabes e islâmicos em redor. A transformação do golfo Pérsico em um "lago estadunidense" talvez seja apenas uma etapa de um projeto que visa impor no Oriente Médio um protetorado estadunidense-israelense.

Mais adiante nos ocuparemos da tragédia que há décadas se abate sobre o povo palestino. Vejamos agora o mundo árabe-islâmico em seu conjunto. De acordo com o enviado europeu Klaus-Peter Klaiber, no Afeganistão os talibãs são mortos em um lugar que se "assemelha ao campo de concentração nazista de Auschwitz"[25]. Não muito melhor vão as coisas no "campo de concentração" – para usar as palavras do *International Herald Tribune* – colocado sob controle direto dos Estados Unidos. Em Guantánamo, o *"gulag* dos nossos dias"*, segundo a definição da Amnesty International, estão confinados centenas de detidos sem processo judicial, sem possibilidade de defesa e sem poder se comunicar com os próprios familiares. São obrigados a viver, ou melhor, a vegetar "em um canil para humanos", antes, em algo muito pior: só um sádico exporia um cão "ao calor abrasado das celas com telhado de zinco" desse inferno. A tudo isso se acrescentam as torturas: "obrigado a ficar de pé por dias inteiros"; "obrigado a ficar de joelhos por dias inteiros", "obrigado

---

[24] Ibidem, p. 373-4.

[25] A. Nicastro, "Una Auschwitz per talebani in Afghanistan", *Corriere della Sera* (Milão), 14/5/2002.

A LINGUAGEM DO IMPÉRIO   199

a ficar em posições dolorosas por dias inteiros", "cegueira imposta com um capuz negro", "privação do sono com o 'bombardeio' de luz". Tal é o horror, que não poucos detidos se suicidam para fugir de um inferno ao qual se pode ser submetido mesmo depois de ter chegado aos 88 e até 98 anos ou quando ainda se é garoto entre 13 e 15 anos[26].

Finalmente, o Iraque. As fotos dos carcereiros estadunidenses, que na prisão de Abu Ghraib se divertem em humilhar e torturar os detidos, ganharam o mundo. Como tudo isso é possível? A análise de um jornalista estadunidense é corajosa: o fato é que "as vítimas são consideradas menos do que humanas [*less than human*]"[27]. Posteriormente, referindo-se a esse artigo, um autorizado editorialista italiano precisa: para seus carcereiros, o prisioneiro iraquiano cada vez mais alvejado é "um *Untermensch*, um ser inferior"[28].

Além da periferia, isto é, das áreas coloniais ou ex-coloniais, a sombra ameaçadora do universo de concentração e das instituições totais tende a atingir a própria metrópole, mas afetando sempre as mesmas vítimas. Vejamos a imprensa internacional: "2 mil cidadãos árabes são mantidos nas prisões estadunidenses sem uma acusação precisa"[29]. E ainda: "pelo menos 13 mil árabes e muçulmanos nos Estados Unidos correm o risco da deportação"; são poucos os que são suspeitos de fazer parte de algum modo da rede terrorista; a quase totalidade é constituída de imigrados não plenamente regularizados e que, sobretudo, pertencem a uma minoria étnica e religiosa cada vez mais *non grata*[30]. A ideia acariciada por um membro da Comissão de Direitos Humanos confirma isso: se nos Estados Unidos se verificasse um novo ataque terrorista em massa, seria necessário encerrar todos os estadunidenses de origem árabe em "campos de internamento". É verdade, a sugestão foi prontamente rejeitada; resta o fato que 3 milhões de pessoas vivem no medo, antes, estão "mortalmente apavorados". Agora "seus parentes já estão detidos

---

[26] "The Guantanamo Scandal", *International Herald Tribune* (Nova York), 16/5/2003; V. Zucconi, "E l'America scopre le torture della Cia", *La Repubblica* (Roma), 27/12/2002; G. Buccini, "I vecchi di Guantanamo che turbano l'America", *Corriere della Sera* (Milão), 6/5/2003.

[27] L. Sante, "Here's-Me-at-War.jpeg", *International Herald Tribune* (Nova York), 12/5/2004.

[28] S. Romano, "Le contabilità dell'orrore", *Corriere della Sera* (Milão), 14/5/2004.

[29] G. Buccini, "La stampa americana rompe la tregua: 'Basta patriottismo'", *Corriere della Sera* (Milão), 19/5/2002.

[30] R. L. Swarns, "At least 13,000 Arabs and Muslims in US Face Deportation", *International Herald Tribune* (Nova York), 9/7/2003.

em prisões estadunidenses com base em suspeita de terrorismo, alguns sem sequer um sinal da parte do governo sobre os crimes de que são acusados"[31]. O horror desse universo de concentração não parece suscitar um sobressalto geral de indignação. Já se sabe que os *Untermenschen* não merecem compaixão particular.

Convém então lembrar que alguns anos antes do 11 de Setembro Huntington observou que, nos nossos dias, "na Europa ocidental, o antissemitismo contra os judeus foi em grande parte suplantado pelo antissemitismo contra os árabes"[32]. Na realidade, mais ainda que sobre as metrópoles da Europa (e dos Estados Unidos), nossa atenção deveria concentrar-se sobre a relação que o Ocidente, Israel e a ideologia dominante instituem com o mundo árabe e islâmico.

3. COMO OS JUDEUS SE TORNARAM "BRANCOS" E OS ÁRABES PERMANECERAM "NEGROS"

É lícito, no entanto, nutrir alguma dúvida sobre a oportunidade do recurso à categoria *antissemitismo*. E não só pelo fato de que ela se impôs historicamente como designação do racismo antijudaico. Há uma razão mais fundamental. Para esclarecê-la, convém retomar a análise da atitude tomada pelo Ocidente em relação aos judeus, de um lado, e aos árabes e islâmicos, de outro. Nos albores da época colonial, ao contrário dos finais, os judeus tendem a ser cooptados, ainda que em posição subalterna, no âmbito do mundo civilizado propriamente dito. Mas trata-se de uma sistematização bastante precária. Os termos da questão modificam-se com o desenvolvimento do colonialismo, que anda ao lado da construção de uma pirâmide racial, em cujo vértice brilha a raça "branca", "nórdica", "ocidental", "ariana". Até no interior da raça "superior" verifica-se uma posterior hierarquização que vê a preeminência dos "teutões" ou "anglo-saxões" sobre os latinos ou, segundo outros ideólogos, dos povos insulares sobre os povos continentais. Onde situar os judeus? Com os árabes, agora parte integrante do mundo colonial, eles foram protagonistas da civilização judaico-islâmica, desenvolvida na Espanha antes da reconquista cristã e ocidental. Por outro lado, assim como os árabes, também os judeus, já por sua origem, estavam muito perto dos povos coloniais, com os quais tinham

---

[31] R. E. Pierre, "Arab Enclave Lives in Fear", *International Herald Tribune* (Nova York), 6/8/2002.

[32] S. P. Huntington, *Lo scontro delle civiltà e il nuovo ordine mondiale*, cit., p. 293.

convivido e se misturado, para poder ser admitidos de forma plena na área da civilização. Por algum tempo os judeus pareceram ter de partilhar com os árabes a condição própria dos povos coloniais.

Assim o é pelo menos do ponto de vista dos teóricos mais "sistemáticos" e mais intransigentes da doutrina da raça. Demos a palavra a Gobineau: "as populações semíticas [árabes e judaicas] diminuíram pelo contato com os negros", os quais levam impresso "o caráter de animalidade" e jazem, portanto, "no fundo da escala" racial[33]. É uma maldição que pesa de modo particular sobre os árabes: eles "pertencem na contemporaneidade àquela que definimos como a família de Sem e a família de Cam" e, exatamente por causa da presença de sangue negro em suas veias, são uma "nação bastarda" capaz, na melhor das hipóteses, de produzir uma "civilização de caráter mestiço"[34]. Ainda no século XX, Stoddard exprime todo o seu desprezo pelos "povos árabes negroides"[35].

Mas é bom notar que um motivo análogo está presente no final do século XIX nos libelos daquele que gosta de se autodefinir com orgulho como o "patriarca do antissemitismo"[36]. Dirigindo-se idealmente aos judeus, esse "povo mulato" [*Mischlingsvolk*], depois de tê-los acusado ("não negareis que sangue negro conseguiu introduzir-se na vossa linhagem"), Marr indica-lhes a verdadeira "emancipação": graças à "assimilação com os vossos concidadãos ocidentais" (a qual deve ser integral em todo nível, cultural, religioso e racial), podereis conseguir o "enobrecimento do vosso povo, que permanecerá incontaminado dos coptas, mouros, caldeus, babilônios, assírios e negros"[37], ou seja, não contaminado pelas influências árabes e negras. Também outro ilustre campeão do antissemitismo, Theodor Fritsch, censurará os judeus por serem um produto da "mistura racial", no âmbito da qual se nota significativa presença de elementos "negroides, semitas, hititas, fenícios, cazares"[38]. De forma análoga, os antissemitas franceses desejam o sucesso do projeto sionista em nome da pureza e da "salvação da França,

---

[33] A. de Gobineau, *Saggio sulla disuguaglianza delle razze umane* (Milão, Rizzoli, 1997, livro I), cap. XII, p. 193; cap. XVI, p. 242.

[34] Ibidem, livro I, cap. IV; cap. XIV, p. 83, 217.

[35] L. Stoddard, *Le flot montant des peuples de couleur contre la suprématie mondiale des blancs* (Paris, Payot, 1925), p. 88.

[36] M. Zimmermann, *Wilhelm Marr: The Patriarch of Antisemitism* (Nova York/Oxford, Oxford University Press, 1986), p. 89.

[37] W. Marr, *Der Judenspiegel* (Hamburgo, Selbstverlag des Verfassers, 1862), p. 46, 51.

[38] T. Fritsch, *Mein Beweis-Material gegen Jahve* (Leipzig, Hammer, 1911), p. 183.

da Europa e da raça branca"; é bom – declara um seguidor de Céline – que o "negro-mongoloide-judeu" volte aos seus lugares de origem; a volta dos judeus à "sua África" – acentua o próprio Céline – é a melhor solução para todos[39]. Os judeus se tornam ainda mais estranhos ao Ocidente e à raça branca quando são acusados de ter inspirado a Revolução de Outubro, em consequência da qual – sustenta Spengler – a Rússia tira a "máscara 'branca'" e se revela parte integrante da "população inteira de cor da terra" (*infra*, cap. VII, subitem 2).

Agitado de maneira obsessiva pelo nazismo, o motivo da estranheza dos judeus em relação à raça branca e ariana entrelaça seu destino com o do Terceiro Reich: cai em descrédito, assim como o regime, e não pode sobreviver ao colapso deste. O que acontece nos Estados Unidos é exemplar. Nas décadas de 1920 e 1930, nos anos da "maré alta do antissemitismo norte-americano" – destaca uma estudiosa estadunidense de origem judaica, fazendo referência também às suas lembranças autobiográficas –, os judeus não faziam propriamente parte da comunidade branca; eram discriminados por um racismo que afetava também os negros, os mexicanos, os imigrantes provenientes da Europa oriental e meridional[40]. Os judeus eram sujos e rudes, como o eram, entre outros, os "negros e sírios"[41]. Durante a Segunda Guerra Mundial, ainda está viva nos Estados Unidos, segundo a observação, desta vez, de Adorno, "a divisão dos judeus em dois grupos", o primeiro que abrange os "judeus 'brancos'" e o segundo, "os judeus não brancos", os *kikes*[42]. Mas essa atitude tão cheia de ambiguidade cai em crise de forma radical após a revelação do horror da "solução final". O primeiro ressarcimento moral tributado aos judeus é a passagem "de um lado para o outro do par binário do racismo estadunidense", do lado negro, ou ainda manchado de negro, para o "lado branco"[43].

Os árabes e islâmicos tiveram menos sorte. Nós os deixamos, no final do século XIX, confinados entre as "raças semisselvagens", destinadas, segundo

---

[39] P. Birnbaum, *"La France aux Français". Histoire des haines nationalistes* (Paris, Seuil, 1993), p. 238-9.

[40] K. Brodkin, *How Jews Became White Folks and What That Says about Race in America* (Nova Brunswick/Nova Jersey/Londres, Rutgers University Press, 1998), p. 2, 27.

[41] Ibidem, p. 29-30, 57.

[42] T. W. Adorno, "Studi qualitativi dell'ideologia", em T. W. Adorno, E. Frenkel-Brunswik, D. J. Levinson e R. Nevitt-Sanford, *La personalità autoritaria* (4. ed., Milão, Edizioni di Comunità, 1997, v. III), p. 185-7.

[43] K. Brodkin, *How Jews Became White Folks and What That Says about Race in America*, cit., p. 2, 140, 175.

Renan, a serem subjugadas ou exterminadas por obra da "grande família ariano-semítica". Não muito diferente é o clima que se respira do outro lado do Atlântico. No início do século XX, tendo em vista a grande revolta anticolonial inspirada pelo islã e iniciada alguns anos antes no Sudão, Theodore Roosevelt chama a Europa a reencontrar o "espírito belicoso" necessário para domar os "bárbaros guerreiros" e fazer com que a civilização continue a avançar[44].

Algumas décadas depois, na Alemanha, Spengler faz uma solene advertência: "o ódio contra a raça branca e a vontade incondicionada de aniquilá-la" se espalham pelo mundo colonial em seu conjunto e em particular no mundo islâmico; a nova inquietação que se percebe entre "os povos islâmicos" é o sintoma mais significativo e mais preocupante da "revolução mundial dos povos de cor", da desgraçada sublevação em curso contra os "povos brancos dos senhores"[45]; os extraordinários sucessos do proselitismo islâmico entre os negros africanos são parte integrante do despertar dos povos coloniais, que buscam e encontram em uma religião estranha ao Ocidente motivos de inspiração em sua luta de emancipação[46].

Stoddard, nos Estados Unidos, argumenta de modo análogo. Infelizmente, era apenas aparente "a estupefação senil" na qual parecia ter caído o islã, que, ao contrário, reencontra o "vigor belicoso" e o "fervor original" e dá prova de "um ardor guerreiro quase diabólico". O que mais preocupa é o impulso dado à revolta dos povos coloniais: "o pan-islamismo se propõe a utilizar os fanáticos árabes ou arabizantes de modo a constituir o corpo de oficiais para os milhões de negros que ele converte à sua fé"[47].

É nesse clima que amadurecem os apelos a ações "em comum" da Europa e do Ocidente, seja contra "os negros da África", seja, sobretudo, contra o "grande movimento islâmico". É Lênin quem os denuncia[48]. A Terceira Internacional fundada por ele, embora desejando que as palavras de ordem religiosa possam ser logo substituídas por palavras de ordem mais maduras (suscetíveis de unir os "proletários muçulmanos, judeus e cristãos"), saúda calorosamente

---

[44] T. Roosevelt, *The Strenuous Life: Essays and Addresses* (Nova York, The Century, 1901), p. 38.

[45] O. Spengler, *Jahre der Entscheidung* (Munique, Beck, 1933), p. 156, 150-1.

[46] Idem, *Politische Schriften. Volksaugabe* (Munique, Beck, 1933), p. 136, 167.

[47] L. Stoddard, *Le flot montant des peuples de couleur contre la suprématie mondiale des blancs*, cit., p. 57, 88.

[48] V. I. Lênin, *Opere complete* (Roma, Riuniti, 1955-1970, v. XXII), p. 281. [Ed. bras.: *Obras escolhidas em três volumes*, 3. ed., São Paulo, AlfaOmega, 1986.]

"a sublevação internacional das massas muçulmanas", dos "países maometanos", pondo-a em conexão com "a luta internacional da raça negra" e com o despertar revolucionário em todo o mundo dos "povos de cor oprimidos" pelo imperialismo dos "nossos semelhantes de cor"[49]. Aqui se apresenta com valor positivo a aproximação entre negros, islã e povos coloniais que atormenta os sonhos dos defensores da supremacia branca.

Como a luta anticolonial se alastrou muito além da derrocada do Terceiro Reich, ao contrário do que ocorreu para os judeus, para os árabes e muçulmanos o fim da Segunda Guerra Mundial não marca uma virada radical. Já foi falado dos massacres dos quais eles são vítimas na Argélia e em Paris. Mas há outro elemento, talvez ainda mais significativo. Em 1953, enquanto reforça a aliança com Israel, Churchill chama o Ocidente a apoiar a presença da Inglaterra no canal de Suez, "a fim de prevenir um massacre em detrimento dos brancos [*of white people*]"[50]. Três anos depois, apesar do desentendimento ocorrido nesse meio tempo entre Washington e Londres, Eisenhower observa que, com a nacionalização do canal de Suez, Nasser visa "derrubar os brancos" [*the white man*][51]. Fica claro que para os dois estadistas os árabes continuavam a fazer parte das populações negroides.

E hoje? Nos Estados Unidos o racismo antiárabe e a islamofobia unem-se com o anticamitismo, ou seja, com o racismo antinegro, que não desapareceu totalmente. Retomam fôlego os grupos que reivindicam o "poder branco" ou a "supremacia branca". Neles são ativos, infelizmente, também "muitos judeus". O correspondente de um autorizado jornal italiano relata: "na milícia de San Diego, a bela cidade marítima onde vimos competirem os estupendos barcos da America's Cup, cem dos membros eram judeus"[52]. Estes, aceitos com pleno direito no mundo ocidental e branco, se tornam às vezes, também eles, defensores da *white supremacy* e do racismo que, além dos afro-americanos propriamente ditos, tendem a atacar os árabes e os islâmicos; ainda mais porque nos Estados Unidos de hoje, como confirma o fenômeno dos Black Muslims, um percentual bastante elevado de negros é de religião islâmica. Nesse contexto,

---

[49] A. Agosti, *La Terza Internazionale: storia documentaria* (Roma, Riuniti, 1974-1979, v. I), t. II, p. 783, 791, 785, 805-6.

[50] P. G. Boyle, *The Churchill-Eisenhower Correspondence 1953-1955* (Chapel Hill/Londres, The University of North Carolina Press, 1990), p. 25, carta de Churchill a Eisenhower de 18 de fevereiro de 1953.

[51] Eisenhower, citado em S. Z. Freiberger, *Dawn over Suez: The Rise of American Power in the Middle East, 1953-1957* (Chicago, Ivan R. Dee, 1992), p. 164.

[52] V. Zucconi, "Svastiche, stelle e strisce", *La Stampa* (Turim), 11/10/1995.

podemos colocar a tomada de posição de um escritor milenarista de sucesso (Hal Lindsey), que põe sob acusação "a natureza e as características genéticas de Ismael e de seus descendentes, os árabes"[53]. Por sua vez, árabes e islâmicos lamentam o fato de serem discriminados já pela cor da pele, e de maneira explícita comparam sua condição com a dos negros na década de 1960, antes que o movimento pelos direitos civis pusesse fim ao regime de *white supremacy*[54].

Embora de forma mais fraca, tendências semelhantes manifestam-se na Europa. Não são só políticos de extrema direita que lamentam o fato de que o campeonato nacional de futebol na França tem mais jogadores de cor do que jogadores brancos. Um filósofo de boa fama e muito bem conceituado, Alain Finkielkraut, não se limita a isso. Denuncia também as revoltas das periferias como "obra de islâmicos árabes e negros" e manifesta compreensão pelos franceses que "não gostam de árabes e negros"[55]. Uns e outros, mesmo quando não são alvo de um racismo declarado, estão confinados nos segmentos inferiores do mercado de trabalho:

> Pela primeira vez a França impõe em seu território uma política muito semelhante à política dos Estados Unidos em relação aos negros. Criou cidadãos de classe B, nem estrangeiros, nem franceses, e colocou-os em "reservas", as quais nós chamamos de *cités* de periferia, uma espécie de terra de ninguém que reproduz os cinturões coloniais em torno dos centros urbanos.[56]

A discriminação permanente no local de trabalho é acompanhada de crescente marginalização social. Nas fábricas, os árabes só conseguem contratos com prazo de três semanas, salário mínimo e sem as contribuições sociais: "o emprego em tempo integral é reservado aos europeus nativos [*ethnic Europeans*]". As vítimas dessas relações sociais estão tão desanimadas que dificilmente conseguem deixar seus bairros miseráveis. "Depressão e recurso à droga se espalham"[57].

---

[53] A. Lieven, *Giusto o sbagliato è l'America*, cit., p. 253.

[54] N. MacFarquhar, "For US Travelers, 'It's a Bad Time to Be Ahmed'", *International Herald Tribune* (Nova York), 2/6/2006.

[55] S. Montefiori, "Francia, scoppia la bomba Finkielkraut", *Corriere della Sera* (Milão), 25/11/2005.

[56] D. Lapoujade, "La gente ha paura della guerra civile mascherata nelle periferie", *Corriere della Sera* (Milão), 17/6/2002.

[57] "In a French Village, Anger over Racism Is Spoken in Arabic", *International Herald Tribune* (Nova York), 27-28/12/2003, p. 3.

A persistente inserção de árabes e islâmicos no âmbito dos povos coloniais e incivilizados é confirmada por toda uma série de pormenores. No início do século XX, vimos vaguear pela política e pela cultura do Ocidente o espectro do "suicídio racial" dos brancos, a ponto de serem superados pela animalesca capacidade de reprodução e multiplicação dos povos de cor. Hoje, um livro de extraordinário sucesso adverte contra a "impressionante fertilidade" islâmica e a tendência dos ocidentais a ignorar tal perigo e a serem assim "suicidas". A esse respeito, o livro traça um quadro assustador: "Os seguidores do fundamentalismo islâmico multiplicam-se como os protozoários de uma célula que se divide para se tornar duas células, depois quatro, depois oito, depois dezesseis, depois 32. Ao infinito"[58]. Mais que um conjunto de indivíduos singulares e povos determinados, o islã é um imenso animal que se dilata monstruosamente.

Os imigrantes islâmicos se multiplicam de modo pavoroso e deixam para trás "apenas uma imensa e desagradável mancha de imundície"[59]. É verdade, estamos na presença de um estereótipo que por vezes atingiu também os judeus (quantas páginas ignóbeis foram escritas para denunciar o *foetor judaicus*˙?), mas com referência sobretudo aos judeus imigrados, aos judeus "não brancos", aos *kikes*, dos quais se disse serem assim chamados nos Estados Unidos. No conjunto, trata-se de um estereótipo que visa a gentalha dos imigrados e dos miseráveis. Portanto, mais que de um antissemitismo de tipo novo, árabes e islâmicos são o alvo do racismo que tradicionalmente atingiu os povos coloniais ou considerados estranhos à civilização; são o alvo de um racismo colonial que dificilmente morre.

Isso, é verdade, atingiu também os judeus, às vezes assimilados a mulatos. No entanto, quem estimulou o antissemitismo propriamente dito foi, sobretudo, o ódio por um povo que constituía, no próprio coração do Ocidente, o elemento da alteridade irredutível e, portanto, o agente patogênico suscetível de envenenar um organismo social sadio, o vírus da subversão, da Revolução Francesa à Revolução de Outubro. Tradicionalmente, porém, árabes e islâmicos foram relacionados à revolução anticolonial, que tem lugar fora do Ocidente, nos territórios por ele conquistados e controlados.

---

[58] O. Fallaci, *La forza della ragione* (Milão, Rizzoli, 2004), p. 53, 157; idem, *La rabbia e l'orgoglio* (Milão, Rizzoli, 2002), p. 24.

[59] Ibidem, p. 122.

˙ Fedor judaico. (N. E.)

4. A LONGA DURAÇÃO DO RACISMO COLONIAL ANTIÁRABE E O ESPECTRO DA "SOLUÇÃO FINAL"

A esta altura convém refletir sobre a longa duração e sobre a veemência do ódio contra o mundo árabe e islâmico. Vimos que, já na Idade Média, a barreira que separa os cristãos dos muçulmanos parece bem mais rígida que a linha de demarcação entre cristãos e judeus. Com o advento do colonialismo, o processo de racialização dá um passo decisivo: assiste-se à passagem da islamofobia de motivação religiosa para o ódio racial contra os árabes. Em junho de 1846, durante um debate na Câmara, Francisque de Corcelle, amigo e interlocutor de Tocqueville, refere as "máximas odiosas contra os indígenas" explicitamente enunciadas na imprensa argelina pelos colonos franceses. Um jornal não hesita em escrever com letras claras que os árabes são "uma raça humana destinada a ser destruída por um decreto da Providência"; como os peles-vermelhas, as "raças inferiores" em seu conjunto devem "desaparecer diante das raças superiores". A sorte dos árabes está lançada: "a destruição dessa raça culpada é uma harmonia"; "os verdadeiros filantropos têm a missão humanitária de destruir as raças que se opõem ao progresso"[60]. Como se vê, mais ainda que aos negros – os escravos por natureza ou os instrumentos de trabalho por excelência –, os árabes são aqui assimilados aos índios, de cujo lastro a civilização precisaria livrar-se. Não se trata das cismas de um jornalista ou de um ideólogo isolado. No modo de ver dos oficiais, soldados e colonos franceses na Argélia, "os árabes são como bestas maléficas", "a morte de cada um deles parece um bem". Quem refere isso é Tocqueville, que comenta: "não é apenas cruel, mas absurdo e impraticável querer sufocar ou exterminar os indígenas"[61]. No entanto, é real o perigo de se repetir o acontecimento horrível que se consumou por ocasião da "conquista da América"[62].

Algumas décadas depois, a tentação da "solução final" para a questão árabe surge nas colônias não mais da França liberal de Luís Filipe, mas da Itália liberal de Giolitti. O nacionalista Corradini convida a "desenterrar" e "enforcar a besta selvagem que se chama árabe". É uma vontade de massacre que d'Annunzio coloca em versos, ainda que medíocres e repugnantes: "Olho

---

[60] Citado em A. de Tocqueville, *Oeuvres completes* (org. J. P. Mayer, Paris, Gallimard, 1951, v. III), t. I, p. 294 [nota 1].

[61] Ibidem, v. XV, t. I, p. 224-5, carta a Francisque de Corcelle (1/12/1846).

[62] Ibidem, v. III, t. I, p. 329.

na mira firme, ó cristãos./ Só quem erra o golpe é pecador./ Lembrai-vos! Não homens, mas cães". Como esclarece uma intervenção posterior (Aldo Chierici), trata-se de golpear não só a resistência, mas também a "raça" no eu-conjunto: "As almas piedosas se comovem até a náusea", mas essa é a "única solução". Alguém objetará: "Apesar de tudo, os árabes são os donos da casa". Eis a resposta: "É verdade", mas também os peles-vermelhas o eram na América do Norte. "E em cinquenta anos não se encontrará mais nenhum, nem mesmo na trupe de Buffalo Bill"[63]. Certamente não é diferente o clima na fronte. Segundo o testemunho de um tenente-coronel participante da ocupação da Líbia, "não é raro ouvir oficiais distintos e de espírito generoso proclamar as teorias mais reacionárias e mais ferozes, como a utilidade da supressão de todos os árabes da Tripolitânia". E essas teorias não permanecem letra morta, como é confirmado pelo raleamento intenso da população indígena e pelas práticas horríveis que, sempre segundo o testemunho já citado, o acompanham: "Árabes encontrados gravemente feridos e ensopados de petróleo ou gasolina e queimados; outros jogados vivos em poços e tampados; outros fuzilados sem outra razão que a de um feroz capricho. Há oficiais que se encarregam pessoalmente de semelhantes execuções e se gabam disso"[64].

A esta altura seria fácil traçar uma história segundo uma continuidade milenar: a configuração dos inimigos árabes e islâmicos como "homens cinocéfalos", "homens bestiais", "bestas", "animais selvagens", "cães", mas também como personificações do "mal" e do "demônio", faz aparecer a tentação da "solução final". É confirmada até a "banalidade do mal" de que fala Arendt; ele toma corpo não em personalidades particularmente perversas, mas em um burocrata medíocre como Eichmann ou diretamente, no caso da Líbia ocupada pela Itália liberal, em "oficiais distintos e de espírito generoso". A história do "antissemitismo" antiárabe configura-se então como uma espécie de *pendant* para a história do antissemitismo antijudaico. No âmbito desta última não faltam os judeus que, tomados pela autofobia, acabam tornando próprios os estereótipos dos inimigos e detratores do seu povo de origem. Um fenômeno análogo verifica-se no âmbito da história do outro "antissemitismo", o que é confirmado pelo zelo particular com que participam da cruzada anti-islâmica dos nossos dias certos escritores e jornalistas provenientes do Oriente Médio ou

---

[63] L. Del Fra, *Sciara Sciat. Genocidio nell'oasi* (Roma, Datanews, 1995), p. 88.

[64] E. Salerno, *Genocidio in Libia. Le atrocità nascoste dell'avventura coloniale italiana in Libia* (Roma, Manifestolibri, 2005), p. 27.

do mundo islâmico, convidados de honra que não podem faltar na imprensa mais comprometida em denunciar o "terrorismo" e o "fundamentalismo", sempre e apenas com o olhar voltado para o islã; esses intelectuais são o *pendant* de Otto Weininger, o brilhante intelectual austríaco de origem judaica, todo invadido pela mitologia ariana e pelo desprezo pelos semitas. Tudo isso é inegável e, no entanto, também nesse caso é preciso cuidar para não traçar uma linha de continuidade enganosa e mistificadora.

5. TRÊS TIPOS RADICALMENTE DIFERENTES DE ATITUDE CRÍTICA EM RELAÇÃO AO ISLÃ

Se, como previne Arendt (*supra*, cap. V, subitem 7), a representação dos judeus como vítimas eternas e passivas é afetada pelo "antigo mito do povo eleito", aplicar essa chave de leitura para os árabes e os islâmicos acabaria reproduzindo de modo puro e simples a mitologia cara ao fundamentalismo islâmico; não tem sentido assimilar ódio religioso e perseguição racial. Como distingui entre antijudaísmo, judeufobia e antissemitismo, assim será preciso evitar confundir anti-islamismo (uma legítima atitude de crítica a certos aspectos da religião e da cultura islâmicas), islamofobia (a imposição ou a reivindicação de uma discriminação negativa em detrimento dos islâmicos em razão da religião e da cultura) e ódio racial em relação aos árabes e aos povos de religião islâmica.

Para esclarecer esse ponto podemos partir de um grande autor liberal com o qual já nos encontramos diversas vezes. Tocqueville não tem dúvidas: estamos na presença de uma religião para a qual "a guerra santa é a primeira de todas as boas obras". E ainda: "As tendências violentas e sensuais do Alcorão saltam à vista com tal evidência que me faz pensar que elas não podem escapar a um homem de bom senso"[65]. O mínimo que se pode dizer é que essa crítica é um tanto unilateral: quem é acusado de inclinação à violência e à guerra santa é o mundo naqueles anos objeto de uma cruel guerra de conquista, a qual muitas vezes toma tons de cruzada. É o mesmo autor liberal francês que celebra a conquista da Argélia como a empresa benéfica de uma "nação cristã" (*supra*, cap. IV, subitem 10). No entanto, por mais discutível que possa ser, a atitude crítica de Tocqueville tem plena legitimidade, dado que

---

[65] A. de Tocqueville, *Oeuvres completes*, cit., v. XIII, t. II, p. 28, carta a Louis de Kergorlay (21/3/1938).

ele, pelo menos nesse momento, não tira do Alcorão nenhuma discriminação negativa em relação aos seguidores de tal religião.

O liberal francês, porém, vai além. Seu anti-islamismo passa facilmente para a islamofobia. E não só pelo fato de que ele recomenda para a Argélia uma guerra sem piedade que não poupe a população civil árabe, com a captura "dos homens desarmados, das mulheres e das crianças" e, portanto, com o recurso a medidas que pareceriam bárbaras se aplicadas contra os franceses e os ocidentais. Na realidade, também depois de terminada a guerra, a discriminação negativa em detrimento dos indígenas enquanto tais não está destinada a cessar. É imperativo evitar – previne Tocqueville – que nos árabes surja a ilusão ou a pretensão de que podem ser tratados "como se fossem nossos cidadãos e nossos iguais"[66].

É clara a discriminação negativa em detrimento dos árabes. Ela pode ser superada mediante a conversão religiosa e a assimilação cultural? As chances são reduzidas; os "povos semicivilizados" devem resignar-se à "posição dominadora" da França e da Europa e devem ser educados em tal sentido[67]. Na Argélia, a conquista procede mediante a expropriação sistemática e a dizimação dos indígenas; porém, são exatamente as vítimas que são afetadas, na opinião de Tocqueville, pela "cobiça" e pelo "fanatismo" incuráveis[68]. Assim o liberal francês exprime-se em uma carta endereçada a Kergorlay, seu primo e amigo que dos árabes fala como de uma "raça infame e desprezível"[69]. A discriminação negativa em detrimento dos árabes tende a assumir um enrijecimento naturalista. No entanto, em Tocqueville não se transpõe o limiar do racismo antiárabe verdadeiro; pode-se entrever de forma mais ou menos clara a distância em relação à visão que ergue uma barreira naturalista intransponível entre colonizadores e colonizados ou que reivindica de maneira direta o aniquilamento destes últimos, como acontece nos jornais que são expressão imediata dos interesses e dos ódios dos colonos.

6. ÁRABES E ISLÂMICOS COMO ALVO DA MITOLOGIA ARIANA. DE GUMPLOWICZ AOS NOSSOS DIAS

Embora não mais explícito e declarado depois da viravolta que se verificou com a derrota do Terceiro Reich e o desaparecimento do movimento de emancipação

---

[66] Ibidem, v. III, t. I, p. 324.

[67] Idem.

[68] Ibidem, v. XIII, t. II, p. 86, carta a Louis de Kergorlay (23/5/1841).

[69] Ibidem, v. XIII, t. I, p. 193, carta (22/6/1830).

dos povos oprimidos, o racismo colonial, de modo diferente, continua a se fazer notar na posição que o Ocidente assume em relação aos árabes e islâmicos. É por isso que considerei imprecisa a categoria *antissemitismo antiárabe*. No entanto, é preciso não negligenciar os elementos de novidade que surgem.

Um fato leva a pensar: a mitologia ariana, que há tempos estimulou a perseguição antijudaica confirmando depois a "solução final", em nossos dias ergue-se furiosa contra os islâmicos. Pensemos em particular na Índia, onde fortes correntes fundamentalistas identificam os mitos arianos com a população original do grande país asiático, que agora é chamado a recuperar e reafirmar a identidade autêntica própria, jogando fora as incrustações ocidentais, mas sobretudo islâmicas, que remontam ao período do Império Mogol. Em 1992, em Ayodhya, 200 mil pessoas fazem uma manifestação gritando: "Morte aos muçulmanos!". A violência não se abate apenas sobre as mesquitas. Por semanas e meses, estendem-se na Índia verdadeiros pogrom realizados por uma plebe fanatizada: "Os muçulmanos são queimados vivos em suas casas, atacados com bombas incendiárias ou esfaqueados nas ruas. No momento da intervenção do Exército, apenas em Bombaim foram massacradas 1.400 pessoas, quase todas muçulmanas". Na onda da popularidade assim conseguida, os defensores fundamentalistas da mitologia ariana e da islamofobia conquistam mais tarde o poder em nível nacional: surgem então "os pogrom promovidos pelo Estado em Gujarat, em abril de 2002, quando mais de 2 mil muçulmanos sofrem a caçada humana e são assassinados"[70].

Desse modo, a mitologia ariana volta a seu ponto de partida. No final do século XIX, é Ludwig Gumplowicz que lamenta, no âmbito de sua reconstrução da história, como "luta racial", a dominação da "civilização ariana da antiga Índia" realizada pela "chamada civilização 'semítica'". Aqui a polêmica "antissemita" não visa os judeus: o próprio Gumplowicz é de origem judaica; o alvo é constituído pelos "árabes" ou pelo "domínio maometano-árabe"[71].

Desde o início, embora concentrando de forma clara o foco sobre os judeus, o antissemitismo tradicional não perdeu totalmente de vista os árabes. Para perceber isso, demos a palavra a um dos mais influentes teóricos do antissemitismo (antijudaico) que, no final do século XIX, assim se exprime: "Visto que

---

[70] W. Dalrymple, "India: The War Over History", *The New York Review of Books*, 7/4/2005, p. 64-5.

[71] L. Gumplowicz, *Der Rassenkampf. Sociologische Untersuchungen* (Innsbruck, Wagner'sche Universitätsbuchhandlung, 1883), p. 305.

na Europa a raça semítica é representada quase exclusivamente por judeus, por 'semitas' entendemos em sentido estrito os judeus. Portanto, no nosso caso, 'antissemita' significa 'adversário dos judeus'". É clara a homogeneidade racial e cultural entre os semitas que permanecem em seu lugar de origem e aqueles que chegaram ao Ocidente: "Ainda hoje os nômades semitas do deserto (os beduínos) praticam a rapina e o saque do modo mais aberto e mais primitivo. O judeu é, por assim dizer, o 'beduíno civilizado' [*Kultur-Beduine*]; exerce o mesmo ofício de forma civilizada. Seu campo de ação é o 'comércio'"[72]. O antissemitismo tradicional visava os judeus, pois eram eles que constituíam o elemento da alteridade irredutível no próprio seio do Ocidente. Os árabes e islâmicos eram, porém, parte integrante dos povos coloniais e eram afetados pelas teorias e pelas práticas que por séculos assolaram os povos coloniais. Tudo isso não cessou. E, todavia, deu-se uma novidade radical. Como imigrados que não cortaram nem pretendem cortar seus laços com os países e a cultura de origem, árabes e islâmicos são agora classificados como inimigos internos do Ocidente: são a quinta coluna de um inimigo implacável; hoje são eles que constituem o veículo da subversão e o agente patogênico que corre o risco de infectar um organismo social *per se* sadio. Em outras palavras, árabes e islâmicos começam a ser atingidos com os lugares-comuns, os preconceitos, os processos de racialização que tradicionalmente visaram, de modo muito mais trágico, os judeus.

7. CONTINUIDADE DOS ESTEREÓTIPOS:
OS ISLÂMICOS SUBSTITUEM OS JUDEUS

Para confirmar isso, convém comparar os "clássicos" da judeufobia e do antissemitismo tradicional com as atuais intervenções empenhadas em denunciar a gravidade da questão e do perigo islâmicos. Convém presta atenção em particular a textos que foram vendidos aos milhões de cópias no Ocidente, que deram à sua combativa autora (Oriana Fallaci) medalhas e reconhecimentos de todo tipo e que, portanto, exprimem a ideologia dominante de modo talvez mais ingênuo, mas, exatamente por isso, mais imediato e "sincero". Segundo um desses textos, infelizmente, até quando conseguem a cidadania do país que os hospeda, os islâmicos são estrangeiros, e estrangeiros de uma espécie

---

[72] T. Fritsch, *Antisemiten-Katechismus. Eine Zusammenstellung des wichtigsten Materials zum Verständnis der Judenfrage* (Leipzig, Beyer, 1893), p. 3, 19-20.

particular: é gente que "não tem nenhuma vontade de integrar-se" e que a toda tentativa nessa direção responde "defendendo com unhas e dentes a própria identidade". Surge então "um Estado dentro do Estado, um governo dentro do governo"[73]. Uma prevenção que se assemelha um pouco àquela cara aos adeptos da judeufobia e do antissemitismo de outrora: os judeus são "um Estado no Estado", "um povo no povo", "uma nação na nação"[74]. Para perceber o quanto árabes e islâmicos são irremediavelmente estrangeiros, basta escutá-los: "Por que falam daquele modo? Sotaque, palavras, sintaxe: é um francês massacrado" – indigna-se o filósofo Finkielkraut. Como não pensar na denúncia que Wagner faz da "deturpação da língua alemã" pelos judeus e do seu horrível "alemão de judeus", que ecoa nas páginas do jovem Nietzsche[75]?

Estamos na presença de uma identidade ciumenta e exclusiva, que, além disso, revela uma arrogância expansionista. O perigo da "judaização", que na opinião dos adeptos da judeufobia e dos antissemitas tradicionais investia na economia e finanças, imprensa e cultura[76], é substituído agora pelo perigo da "islamização"[77]. É preciso abrir os olhos: o islã multiplica as mesquitas, estende sua presença na economia ocidental, influencia de modo intenso a imprensa ("com o islã o *Times* de Londres sempre foi muito, muito generoso") e as "editoras e companhias de cinema", impõe-se no mundo cultural (como demonstram "os congressos, os encontros, os colóquios, os seminários, os simpósios", cada vez mais empenhados em uma "orgiástica apoteose da civilização islâmica" e em uma "condenação da civilização ocidental") e no "mundo acadêmico" (em que são "os historiadores ou presumidos historiadores, os filósofos ou presumidos filósofos, os estudiosos ou presumidos estudiosos, que há trinta anos difamam nossa cultura para demonstrar a superioridade do islã, quem decretam lei")[78]. Sim, a máfia islâmica tomou o lugar da máfia judia, mas, de resto, o quadro é bem conhecido do historiador com um mínimo de familiaridade com o imaginário da judeufobia e do antissemitismo.

---

[73] O. Fallaci, *La forza della ragione*, cit., p. 70, 37, 84.

[74] C. Cobet, *Der Wortschatz des Antisemitismus in der Bismarckzeit* (Munique, Fink, 1973), p. 159-60, 163.

[75] S. Montefiori, "Francia, scoppia la bomba Finkielkraut", cit.; D. Losurdo, *Nietzsche, il ribelle aristocratico. Biografia intellettuale e bilancio critico* (Turim, Bollati Boringhieri, 2002), p. 171-2 (a respeito do jovem Nietzsche).

[76] C. Cobet, *Der Wortschatz des Antisemitismus in der Bismarckzeit*, cit., p. 146, 232.

[77] O. Fallaci, *La forza della ragione*, cit., p. 77.

[78] Ibidem, p. 62, 68, 153, 161, 158.

O veículo principal da "judaização" era, em seu tempo, "a social-democracia judaizada"[79]. A esquerda continua a ser o instrumento privilegiado de difusão no Ocidente de uma alteridade irredutível e hostil; porém, tal alteridade é agora representada não mais pelo judaísmo, mas pelo islã. Atendo-se aos atuais best-sellers afeitos a islamofobia, evidencia-se "a semelhança entre a esquerda e o islã" e entre islamismo e marxismo, e não por acaso a esquerda "entregou a Itália ao islã"[80]. Ao fazer isso, ela pode contar com a cumplicidade, a covardia ou a incapacidade de ambientes que deveriam ter oposto resistência. Infelizmente, não faltam os sacerdotes e os bispos que se alinham com a esquerda e, portanto, com o islã, o qual, em sua obra de subversão, pode contar até com a "ajuda do Vaticano"[81]. Somos levados a pensar nos "cristãos judaizados" e no "judeu do Vaticano", que eram os mais odiados pelos adeptos da judeufobia e pelos antissemitas de outros tempos[82].

Para os tradicionais adeptos da judeufobia e do antissemitismo era o "sentimentalismo humanitário" que queria reconhecer ou confirmar a cidadania política dos judeus; hoje, a polêmica contra aqueles que desejariam conceder ou que concederam direito de voto aos imigrantes islâmicos e a luta contra o perigo de "os estrangeiros contarem mais que os cidadãos" andam ao lado da advertência contra a "fraude do humanitarismo" filoislâmico[83].

Como se sabe, a denúncia do complô judeu atravessa profundamente a história da judeufobia e do antissemitismo. Esse motivo não desapareceu, mas agora se dirige ao islã: está em pleno desenvolvimento "o mais esquálido complô", "a maior conspiração da história moderna". Para compreender essa conspiração é preciso ter presente não só os "executores oficiais da conjuração" (as associações hegemonizadas por árabes e islâmicos), os "traidores" do Ocidente e os "colaboracionistas", mas também o papel que desempenham em nível diferente, de modo consciente ou inconsciente, os "banqueiros", "papas", "chefes de Estado", "políticos" e "intelectuais" vários. O resultado é catastrófico. "A Europa se vendeu como uma prostituta aos sultões, aos califas, aos vizires, aos lansquenetes do novo Império Otomano. Em suma, a Eurábia". Sim, "a

---

[79] C. Cobet, *Der Wortschatz des Antisemitismus in der Bismarckzeit*, cit., p. 65, 147.

[80] O. Fallaci, *La forza della ragione*, cit., p. 222-5.

[81] Ibidem, p. 181-4, 159.

[82] C. Cobet, *Der Wortschatz des Antisemitismus in der Bismarckzeit*, cit., p. 232, 231.

[83] Ibidem, p. 204; O. Fallaci, *La forza della ragione*, cit., p. 75-6, 90-1, 142.

Europa torna-se cada vez mais uma província do islã, uma colônia do islã"[84]. O complô tampouco fica por aqui. Tendo-se presente o papel da "filoislâmica ONU" e as manobras para a "Revolução Mundial Islâmica", é evidente a ameaça terrível que paira sobre o mundo inteiro. Eis, enfim, revelada "a verdade que os responsáveis sempre calaram, antes esconderam, como um segredo de Estado"[85]. A conspiração para conseguir o domínio do planeta tem como protagonistas não mais os judeus, mas os islâmicos.

Houve um tempo em que a ameaça global que pesava sobre a civilização era o complô judeu-bolchevique; hoje, porém, pelo que parece, o Ocidente é obrigado a enfrentar o "eixo islâmico-confuciano"[86]. Como se vê, o islã tomou o lugar do judaísmo e a China substituiu a União Soviética. Quanto ao resto, o motivo ideológico caro aos adeptos da judeufobia e aos antissemitas tradicionais revela uma surpreendente vitalidade.

8. No banco dos réus, Alá toma o lugar de Javé

A atual campanha antiárabe e de islamofobia identifica já no Alcorão as raízes dos malefícios creditados ao atual radicalismo islâmico. Vale a pena então refletir sobre um texto clássico de um dos mais famigerados antissemitas (Theodor Fritsch): *Mein Beweis-Material gegen Jahve* [As minhas provas contra Javé][87]. O lugar de Javé é hoje ocupado por Alá! Demos a palavra a Fallaci: "Alá não tem nada a ver com o Deus do cristianismo. Nada. Não é um Deus bom, não é um Deus Pai. É um Deus mau [...]. E não ensina a amar, ensina a odiar"[88]. E agora abramos o segundo capítulo do "clássico" do antissemitismo que acabamos de citar. De imediato salta à vista o título: "A crueldade e a misantropia de Javé"! A demonstração dessas características é fornecida pela sorte reservada pelo Antigo Testamento aos habitantes de Canaã, exterminados a fim de abrir espaço para o povo eleito. A conclusão é clara: "o espírito da vingança e do ódio", próprio do judaísmo, está em contraste irremediável com "o espírito da mansidão e da bondade", próprio do cristianismo[89].

---

[84] O. Fallaci, *La forza della ragione*, cit., p. 141-3, 34-5.

[85] Ibidem, p. 30, 75, 141.

[86] S. P. Huntington, *Lo scontro delle civiltà e il nuovo ordine mondiale*, cit., p. 353 ss.

[87] T. Fritsch, *Mein Beweis-Material gegen Jahve*, cit.

[88] O. Fallaci, "Quello che la Fallaci ha detto alla Polonia" (entrevista a A. Majewski), *Libero* (Milão), 14/8/2005, p. 3.

[89] T. Fritsch, *Mein Beweis-Material gegen Jahve*, cit., p. 54-5.

216   DOMENICO LOSURDO

Mas vejamos como depois, em nossos dias, se desenvolve a acusação pronunciada contra Alá, esse "Deus Dono": "Ele não trata os seres humanos como filhos. Trata-os como súditos, como escravos [...]. Não ensina a ser livre, ensina a obedecer"[90]. Estamos novamente diante da retomada, em sentido antiárabe e anti-islâmico, de um tema central do antissemitismo propriamente dito, que com Dühring censura o judaísmo por representar Deus apenas como "senhorio", diante do qual resta ao fiel assumir uma "atitude submissa". O culto a Javé produz um "homem servil por natureza", o qual se prostra tremebundo diante de "um senhor arbitrário"; o resultado é uma "servidão teologicamente consagrada" [*göttliche Knechtschaft*][91]. Concluindo, o judaísmo é "uma religião servil", que inspira uma "moral servil" e que não conhece "homens livres"[92].

Alá tomou o lugar de Javé no banco dos réus, mas, de resto, não se notam grandes diferenças. "Se o Alcorão é tão justo, fraterno e pacífico, como há nele a história do 'olho por olho e dente por dente'?"[93] – pergunta com apaixonada retórica Oriana Fallaci, que, porém, ignora que plagia Marr: "'Olho por olho, dente por dente', afirma a religião de Javé"[94]. A porta-bandeira da atual islamofobia revela-se menos informada que o patriarca do antissemitismo. O Alcorão tira a lei do talião, de forma quiçá enfraquecida, de um texto sagrado para o Ocidente judeu-cristão, ou seja, do Antigo Testamento, onde ela aparece com insistência: "vida por vida, olho por olho, dente por dente, mão por mão, pé por pé, queimadura por queimadura, ferida por ferida, contusão por contusão" (Êxodo 21,23-25; cf. também Levítico 24,19-20; Deuteronômio 19,21).

O mesmo vale para a "guerra santa". O Antigo Testamento celebra as "guerras do Senhor" (1 Samuel 18,17; 25,28; Números 21,14). O motivo, hoje evocado com frequência para acusar o mundo árabe e islâmico, foi há muito tempo usado contra os judeus por ação do antissemitismo propriamente dito. Citando e subscrevendo o texto de outro expoente de primeiro plano do antissemitismo alemão (Adolf Wahrmund), Theodor Fritsch vê no judaísmo

---

[90]   O. Fallaci, "Quello che la Fallaci ha detto alla Polonia", cit., p. 3.

[91]   E. Dühring, *Der Ersatz der Religion durch Vollkommneres und die Ausscheidung alles Judäerthums durch den modernen Völkergeist* (Berlim, Kufahl, 1987), p. 55, 156-7.

[92]   E. Dühring, *Die Judenfrage als Racen-, Sitten- und Culturfrage* (Leipzig, Reuther, 1881), p. 24, 30-1.

[93]   O. Fallaci, *La rabbia e l'orgoglio*, cit., p. 88.

[94]   W. Marr, *Der Sieg des Judenthums über das Germanenthum. Vom einem nicht confessionellen Standpunkt aus betrachtet* (Berna, Rudolph Costenoble, 1879), p. 10.

colocado no Ocidente um exército inimigo pronto a travar "a guerra santa" contra os próprios povos que o hospedam[95].

A religião impede que os seguidores de Maomé aceitem o Estado leigo e moderno. É esse o cavalo de batalha da atual islamofobia; nós o encontramos, com algumas variantes, nos "clássicos" do antissemitismo. Em Dühring podemos ler: como pode o Estado moderno, fundamentado no princípio da "igualdade", ser aceito de forma leal por aqueles que se consideram "os eleitos", ou "a aristocracia da humanidade querida por Deus"[96]? Como podem os fiéis de uma religião toda atravessada pela dicotomia povo eleito/gentios obedecer com lealdade e sinceridade às autoridades do país em que vivem e reconhecer seus habitantes de fato como seus concidadãos? Ou, para Marr, o "judaísmo" comete o erro de reivindicar "a participação política igualitária na legislação e administração daquele Estado que ele nega *teocraticamente*"[97]. Este último termo nos faz sobressaltar. Em nossos dias, são incontáveis as denúncias contra a teocracia funesta, que impediria que árabes e islâmicos compreendessem as razões da modernidade e do laicismo. A leitura de Dühring torna-se de novo obrigatória. Para os judeus, "a religião é tudo", e eles são obcecados pelo "culto da teocracia", pelo "ídolo de uma teocracia"[98]. Sim – insiste Marr –, o que caracteriza o judaísmo é o "*fanatismo* teocrático" ou o "*fanatismo* veterotestamentário da religião de Javé"[99].

Agora é o substantivo que destaquei em itálico que nos deixa apreensivos. Hoje se tornou uma espécie de esporte popular denunciar a intolerância e o fanatismo do mundo árabe e islâmico. Nada de novo sob o sol! Além de Marr, convém reler Dühring: "O maometanismo, e ainda mais o judaísmo, deve oprimir ou ser oprimido, não há uma terceira possibilidade". Só se as duas religiões se renegassem a si mesmas, elas "poderiam ser seriamente tolerantes"[100]. E agora demos a palavra a Chamberlain (o autor antissemita ao qual o nazismo se refere mais diretamente): estranhos à modernidade, os semitas (judeus e árabes) não estão em condições de apreciar a ideia de

---

[95]   T. Fritsch, *Antisemiten-Katechismus*, cit., p. 105.

[96]   E. Dühring, *Die Judenfrage als Racen-, Sitten- und Culturfrage*, cit., p. 109.

[97]   W. Marr, *Der Sieg des Judenthums über das Germanenthum*, cit., p. 21.

[98]   E. Dühring, *Die Judenfrage als Racen-, Sitten- und Culturfrage*, cit., p. 49, 46; idem, *Der Ersatz der Religion durch Vollkommneres und die Ausscheidung alles Judäerthums durch den modernen Völkergeist*, cit., p. 64.

[99]   W. Marr, *Der Sieg des Judenthums über das Germanenthum*, cit., p. 15, 26.

[100]   E. Dühring, *Die Judenfrage als Racen-, Sitten- und Culturfrage*, cit., p. 97.

tolerância cara aos "povos indo-europeus"; onde encontramos "a proibição da liberdade de pensamento, o princípio da intolerância às outras religiões, o fanatismo ardoroso", podemos estar certos de que estamos diante de ideias ou estirpes semíticas (quer se trate dos judeus ou dos árabes)[101]. De modo análogo argumentam os círculos antissemitas ingleses que, logo depois da Revolução de Outubro, a explicam com o desencadeamento contra a Rússia cristã de um "fanatismo judeu" tão exaltado que só encontra paralelos entre as "seitas mais radicais do islã"[102]. Estamos diante de um motivo que, com o olhar obviamente voltado em primeiro lugar para o judaísmo, se torna em Hitler a chave de leitura da história universal. Sim, a "impaciência fanática" exprime a "essência judaica": é preciso "dolorosamente anotar que no mundo antigo, muito mais livre, o terror espiritual sobreveio com o advento do cristianismo", ele mesmo judeu; por outro lado, o fanatismo judeu continua a manifestar-se com o marxismo e o socialismo[103].

Em síntese, a "tolerância ariana" que Chamberlain opõe à "intolerância semítica"[104] tornou-se hoje a tolerância ocidental que celebra seus triunfos sobre a intolerância islâmica!

9. EM BUSCA DO AGENTE PATOGÊNICO: DEPOIS DO JUDEU É A VEZ DO ISLÂMICO

A partir sobretudo da Revolução Francesa, o movimento de rejeição e de contestação da ordem existente foi com frequência lido como expressão de não adaptação à realidade, de uma condição de espírito de algum modo doente. Quem, no Ocidente, encarnou a alteridade inquietante enquanto tal e, portanto, representou o agente patogênico por excelência foi por muito tempo o judeu, rotulado pelos antissemitas franceses do século XIX como o próprio símbolo da "neurose"[105] e estudado pelo ilustre neurologista Jean Martin Charcot e seus discípulos como expressão concentrada da "neuropatia" do

---

[101] H. S. Chamberlain, *Die Grundlagen des 19. Jahrhunderts* (Munique, Ungekürzte Volksausgabe, Bruckmann, 1937), p. 493.

[102] S. Kadish, *Bolsheviks and British Jews: The Anglo-Jewish Community, Britain and the Russian Revolution* (Londres/Portland, Frank Cass, 1992), p. 28-9.

[103] A. Hitler, *Mein Kampf* (Munique, Zentralverlag der Nsdap, 1939), p. 506-7.

[104] H. S. Chamberlain, *Die Grundlagen des 19. Jahrhunderts*, cit., p. 509.

[105] P. Birnbaum, *"La France aux Français"*, cit., p. 35.

nomadismo e da incapacidade de enraizamento[106]. Em nossos dias, porém, mesmo manifestando-se de modo diferente, a doença tende a tomar corpo no islâmico. É nele que se pensa quando se denunciam os "movimentos políticos de massa patológicos" (*supra*, cap. III, subitem 8).

Na judeufobia e no antissemitismo clássicos, os judeus são os rebeldes e os subversivos por excelência. O próprio Hitler sublinha "o caráter destrutivo da existência deles"[107]. Hoje em dia, porém, é lugar-comum denunciar a "cultura da morte", pela qual os islâmicos estariam afetados. No passado, foram os judeus a expressão concentrada do "niilismo" e da "conspiração niilista"[108]; de certo modo impressiona ler hoje o indiciamento feito por um brilhante ensaísta estadunidense de origem judaica contra o "niilismo palestino"[109]!

O terrorismo anda ao lado do "caráter destrutivo" e da "cultura da morte", ou do "niilismo". Os habituados a falar de terrorismo e de islã quase como de dois sinônimos fariam bem em folhear um livro de história. Na Rússia czarista, após o atentado que em 1881 custou a vida a Alexandre II, piorou de forma drástica a condição dos judeus[110], evidentemente considerados os terroristas por excelência. Nesse contexto convém também reler a condenação em Dühring do "terrorismo religioso" de um povo "sem sentimentos" – o judeu – e a denúncia cara a Goebbels da "ideia terrorista de conquista do mundo judaica"[111].

O agente patogênico é o veículo da contaminação da sociedade também no plano propriamente físico. O antissemitismo clássico punha na conta dos judeus o "tráfico das brancas" e a exploração da prostituição, denunciado por Hitler como o "repugnante comércio do vício" hegemonizado por um povo de traficantes privados de senso moral[112]. A islamofobia atual, porém, liga de maneira indissolúvel comunidade islâmica e mercado da droga. Eis agora expostos ao ludíbrio público esses "arrogantíssimos hóspedes das cidades: os albaneses,

---

[106] L. Poliakov, *Le mythe aryen. Essai sur les sources du racisme et des nationalismes* (Bruxelas, Complexe, 1987), p. 322-3. [Ed. bras.: *O mito ariano: ensaio sobre as fontes do racismo e dos nacionalismos*, São Paulo, Perspectiva, 1974, Coleção Estudos, v. 34.]

[107] A. Hitler, *Tischgespräche* (org. H. Picker, Frankfurt/Berlim, Ullstein, 1989), p. 78.

[108] C. Cobet, *Der Wortschatz des Antisemitismus in der Bismarckzeit*, cit., p. 173.

[109] P. Berman, *Terrore e liberalismo* (Turim, Einaudi, 2004), p. 162.

[110] B. Lewis, *Semiti e antisemiti. Indagine su un conflitto e un pregiudizio* (Bolonha, Il Mulino, 1990), p. 78.

[111] Dühring, citado em C. Cobet, *Der Wortschatz des Antisemitismus in der Bismarckzeit*, cit., p. 82; J. Goebbels, *Reden 1932-1945* (org. H. Heiber, Bindlach, Gondrom, 1991, v. II), p. 162.

[112] T. Fritsch, *Mein Beweis-Material gegen Jahve*, cit., p. 205; A. Hitler, *Mein Kampf*, cit., p. 63-4.

os sudaneses, os bengaleses, os tunisianos, os argelinos, os paquistaneses, os nigerianos, que com tanto fervor contribuem para o comércio da droga (pelo que parece, um crime não proibido no Alcorão)"[113]. O que importa se, no mercado internacional da droga, um país como a catolicíssima Colômbia desempenha papel importante? E o que importa se no Afeganistão a produção do ópio aumentou de forma vertiginosa depois da derrocada do regime dos talibãs e da vitória de Washington e seus aliados e protegidos? Sobretudo convém esquecer o fato de que – como lembra o correspondente da *Repubblica* –, no Sudeste Asiático, "entre as décadas de 1950 e 1960", para conseguir seus objetivos, "a CIA não teve escrúpulos em vender heroína no Ocidente, literalmente submergindo com narcodólares traficantes e mercenários"[114]. Nesse contexto, o rigor analítico não tem nenhum papel; o importante é agitar o motivo do agente patogênico (ontem os judeus, hoje os islâmicos), comprometido em envenenar o Ocidente no plano moral e físico.

Até o tema da contaminação do sangue, caro primeiro ao nazismo antinegro e depois ao antissemitismo clássico, não está ausente na islamofobia dos nossos dias. Nos Estados Unidos da Ku Klux Klan, o linchamento visava os negros considerados culpados de ter relações sexuais com mulheres brancas ou de tê-las estuprado. O aspecto principal nessas acusações não era tanto a violência (quase sempre inventada), mas a miscigenação, o abastardamento da raça. Como contranatura, as relações sexuais entre raças incompativelmente diferentes e heterogêneas punham em risco a transmissão sadia e ordenada da vida, envenenavam a árvore da vida enquanto tal. É um motivo retomado por Hitler. Na opinião dele, os judeus manchavam-se com a culpa horrível de promover a mistura racial e de assim comprometer a causa da civilização e da própria vida, já na sua fonte envenenada por essa insana contaminação. Em *Mein Kampf*, podemos ler uma descrição repugnante do "jovem judeu de cabelos negros [que], com alegria satânica pintada no rosto, fica por horas em emboscada da ingênua moça; deturpando-a no sangue, a torna estranha ao povo ao qual ela pertence"[115]. Sobretudo Julius Streicher insiste nesse ponto com riqueza de detalhes doentios. Consciente de que com uma só relação sexual ele pode contaminar para sempre a "mulher ariana" e seus filhos (que se

---

[113] O. Fallaci, *La rabbia e l'orgoglio*, cit., p. 123.

[114] R. Bultrini, "Cina e India abbracciano i generali birmani", *Limes: rivista italiana di Geopolitica*, n. 4, 2005, p. 118.

[115] A. Hitler, *Mein Kampf*, cit., p. 357.

tornam "bastardos" e "mulatos"), o judeu empenha-se em "violar moças alemãs na idade mais tenra possível". E não é tudo. "O médico judeu violenta suas pacientes narcotizadas" e, para favorecer o abastardamento da raça ariana, as "mulheres judias" não hesitam em "permitir que seus maridos tenham relações sexuais com as não judias"[116].

Para suscitar indignação e repugnância em relação ao islã já desde os primeiros séculos, a atual publicística da islamofobia recorre à imagem "das monjas estupradas, das cristãs ou judias raptadas para serem encerradas nos haréns"[117]. Embora sabiamente comparado com o da violência contra as virgens (as monjas), o tema do harém não consegue transmitir o horror pretendido de forma plena. Ocorre uma variação, com referências aos "recém-nascidos" raptados (com as mulheres) para serem vendidos "aos haréns dos sultões, dos vizires e dos xeiques doentes de sexo e de pedofilia"[118]. Mas o ápice ainda está por ser alcançado. É o que se verifica quando a jornalista escritora descreve os participantes de uma manifestação a favor do povo palestino:

> Vestidos como homens-bomba, gritam injúrias infames contra Israel, erguem fotografias de chefes israelenses em cuja testa desenham uma suástica [...]; para ver de novo os judeus nos campos de extermínio, nas câmaras de gás, nos fornos crematórios de Dachau e de Mauthausen e de Buchenwald e de Bergen-Belsen etc., venderiam a própria mãe a um harém.[119]

Na realidade, como se segue dessa mesma descrição, os manifestantes exprimiam sentimentos firmemente antinazistas, comparando de forma polêmica o colonialismo expansionista de Israel com o imperialismo de Hitler. Mas isso não é o essencial. A imagem do harém (islâmico), depois de aproximada da imagem das monjas violentadas e dos recém-nascidos estuprados, é agora aproximada da imagem das mães entregues por seus próprios filhos aos estupradores. Como explicar uma acusação ao mesmo tempo tão infamante e tão singular? Nos nossos dias, a ideia de relações sexuais entre indivíduos de

---

[116] Streicher, citado em L. Poliakov e J. Wulf, *Das Dritte Reich und seine Denker* (Munique, Saur, 1978), p. 424.

[117] O. Fallaci, *La forza della ragione*, cit., p. 38-9.

[118] Ibidem, p. 121.

[119] O. Fallaci, *Oriana Fallaci intervista Oriana Fallaci* (Milão, Edizioni del Corriere della Sera, 2002), p. 37.

"raças" diferentes, felizmente, não é mais capaz de suscitar horror. Mas intervém uma técnica nova. Que transmissão sadia e ordenada da vida pode haver se, pelos motivos mais abjetos, indivíduos e grupos determinados estão prontos a vender "a própria mãe a um harém", obrigando a mulher da qual recebeu a própria vida à prostituição? De resto, à violência sobre as pacientes narcotizadas (da qual Streicher fala) corresponde aquela contra as monjas; ao estupro das meninas-moças, o dos recém-nascidos; e às mulheres cúmplices da violência contaminadora dos maridos, os filhos que vendem suas mães ao harém.

10. "DESJUDAIZAÇÃO" E "DESISLAMIZAÇÃO": A "DESASIATIZAÇÃO" DO OCIDENTE ONTEM E HOJE

Olhando bem, os diversos motivos de acusação contra o islã sintetizam-se em um só: a sua estranheza e hostilidade em relação ao Ocidente, o seu irredutível caráter oriental. E de novo surge uma significativa linha de continuidade. No século XIX, Marr assim motivava seu ódio contra o judaísmo: rejeitando a assimilação, ele "por 1.800 anos opôs uma vitoriosa resistência ao mundo ocidental"; os judeus eram "orientais" demais e, contra o perigo de desnaturação do Ocidente representado por eles, era necessário decidir-se a "desasiatizar o mundo" inteiro[120]. De modo análogo exprimem-se Treitschke e, mais tarde, Chamberlain: o primeiro denuncia o "ódio judeu contra os ocidentais"[121]; o segundo fala dos judeus como de um "povo asiático" estranho à Europa[122]. Enfim, abramos *Mein Kampf*: mesmo tendo abandonado há séculos o Oriente Médio e se tendo feito passar por europeus, os judeus, na realidade, "europeizaram o aspecto exterior", mas com certeza não a essência espiritual e racial[123].

Não se trata de um fenômeno exclusivo aos alemães. Na Inglaterra, os opositores antissemitas de Disraeli o chamam de "ditador oriental", animado por um espírito de vingança "autenticamente oriental". No século XX, o antissemitismo anglo-americano em seu conjunto faz referência à conversão dos cazares

---

[120] W. Marr, *Der Sieg des Judenthums über das Germanenthum*, cit., p. 22, 29; idem, citado em M. Zimmermann, *Wilhelm Marr*, cit., p. 68.

[121] H. von Treitschke, "Herr Graetz und sein Judentum", em W. Boehlich (org.), *Der Berliner Antisemitismusstreit* (Frankfurt, Insel, 1965), p. 37.

[122] H. S. Chamberlain, *Die Grundlagen des 19. Jahrhunderts*, cit., p. 382.

[123] A. Hitler, *Mein Kampf*, cit., p. 55.

ao judaísmo no século VIII d. C. para acentuar o caráter irremediavelmente oriental e até asiático dos judeus[124].

Hoje, com Israel cooptado com todas as honras no coração sagrado do Ocidente, é visível que a "desasiatização" passou para a cruzada contra o islã. De fato, assim como o remédio para a "asiatização" e para a "judaização" [*Verjudung*] foram, em outro tempo, a "desjudaização" [*Entjudung*] e o compromisso em "desjudaizar" [*entjudaisieren*][125], hoje, para se opor à desnaturação do Ocidente e à galopante "islamização" é invocada à luta a "desislamização". O neologismo já apareceu na língua anglo-americana: *de-Muslimize*. É verdade, quem recorre a ele são islâmicos, que fazem ironia sobre uma campanha de defesa do Ocidente desejoso de impor a desislamização do "corpo" e até da "pele" deles, considerada não suficientemente clara[126]. Mas, independente do uso do termo, o conceito e a reivindicação já estão bem presentes na atual publicística da islamofobia. A luta contra o islã aninhado no Ocidente, que quer "destruir nossa cultura, anular nossa identidade", é apresentada como uma luta de libertação chamada a expulsar "o estrangeiro em casa" e a pôr fim à "submissão" e ao "servilismo"[127]. E assim como na opinião dos adeptos ao antissemitismo e à judeufobia clássicos não havia nada pior que um país "judaizado", hoje, para marcá-lo com infâmia, basta afirmar que ele estaria "islamizado". Tanto ontem como hoje, é visado particularmente o país protagonista da Revolução que, pelo menos em seus momentos mais altos, soube conjugar a superação das discriminações antijudaicas e a luta contra a opressão e o racismo coloniais: "a pobre França judaizada" – da qual Marr se apieda – cede lugar à "França islamizadíssima", escarnecida pela atual publicística da islamofobia[128].

Enquanto oriental, o mundo árabe e islâmico está afetado por tribalismo e holismo. É incapaz de compreender a figura moderna do indivíduo e da subjetividade autônoma, que estaria no centro da civilização ocidental liberal.

---

[124] C. Holmes, *Anti-Semitism in British Society 1876-1939* (Londres, Edward Arnold, 1979), p. 11-2, 164; R. Singerman, "The Jew as Racial Alien: The Genetic Component of American Anti-Semitism", em D. A. Gerber (org.), *Anti-Semitism in American History* (Urbana/Chicago, University of Illinois Press, 1987), p. 104.

[125] C. Cobet, *Der Wortschatz des Antisemitismus in der Bismarckzeit*, cit., p. 134-5, 144-5.

[126] N. MacFarquhar, "For US Travelers, 'It's a Bad Time to Be Ahmed'", cit.

[127] O. Fallaci, *La forza della ragione*, cit., p. 194, 264-5.

[128] W. Marr, *Der Sieg des Judenthums über das Germanenthum*, cit., p. 30; O. Fallaci, *La forza della ragione*, cit., p. 70.

E de novo convém interrogar a história desse estereótipo. Gobineau tem como alvo os semitas em seu conjunto quando denuncia a ideia de "pátria" como uma "monstruosidade cananeia", à qual felizmente são estranhos arianos e ocidentais, com suas "tradições liberais" e sua recusa de toda forma de provincianismo e organicismo[129]. Dühring, por sua vez, prefere concentrar o fogo no "monismo crasso" dos judeus: como demonstraria de modo iluminador o caso de Spinoza, eles gostam de dissolver as realidades particulares e os indivíduos "na única substância" pavorosamente "monocrática"[130]. São motivos posteriormente desenvolvidos por Chamberlain: assim como o islã, a religião judaica "põe a ênfase não sobre o indivíduo, mas sobre a nação; o indivíduo pode ser útil ou prejudicial para a nação, para o resto ele não tem importância"; nesse sentido, um "traço decididamente socialista" atravessa em profundidade a tradição judaica, no âmbito da qual "o indivíduo" vale só enquanto "membro da comunidade", ao passo que fora dela "se apequena até quase se tornar *quantité négligeable*". Em oposição a tudo isso se ergue o "individualismo" autêntico próprio dos "povos indo-germânicos", dos arianos, em última análise, dos ocidentais[131].

Atendo-nos nos atuais best-sellers da islamofobia, uma evidente afinidade em torno do "coletivismo" comum liga islã, de um lado, e marxismo e socialismo, do outro[132]. Também esse motivo está bem longe de ser novo. No final do século XIX, um fervoroso antissemita e chauvinista francês (J. Guérin) sentenciava que o judaísmo e o socialismo encontram seu lugar preferido na Alemanha (o país caracterizado ao mesmo tempo pela presença de uma florescente comunidade judaica e por um forte partido socialista, ligado ao pensamento de um autor judeu e alemão, Karl Marx). Portanto, a luta em defesa da dignidade do indivíduo não podia não ter em vista o "coletivismo judeu-alemão"[133]. Nos nossos dias, porém, ronda pelo Ocidente o espectro do "coletivismo" islâmico-marxista! O que dizer desse estereótipo? É evidente que a individualidade pode desenvolver-se de maneira tanto mais livre quanto mais pacífico e privado de ameaças à segurança for o ambiente no qual ela se move. Foi um grande mérito dos judeus saber manter vivo no curso de

---

[129] A. de Gobineau, *Saggio sulla disuguaglianza delle razze umane*, cit., livro IV, cap. III, p. 537, 539.

[130] E. Dühring, *Die Judenfrage als Racen-, Sitten- und Culturfrage*, cit., p. 29, 49.

[131] H. S. Chamberlain, *Die Grundlagen des 19. Jahrhunderts*, cit., p.291, 455.

[132] O. Fallaci, *La forza della ragione*, cit., p. 223-5

[133] Citado em Z. Sternhell, *La droite révolutionnaire. Les origines françaises du fascisme 1885-1914* (Paris, Seuil, 1978), p. 212.

sua história o sentido unânime da solidariedade e da unidade, necessárias para enfrentar as provas impostas por seus inimigos. É um pecado que o mundo árabe e islâmico não se revele agora à altura das acusações feitas por seus inimigos.

Enquanto oriental, esse mundo é substancialmente incapaz de compreender o valor da verdade – é a tese formulada pelo ex-primeiro-ministro israelense Ehud Barak. Ele troveja contra as "mentiras" não só de Arafat, mas também dos palestinos em geral: "são o produto de uma cultura onde dizer uma mentira não cria problemas. Não têm as mesmas hesitações da cultura judaico-cristã. A verdade é vista como uma categoria irrelevante. Há aquela que serve aos interesses próprios e aquela que não serve". Expressão fiel de uma cultura irremediavelmente surda ao valor da verdade, Arafat era "um grande ator, desenvolto, agudo". Ao fazer essas declarações, o mesmo jornalista do *Corriere della Sera* observa que se trata de "discursos com ranço de racismo"[134]. Pode-se acrescentar que quem se arvora em campeão da verdade é um político que, nos anos em que ocupava o cargo de primeiro-ministro, enquanto falava de "paz", levava adiante em ritmos acelerados a colonização dos territórios ocupados.

É importante, sobretudo, outra observação. O ex-primeiro-ministro israelense agita contra árabes e islâmicos um motivo tradicional do antissemitismo antijudaico. Segundo Fritsch, "representar comédias" é uma espécie de "missão" para os judeus, é o "único talento positivo" de que eles dispõem[135]. Hitler argumenta de modo análogo, referindo-se a Schopenhauer, a fim de sublinhar que o judeu é o "grande mestre da mentira"; nele – insiste em *Mein Kampf* – a linguagem é "o meio não mais para exprimir os pensamentos próprios, mas para escondê-los": não por acaso, não tendo arte autêntica, o judeu, em compensação, encarna "a arte da recitação" [*Schauspielkunst*][136]. Como se vê, a dicotomia ariano amante da verdade/judeu gênio da mentira foi substituída pela oposição veracidade judaico-cristã/incapacidade árabe e islâmica de elevar-se ao valor da verdade. Os arianos tornaram-se os ocidentais (ou os judeu-cristãos), ao passo que os semitas são hoje representados pelos árabes (e, indiretamente, pelos islâmicos).

Campeão indômito da liberdade e da dignidade do indivíduo, o Ocidente é o intérprete privilegiado não só da filosofia (e da verdade), mas também da

---

[134] G. Olimpio, "Yasser? Re dei bugiardi, batterebbe anche la macchina della verità", *Corriere della Sera* (Milão), 7/6/2002.

[135] T. Fritsch, *Antisemiten-Katechismus*, cit., p. 261.

[136] A. Hitler, *Mein Kampf*, cit., p. 335, 337, 332.

arte; em oposição, ainda uma vez, ao Oriente e, sobretudo, ao mundo árabe e islâmico, que – se afirma sem medo de cair no ridículo – "nunca soube produzir" arte[137]. Não podemos deixar de pensar no desprezo que Wagner (e o jovem Nietzsche) mostrou em seu tempo pela intrínseca aridez artística dos judeus[138]; e, com transparente referência à polêmica antissemita desenvolvida pelo musicista alemão, Rosenberg o insere entre "os autênticos artistas do Ocidente" e atribui a ele o mérito não só de ter encarnado "a essência de toda arte do Ocidente", mas também de ter esclarecido as razões de fundo da "criatividade artística ocidental"[139]. Ao proclamar sua cruzada contra "os filhos de Alá", a jornalista escritora aclamada nas duas margens do Atlântico declara que o islã é apenas uma "suposta cultura". O Ocidente pode orgulhar-se, em primeiro lugar, da "antiga Grécia, com seu Partenon, sua escultura, sua arquitetura" etc. O que o islã pode contrapor a tudo isso[140]? E, de novo, no historiador das ideias essa retórica suscita lembranças inquietantes: "Onde estão os vossos Prassitele e Rembrandt [...]? De onde vos vem a audácia de tomar as armas [...] contra as inspirações divinas do gênio europeu?": assim troava, no início de 1942, um chefe do Terceiro Reich (Baldur von Schirach), tendo em mente não o islã, mas a América de Franklin Delano Roosevelt[141], na opinião dos nazistas agora irremediavelmente "judaizada".

11. ISLAMOFOBIA E TRANSFIGURAÇÃO DA "ALMA" OCIDENTAL

Convém dar uma olhada na história remota da islamofobia, mais ou menos cheia de pulsões racistas, que hoje se espalham. No século XIX, autores como Tocqueville, Mill e Renan observam que no islã a escravidão assume uma forma mais suave do que no Ocidente; o primeiro sublinha também que a Tunísia islâmica, e de algum modo oriental, aboliu a escravatura antes que a França cristã e ocidental[142]. No entanto, isso não impede que o Ocidente dê impulso,

---

[137] O. Fallaci, "Il nemico che trattiamo da amico", cit., p. 9, 8.

[138] D. Losurdo, *Nietzsche, il ribelle aristocratico*, cit., cap. 3, § 3-4.

[139] A. Rosenberg, *Der Mythus des 20. Jahrhunderts*, cit., p. 433-4.

[140] O. Fallaci, *La rabbia e l'orgoglio*, cit., p. 80, 85.

[141] Cf. D. Losurdo, *La comunità, la morte, l'Occidente. Heidegger e "l'ideologia della guerra"* (Turim, Bollati Boringhieri, 1991), p. 156.

[142] Sobre Tocqueville e Mill, cf. D. Losurdo, *Controstoria del liberalismo* (Roma/Bari, Laterza, 2005), cap. VIII, § 3. [Ed. bras.: *Contra-história do liberalismo*, Aparecida, Ideias & Letras, 2006.]; E. Renan, *Oeuvres complètes* (org. H. Psichari, Paris, Calmann-Lévy, 1947-1961, v. V), p. 1127 [nota 1].

algum tempo depois, ao seu expansionismo colonial, em nome da luta contra a escravidão e contra a cumplicidade do islã nesse flagelo. E as palavras de ordem abolicionistas são agitadas no mesmo momento em que os povos cada vez mais subjugados são submetidos a formas cruéis de trabalho forçado e obrigados a trabalhar até a morte para a branca e ocidental raça dos senhores.

Nos nossos dias, o motivo da abolição da escravatura foi substituído pelo da emancipação da mulher. Mas o segundo não é mais persuasivo que o primeiro. Vimos Adam Smith sublinhar o fato de a miséria estimular a "moral austera" tanto no campo econômico como no campo sexual (*supra*, cap. II, subitem 4). Podemos acrescentar que nessa direção leva também o estado de exceção permanente provocado pela guerra e pelo perigo de guerra. Mas uma coisa é constatar o atraso da emancipação feminina, decorrente de circunstâncias objetivas, que são também o resultado da iniciativa político--militar do Ocidente; outra coisa bem diferente é proceder a uma oposição, mais uma vez, entre "almas" substancialmente imóveis no tempo ou mesmo eternas. Então é oportuno recordar que, no âmbito do islã, nem parece ter havido espaço para a visão da mulher como a "porta do diabo" [*diaboli janua*], de que falava Tertuliano[143], visão que provavelmente está na base da caça às bruxas que por séculos grassou não só na Europa, mas também na América (nesta, em Salem, em 1692, foram enforcadas dezenove "bruxas"). Sim, o sexismo cristão e a "moral austera" dos escravos e dos estratos populares que promoveram a nova religião em seu início desenvolveram, com o tempo, consequências bastante negativas em particular para a mulher, obrigada a considerar o cuidado e a limpeza do corpo como um pecado e a escravidão reprodutiva como uma obrigação religiosa.

A "alma" islâmica e oriental é rotulada como incapaz de aceitar o Estado leigo e moderno, que vingaria tão bem no mundo judeu-cristão. Quem não se lembra que por muito tempo uma acusação análoga foi feita ao catolicismo? Quem lançava as acusações eram não só jornalistas superficiais e autores menores, mas também filósofos de primeiríssimo plano. Logo depois da Revolução de Julho, Hegel declara que os franceses, ao afirmar "o princípio da liberdade mundana, de fato deixaram de pertencer à religião católica". A separação entre Igreja e Estado e o advento de um Estado leigo, baseado na ideia de tolerância e que rejeita a pretensão do papado de ser o guarda supremo da verdade tanto

---

[143] É um tema que, desde as primeiras linhas, caracteriza o *De cultu feminarum* [O vestido das mulheres] de Tertuliano.

228 DOMENICO LOSURDO

no plano político como no religioso, eram sinônimo de repúdio e fim do catolicismo[144]! No tocante ao judaísmo, vejamos o que aconteceu na Rússia czarista, na "zona residencial" forçada na qual os judeus eram confinados:

> O termo "leigo" não tinha nenhum significado. O que não estava previsto pela religião não só não existia, mas sequer era possível. Os fatos jornalísticos e as suas crônicas eram secundários e tudo devia ser referido às palavras da Bíblia, que representava – segundo uma expressão feliz de Maurice Samuel – "o jornal diário da comunidade". Em tal sistema de valores, a oposição não era entre religioso e secular, mas entre judeu e não judeu, entre a comunidade judaica e o mundo circunstante dos "gentios".[145]

O enclausuramento e o fundamentalismo religioso eram também uma resposta às perseguições e permitiam a defesa da própria identidade em uma situação bastante difícil, caracterizada por uma espécie de estado de sítio permanente.

Durante os ásperos conflitos, a referência à religião é recorrente: nação e religião e, portanto, política e religião, tendem a fundir-se em uma unidade; os espaços do laicismo se restringem. Não por acaso, o islã esteve na vanguarda do "laicismo" em seu momento de maior força e desenvolvimento, quando produziu na Espanha um primeiro modelo de sociedade multicultural, multirreligiosa e multiétnica, destruída depois pela reconquista cristã. Por sua vez, a Europa cristã consegue ter um ordenamento liberal e, portanto, realizar a ideia de tolerância religiosa e de separação entre Igreja e Estado apenas em uma situação de tranquilidade e segurança geopolítica relativamente grande. Tais conquistas entram em crise ou se arriscam a entrar em crise por ocasião de conflitos em particular agudos. É o que se verifica durante a segunda fase da Guerra dos Trinta Anos[146]. Hoje, no que diz respeito aos Estados Unidos, o ataque às Torres Gêmeas foram seguidos pelo *Patriot Act* [Ato patriota] e pelo universo de concentração de Guantánamo e Abu Ghraib, enquanto não faltam vozes que, em caso de agravamento da ameaça terrorista, projetam o internamento coletivo dos cidadãos esta-

---

[144] D. Losurdo, *Hegel e la Germania. Filosofia e questione nazionale tra rivoluzione e reazione* (Milão, Guerini/Istituto italiano per gli studi filosofici, 1997), cap. II, § 2.

[145] L. Cremonesi, *Le origini del sionismo e la nascita del kibbutz (1881-1920)* (Florença, La Giuntina, 1992) p. 36-7.

[146] Cf. D. Losurdo, *Controstoria del liberalismo*, cit., cap. IX, § 1.

dunidenses de religião islâmica (*supra*, cap. VI, subitem 2). Assim, é claro que as agressões ou as ameaças bélicas produzem o contrário daquilo que pretendem atingir. Aos ideólogos da guerra de Washington suas vítimas e seus alvos poderiam responder referindo-se a Madison ou a Hamilton, segundo os quais o que torna possíveis as instituições liberais na América é a ausência de uma ameaça séria à segurança nacional. Gritar contra o escândalo pelo advento fracassado da democracia nos países cada vez mais submetidos ao cerco econômico, diplomático e militar e ameaçados por um monstruoso aparato bélico em condições de aniquilá-los é expressão de loucura ou de cinismo própria de *Realpolitik*.

Porém, mais do que ajustar as contas com a história e a geopolítica, a ideologia hoje dominante no Ocidente prefere fabulizar sobre um islá eterno e para sempre incapaz de compreender os princípios e os valores da modernidade e do laicismo, estando ao mesmo tempo todo atravessado pelo culto idolátrico da teocracia e da guerra santa. Na realidade, esses temas originários do Antigo Testamento desempenharam e ainda desempenham um papel essencial na cultura e na política do Ocidente e, sobretudo, de seu país líder. Estranho ao islá, em que não há lugar para uma hierarquia sacerdotal que possa reivindicar o poder eclesiástico ou o político, o termo "teocracia" está bem presente em sentido positivo na tradição política estadunidense: a chegada dos Pais Peregrinos, dos colonos piedosos e do "povo eleito" enquanto tal é marcada pela celebração da "teocracia como forma de governo melhor tanto para o Estado como para a Igreja", em cuja base é necessário "fazer do Senhor Deus o nosso Governador"[147].

No que diz respeito ao segundo motivo de acusação, o tema veterotestamentário das "guerras do Senhor" desempenhou um papel decisivo na história da América do Norte. Toynbee observou:

> O "cristão bíblico" de raça e origem europeias que se estabeleceu além-mar entre povos de raça não europeia acabou inevitavelmente se identificando com Israel, que obedece à vontade de Javé e realiza a obra do Senhor apossando-se da Terra Prometida, enquanto, por outro lado, identificou os não europeus encontrados em seu caminho com os cananeus que o Senhor colocou na mão do seu Povo Eleito para que os destruísse ou subjugasse. Influenciados

---

[147] Como diz John Cotton, citado em T. Bonazzi, *Il sacro esperimento. Teologia e politica nell'America puritana* (Bolonha, Il Mulino, 1970), p. 202, 234.

por isso, os colonos protestantes de língua inglesa do Novo Mundo extermi-
naram os índios norte-americanos, assim como os bisontes, de uma costa à
outra do continente.[148]

Com Cotton Mather, as "guerras do Senhor" do Antigo Testamento
tornam-se a epopeia da nação norte-americana que começa a tomar forma.
Em 1702, as *Magnalia Christi Americana* celebram como um rito sagrado a
aniquilação daqueles selvagens sanguinários, daqueles diabos em carne e osso
que são os índios. Portanto, na história do país líder do Ocidente, o motivo
da guerra santa não só está muito presente, mas aparece em sua forma mais
repugnante, aquela que prevê, em última análise, o aniquilamento do inimigo
e do infiel. Ainda no fim do século XIX, Theodore Roosevelt lança um aviso
bastante significativo às "raças inferiores" [*inferior races*]: se uma delas viesse a
agredir a raça "superior", esta reagiria com "uma guerra de extermínio" [*a war
of extermination*], chamada a "matar homens, mulheres e crianças, exatamente
como se tratasse de uma cruzada"[149]. Com uma linguagem apenas um pouco
mais cautelosa, alguns anos depois um senador eminente e ideólogo de sucesso
vê o estadunidense como o "povo eleito" por Deus e os Estados Unidos como
o país que guia a "liga divina dos povos de língua inglesa", comprometido na
realização "do imperscrutável plano do Todo-poderoso", que envolve também
o desaparecimento das "raças decadentes"[150].

Pelo menos no que diz respeito à relação com os "bárbaros", motivos
análogos ressoam também na Europa. Para Grócio, as guerras coloniais reves-
tem, em última análise, um caráter religioso: elas são travadas contra povos
responsáveis "pelos delitos cometidos contra Deus" e, portanto, semelhantes
"aos animais ferozes"[151]. De modo ainda mais explícito, na Inglaterra ainda
não liberal, mas já orgulhosa de sua exclusiva "liberdade inglesa" ou anglicana,
vemos Bacon dedicar um diálogo à *holy war* [guerra santa] ou, em latim, ao
bellum sacrum no qual um interlocutor se refere exatamente ao Deuteronômio
e ao exemplo de Canaã, "um povo que não é um povo" e, portanto, é pelo próprio

---

[148] A. J. Toynbee, *A Study of History*, cit., p. 211-2.

[149] T. Roosevelt, *The Letters* (orgs. E. E. Morison, J. M. Blum e J. J. Buckley, Cambridge, Harvard University Press, 1951, v. I), p. 377, carta a Charles Henry Pearson (11/5/1894).

[150] A. J. Beveridge, *The Meaning of the Times and Others Speeches* (Freeport, Books for Libraries
Press, 1968), p. 42, 44, 47.

[151] Cf. D. Losurdo, *Controstoria del liberalismo*, cit., cap. I, § 6.

Deus condenado a perder a terra e a vida. Sim, "há nações de nome que não são nações de direito, mas multidões ou enxames de gente", e "como há indivíduos fora da lei e proscritos pelas leis civis de certos países, assim há nações fora da lei e proscritas pelo direito natural e internacional, ou pelo mandamento direto de Deus"[152]. Se os peles-vermelhas são os "cananeus e amalecitas" para os colonos puritanos que desembarcaram na América do Norte, para os conquistadores ingleses os irlandeses são os "amalecitas" (destinados a serem apagados da face da terra)[153]. Há de se acrescentar que tal motivo veterotestamentário não fica confinado à área em cujo âmbito a presença do Antigo Testamento se faz sentir com maior força. Nos anos da Monarquia de Julho, os colonos franceses mais radicais são da opinião de que os árabes constituem "uma raça humana destinada a ser destruída por um decreto da Providência" (*supra*, cap. VI, subitem 4). Nesse contexto podemos, enfim, colocar a cruzada exterminadora que o Terceiro Reich promulga contra a União Soviética e para edificação, na Europa oriental, de um império colonial alemão fundado sobre a dizimação e a escravização dos "indígenas"; se Goebbels fala de "guerra santa", Hitler invoca mais que nunca a assistência do "Senhor Deus" [*Herrgott*] e se declara feliz e lisonjeado pela missão que lhe foi confiada pela "Providência", pelo "Criador"[154].

A "guerra santa" surge no Ocidente no âmbito dos conflitos desenrolados em seu interior, mesmo estando nesse caso ausente ou mais reduzida a pulsão genocida: vimos a presença desse motivo no curso da longa luta de independência do povo irlandês contra o domínio inglês e, de modo mais explícito, no curso da "guerra que agrada ao Senhor", da "grande e santa guerra alemã", travada na Alemanha contra a ocupação napoleônica (*supra*, cap. II, subitem 8). De forma ainda mais fácil, a guerra santa foi promulgada contra os apóstatas e os bárbaros que irrompem a partir do próprio coração do Ocidente: contra a França revolucionária, cujos dirigentes são comparados aos "selvagens" ou aos "turcos", o inglês Burke invoca uma "guerra religiosa" [*religious war*] que é, ao mesmo tempo, uma "guerra civil" [*civil war*][155].

---

[152] F. Bacon, "Dialogo sulla guerra santa", em *Scritti politici, giuridici e storici* (org. E. De Mas, Turim, Utet, 1971, v. I), p. 727.

[153] Cf. D. Losurdo, *Controstoria del liberalismo*, cit., cap. I, § 5.

[154] J. Goebbels, *Reden 1932-1945*, cit., v. II, p. 136; A. Hitler, *Reden und Proklamationen 1932-1945* (org. M. Domarus, Munique, Süddeutscher, 1965), p. 1815, 1794, discursos de 11 e 19 dezembro de 1941.

[155] Cf. D. Losurdo, *Il revisionismo storico. Problemi e miti* (Roma/Bari, Laterza, 1996), cap. III, § 4.

Nesse aspecto, porém, mais uma vez os Estados Unidos se distinguem, propensos a usar o modelo da guerra santa em todos os conflitos mais ásperos em que se envolvem. Na opinião de Wilson, a intervenção promovida por ele em 1917 é uma "guerra santa, a mais santa de todas as guerras", enquanto os soldados estadunidenses são "cruzados" protagonistas de um "empreendimento transcendente"[156]. De modo análogo são travadas e sentidas a Guerra Fria contra a União Soviética, depois, e a "guerra contra o terror" e contra o islã, hoje.

12. O OCIDENTE: DA CRUZADA CONTRA O "FILOSSEMITISMO" À CRUZADA CONTRA O "FILOISLAMISMO"

Como sabemos, bem no país líder do Ocidente, o motivo da guerra santa marca uma etapa depois da outra na irresistível caminhada que leva a nação eleita por Deus a edificar seu império mundial. Hoje, o mito genealógico do Ocidente greco-romano-judaico-cristão em luta contra o islã bárbaro e oriental é invocado para levar adiante essa caminhada.

A história do Ocidente é também a história dos mitos genealógicos que ele repetidamente construiu, de acordo com as exigências políticas e geopolíticas do momento. A partir da descoberta da América, o Ocidente e, de modo todo particular, os puritanos, enquanto identificam a si mesmos com o povo eleito do Antigo Testamento, assimilam os povos coloniais aos gentios. Para esclarecer a diferença entre o *servant* – o trabalhador assalariado da metrópole obrigado a obedecer ao patrão só por um período limitado de tempo previsto pelo contrato – e o *slave* – o escravo propriamente dito das colônias –, Locke faz referência às normas do Antigo Testamento, que permitiam que os judeus tivessem escravos só entre os gentios. A dicotomia judeus/gentios é assim relida como brancos/negros ou europeus/bárbaros. Ainda mais trágica foi a sorte dos índios, assimilados pelo novo Israel puritano aos cananeus destinados à destruição para abrir espaço para o povo eleito, iluminado pela luz divina e portador da autêntica civilização. Nesse período, o mito genealógico judeu-cristão, tomado como próprio sobretudo pelo mundo anglo-saxão e puritano, implica terríveis cláusulas de exclusão em detrimento daqueles destinados a ser escravizados ou aniquilados.

---

[156] W. Wilson, citado em S. I. Rochester, *American Liberal Disillusionment in the Wake of World War I* (Park/Londres, Pennsylvania State University Press, 1977), p. 58; W. Wilson, *War and Peace: Presidential Messages, Addresses, and Public Papers* (orgs. R. S. Baker e W. E. Dood, Nova York/Londres, Harper Brothers, 1927, v. II), p. 45, 414.

A LINGUAGEM DO IMPÉRIO   233

Empenhada na luta contra o Império Otomano, a Europa dos séculos XVII e XVIII a interpreta e celebra como a luta contra o despotismo bárbaro e oriental, relendo nessa mesma perspectiva o choque entre a Grécia antiga e a Pérsia (e o choque entre Roma e os bárbaros). Afastada a escravidão que floresceu na Grécia e em Roma, bem como o tráfico dos negros, cujos protagonistas são naquele momento países como a Espanha e a Inglaterra, a Europa e o Ocidente autocelebram-se como a ilha exclusiva da liberdade que, assumindo, ao mesmo tempo, as heranças do mundo greco-romano e da *res publica christiana*, enfrenta o Oriente incuravelmente despótico que vai desde a Pérsia em guerra com os gregos até o islã em guerra com os europeus e os cristãos. É o mito genealógico que preside na época de ouro do expansionismo colonial e que deixa os judeus em uma perigosa área de ambiguidade, às margens da civilização.

O nazismo revisita esse mito genealógico para adaptá-lo às suas exigências. O eminente filólogo alemão de origem judaica que já conhecemos assim esclareceu o ponto de vista de Hitler: "Para ele, o início e a única base é a Grécia, na qual irromperam as estirpes nórdicas. Jerusalém é afastada, e a Hélade é germanizada!"[157]; o Terceiro Reich é o intérprete privilegiado desse Ocidente que reivindica a herança grega e da qual os judeus estão totalmente excluídos (relegados ao mundo oriental da barbárie), e pode, por isso, aspirar de forma legítima à hegemonia.

Com base na ideologia dominante o Ocidente apresenta-se hoje como o herdeiro da tradição "greco-romano-judaico-cristã". A cooptação dos judeus anda lado a lado com a exclusão dos islâmicos. Com o nazismo, a expulsão do judaísmo pelo Ocidente produziu as leis de Nuremberg, a negação da cidadania política aos judeus alemães e a transformação deles em residentes estrangeiros. Que consequências a tese de sua absoluta estranheza à tradição e até à "alma" do Ocidente terá sobre os milhões de muçulmanos que foram para a Europa e os Estados Unidos? Caminhamos para uma Nuremberg de novo tipo? O "inimigo jurado, natural e hereditário" diante do qual "o sadio instinto dos povos cristão-europeus" nunca deve abaixar a guarda não é mais representado pelo judaísmo, como no manifesto do I Congresso Internacional Antijudaico de 1882[158], mas pelos seguidores de Maomé. E assim, a acusação de "filoislamismo", nos nossos dias dirigida a todos os que relutam em parti-

---

[157] V. Klemperer, *Ich will Zeugnis ablegen bis zum letzten* (orgs. W. Nowojski e H. Klemperer, Berlim, Aufbau, 1996, v. I), p. 494, nota do diário de 12 de dezembro de 1941.

[158] Citado em C. Cobet, *Der Wortschatz des Antisemitismus in der Bismarckzeit*, cit., p. 215-6.

234   DOMENICO LOSURDO

cipar do coro da islamofobia, toma o lugar da acusação de "filojudaísmo" ou "filossemitismo, em seu tempo agitada pelos antissemitas propriamente ditos contra seus inimigos[159].

13. LUTA CONTRA O "FILOISLAMISMO" E INDIFERENÇA PELO MARTÍRIO DO POVO PALESTINO

É parte integrante dessa caça às bruxas a acusação de que o povo palestino recorre à violência: poderia agir de outro modo? No *International Herald Tribune* de agosto de 2004 lê-se:

> Na maior parte dos 37 anos da ocupação israelense da Cisjordânia e da Faixa de Gaza, os palestinos permaneceram não violentos e conseguiram bem pouco. Israel simplesmente se entrincheirou na ocupação da terra palestina, deslocando de modo ilegal centenas de milhares de colonos.

> As inumeráveis manifestações pacíficas de protesto, como as greves de fome, não só não tiveram nenhum resultado concreto, mas tampouco conseguiram chamar a atenção da mídia ocidental. Por outro lado, mesmo quando os ataques contra Israel param, "os palestinos continuam a morrer diariamente", sem que isso suscite no Ocidente emoções particulares. É preciso olhar a realidade de frente.

> Na África do Sul, o protesto não violento ajudou a derrotar o *apartheid* porque um número crescente de brancos se uniu aos negros e à população de cor tomando posição contra o regime, colocando-se na primeira linha e correndo risco de prisão ou de morte. Os israelenses, até os de extrema esquerda, estão bem longe de assumir tal posição contra a ocupação da terra palestina que já dura 37 anos.[160]

Como sabemos, as autoridades israelenses equiparam o terrorismo ao lançamento de pedras – até quando crianças jogam as pedras o assunto é tratado

---

[159] T. Fritsch, *Mein Beweis-Material gegen Jahve*, cit., p. 186; cf. também T. Herzl, "Zionistisches Tagebuch", em *Briefe und Tagebücher* (orgs. A. Bein et al., Berlim/Frankfurt/Viena, Propyläen, 1984-1985, v. II), p. 614.

[160] J. Cook, "Nonviolent Protest Offers Little Hope for Palestinians", *International Herald Tribune* (Nova York), 31/8/2004.

A LINGUAGEM DO IMPÉRIO   235

dessa maneira. Nessas condições, a resistência armada torna-se inevitável, mas vejamos de que modo ela é enfrentada, dando a palavra a uma testemunha direta, que serviu muito tempo no exército de ocupação:

> Faz nove meses que a Suprema Corte de Israel proibiu que o Exército israelense use civis [palestinos] como escudos humanos quando revistar casas para prender combatentes palestinos. Na semana passada, o jornal israelense *Haaretz* relatou que a consequência dessa decisão acabou colocando os civis palestinos em uma situação de perigo mais grave: os soldados não entram mais nas casas para buscar seus alvos; o Exército usa máquinas para derrubar as casas.[161]

Os que sobrevivem a esses assaltos e passam a fazer companhia aos milhares de prisioneiros palestinos (inclusive mulheres e crianças) não podem dizer que tiveram sorte. Em 2002, o *International Herald Tribune* informava que "o Exército israelense há tempos recorre à tortura contra os palestinos"; sim, em setembro de 1999 a Suprema Corte tinha proibido algumas práticas, mas outras continuavam em uso[162]. No *Stampa*, uma correspondente de Tel Aviv descrevia de modo sucinto um complexo carcerário instalado no deserto ("Ansar-3") logo depois da explosão da primeira Intifada e agora muito conhecido:

> Composto sobretudo de tendas militares, de fato não oferece aos internos a proteção necessária contra a variação térmica. De dia, no verão, chega-se aos 40°C, enquanto de noite se pode chegar a 0°C. As condições higiênicas – uma comissão da ONU fizera relatório em 1994 – eram totalmente insatisfatórias, assim como os cuidados médicos "quase inexistentes". Calor, frustração, aglomeração, brutalidade dos soldados: esses são os elementos constantes nos relatos feitos por cerca de 15 mil palestinos que passaram períodos mais ou menos longos naquele recinto.

Aconteceu também que, por punição, o comandante da prisão tinha "ordenado que quarenta reclusos fossem apinhados em uma cela de dois por dois metros". Nessa "antecâmara do inferno" – segundo a definição do escritor palestino Ghassan Abdallah, que foi lá internado em 1988 – os próprios oficiais

---

[161] H. Watzman, "Human Shields or Bulldozers? Or Neither?", *International Herald Tribune* (Nova York), 22/6/2006.

[162] K. B. Richburg, "Bush's Envoy Sees Arafat as Israeli Drive Continue", *International Herald Tribune* (Nova York), 6-7/4/2002.

236   Domenico Losurdo

israelenses que faziam o papel de carcereiros avisaram sobre a necessidade de recorrer aos tranquilizantes[163].

Compreendem-se então as centenas e centenas de milhares de fugitivos palestinos. O êxodo não põe fim à tragédia. Contam-se aos milhares os palestinos massacrados, em setembro de 1970, na Jordânia, pelo regime filo-ocidental. Doze anos depois, no Líbano, em Sabra e Chatila, nos campos onde se refugiaram os fugitivos palestinos, irrompem gangues de falangistas que colaboram com o Exército israelense de ocupação e gozam de sua proteção. Seguiu-se um pogrom pavoroso com milhares de vítimas, uma pequena contribuição para o "extermínio de não judeus pertencentes à linhagem de Amalec" invocada por certos círculos israelenses. Para os palestinos que, apesar de tudo, permanecem agarrados à sua terra, a vida – como reconhecem vozes autorizadas provenientes do próprio mundo judeu – tornou-se uma "tortura" (*supra*, cap. I, subitem 12) ou "um inferno cotidiano"[164]. Incessantemente expropriado de sua terra, atingido de modo recorrente por punições coletivas que o privam da casa ou de serviços essenciais, controlado em todos os seus movimentos, visado por execuções extrajudiciais, alvo dos *targeted killings* [assassinatos contra alvos selecionados] que, na realidade, têm extensos "danos colaterais" também entre crianças e mulheres inocentes, oprimido e humilhado, o povo palestino é hoje o povo mártir por excelência.

O caráter essencialmente "fascista" e até "nazista" da política de Israel explica tudo isso? Não são apenas grupos palestinos ou filopalestinos de orientação radical que argumentam assim. Em 1948, vimos Arendt acusar Begin, responsável pelo Massacre de Deir Yassin e futuro primeiro-ministro, de dirigir um partido "estreitamente relacionado com os partidos nacional-socialistas e fascistas". Mais recentemente, um teólogo judeu escreveu que "os palestinos sofreram por ação dos judeus uma tragédia não diferente das tragédias da história judaica"[165], e um escritor israelense, Yechayahou Leibovitz, condenou a "mentalidade judaico--nazista" da qual alguns círculos israelenses dão prova[166]. Para dar um último exemplo, em 2003, em uma revista estadunidense de prestígio, muito aberta às vozes da cultura judaica, se podia ler uma análise que falava de fascismo a

---

[163] Y. Gonen, "Riapre Arsan-3 la prigione nel deserto", *La Stampa* (Turim), 18/4/2002.

[164] H. Siegman, "The Killing Equation", *The New York Review of Books*, 9/2/2006, p. 19.

[165] M. H. Ellis, "Deir Yassin and the Challenge that Israel Faces Today", *International Herald Tribune* (Nova York), 9/4/1998.

[166] A. Spataro, *Fondamentalismo islamico. L'Islam politico* (Roma, Edizioni Associate, 1996), p. 22-3.

propósito da atitude do então vice-primeiro-ministro Ehud Olmert, que "não excluía a opção do assassinato do presidente eleito da Autoridade Palestina"[167]. Embora autorizadas, essas posições permitem duas objeções. Não há dúvida de que Israel é uma democracia, a seu modo, viva e vital. Entretanto, se, por um lado, corre o risco de ser severo demais em relação ao "Estado judeu", por outro, o recurso à categoria *fascismo* ou *nazismo* se revela bastante indulgente em relação ao Ocidente liberal-democrático: como se a opressão racial tivesse esperado o fascismo e o nazismo para manifestar-se e não caracterizasse, ao contrário, em profundidade, a história do Ocidente liberal-democrático e, em particular, a do seu atual país líder! Em outra ocasião, para descrever essa história, falei de *Herrenvolk democracy*, ou seja, de "democracia para o povo dos senhores". Quer dizer, o governo da lei e as garantias constitucionais desenvolveram-se com as práticas de sujeição e de dizimação (e às vezes até de aniquilamento) contra os povos coloniais. O tema *Herrenvolk* foi retomado e radicalizado pelo nazismo; mas a passagem da "democracia para o povo dos senhores" para a "ditadura a serviço do povo dos senhores" não foi um processo espontâneo e indolor, mas uma virada dramática mediada pelo advento da guerra total e do estado de exceção permanente, bem como do triunfo de uma ideologia particularmente bárbara. Um professor de sociologia da Universidade Hebraica de Jerusalém recorre com justiça à categoria "democracia para o povo dos senhores" para explicar a tragédia do povo palestino. Israel é agora "uma *Herrenvolk democracy*, um regime em cujo âmbito os cidadãos gozam de plenos direitos e os não cidadãos são totalmente privados deles", um país caracterizado pelo "sistema legal duplo" e pelo "terrorismo de Estado" em detrimento dos excluídos[168].

Mais uma vez, não se trata de entregar-se ao jogo das analogias. A tragédia dos palestinos não pode ser comparada nem com a dos judeus (na opinião de Hitler, o agente patogênico a exterminar de modo sistemático com vistas à salvação da civilização), nem a dos negros (por séculos os escravos por excelência), nem com a dos peles-vermelhas (a serem expropriados de suas terras e afastados, senão dizimados ou aniquilados como população supérflua e incômoda). Com certeza não é difícil encontrar algum ponto de contato com os últimos dois acontecimentos para os quais acenei, a saber: nos círculos da sociedade israelense

---

[167] T. Judt, "Israel: The Alternative", *The New York Review of Books*, 23/10/2003, p. 8.

[168] B. Kimmerling, "Israeli Democracy's Decline", *International Herald Tribune* (Nova York), 3/4/2002.

em que se nota sobretudo o peso do racismo colonial é evidente a tendência a tratar os palestinos, por um lado, como os peles-vermelhas (expropriá-los de sua terra e deportá-los) e, por outro, como os negros (confiná-los nos segmentos inferiores do mercado de trabalho). No entanto, a história nunca é a repetição do idêntico e, mesmo entre contradições de todo tipo e pavorosas pausas e regressões, a humanidade revela-se em condições de aprender com as grandes tragédias históricas, ainda que de modo parcial e contraditório.

A condição do povo palestino revela-se hoje peculiarmente trágica. Sobre ele continua a pesar um acontecimento, o do colonialismo clássico com as consequentes sucessivas expropriações e progressivo estrangulamento econômico, que não encontra mais termos de comparação no mundo atual. Uma ocupação militar que já dura décadas torna tudo isso possível; e uma ocupação de longa duração, em uma época que não se cansa de prestar homenagem ao princípio do autogoverno e da autodeterminação, constitui outro elemento peculiar, com escassos paralelos e precedentes na história. Enfim, a "tortura" e o "inferno cotidiano" que pesam sobre o povo palestino não ocorrem durante uma terrível guerra mundial, mas em um período de desenvolvimento relativamente pacífico, que se seguiu ao fim não só dos dois conflitos mundiais, mas também da Guerra Fria; e de novo surge a peculiaridade de toda situação histórica.

14. Luta contra o "filoislamismo" e tentação da guerra total e do aniquilamento

O martírio do povo palestino insere-se, por sua vez, em um contexto mais amplo. No âmbito da luta contra o terrorismo, a administração Bush invoca a reinterpretação da Convenção de Genebra, ou a descarta. Outras vozes vão muito além. Logo depois do 11 de Setembro, o ex-redator chefe do *New York Times*, Andrew M. Rosenthal, conclamou a acabar com as meias medidas. Era preciso lançar um ultimato ao Afeganistão, ao Iraque, ao Irã, à Líbia, à Síria, ao Sudão e a qualquer outro país "dedicado à destruição dos Estados Unidos ou a um incessante incitamento ao ódio contra ele". Se dentro de três dias não entregassem os terroristas e seus próprios governantes, a superpotência estadunidense cuidaria de "arrasar suas capitais e as cidades mais importantes"[169]. Como se vê, nessa perspectiva, para serem realizadas medidas genocidas não é sequer necessário um comportamento concreto, basta uma opinião ou um

---

[169] A. Lieven, *Giusto o sbagliato è l'America*, cit., p. 232.

sentimento, o ódio, a partir de cuja presença e virulência Washington é chamado a julgar de modo soberano.

Faz alguns anos, na *National Review*, órgão autorizado do conservadorismo estadunidense, John Derbyshire escreveu: "Uma das razões pela qual se apoiou o ataque inicial e a destruição do regime de Saddam foi a esperança de que serviria de exemplo. E isso teria acontecido se tivéssemos reduzido a ruínas o lugar e depois o tivéssemos abandonado". Nesse caso – prossegue – "teríamos sido vistos como uma nação que sabe como castigar nossos inimigos [...], uma nação a temer e respeitar". Outra voz, proveniente dos mesmos ambientes culturais e políticos, aumenta a dose. Enquanto os bombardeios israelenses do Líbano (com recurso também às bombas de fragmentação) estimulam mal-estar e protestos, John Podhoretz observa que o Ocidente não teria vencido a Segunda Guerra Mundial se os escrúpulos morais tivessem impedido de "atacar Dresden com bombas incendiárias e Hiroshima e Nagasaki com bombas atômicas". Mas é preciso ir além, sem hesitar a se fazer perguntas radicais: "E se o erro tático cometido no Iraque tivesse sido não matar logo os sunitas em medida suficiente para intimidá-los? [...] Não foi a sobrevivência dos sunitas masculinos entre 15 e 35 anos a razão de haver uma insurgência e a causa de fundo de haver agora uma violência sectária?" A jornalista estadunidense, que relata tais declarações, observa com acerto: podia-se esperar que fosse apenas algum louco extremista a invocar o "genocídio" e outras medidas extremas, mas[170]...

Já sabemos que nos Estados Unidos não faltam aqueles que, em caso de recrudescimento do terrorismo, pensam em resolver o problema recorrendo a um grande campo de concentração. Conhecemos também o tratamento reservado em Guantánamo e em Abu Ghraib aos *Untermenschen*, cujas cabeças podem às vezes servir como bola de jogo (*supra*, cap. I, subitem 9). Agora, desloquemo-nos do centro do império para a província. No mais autorizado jornal italiano, um editorial explica que o sequestro ilegal e a tortura de um terrorista islâmico poderiam ser justificados se servissem para evitar um terrível atentado[171]. O jornalista politólogo não se pergunta quantos supostos terroristas, ou seja, quantos inocentes, com base em seu raciocínio, correriam o risco de serem sequestrados e torturados.

---

[170] C. Young, "Is the West Too Civil in War?", *International Herald Tribune* (Nova York), 11/8/2006.

[171] A. Panebianco, "Il compromesso necessario", *Corriere della Sera* (Milão), 13/8/2006.

240   DOMENICO LOSURDO

Embora diferentes entre si, as tomadas de posição que acabamos de ver têm um elemento em comum. De modo constante, são os árabes e os islâmicos os tomados como possíveis alvos da reinterpretação ou do descarte da Convenção de Genebra, do recurso ao sequestro ilegal, à internação em um campo de concentração, à tortura e ao ultraje reservado aos *Untermenschen* vivos ou mortos, aos bombardeios terroristas, à aniquilação nuclear e às práticas genocidas. Certamente, pesam os acontecimentos de 11 de Setembro e a preocupação com sua possível repetição; por outro lado, porém, se faz sentir a secular tradição da relação com os povos coloniais instituída pelo Ocidente, há tempos excluídos da área restrita ou do espaço sagrado no qual vigora o governo da lei e o princípio da limitação do poder. Não é só Israel, é o Ocidente em seu conjunto e, sobretudo, seu país líder que se comporta como uma "democracia para o povo dos senhores", visando em particular o mundo árabe-islâmico.

15. COMO TRANSFORMAR AS VÍTIMAS EM UMA AMEAÇA IMINENTE

No entanto, é poderoso o coro que denuncia o povo palestino como culpado de ter eleito, democraticamente, um governo "terrorista", e que previne contra o perigo islâmico. Por mais singular que seja, não se trata de um fenômeno novo. A confecção dos *Protocolos dos sábios de Sião*[*], com a denúncia dos planos sinistros de domínio mundial atribuídos aos judeus, ocorre exatamente quando começa a delinear-se o capítulo mais trágico da história daquele povo, o capítulo destinado a desembocar na infâmia e no horror da "solução final". É o caso mais clamoroso, mas não o único, de transformação da vítima em ameaça iminente.

Durante sua viagem à América, Tocqueville pergunta a seus interlocutores: "Os índios têm ideia de que cedo ou tarde a raça deles será aniquilada pela nossa?"[172]. Alguns anos depois, porém, em 1850, o povo destinado a ser eliminado da face da terra é estigmatizado por um alto-funcionário do governo federal por causa de sua "insaciável paixão pela guerra"[173].

Demos agora um salto de algumas décadas. É um período particularmente aziago para a história dos afro-americanos: grassam os grupos da Ku Klux

---

[*]   Rio de Janeiro, Simões, 1958. (N. E.)

[172]   A. de Tocqueville, *Oeuvres completes,* cit., v. V, t. 1, p. 75.

[173]   N. Delanoë e J. Rostkowski, *Les Indiens dans l'histoire américaine* (Nancy, Presses Universitaires de Nancy, 1991), p. 88.

Klan; o linchamento e o lento suplício dos negros são um cruel espetáculo de massa, anunciado pela imprensa local e seguido por um público numeroso, ou um rito recorrente, bárbaro, de celebração da superioridade branca, que exige o sacrifício e o tormento de vidas humanas (ou melhor, subumanas, do ponto de vista de seus algozes). Todavia, nessa mesma época não faltam os ideólogos do regime de *white supremacy* que previnem contra o "perigo negro na África do Sul" bem como nos Estados Unidos[174]. Mais ou menos no mesmo período, na Alemanha de 1905, que no Sudoeste Africano Alemão já tinha começado a realizar o genocídio dos hererós (considerados agora inutilizáveis como instrumento de trabalho pelo Exército de ocupação), um publicista observa: "A partir da guerra contra os hererós tornou-se moda o perigo negro ou o perigo dos povos de cor"[175].

Um fenômeno análogo verifica-se com os chineses. Entre os séculos XIX e XX, a China sofre sucessivas agressões, amputações territoriais e sangrias financeiras impostas a título de reparações de guerra; reduzida à miséria, a população deve enfrentar o calvário dos *coolies* (uma condição não muito diferente daquela dos escravos) e a humilhação, cuja expressão se encontra concentrada no cartaz que, na entrada da concessão francesa em Xangai, impressiona: "Proibida a entrada de cães e de chineses". No entanto, exatamente nessas décadas se difunde o mito do "perigo amarelo", que depois alimenta as perseguições e os pogrom antichineses[176].

Enfim, vimos Spengler atribuir uma "vontade incondicionada" de aniquilamento da raça branca aos povos coloniais que começam a rebelar-se contra a política de escravização e de extermínio até aquele momento sofrida. Conhecemos também o medo mostrado por Churchill em 1953 de um "massacre" dos brancos perpetrado pelos árabes, que justo naqueles anos, na Argélia, são alvo das práticas genocidas do colonialismo francês (*supra*, cap. VI, subitem 3).

Essa inversão dos lados de agredidos e agressores, oprimidos e opressores, não deve espantar, é parte integrante da ideologia colonial. Enquanto grassa

---

[174] T. J. Noer, *Briton, Boer, and Yankee: The United States and South Africa 1870-1914* (Kent, The Kent State University Press, 1978), p. 120.

[175] A. Wirth, *Die gelbe und die slawische Gefahr* (Berlim, Gose und Tetzlaff, 1905), p. 3.

[176] Sobre o cartaz chinês, cf. D. Losurdo, "Fichte, la resistenza antinapoleonica e la filosofia classica tedesca", *Studi storici*, n. 1-2, 1983, cap. X, § 3; H. Gollwitzer, *Die gelbe Gefahr. Geschichte eines Schlagwortes. Studien zum imperialistischen Denken* (Göttingen, Vandenhoeck und Ruprecht, 1962). Cf. também E. Marienstras, *Wounded Knee ou l'Amérique fin de siècle* (Bruxelas, Complexe, 1992), p. 128.

o escravismo, seus beneficiários e apologistas classificam os abolicionistas de "avessos aos brancos e assassinos"[177] e de cúmplices dos escravos negros, ou seja, dos avessos aos brancos e assassinos por definição. Demos um salto de quase um século e meio; alastra-se pelo mundo a revolução anticolonial e uma personalidade ilustre se ergue para denunciar "as hostilidades raciais contra os colonos brancos exploradores"[178]. É visada a China em particular, onde a Guerra da Coreia mantém viva a lembrança do cartaz de Xangai, combatida pelos Estados Unidos – reconhece a historiografia estadunidense – com uma atitude de "desprezo" em relação a "uma nação inferior"[179]. Por outro lado, a personalidade ilustre empenhada em prevenir contra o racismo antibranco é Schmitt, que nesse meio tempo se esqueceu de ter sido o ideólogo das guerras raciais de Mussolini e Hitler.

Hoje não é diferente para a denúncia do "perigo islâmico" e do cúmplice "filoislâmico". Voltemos à campanha lançada contra "avessos aos brancos e assassinos": se em vez de "aversão aos brancos" falarmos de ódio contra o Ocidente e substituirmos o termo "assassinos" por "terroristas", somos reconduzidos das mistificações de um passado aparentemente remoto para a atual ideologia da guerra.

---

[177] H. Grégoire, *De la noblesse de la peau ou du préjugé des blancs contre la couleur des Africains et celle de leurs descendants noirs et sangmêlés* (Grenoble, Jérôme Millon, 1996), p. 75.

[178] C. Schmitt, *Teoria del partigiano* (Milão, il Saggiatore, 1981), p. 46. [Ed. bras.: *O conceito do político. Teoria do Partisan*, Belo Horizonte, Del Rey, 2008.]

[179] J. Chen, *China's Road to the Korean War: The Making of Sino-American Confrontation* (Nova York, Columbia University Press, 1994), p. 50, 170.

VII. O ÓDIO CONTRA O OCIDENTE

1. Repressões históricas e transfiguração do Ocidente

As heresias ou os pecados mortais condenados pela atual ideologia da guerra resumem-se, em última análise, em uma única perversão infeliz: é a revolta contra o Ocidente, levada adiante pelo "fanatismo islâmico", por terroristas "conscientemente antiocidentais, antieuropeus e antijudeu-cristãos" (*supra*, cap. VI, subitem 1). Sim, é preciso olhar na cara e enfrentar com decisão o "antiocidentalismo" dos seguidores de Maomé, o arquétipo dos atuais cortadores de cabeças. De modo mais refinado, outros autores recorrem ao termo "ocidentalismo" para designar e rotular a representação estereotipada e negativa do Ocidente[1]. Mesmo na diversidade da linguagem, ressoa poderoso e compacto o coro que chama a debelar o crime ou a doença que deforma o rosto sagrado da civilização, da sociedade aberta e livre, em uma palavra, do Ocidente, e que hoje assola, primeiro, o mundo árabe e islâmico. Mas por que o islã deveria respeitar e amar o Ocidente mais do que o Ocidente respeita e ama o islã? Lamentam-se por não ser amados pelo islã bem no momento em que há a preocupação em pintá-lo do modo mais odioso possível! Os protagonistas da campanha em curso revelam-se claramente incapazes de enunciar, antes, de pensar regras gerais de discurso e de comportamento, e é exatamente nisso que consiste o dogmatismo.

Certamente, a pergunta em questão torna-se supérflua se partimos do pressuposto da evidência nítida do absoluto primado cultural e moral do Ocidente.

---

[1] I. Buruma e A. Margalit, *Occidentalism: The West in the Eyes of Its Enemies* (Nova York, The Penguin Press, 2004). [Ed. bras.: *Ocidentalismo: o Ocidente aos olhos de seus inimigos*, Rio de Janeiro, Jorge Zahar, 2006.]

Mas essa evidência existe? Nas primeiras décadas do século XV, a China estava na vanguarda das explorações geográficas. Ativa de uma forma extraordinária, sua marinha parecia poder chegar a qualquer canto do mundo. Segundo os estudos de um autorizado historiador, cartógrafo e oficial da marinha britânica (Gavain Menzies), uma frota enviada pela dinastia Ming chegou ao continente americano já em 1421, e ela, constituída de pelo menos cem navios de proporções bastante consideráveis, era incomparavelmente mais poderosa que as três minúsculas caravelas dirigidas por Cristóvão Colombo, que chegaram mais de setenta anos depois. Para desgraça da humanidade, quem se estabeleceu na América não foram "os cultos chineses, instruídos em 'tratar com gentileza os povos distantes' [e] em descobrir e soerguer todo o mundo e levá-lo para a harmonia confuciana"; foram "os cruéis e quase bárbaros cristãos"[2]. Talvez essa oposição em preto e branco seja demasiado pouco nuançada. Mas é verdade que só depois da "descoberta", cujo protagonista é o Ocidente, que se consuma o "pior holocausto a que a humanidade jamais tinha assistido" ou o "maior genocídio da história da humanidade"[3].

Mesmo sendo, respectivamente, de um historiador estadunidense de origem indígena e de um autor de primeiro plano como é Tzvetan Todorov, essas definições são discutíveis. O pensamento corre para o genocídio perpetrado com eficiência industrial durante a Segunda Guerra Mundial. Mas também ele se verifica no Ocidente. É verdade, há a tendência a reprimir o fato de que a Itália e a Alemanha, nas quais triunfa o nazifascismo, "não eram mais prosélitos recentes da nossa civilização ocidental, mas membros de nascimento da nossa família"; no entanto, quem se torna responsável por um "extermínio de massa" realizado "com frieza e sistematicidade sem precedentes" é "uma das nações líderes do mundo ocidental moderno"[4]. As afirmações de Arnold Toynbee que acabamos de citar são confirmadas por Arendt, que observa, por sua vez, que

---

[2]   G. Menzies, *1421: La Cina scopre l'America* (Roma, Carocci, 2002), p. 325-6. [Ed. bras.: *1421: O ano em que a China descobriu o mundo*, Rio de Janeiro, Bertrand Brasil, 2006.]

[3]   D. E. Stannard, *Olocausto americano. La conquista del Nuovo Mondo* (Turim, Bollati Boringhieri, 2001), p. 237; T. Todorov, *La conquista dell'America. Il problema dell'"altro"* (Turim, Einaudi, 1984), p. 7. [Ed. bras.: *A conquista da América: a questão do outro*, 3. ed., São Paulo, WMF Martins Fontes, 2003.]

[4]   A. J. Toynbee, *Il mondo e l'Occidente* (Palermo, Sellerio, 1992), p. 36-7; idem, *A Study of History* (Oxford, Oxford University Press, 1951-1954, v. VIII), p. 288-9. [Ed. ital.: *Panorami della storia,* Milão, Mondadori, 1954; ed. bras.: *Um estudo da história*, 2. ed., São Paulo, Martins Fontes, 1987.]

o "genocídio sem precedentes", empenhado em eliminar os judeus da face da terra, ocorre "no centro da civilização ocidental"[5]. Pelo menos o "çataclismo hitlerista" deveria ter colocado em crise a boa consciência do Ocidente, que, ainda no início do século XIX, "se comprazia no sentimento de sua superioridade civilizadora, no mais das vezes concebida como congênita e 'ariana'". No entanto... Poliakov tem razão ao concluir: "O problema do 'passado que não passa'" não diz respeito apenas à Alemanha, mas "ao Ocidente em seu conjunto", que, infelizmente, "se recusa a meter o bisturi em sua velha ferida ideológica"[6].

Não se trata só da "solução final". Vejamos a sorte das populações cada vez mais "descobertas" e subjugadas. Para retomar as expressões utilizadas por este ou aquele estudioso, nos encontramos diante do "holocausto norte-americano" em detrimento dos ameríndios, do "holocausto australiano" e dos "holocaustos da época vitoriana tardia". Quanto a uma colônia localizada na própria Europa, o principal responsável pela política inglesa (Sir Trevelyan), que em meados do século XIX levou à morte por inanição várias centenas de milhares de irlandeses, foi às vezes definido como o "proto-Eichmann". Não há dúvida. O Ocidente foi o protagonista de todos esses horrores, mas isso não é suficiente para arranhar as sagradas certezas de seus defensores. Nesse mesmo contexto está inserido o "holocausto negro" do qual, às vezes, os afro-americanos gostam de falar. Vimos Tocqueville, Mill e Renan reconhecerem que no islã e no Oriente a escravidão assumiu uma forma menos dura que no Ocidente; mas nem por isso se quebra a arrogância com que eles olham os "bárbaros". Por outro lado, com certeza a tragédia dos negros não termina com a abolição da escravatura. No sul dos Estados Unidos, o regime de supremacia branca, ainda nas primeiras décadas do século XX, continua a exibir linchamentos e violência sádica contra os negros como um espetáculo de massa, para o qual são chamados a assistir e participar também mulheres e crianças; em todo caso, o ódio racial alcança uma intensidade tão bárbara que estimula em autorizados historiadores estadunidenses a comparação com o Terceiro Reich.

Enfim, as viagens de Colombo coincidem com a expulsão dos judeus e mouros da Espanha reconquistada pela cristandade e, portanto, com o fim de uma

---

[5] H. Arendt, "Prefácio", em *Elemente und Ursprünge totaler Herrschaft* (Munique/Zurique, Piper, 1986), p. 22. [Ed. bras.: *Origens do totalitarismo: antissemitismo, imperialismo, totalitarismo*, São Paulo, Companhia das Letras, 1989.]

[6] L. Poliakov, *Le mythe aryen. Essai sur les sources du racisme et des nationalismes* (Bruxelas, Complexe, 1987), p. 18. [Ed. bras.: *O mito ariano: ensaio sobre as fontes do racismo e dos nacionalismos*, São Paulo, Perspectiva, 1974, Coleção Estudos, v. 34.]

esplêndida época de encontro entre diferentes povos e culturas à sombra do islã, que não por acaso constitui a religião mais universal até o momento da descoberta--conquista da América[7]. Quem dirige a frota chinesa algumas décadas antes de 1492 é um almirante islâmico, e sua numerosa tripulação, durante as longas viagens de exploração, não desdenha absolutamente se encontrar, familiarizar e fundir com os povos locais. Ao contrário, o que caracteriza a história do atual país líder do Ocidente é o horror pela miscigenação, pela contaminação do "povo eleito" por Deus – e, portanto, sagrado – com as estirpes "gentias" e profanas ou com os bárbaros e com as raças inferiores. Ainda em meados do século XX, cerca de trinta estados da república estadunidense proibiam como delitos graves as relações sexuais e matrimoniais inter-raciais[8].

No entanto, a certeza de sua primazia cultural e moral perpétua parece mais unânime do que nunca no Ocidente. Veremos quais são as técnicas de transfiguração; entretanto, convém notar que um Ocidente tão transfigurado e distante da realidade não pode senão ter fronteiras bastante fracas.

2. As fronteiras incertas e móveis do Ocidente

Segundo Edgar Quinet, um eminente historiador liberal francês, a Rússia, um dos "reis magos", faz parte do Ocidente com pleno direito, ao lado da Inglaterra e da França, chamados a levar a luz da civilização e do cristianismo ao Oriente a ser colonizado[9]. Algumas décadas mais tarde, Theodore Roosevelt acentua que a expansão da Rússia na Ásia é uma grande contribuição para a difusão da civilização e para a instauração do "reino da paz e da ordem", que enfim toma o lugar do "governo de uma violência bárbara e sanguinária"[10]. Depois da Revolução de Outubro, o quadro muda de modo radical: a Rússia – declara Spengler – jogou fora a "máscara 'branca'", para tornar-se "de novo uma grande potência asiática, 'mongólica'", animada pelo "ódio ardente contra a Europa" e, como demonstram seus apelos à sublevação dos povos e países coloniais, parte integrante, agora, da "população inteira de cor da

---

[7] D. B. Davis, *Slavery and Human Progress* (Nova York/Oxford, Oxford University Press, 1986), p. 40.

[8] Sobre a história do Ocidente e dos Estados Unidos aqui sintetizada, cf. D. Losurdo, *Controstoria del liberalismo* (Roma/Bari, Laterza, 2005), cap. VIII, § 3; cap. X, § 5. [Ed. bras.: *Contra-história do liberalismo*, Aparecida, Ideias & Letras, 2006.]

[9] E. Quinet, *Le Christianisme et la Révolution Française* (Paris, Fayard, 1984), p. 148.

[10] T. Roosevelt, *The Strenuous Life: Essays and Addresses* (Nova York, The Century, 1901), p. 33-4.

A LINGUAGEM DO IMPÉRIO   247

terra, que ela compenetrou com o pensamento da comum resistência" e da luta contra a "humanidade branca"[11].

Spengler observa o destino do Ocidente a partir da Alemanha, que nesse sentido é, porém, o país que conhece as vicissitudes mais extraordinárias. Nos anos que precedem a Primeira Guerra Mundial, é parte integrante do Ocidente mais exclusivo, aquele que agrupa os povos anglo-saxões, germânicos ou teutônicos, os povos que, provindos da Germânia, atravessaram primeiro o canal da Mancha e depois o Atlântico e que encarnam a causa do cristianismo autêntico (o protestantismo), do governo representativo, do desenvolvimento ordenado e da civilização. Com a Primeira Guerra Mundial, os alemães se tornam os hunos, o país de onde irrompem as recorrentes invasões bárbaras. Mas, depois do fim do conflito e do estouro da Revolução de Outubro, o quadro muda de novo de modo radical. É eloquente a intervenção sobre 1919 feita por um discípulo de Croce e Gentile: depois de expulsar do Ocidente o bolchevismo e o próprio movimento espartaquista alemão como fenômeno político propriamente eslavo, De Ruggiero – é dele que se trata – prossegue:

A Alemanha constituiu e constituirá o mais poderoso baluarte da civilização europeia contra a anarquia eslava [...]. Temos confiança de que a Alemanha vencerá essa luta pela civilização do mundo. Um princípio de justiça quis tirar de suas culpas esse motivo profundo de expiação; hoje ela volta em favor da civilização europeia aquelas forças que antes dirigira contra ela; assim se redime e se renova.[12]

Irrompe depois o nazismo. Ainda em setembro de 1937, embora no âmbito de uma posição oscilante e contraditória, Churchill sublinha os "muitos laços de história e de raça" que unem os dois países e fala de Hitler como de um "campeão [...] indomável" da luta para reerguer seu país da derrota e salvá-lo da barbárie antiocidental representada pelo bolchevismo[13]. Dois anos depois, o ministro das Relações Exteriores inglês, Halifax, invoca a unidade entre Alemanha, Inglaterra e Estados Unidos, "as três nações afins"[14] que

---

[11] O. Spengler, *Jahre der Entscheidung* (Munique, Beck, 1933), p. 150.

[12] G. De Ruggiero, "La lotta civile in Germania", em *Scritti politici 1912-1926* (org. R. De Felice, Bolonha, Cappelli, 1963), p. 203-4.

[13] W. Churchill, "Friendship with Germany", em *Step by Step 1936-1939* (Londres, Thornton Butterworth, 1939), p. 169-70.

[14] Citado em A. J. P. Taylor, *Le origini della seconda guerra mondiale* (Bari, Laterza, 1972), p. 219.

248 DOMENICO LOSURDO

representam o coração do Ocidente, a linhagem proveniente da Alemanha, que atravessou primeiro o canal da Mancha e, depois, o Atlântico. Com a eclosão da guerra, porém, Churchill retoma um motivo já em voga durante a Primeira Guerra Mundial e fala dos alemães como de bárbaros, de "hunos malvados", que conviria desbastar de modo mais ou menos radical[15].

Eles são estranhos ao Ocidente também aos olhos de Isaiah Berlin, que à inveterada inclinação da Alemanha ao autoritarismo e ao despotismo opõe a "noção anglo-francesa da liberdade" e "a noção de liberdade em geral professada pelos pensadores ocidentais (sobretudo ingleses, franceses e estadunidenses)"[16]. Leo Strauss mostra-se ainda mais seletivo. Em 1941, fugindo do Terceiro Reich, ele não se limita a expulsar do Ocidente o país do qual ele mesmo provém. Insiste na "diferença entre a filosofia alemã e a filosofia dos países ocidentais" e lamenta o fato de que "a Alemanha fora educada pelos seus filósofos no desprezo pela filosofia ocidental". Mas, ao render homenagem ao "espírito do Ocidente", especifica que se trata "em particular do Ocidente anglo-saxão"[17].

Três anos depois, Hayek faz um balanço histórico bastante eloquente:

> Por mais de duzentos anos as ideias inglesas se difundiram em direção ao Leste. O reino da liberdade, que já se tinha realizado na Inglaterra, parecia destinado a se difundir em todo o mundo. Mas por volta de 1870, o predomínio dessas ideias talvez tenha chegado à sua extensão máxima. A partir daquele momento começou a retirada, e um tipo diferente de ideia, não realmente novo, mas mais velho, começou a avançar a partir do Leste. A Inglaterra perdeu sua liderança intelectual no campo político e social e se tornou importadora de ideias. Nos sessenta anos seguintes, a Alemanha tornou-se o centro a partir do qual se expandiam para o Leste e para o Oeste as ideias destinadas a governar o mundo no século XX.[18]

Ao ler essa acusação, é-se obrigado a pensar no soberano desprezo que, no momento do apogeu de seu poder e de sua glória, o Império Britânico

---

[15] W. Churchill, *His Complete Speeches 1897-1963* (Nova York/Londres, Chelsea House, 1974), p. 63-84, discurso de 27 de abril de 1941.

[16] I. Berlin, *La libertà e i suoi traditori* (Milão, Adelphi, 2005), p. 122, 90.

[17] L. Strauss, "German Nihilism", *Interpretation: A Journal of Political Philosophy*, v. 26, n. 3, 1999, p. 371, 358.

[18] F. A. Hayek, *The Road to Serfdom* (Londres, Ark Paperbacks, 1986), p. 16. [Ed. bras.: *O caminho da servidão*, Rio de Janeiro, Bibliex, 1994.]

ostentava em relação à França e às "nações continentais" orientalizantes em geral; tampouco faltava quem, sem exagerar, gostava de dizer que "os negros começam em Calais", assim que se atravessa o canal da Mancha[19]. Em todo caso, "o Ocidente anglo-saxão" tende a se tornar o Ocidente enquanto tal, enquanto o Oriente parece iniciar-se já na Europa continental, cujos habitantes pareciam fazer parte dos povos de cor.

3. A AMÉRICA COMO OCIDENTE AUTÊNTICO E A CONDENAÇÃO DA EUROPA COMO ORIENTE

A inclinação a fazer coincidir a exclusão do Ocidente autêntico com a exclusão da raça branca manifesta-se de forma ainda mais clara na América. Em meados do século XVIII, Franklin não tem dúvidas sobre o fato de que são os ingleses das duas margens do Atlântico que constituem "o núcleo principal do povo branco", do "povo branco de modo puro", enquanto boa parte da Europa continental é "de cor vagamente escura"[20].

A partir da Revolução Americana, a condenação do despotismo e da corrupção política e moral tende a excluir a Europa em seu conjunto do lugar sagrado da civilização e do Ocidente mais autêntico. E a Europa é, de algum modo, considerada parte integrante do Oriente no momento em que o presidente estadunidense Monroe formula a célebre doutrina que ganhou seu nome e que contesta o direito das potências europeias de intervir na América ou "neste continente, neste hemisfério", no hemisfério ocidental. Em 1794, com o olhar voltado para a Revolução Francesa, um autor da *founding era* [era fundadora] escreve que "uma total demolição da velha ordem" social pode ter sentido só no "continente oriental", na Europa corrupta e degenerada[21].

Washington convida seus concidadãos a ficarem longe desse lugar de intriga e violência. "Enquanto na Europa guerras e desordens parecem agitar quase toda nação, paz e tranquilidade prevalecem entre nós, se forem excetuadas algumas zonas das nossas fronteiras ocidentais, onde os índios têm sido molestos; estamos

---

[19] D. Losurdo, *Controstoria del liberalismo*, cit., cap. VIII, § 7.

[20] Ibidem, p. 243.

[21] J. Kent, "An Introductory Lecture to a Course of Law Lectures", em C. S. Hyneman e D. S. Lutz, *American Political Writing During the Founding Era: 1760-1805* (Indianápolis, Liberty Press, 1983), p. 948.

tomando as medidas oportunas para educá-los ou castigá-los.[22]" O Velho Mundo tende a ser relegado entre os bárbaros, ao lado dos peles-vermelhas. Tal proximidade continua a ser sentida por muito tempo na tradição política estadunidense. Em 1802, ao comemorar o aniversário da independência dos Estados Unidos, um autor da *founding era* atribui a Washington e a Adams o mérito de terem "feito tratados vantajosos com as nações da Europa e com as tribos que habitam os territórios selvagens do Oeste"[23]. Dez anos mais tarde, ao declarar guerra a ela, Madison acusa a Inglaterra de atacar de forma indiscriminada com sua frota a população civil, sem poupar nem mulheres nem crianças, segundo um comportamento semelhante ao dos "selvagens" peles-vermelhas[24].

Um século depois, quando estourou a Primeira Guerra Mundial, um duro julgamento condena o Velho Mundo em seu conjunto e todos os contendentes, os quais – observa um editorial do *Times* de 2 de agosto de 1914 – "recaíram na condição de tribos selvagens". Posteriormente, à medida que se delineia a intervenção dos Estados Unidos ao lado da Entente, a denúncia concentra-se de modo unívoco sobre os alemães, rotulados pela imprensa e por uma ampla opinião pública como os "bárbaros" que desafiam a "civilização", como os "hunos" ou como selvagens inferiores até "aos peles-vermelhas da América e às tribos negras da África"[25].

Uma dialética análoga é desenvolvida por ocasião da Segunda Guerra Mundial. Ainda em 15 de abril de 1939, Franklin Delano Roosevelt acusa os países europeus em seu conjunto de não terem conseguido encontrar métodos melhores para resolver seus conflitos do que os usados "pelos hunos e pelos vândalos há 1.500 anos"; felizmente, graças a uma "instituição tipicamente norte-americana" como é a união que abrange todos os países da "família americana", "as repúblicas do mundo Ocidental" [*Western World*], ou do continente americano, conseguem "promover sua civilização comum sob um sistema de paz" e proteger o "mundo ocidental" da tragédia que se abate sobre "o Velho

---

[22] G. Washington, *A Collection* (org. W. B. Allen, Indianápolis, Liberty Classics, 1988), p. 555, carta ao marquês de La Fayette (28/7/1791).

[23] Z. S. Moore, "An Oration on the Anniversary of the Independence of the United States of America", em C. S. Hyneman e D. S. Lutz, *American Political Writing During the Founding Era: 1760-1805*, cit., p. 1209.

[24] H. S. Commager, *Documents of American History* (Nova York, Appleton-Century-Crofts, 1963, v. I), p. 208-9.

[25] R. H. Gabriel, *The Course of American Democratic Thought* (Nova York/Westport/Londres, Greenwood Press, 1986), p. 388, 399.

Mundo"[26]. Após intervir na guerra, o presidente estadunidense concentra o fogo apenas sobre a Alemanha.

Bem longe de referir-se a humores e contingências políticas imediatas ou de breve período, a pretensão de representar o Ocidente autêntico é expressão de uma filosofia da história radicada na tradição política estadunidense. O mito da *translatio imperii* da Europa e do Oriente para o outro lado do Atlântico atravessa essa filosofia em profundidade. São considerados proféticos os versos compostos em 1726 por George Berkeley: "Para o Ocidente o curso do Império toma seu rumo;/ os primeiros quatro atos já se passaram,/ um quinto ato fechará o drama e o dia;/ a mais nobre criatura do tempo é a última". A tais versos se refere, ainda em 1874, o autorizado senador Charles Sumner, o qual, em uma obra escrita por ocasião do primeiro centenário da Revolução Americana, depois de ter procurado "profecias" análogas já no Antigo Testamento e em Platão, cita satisfeito diversos autores estadunidenses que tinham agitado tal motivo. "Todas as coisas do céu, como o sol glorioso, se movem para o Ocidente"; e isto vale também para o império que encontrara seu centro em Roma e que "já se apressa para o mundo novo": assim exprime-se o pintor estadunidense Benjamin West poucas décadas depois do bispo e filósofo inglês. Mas é sobretudo importante a opinião de um personagem ilustre da história desse país, o segundo presidente dos Estados Unidos, com o qual ainda uma vez Sumner se identifica em plenitude:

> John Adams, já velho, andando em busca de lembranças de seus anos juvenis, recordou em suas cartas que nada "era mais antigo que a observação segundo a qual as artes, as ciências e o império se tinham movido do Oriente para o Ocidente, e que comumente, durante uma conversa, se acrescentava que sua próxima etapa seria a América, além do Atlântico". Com a ajuda de um vizinho octogenário, lembrou dois versos que ouviu repetir "por mais de sessenta anos": "Os povos do Oriente decaem, acaba a sua glória,/ e surge o império lá onde o sol se põe".[27]

---

[26] Franklin Delano Roosevelt, citado em H. S. Commager, *Documents of American History*, cit., v. II, p. 414.

[27] O texto de Sumner, com sua referência a Berkeley, West e Adams, é relatado em P. Bairati, *I profeti dell'impero americano. Dal periodo coloniale ai nostri giorni* (Turim, Einaudi, 1975), p. 108-13.

O motivo da *translatio imperii* para o Ocidente junta-se ao tema veterotesta-mentário do novo Israel, da cidade na altura dos eleitos de Deus, da "raça eleita" [*chosen race*][28], ou do "povo escolhido" por Deus a fim de guiar a regeneração do mundo, para retomar a linguagem usada no século XX, como sabemos, por Beveridge e hoje, mais do que nunca, cara aos presidentes que se sucedem na Casa Branca. Nesse contexto, o poder sem precedentes conseguido pelos Estados Unidos, o lugar onde o Ocidente se manifesta em sua autenticidade, não é outra coisa senão a manifestação do desígnio providencial. E o recurso às armas para defender ou consolidar esse primado é, por definição, santificado por Deus. Os europeus, que não compreendem isso, mostram que se movem à margem ou até fora do Ocidente autêntico.

4. O NAZISMO COMO HERDEIRO DO *PATHOS* EXALTADO DO OCIDENTE

A tendência da tradição política estadunidense em colocar os europeus entre os bárbaros suscita o desdém de Schmitt: "Estranhamente, a fórmula do he-misfério ocidental era dirigida exatamente contra a Europa, o antigo Ocidente. Não era dirigida contra a velha Ásia ou a África, mas contra o velho Oeste. O novo Oeste alimentava a pretensão de ser o verdadeiro Oeste, o verdadeiro Ocidente, a verdadeira Europa". E assim, "a velha Europa" acaba sofrendo a mesma sorte da Ásia e da África, já desde sempre excluídas da civilização[29]. A concorrência que o centro do Ocidente (ou entre a Europa velha e a nova) representa é a expressão ideológica da competição pela hegemonia.

A Alemanha nazista certamente não podia estar ausente dessa competição. Logo após sua chegada ao poder, Hitler atribui como mérito do povo alemão a "responsabilidade sentida de forma profunda pela vida da comunidade das nações europeias"[30]. É nesse sentido que Rosenberg eleva um hino aos "va-lores criativos" e à "toda a cultura do Ocidente", ou aos "valores germânico--ocidentais" e à "alma nórdico-ocidental"[31]. É um motivo que se torna cada

---

[28] Por exemplo, em 1787, o "poeta teológico" Timothy Dwight, citado em A. K. Weinberg, *Manifest Destiny: A Study of Nationalistic Expansionism in American History* (Chicago, Qua-drangle Books, 1963), p. 40.

[29] C. Schmitt, *Il nomos della terra nel diritto internazionale dello "Jus Publicum Europaeum"* (Milão, Adelphi, 1991), p. 381.

[30] A. Hitler, *Reden und Proklamationen 1932-1945* (org. M. Domarus, Munique, Süddeutscher, 1965), p. 226, discurso de 21 de março de 1933.

[31] A. Rosenberg, *Der Mythus des 20. Jahrhunderts* (Munique, Hoheneichen, 1937), p. 81-2, 434.

vez mais enfático após a invasão da União Soviética. Logo depois do início da Operação Barba-roxa, Hitler apresenta-se, em seu pronunciamento de 22 de junho de 1941, como "representante, consciente da própria responsabilidade, da cultura e civilização europeias"[32]. Nas conversas à mesa ele insiste repetidas vezes no fato de que é preciso esconjurar o "fim do Ocidente", evitar "o perigo comunista proveniente do Leste", eventualmente recorrendo, depois da conquista e da colonização dos novos territórios, a uma "gigantesca trincheira [...] contra as massas da Ásia central"[33]. No dia seguinte a Estalingrado, Goebbels previne a "humanidade ocidental" contra o perigo representado pelo "bolchevismo oriental" e agita a bandeira da "missão europeia", da "missão histórica" do Ocidente. Está em jogo "o futuro da Europa, antes, do Ocidente civilizado em seu conjunto". Nem por um instante se deve perder de vista a questão decisiva: "O Ocidente está em perigo", "a humanidade ocidental está em perigo"[34].

Depois da derrota da Alemanha, Heidegger justifica sua adesão ao regime declarando ter agido olhando para a "situação histórica do Ocidente", por senso de "responsabilidade ocidental", na esperança de que o próprio Hitler estaria à altura de sua "responsabilidade ocidental". Não é então na base de um *pathos* exaltado do Ocidente que se pode opor-se de fato ao nazismo. Quando autores entre si tão diferentes como Strauss e Hayek fazem sua apaixonada celebração do "homem ocidental" a partir da Grécia antiga, não retomam motivos e expressões caros ao Heidegger dos anos 1930 e bem presentes em Goebbels e na cultura e na ideologia do Terceiro Reich, em cujo âmbito a polêmica contra o Oeste inimigo da Alemanha se junta a uma celebração sem limites do Ocidente, do qual exatamente a Alemanha se ergue como baluarte e intérprete autêntico[35].

Na opinião dos nazistas, mais do que nunca a exclusão do Ocidente coincide com a exclusão da raça branca. A França, que não hesita em recrutar seus soldados nas populações coloniais, atravessa agora um processo de "negrização" [*Vernegerung*]; antes, assistimos já ao "surgimento de um Estado africano em

---

[32] A. Hitler, *Reden und Proklamationen 1932-1945*, cit., p. 1730, discurso de 22 de junho de 1941.

[33] Idem, *Tischgespräche* (org. H. Picker, Frankfurt/Berlim, Ullstein, 1989), p. 69, 237, 449.

[34] J. Goebbels, *Reden 1932-1945* (org. H. Heiber, Bindlach, Gondrom, 1991, v. II), p. 163, 175-9, 183.

[35] Sobre Heidegger, cf. D. Losurdo, *La comunità, la morte, l'Occidente. Heidegger e "l'ideologia della guerra"* (Turim, Bollati Boringhieri, 1991), cap. 3, § 8; F. A. von Hayek, *La società libera* (Florença, Vallecchi, 1969), p. 21; L. Strauss, "Relativismo", em *Gerusalemme e Atene* (org. R. Esposito, Turim, Einaudi, 1998), p. 323.

solo europeu"[36]. Mais complexa é a relação com os ingleses e os estadunidenses: são, sem dúvida, ocidentais, graças também à sua origem germânica; mas, quando se deixam influenciar e contaminar pelos judeus – ou seja, por um povo que é oriental e asiático – e se colocam contra a Alemanha, se autoexcluem do Ocidente e da raça branca. Se, como sabemos, segundo Hitler, corre "sangue judeu" nas veias de Franklin Delano Roosevelt, o ministro da Guerra inglês é "judeu marroquino". Ainda mais eloquentes são as anotações do diário de Goebbels: as elites inglesas, "por causa dos casamentos com judeus, estão tão fortemente infectadas pelo judaísmo que na prática não estão mais em condição de pensar de modo inglês" (e ocidental). Ou seja: os ingleses são "o povo ariano que mais do que todos assumiu características judias", as características de uma estirpe substancialmente estranha ao Ocidente e à raça branca e apenas "aparentemente civilizada"[37].

5. Raça branca, raça ariana e Ocidente

Como se vê, no Terceiro Reich o *pathos* do Ocidente e da raça branca une-se à mitologia ariana: trata-se de um fenômeno que vai muito além do nazismo e da própria Alemanha. Voltemos aos Estados Unidos e ao tema da *translatio imperii*: desde a Índia, depois de ter subjugado a população primitiva, o povo ariano irrompeu na Europa, atravessou depois o canal da Mancha e, por fim, o Atlântico. É a confirmação de que o curso da civilização e da história vem do Oriente para o Ocidente. Sim – afirma Jesup D. Scott em meados do século XIX –, é clara a direção para a qual se dirige "a estrela do império":

> O movimento para o Ocidente do ramo caucásico [branco] da raça humana, dos altiplanos da Ásia, primeiro para a Europa, e depois, com maré crescente, para o Novo Mundo, com grande multidão de homens, é o fenômeno mais grandioso da história. Que estadunidense não contempla seus efeitos, que se mostram diante de seus olhos, sem um movimento de orgulho e de exaltação?[38]

---

[36] A. Hitler, *Mein Kampf* (Munique, Zentralverlag der Nsdap, 1939), p. 730.

[37] Idem, *Idee sul destino del mondo* (Pádua, Edizioni di Ar, 1980), p. 178, conversa da noite entre 12 e 13 de janeiro de 1942; J. Goebbels, *Tagebücher* (org. R. G. Reuth, Munique/ Zurique, Piper, 1991), p. 1764, 1934; idem, *Reden 1932-1945*, cit., v. II, p. 181.

[38] J. D. Scott, citado em P. Bairati, *I profeti dell'impero americano*, cit., p. 181.

A LINGUAGEM DO IMPÉRIO   255

Por outro lado – acentua algumas décadas depois outro enaltecedor do "destino manifesto" (John Fiske) –, ao contrário do observado no continente europeu, onde sofreu graves derrotas, "na Inglaterra o governo livre dos arianos primitivos até a era contemporânea desenvolveu-se contínua e ininterruptamente"[39]. A república estadunidense é herdeira disso. Ela representa o Ocidente extremo e autêntico, e tal Ocidente é o lugar onde, em virtude exatamente de um "destino manifesto", desembarcam e se estabelecem de forma definitiva o império, o povo eleito e a raça ariana.

Nesse momento, ariano não se opõe a semita, mas eventualmente a negro e a homem de cor. E isso tanto na América como na Europa. Segundo Gumplowicz, um dos primeiros teóricos da mitologia ariana, os habitantes originais da Índia são de pele mais escura que seus conquistadores e, por isso, a vitória dos arianos é a vitória dos brancos sobre as "tribos 'negras'" e pode ser comparada à vitória dos brancos sobre os peles-vermelhas da América. A essa altura, a diferença da cor da pele torna-se o elemento decisivo; é ela que fixa o "abismo intransponível" entre vencedores e vencidos, entre a raça dos senhores e a daqueles destinados à escravidão ou ao aniquilamento. Bem longe de opor ariano a judeu, Gumplowicz, que sabemos ser de origem judia, compara a irrupção dos arianos na Índia e a expansão dos brancos na América à conquista, "mil anos mais tarde", da Palestina pelas "tribos de Israel", com resultados análogos àqueles já vistos[40]. A comunidade ariana é sinônimo, em última análise, de comunidade ocidental, no âmbito da qual também os judeus são subsumidos por Gumplowicz. A ela se opõe o mundo colonial e dos povos de cor, do qual agora também a Índia faz parte, substancialmente assimilada aos habitantes de pele escura dominados e subjugados pelos arianos vencedores. Do outro lado do Atlântico, no início do século XX, eis que um campeão da supremacia branca, Tom Watson, celebra "a superioridade do ariano" e previne contra "a ameaça nacional, espantosa, aziaga" da dominação negra[41].

Tentemos sintetizar a história por trás da atual autoconsciência do Ocidente. A partir, mais ou menos, do século XVII os cristãos tornam-se os brancos, e estes, por sua vez, começam a agitar, dois séculos mais tarde, o mito genealógico ariano como fundamento da irresistível marcha conquistadora da qual são

---

[39] J. Fiske, citado em P. Bairati, *I profeti dell'impero americano*, cit., p. 232.

[40] L. Gumplowicz, *Der Rassenkampf. Sociologische Untersuchungen* (Innsbruck, Wagner'sche Universitätsbuchhandlung, 1883), p. 292-3, 295.

[41] C. V. Woodward, *Le origini del nuovo Sud* (Bolonha, Il Mulino, 1963), p. 332.

protagonistas. Nos Estados Unidos do final do século XIX, onde o regime de *white supremacy* sela a tragédia dos peles-vermelhas e dos negros, um livro de sucesso extraordinário presta homenagem à *western supremacy* que se impõe em nível internacional graças ao triunfo das "raças arianas"[42]. A "supremacia branca", reivindicada com o olhar voltado para os ameríndios e os afro-americanos, tende agora a tomar a forma de "supremacia ocidental" e ariana, em legitimação do triunfo que o Ocidente alcança em nível mundial. Tal ideologia, que ao celebrar a superioridade do Ocidente oscila entre cultura e raça, é tão generalizada que espreita até um grande filósofo de orientação universalista. Na década de 1930, Husserl exclui da "supranacionalidade europeia" (de que fazem parte "os domínios ingleses, os Estados Unidos etc." e que é chamada a desempenhar uma função "arcôntica para toda a humanidade") os "índios mostrados nos barracões das feiras, ou os ciganos que vagam pela Europa"[43]. A exclusão afeta o povo sobrevivente de um genocídio no Novo Mundo e o povo que, no Velho Mundo, está para compartilhar com os judeus a tragédia desencadeada pelo furor racista do regime hitlerista.

Depois da derrocada do Terceiro Reich e da trágica experiência da "solução final", a celebração do Ocidente evita a referência à raça branca e ariana. Naturalmente, seria errado subavaliar a importância da mudança de paradigma, no entanto não se podem perder de vista os elementos de continuidade. Durante a Guerra Fria, para enfrentar o perigo representado pelo comunismo e pelos povos coloniais em revolta, Churchill invoca a "unidade do mundo que fala inglês" [*English-Speaking world*] ou o "povo branco de língua inglesa" [*white English-Speaking people*][44]. É interessante notar que o estadista inglês não procede de modo diferente dos cultores da mitologia ariana; a partir da comunidade linguística deduz-se a unidade da raça que a compõe e, em testemunho da excelência de tal raça, aduzem-se os produtos culturais da língua ariana ou da língua inglesa.

E nos nossos dias? Façamos uma pergunta: por que, além da Europa, dos Estados Unidos e do Canadá, fazem parte da "civilização ocidental" a Austrália e a Nova Zelândia, ao passo que estão excluídos o México ou o Brasil,

---

[42] J. Strong, *Our Country* (Cambridge, The Belknap Press of Harvard University Press, 1963), p. 27 ss, 215.

[43] E. Husserl, citado em D. Losurdo, *La comunità, la morte, l'Occidente*, cit., p. 84.

[44] P. G. Boyle, *The Churchill-Eisenhower Correspondence 1953-1955* (Chapel Hill/Londres, The University of North Carolina Press, 1990), p. 34, carta ao presidente estadunidense Eisenhower (5/4/1953).

que não se localizam na Ásia, mas no hemisfério ocidental? Como explicar tais inclusões e exclusões? Huntington responde com grande clareza: "A civilização latino-americana incorpora culturas indígenas, que na Europa nunca existiram e que na América do Norte [e na Austrália e Nova Zelândia] foram eliminadas". Para ser exato, além das culturas, foram eliminados também os povos que as encarnavam. E o ilustre politólogo não esconde que os colonos puritanos que aportaram na América do Norte partiam do pressuposto de que "a expulsão e/ou o extermínio dos índios era a única possibilidade de haver futuro"[45]. Se o genocídio permite a inclusão no Ocidente, a mestiçagem sela a exclusão. Toynbee não estava errado em prevenir, na década de 1950, contra o persistente "sentimento de raça ocidental"[46].

Até a delimitação dos limites internos desse clube exclusivo oscila entre apelo à cultura e apelo à raça. Outro intelectual estadunidense de primeiro plano, Robert Conquest, depois de identificar o Ocidente autêntico como a "comunidade de língua inglesa" (mantida bem distinta não só em relação aos bárbaros totalmente estranhos ao Ocidente, mas também à "Europa continental [que] não cessou de ser uma fonte de burocracia e 'burolatria', de protecionismo, de antiamericanismo e de hostilidade contra o conceito anglo-americano de direito e liberdade"), esclarece que a excelência de tal comunidade tem um fundamento étnico preciso constituído pelos "anglo-celtas"[47].

6. Triunfo político-militar do Ocidente e ofuscamento de sua consciência crítica

O que então define o Ocidente? Não é a colocação geográfica. De acordo com as circunstâncias, países importantes são incluídos ou excluídos e ameaçam reciprocamente excluir-se. Quem define essa área que se apresenta como o lugar exclusivo ou privilegiado da civilização não são sequer o livre mercado e a democracia. Isso é demonstrado pela inclusão, por ação de Quinet e de Theodore Roosevelt, de um país como a Rússia czarista e, sobretudo, pela pretensão do nazismo de ser o campeão do Ocidente. Mercado livre e demo-

---

[45] S. P. Huntington, *Lo scontro delle civiltà e il nuovo ordine mondiale* (Milão, Garzanti, 1997), p. 53. [Ed. bras.: *O choque das civilizações e a recomposição da nova ordem mundial*, Rio de Janeiro, Objetiva, 1997.]; idem, *La nuova America* (Milão, Garzanti, 2005), p. 69.

[46] A. J. Toynbee, *A Study of History*, cit.,v. I, p. 210-1 [nota 1].

[47] R. Conquest, *Il secolo delle idee assassine* (Milão, Mondadori, 2001), p. 275 ss, 307.

cracia são fenômenos recentes e de duração bastante limitada em relação a uma história e a uma tradição que pretendem ser milenares e ter uma "alma" que de algum modo aspira à eternidade. Não é sequer a religião que define essa alma. Mesmo deixando de lado o caráter problemático da tradição "judaico-cristã", dois pontos são claros: a Rússia cristã ortodoxa é, em geral, excluída do Ocidente; por outro lado, o cristianismo da Europa, que soube enfrentar o desafio da secularização, é bem diferente do cristianismo que, nos Estados Unidos, continua a consagrar o "povo eleito" por Deus. As fronteiras do Ocidente são vagas como nunca: permanece clara e imutável apenas a função de interdição ideológica de uma categoria chamada a condenar e a excluir da comunhão com a civilização aqueles que de vez em quando são considerados estranhos ou hostis ao Ocidente. É a sorte que toca, primeiro, os povos coloniais; a submissão ou o confinamento deles a um papel subalterno é um elemento constitutivo da identidade ocidental.

Estamos, portanto, na presença de uma identidade que se reforçou sobretudo nos séculos que viram o triunfo militar e político da Europa e do Ocidente. Um triunfo prolongado tende a anuviar a consciência crítica dos vencedores. Conviria ter presente o aviso de Nietzsche dirigido a seus compatriotas, na abertura da primeira de suas *Considerações inatuais* [*extemporâneas* ou *intempestivas*], logo depois do triunfo conseguido pela Alemanha durante a Guerra Franco-prussiana: "uma grande vitória é um grande perigo" e antes, com o estímulo a uma condição de autoexaltação e embriaguez, ela pode facilmente se transformar "em uma derrota completa". É o que se verificou na história do Ocidente. As vozes mais altas de sua cultura souberam chamar a atenção para as injustiças e os crimes cometidos contra os povos coloniais. Mas o expansionismo e a vertigem do sucesso estimularam tendências de todo opostas. Na Espanha, que com a descoberta-conquista da América se tornou a maior potência colonial, Sepúlveda opõe-se a Las Casas e não hesita em desumanizar os índios e a legitimar sua escravização (e dizimação). E é essa posição que leva vantagem, não obstante a presença da Igreja e a bula de Paulo III que, em 1537, chama os cristãos a considerar os índios "verdadeiros homens" e a respeitar a "liberdade" e "propriedade" deles.

A condenação do colonialismo e das práticas de escravização e aniquilamento e o interesse e a simpatia pelas culturas extraeuropeias (por exemplo, a China) ecoam depois, no fim do século XVIII, nas vozes mais altas do Iluminismo e em um país (a França) que, não por acaso, logo após a Guerra dos Sete Anos, perde grande parte de seu império e, portanto, percebe em medida reduzida o peso dos interesses coloniais. Mais ou menos na mesma época, na Inglaterra lançada em um expansionismo que parece irresistível, Adam Smith celebra a Europa como a minúscula ilha no oceano ilimitado da escravidão, reservando um elogio particular à Inglaterra, o país que naquele momento está na frente do tráfico dos escravos negros. A um século de distância, embora com suas macroscópicas repressões, a voz do grande economista e filósofo aparece com uma absoluta racionalidade se comparada ao chauvinismo que acompanha o triunfo do Império Britânico.

Em meados do século XIX, na França, que está se tornando de novo uma grande potência colonial, rompendo com a grande tradição iluminista e fazendo sarcasmo de sua atitude de abertura em relação às grandes culturas extraeuropeias, Tocqueville atribui a um desígnio da "Providência" a sujeição do planeta por ação da "raça europeia", que conhece assim uma transfiguração inquietante:

> A raça europeia recebeu do céu ou adquiriu com seus esforços uma superioridade tão incontestável sobre todas as outras raças que compõem a grande família humana que o homem colocado por nós, por causa de seus vícios e sua ignorância, no último degrau da escala social é ainda o primeiro perto dos selvagens.

A partir de tal perspectiva o autor liberal não hesita em convidar o exército francês na Argélia a sequestrar também mulheres e crianças, incendiar as colheitas e os meios de sustento e recorrer a práticas genocidas. No entanto, sua lucidez intelectual não está obscurecida, pelo menos a julgar pela admissão que por um instante escapa de Tocqueville: "Neste momento, nós travamos a guerra de uma maneira muito mais bárbara que os próprios árabes. Atualmente é do lado deles que se encontra a civilização"[48].

Hoje seria bastante difícil encontrar uma admissão análoga na ideologia dominante, sobretudo nos Estados Unidos, o país no qual, em virtude da triunfal ascensão político-militar, o ofuscamento da consciência crítica do Ocidente se manifesta em sua forma mais cabal. Pensemos em Leo Strauss que, ao celebrar "a experiência estadunidense", sublinha "a diferença entre uma nação concebida na liberdade e dedicada ao princípio segundo o qual todos os homens foram criados iguais e as nações do velho continente, que com certeza

---

[48] A. de Tocqueville, *Oeuvres completes* (org. J. P. Mayer, Paris, Gallimard, 1951, v. III), t. I, p. 226; cf. também D. Losurdo, *Controstoria del liberalismo*, cit., cap. V, § 12; cap. VII, § 6.

não foram concebidas na liberdade"[49]. Nesse balanço, não há traços nem da aniquilação dos ameríndios, nem da escravidão dos afro-americanos, nem do regime de supremacia branca terrorista que toma o lugar da escravidão propriamente dita e que continua a assolar ainda nas primeiras décadas do século XX. Mais inútil ainda é procurar em Strauss uma reflexão crítica e autocrítica sobre as intervenções em cadeia dos Estados Unidos no continente americano (e em outras partes do mundo) para manter ou instaurar ditaduras militares, no âmbito interno ferozes, mas, no internacional, atenciosas em relação ao Grande Irmão. Tais intervenções, porém, desembocam não só na instauração de ditaduras ferozes, mas também na ajuda fornecida para a realização de "atos de genocídio", como sublinha na Guatemala a "Comissão para a Verdade", que faz referência à sorte que coube aos índios maias, culpados de simpatizarem com os opositores do regime caro a Washington[50]. Compreende-se perfeitamente que Leo Strauss tenha se tornado o filósofo de referência dos atuais neoconservadores comprometidos em reforçar, com a ajuda das armas, a missão mundial da "nação eleita" por Deus.

7. O "NEGACIONISMO" DO OCIDENTE E DE SEU PAÍS LÍDER

Muitas vezes se fala de "negacionismo" com referência àqueles que, de modo mais ou menos explícito, gostariam de negar o horror de Auschwitz e da "solução final", da tentativa sistemática de exterminar um povo inteiro, incluindo mulheres e crianças. Em homenagem, depois, à assimilação entre nazismo e comunismo – o dogma central do revisionismo histórico, acolhido com favor e entusiasmo pela ideologia dominante –, a categoria é às vezes usada para acusar os que se recusam a reduzir a um acontecimento criminoso a história de um movimento, o comunista, que se insurge contra o "holocausto" da Primeira Guerra Mundial – a expressão encontra-se às vezes na imprensa da época – e que denuncia e combate os "holocaustos" que caracterizam a expansão e o domínio coloniais – para retomar a linguagem hoje utilizada por não poucos historiadores[51]. Só bastante raramente foi chamada de "ne-

---

[49] L. Strauss, "Progreso o ritorno?", em *Gerusalemme e Atene*, cit., p. 43-4.

[50] M. Navarro, "US Aid and 'Genocide': Guatemala Inquiry Details CIA's Help to Military", *International Herald Tribune* (Nova York), 27-28/2/1999.

[51] Sobre a Primeira Guerra Mundial cf. L. Stoddard, *The New World of Islam* (Nova York, C. Scribner's Sons, 1922), p.169. Sobre a tradição colonial cf. D. Losurdo, *Controstoria del liberalismo*, cit., cap. X, § 5.

gacionista" a publicística empenhada em negar ou reprimir (se não justificar) os "holocaustos" coloniais[52].

Contudo, neste último caso, o "negacionismo" apresenta-se com nitidez particular. A teorização do genocídio dos peles-vermelhas, entretanto, é explícita e difusa, por exemplo, nos Estados Unidos entre os séculos XIX e XX. Conhecemos os autorizados políticos e ideólogos segundo os quais o destino das "raças decadentes está selado"; para eles se apresenta inevitável a "solução final e completa" (*supra*, cap. VI, subitem 11; cap. III, subitem 5). Outras vozes se revelam mais impacientes: é preciso acabar o mais rápido possível com esse "monstro bárbaro", esse "instinto animal de sangue", sem se deixar estorvar por covardes "de coração de galinha". A empresa deve ser conduzida de modo sistemático: os "piolhos" devem ser aniquilados já nos "ovos", ou seja, sem poupar os recém-nascidos[53]. É uma fúria genocida que envolve personalidades políticas de primeiríssimo plano, que depois passaram a fazer parte do panteão nacional: "Não chego ao ponto de acreditar que apenas os índios mortos sejam bons, mas creio que seja assim para nove em cada dez; aliás, não perguntarei de forma demasiado profunda sequer sobre o décimo". Quem formula essa sentença é Theodore Roosevelt, que vimos legitimar a "guerra de extermínio" contra as "raças inferiores" rebeldes e que não hesita em rotular com os termos mais ásperos todos os que se deixam obstacular e "vencer por falsos sentimentalismos" e por "um senso moral corrupto, perverso e estúpido"[54].

No caso dos aborígenes, as técnicas, se não de justificação, de repressão total do genocídio consumado alcançam perfeição sem igual. Uma comparação pode ser instrutiva. Entre os "negacionistas" no sentido tradicional do termo em geral é incluído também Roger Garaudy. Todavia, o filósofo marxista, que se converteu ao islã, afirma que precisa reconhecer o "martírio dos deportados judeus", os quais, da mesma forma que os deportados eslavos, sofreram a "crueldade dos senhores hitleristas, que os tratavam como escravos, privando-os de valores até como os trabalhistas"[55]. Ou então, vejamos David Irving: *Hitler's*

---

[52] E. Marienstras, *Wounded Knee ou l'Amérique fin de siècle* (Bruxelas, Complexe/Grégoire, 1992), p. 216.

[53] R. Slotkin, *The Fatal Environment: The Myth of the Frontier in the Age of Industrialization 1800-1890* (Nova York, Harper Perennial, 1994), p. 392. Sobre os "piolhos" cf. D. Losurdo, *Controstoria del liberalismo*, cit., cap. X, § 3.

[54] Theodore Roosevelt, citado em R. Hofstadter, *La tradizione politica americana* (Bolonha, Il Mulino, 1960), p. 208-9.

[55] R. Garaudy, *I miti fondatori della politica israeliana* (Gênova, Graphos, 1996), p. 177.

war [A guerra de Hitler], seu livro talvez mais controvertido, embora negue as câmaras de gás e se mostre reticente sobre a radicalidade da "solução final", não pode esconder os "bárbaros massacres dos judeus soviéticos", reconhece que "toda a atividade homicida dos nazistas era coberta por eufemismos sutis" e sublinha o quanto era horrível essa "atividade" destinada a atacar "sem distinções de classe social, de sexo ou de idade". Era tão horrível que – como referia um relatório enviado a Canaris (dirigente da Abwehr, a contraespionagem) e relatado por Irving – os pelotões de execução e as equipes especiais só conseguiam cumprir sua tarefa "sob o efeito do álcool"[56]. É verdade que essas admissões acabam sendo bastante enfraquecidas pela tese segundo a qual a política contra os judeus posta em ação pelo Terceiro Reich não teria resultado de uma ordem escrita por Hitler, que talvez até não estivesse a par disso tudo. No entanto, é o historiador inglês quem observa que o *Führer* considerava "excelente" e merecedor da mais ampla difusão a proclamação com a qual o general Reichenau esclarecia aos seus soldados um ponto essencial: era preciso exigir "um duro, mas justo, tributo dos judeus subumanos", a fim de "sufocar no nascimento eventuais insurreições por trás da Wehrmacht", alimentadas por eles[57]. Do relato do próprio Irving se vê de forma clara o quanto é aventureira a tese formulada por ele, mas isso confirma o caráter parcial e torcido de seu "negacionismo" antijudeu.

Agora demos uma olhada no livro de outro autor inglês, John Keegan. Seu conteúdo foi assim sintetizado no título do artigo dedicado a ele pelo *Corriere della Sera*, o maior jornal italiano: "Indiani egoisti e cattivi. Viva Custer" [Índios egoístas e maus. Viva Custer][58]. Com efeito, aqui nos deparamos com uma homenagem, pelo menos indireta, a Custer, o general que, na sua correspondência privada, fazendo eco aos rumores amplamente difundidos na comunidade branca da época, pronuncia-se também por uma "guerra de extermínio"[59]. Ao chamar o índio de "rico egoísta", que desejaria monopolizar uma terra escassamente povoada e que se opõe à expansão branca[60], Keegan não se dá conta de que retoma a teoria do "espaço vital", ou seja, a teoria que serviu de base para Hitler legitimar sua campanha de dizimação e

---

[56] D. Irving, *La guerra di Hitler* (Roma, Settimo Sigillo, 2001), p. 536, 623, 533.

[57] Ibidem, p. 535-6.

[58] G. Riotta, "Indiani egoisti e cattivi. Viva Custer", *Corriere della Sera* (Milão), 19/5/1996.

[59] Custer, citado em R. Slotkin, *The Fatal Environment*, cit., p. 394.

[60] J. Keegan, *Fields of Battle: The Wars for North America* (Nova York, Knopf, 1996), p. 313.

aniquilamento dos "indígenas" da Europa oriental. Com base em tal teoria se poderiam hoje justificar, entre outras coisas, guerras ininterruptas contra os Estados Unidos. Um habitante norte-americano açambarca em média uma quantidade de matéria-prima e de recursos naturais muito superior àquela desfrutada por um habitante do Terceiro Mundo. Na realidade, para os recém-chegados da Europa, a terra que se estendia diante deles parecia não escassamente povoada, mas "desabitada", pelo fato de que aí só havia "búfalos e índios". Também o autor do livro em questão reconhece isso, mas não se dá conta da carga de desumanização implícita em tal visão, assim como ignora as implicações genocidas da representação cara aos colonos puritanos – e por ele relatada com satisfação –, segundo os quais os novos territórios eram "uma verdadeira terra de Canaã". Por intermédio de silêncios, repressões e incompreensões desse gênero, um acontecimento terrível torna-se uma obra de "pacificação do continente para o seu bem"[61].

No momento em que escrevo, enquanto Irving está na prisão, Keegan e outros autores de mesma orientação gozam de grande prestígio e de espaço na imprensa internacional de maior crédito. É mais um motivo para ser cético sobre o caminho judiciário para a verdade histórica.

Se à repressão ou à transfiguração do genocídio sofrido pelos peles-vermelhas acrescentarmos o fato de reprimir ou tornar insignificantes os séculos de escravidão impostos aos negros, podemos dizer que, no que diz respeito às vítimas coloniais do Ocidente, o "negacionismo" é a ideologia oficial. Em relação ao genocídio dos judeus, o "negacionismo" tende a se tornar a ideologia de Estado, pelo menos em um país como o Irã, e até neste caso se trata de um processo contraditório. A orientação de Ahmadinejad pode facilmente ser colocada em discussão por um novo grupo dirigente. Porém, o "negacionismo" da tragédia sofrida pelos ameríndios e pelos afro-americanos é um elemento constitutivo essencial do mito genealógico dos Estados Unidos, que podem se autocelebrar como "a mais antiga democracia do mundo" apenas sob a condição de considerar implicitamente irrelevante a sorte reservada à massa daqueles que por séculos foram excluídos, oprimidos ou aniquilados pelo povo dos senhores.

Além das personalidades comprometidas na primeira fila da luta política e, portanto, compreensivelmente pouco interessadas a colocar em discussão o mito genealógico (e a ideologia da guerra) do país líder do Ocidente, e do Ocidente enquanto tal, o "negacionismo" caracteriza também a alta cultura dos Estados

---

[61] Ibidem, p. 255-6, 332.

Unidos e da Europa. Já falamos de Leo Strauss, mas o "negacionismo" se reflete também na auréola de santidade que, nas duas margens do Atlântico, circunda a figura de Tocqueville. Este visita os Estados Unidos quando o presidente é Jackson, proprietário de escravos à semelhança de quase todos os presidentes das primeiras décadas de vida do novo país, protagonista da deportação dos cherokee (25% morrem já durante a viagem de transferência) e campeão da luta ferrenha contra aqueles "cães selvagens" que são os índios. Como sabemos, ele gosta de tratar com furor também os cadáveres deles, para conseguir lembranças para distribuir a amigos e conhecidos. Tocqueville tinha razão em indicar os Estados Unidos de Jackson – o país que está entre os últimos a abolir a escravidão no continente americano e que reintroduz essa instituição no Texas arrancado do México – como exemplo de "democracia" em geral ou tinha razão o abolicionista francês Victor Schoelcher, que visita a república estadunidense no mesmo período e denuncia o odioso despotismo sob o qual gemem os povos coloniais? Como sabemos, a categoria "democracia para o povo dos senhores" pode ajudar-nos a superar o problema, mesmo sendo verdade que o problema em questão parece estar de todo ausente no debate ideológico e político dos nossos dias.

Além do balanço histórico, as próprias categorias teóricas da ideologia dominante se mostram afetadas por uma repressão colossal. Nos anos seguintes ao fracasso da Revolução de 1848, Tocqueville opõe o amor pela igualdade exatamente de seus compatriotas, que a ela estão prontos a sacrificar a liberdade, ao apego zeloso dos anglo-americanos justamente à liberdade. É uma declaração feita enquanto na república estadunidense prossegue a tragédia dos peles-vermelhas e dos negros. A liberdade destes não é levada em consideração, e todo o raciocínio é construído sobre essa abstração.

De forma mais geral, permanecendo na ideologia dominante, o que caracteriza a história do Ocidente e define sua excelência e superioridade em relação às outras culturas seria a afirmação da dignidade autônoma do indivíduo e a consequente rejeição do organicismo ou essencialismo. No entanto, essa autocelebração omite com desenvoltura o fato macroscópico de que por séculos, na república estadunidense e nas colônias europeias, a sorte de um indivíduo foi determinada, do início ao fim, pela pertença racial, erguida uma barreira insuperável entre raça branca dos senhores e povos coloniais de cor. Isaiah Berlin eleva um hino ao Ocidente nestes termos: embora subsistam áreas de miséria que são obstáculo à "liberdade positiva" (o acesso à instrução, à saúde, ao tempo livre etc.), permanece garantida para todos a "liberdade negativa", a liberdade liberal propriamente dita, a esfera de autonomia inviolável do indivíduo. Ele assim se exprime em um ensaio publicado em 1949 na revista *Foreign Affairs*, enquanto dezenas de estados da União proíbem a contaminação sexual e matrimonial da raça branca com as outras. Mas Berlin não se dá conta de que essas medidas se destinam a confinar os povos de origem colonial em uma casta servil, mesmo violando de modo grave a própria "liberdade negativa" da raça dominante; e ele ignora também o problema análogo que se apresenta nas colônias propriamente ditas dos países europeus.

Ainda. Para refutar a tese de Lênin, que identifica no capitalismo as raízes da política de guerra do imperialismo, Joseph Schumpeter aduz, em 1919, o exemplo dos Estados Unidos: bem onde o capitalismo está particularmente desenvolvido, o ideal da paz domina sem discussão na cultura e na praxe política. Em seu raciocínio, fazendo abstração total das campanhas de deportação e de aniquilamento dos peles-vermelhas, o grande economista não se dá conta de que confirma de modo clamoroso uma tese central de Lênin: as potências coloniais não consideram guerra um conflito armado contra os povos por elas desumanizados. Em sua celebração da república estadunidense como campeã da paz, Schumpeter vai além, omitindo também a guerra que leva ao desmembramento do México, as repetidas intervenções militares na América Latina e a intervenção de traços genocidas com que Washington reprime o movimento independentista nas Filipinas; de novo, a subjugação e a dizimação dos bárbaros não são guerras! Ao expansionismo colonial corresponde em Theodore Roosevelt a celebração, em tom épico, do aniquilamento dos peles-vermelhas, a teorização da política do *big stick* [grande porrete] em relação aos povos rebeldes contra o protetorado de Washington e a reafirmação da função catártica da guerra. Mas o hino elevado às guerras coloniais não é para Schumpeter um discurso propriamente belicista. Quando é obrigado a registrar a presença de forças não propriamente pacifistas dentro dos próprios Estados Unidos, ele as coloca na conta dos resíduos pré-capitalistas representados pelos imigrantes provenientes da Europa[62]! Parafraseando uma expressão famosa, se poderia dizer que a cultura e a autoconsciência do Ocidente continuam a ser construídas *etsi servus non daretur, etsi barbarus non daretur**, como se o bárbaro a subjugar ou a dizimar (e aniquilar) não tivesse desempenhado nenhum papel.

É uma tendência que aparece também em Arendt, que dedicou a segunda parte de seu livro mais importante ao horror do imperialismo. Na terceira

---

[62] J. A. Schumpeter, *Sociologia dell'imperialismo* (Roma/Bari, Laterza, 1974), p. 76, 79-80. Sobre o *big stick* cf. T. Roosevelt, *The Strenuous Life*, cit., p. 288.

* Como se não houvesse servo, como se não houvesse bárbaro. (N. E.)

parte (a que se ocupa do totalitarismo propriamente dito), a autora afirma que a crença própria do comunismo e do nazismo em leis inevitáveis do processo histórico, em cujo altar é lícito e devido sacrificar as normas e os escrúpulos morais, é premissa desse regime político. A visão aqui considerada caracteriza em profundidade a expansão colonial do Ocidente e em particular de seu país líder, convencido de que o que estimula sua marcha triunfal é um "destino manifesto", uma missão providencial, um desígnio divino ao qual opor resistência é ímpio e quixotesco. No entanto, essa filosofia-teologia da história, que selou a tragédia dos povos cada vez mais atacados pelo Ocidente, é ignorada por todos. Em outro livro (*Da revolução*), Arendt opõe de forma positiva a boa Revolução Americana, feita em nome da liberdade, à má Revolução Francesa. É evidente que em tal comparação em preto e branco não só a deportação e a dizimação dos peles-vermelhas, mas também a escravidão dos negros, desenvolvida com vigor pela primeira e abolida pela segunda, não desempenham mais nenhum papel.

8. Ruptura com o antissemitismo ou continuidade do racismo colonial?

Que fique claro, seria escassamente produtivo devolver ao Ocidente a oposição em preto e branco que ele institui em detrimento das outras culturas. Inverter um julgamento intrinsecamente maniqueísta não significa torná-lo mais verdadeiro. A derrota sofrida, nos últimos séculos, pelos povos cada vez mais subjugados pelas grandes potências coloniais não é mero fato militar. Como procurei explicar, o Ocidente é a cultura que ao mesmo tempo teoriza e pratica com maior rigor e eficácia a limitação do poder (com a concretização de instituições políticas que constituem ineludível ponto de referência), e que com mais sucesso e em escala mais ampla se empenhou no desenvolvimento da escravidão-mercadoria com base racial e na expropriação, dizimação e aniquilamento das populações coloniais consideradas inúteis até como instrumentos de trabalho (com a imposição, portanto, de um poder absoluto do homem sobre o homem). Os Estados Unidos, em particular, e o Ocidente em seu conjunto realizaram assim, em escalas local e global, um regime de *Herrenvolk democracy*, no âmbito do qual o governo e as garantias da lei em favor dos incluídos caminham ao lado de uma violência sem limites contra os excluídos.

---

* São Paulo, Atica, 1990. (N. E.)

O que o "negacionismo" do Ocidente e, sobretudo, de seu país líder quer reprimir é o caráter *Herrenvolk* da democracia de que um e outro estão orgulhosos. Não é um problema exclusivo do passado. O que acontece com o Estado de Direito e as garantias jurídicas para os detidos de Guantánamo, Abu Ghraib ou do campo de concentração afegão comparados por alguns exatamente a Auschwitz? E o Estado de Direito e as garantias jurídicas para os islâmicos entregues por Washington a países onde a tortura é uma prática comum ou sequestrados pela CIA para desaparecer no nada? Então se explica a particular penetração e tenacidade do "negacionismo" do qual estamos nos ocupando. Para poder continuar a legitimar uma política de guerra e de domínio, a democracia do Ocidente e de seu país líder deve, mais do que nunca, ocultar seu caráter *Herrenvolk*. Pensemos em particular no conflito no Oriente Médio. O sustento a Israel – afirma-se com frequência – é o apoio à única democracia existente naquela região; o silêncio sobre o fato de que quem pode gozar dela é apenas o povo dos senhores faz com que a referência aos ideais da democracia sirva não para colocar em discussão, mas para legitimar a tragédia infligida ao povo palestino.

Quem assume uma posição clara contra a política de Israel é facilmente suspeito de antissemitismo; mas por que fazer valer em sentido único essa hermenêutica da suspeita? No que diz respeito à Itália, tome-se um político de primeiro plano como Gianfranco Fini. Sua trajetória de aproximação ao Estado judeu iniciou-se há vários anos, quando julgou oportuno criticar de Mussolini apenas a legislação antissemita. "Até 1938, ou seja, até um minuto antes da assinatura das leis raciais [antissemitas], creio que é muito difícil julgar o fascismo de modo abrangentemente negativo"[63]. E as leis raciais em detrimento dos "indígenas" (árabes e negros) no império colonial fascista? E os massacres na Etiópia? E o emprego maciço de gás de mostarda e gases asfixiantes? Os campos de concentração? Como se vê, do fascismo é criticado apenas o antissemitismo, enquanto não se toma nenhuma distância do expansionismo e do racismo colonial. Seria possível pensar que declarações como essas se referem a uma fase intermediária da evolução de Fini. Não é isso. Em 2004, quando era vice-primeiro-ministro, ele se lançou em uma celebração acrítica da conquista e da ocupação da Líbia, para onde "os italianos levaram, com as estradas e o trabalho, também aqueles valores, aquela civilização, aquele direito que

---

[63] G. Fini, "Il fascismo? Buono fino al '38" (entrevista a P. Battista), *La Stampa* (Turim), 3/6/1994.

representa um farol para toda a cultura, não apenas para a cultura ocidental"[64]. Infelizmente, não se levantou nenhuma onda de protesto para lembrar que o acontecimento decantado pelo ilustre político está marcado por massacres em larga escala e viu aparecer, até em "oficiais distintos e de espírito generoso", a tentação de uma espécie de "solução final" (*supra*, cap. VI, subitem 4).

O fato é que o eminente político de passado fascista não está, em absoluto, isolado em sua posição. Vejamos de que modo um famoso escritor argumenta. Ao denunciar as manifestações filopalestinas e israelenses, Alberto Arbasino previne contra "esse antissemitismo visceral que começa e se propaga de repente". No que diz respeito às "expedições" italianas "na Eritreia, Somália, Líbia, Etiópia", pode-se ficar tranquilo: somos erroneamente "acusados, como italianos, de tantas grandes culpas"[65]. Como se vê, a mesma personalidade que condena como antissemitas as manifestações a favor do povo palestino, não tem dificuldade em reabilitar toda a tradição colonial italiana, desde Giolitti até Mussolini. Algumas perguntas se impõem: o elemento predominante nessa atitude é a ruptura com o antissemitismo ou a continuidade do racismo colonial? Quem se identifica com a marcha à mão armada dos colonos italianos na Líbia ou na Etiópia dificilmente pode fazer objeções contra o processo de colonização e expropriação das terras palestinas. Há relação entre a atual tendência a liquidar rapidamente como "terrorismo" os movimentos de resistência no mundo árabe e a tendência, bem presente já no período liberal antes ainda do fascista, a desumanizar como "animais selvagens" e "cães" os árabes que ousassem opor-se à expansão colonial da Itália? É um problema que diz respeito ao Ocidente em seu conjunto. Aqueles que, em nome da luta contra o "antissemitismo", passam por cima da tragédia dos árabes e dos palestinos fariam bem em refletir sobre o fato de que são grandes figuras da cultura judaica que chamam a atenção para a primeira. No início do século XX, Lazare denuncia tanto "a matança de mouros" feita pela França, como a guerra de conquista que a Itália se prepara para desencadear contra a Líbia. São páginas citadas e subscritas com ardor por Arendt[66], a qual, por sua vez, pouco mais tarde, condena com força as injustiças cometidas contra os palestinos.

---

[64] Idem, citado em E. Salerno, *Genocidio in Libia. Le atrocità nascoste dell'avventura coloniale italiana in Libia* (Roma, Manifestolibri, 2005), p. 11.

[65] A. Arbasino, "Gli ebrei 'primi della classe' e gli amati 'strafalcionisti'", *Corriere della Sera* (Milão), 15/4/2002; idem, "Italiani razzisti immaginari", *La Repubblica* (Roma), 4/8/1993.

[66] H. Arendt, "Herzl e Lazare", em *Ebraismo e modernità* (org. G. Bettini, Milão, Unicopli, 1986), p. 31 [nota 15].

Lamentando o fato de que não foi acolhido o pedido feito, em sua época, pelas autoridades etíopes de um processo de acusação dos criminosos de guerra italianos, um historiador da Universidade de Luzerna observa que desse modo não apenas não foi feita justiça às vítimas, mas aconteceu algo ainda mais grave:

> A silenciosa "absolvição geral" para os sanguinários veteranos de Mussolini marcou de modo decisivo a lembrança dos acontecimentos [...]. A sabotagem de uma "Nuremberg africana" contribui também para fazer que a ditadura de Mussolini não passe a fazer parte da memória coletiva dos europeus como o brutal regime de extermínio de massa que efetivamente era.[67]

Mas como explicar o sucesso da "sabotagem"? Não me convence a explicação do historiador citado, que remete em primeiro lugar aos permanentes interesses coloniais do governo dirigido por Alcide de Gasperi. Esse não é o ponto principal. A Nuremberg aqui invocada teria acabado por chamar a atenção também para a Líbia e para a política colonial italiana em seu conjunto; era inevitável partir do período liberal. Por outro lado, o gás de mostarda de Mussolini na Etiópia foi precedido do gás de mostarda de Churchill no Iraque. Portanto, além da Itália fascista, o processo pelos crimes de guerra acabaria arrastando para o banco dos réus o Ocidente colonialista em seu conjunto. A fracassada celebração da Nuremberg colonial, mais ainda que "africana", revelou-se providencial em primeiro lugar para a Inglaterra, que pôde continuar sua política tradicional no Oriente Médio, como demonstra a agressão, em 1956, contra o Egito (realizada em acordo com França e Israel) e também a estreita colaboração com Washington em sua política de guerra e de humilhação contra os povos árabes. Graças à sabotagem da Nuremberg colonial, o Ocidente em seu conjunto pôde evitar a dolorosa reflexão autocrítica que impõe a longa duração do racismo contra os povos coloniais.

Reflitamos sobre a história. Entre os séculos XIX e XX vemos um grande historiador e autor liberal inglês, William E. H. Lecky, condenar com força, por um lado, a opressão que pesa sobre os irlandeses (um povo que sempre fez parte da "grande raça ariana") e, por outro, celebrar o "grande" e "benéfico despotismo" que o mundo ariano e ocidental, e em particular o Império Inglês, exerce sobre centenas de milhões de homens que pertencem aos povos

---

[67] A. Mattioli, "Der unrichtbare Dritte", *Die Zeit* (Hamburgo), 15/9/2005.

coloniais[68]. O processo de inclusão aqui se entrelaça de forma estreita com os processos de exclusão. Apesar de tudo, é assim que continua a funcionar o Ocidente liberal: a inclusão de Israel no âmbito do Ocidente e da civilização autêntica é o outro lado da moeda da exclusão permanente dos árabes. Tendo aparecido no final da Idade Média, bem antes do antissemitismo racial propriamente dito, o racismo colonial continua a ser um passado que custa a passar.

A esta altura, convém vermos de que modo um líder árabe (Gheddafi) respondeu a Fini:

> Agora se tornou antifascista, e isso é justo. Sei que também pediu desculpas aos judeus por aquilo que foi feito pelos fascistas italianos aos judeus. Se fizesse o mesmo com os líbios, nesse caso poderia ser elogiado.[69]

Abandonando, enfim, a prática tradicional para a qual a inclusão é apenas a outra face da moeda da exclusão, o Ocidente deveria aprender a conjugar a condenação do antissemitismo com a condenação do racismo colonial. É mais necessário ainda fazer isso porque o racismo contra os povos coloniais desempenhou um papel não indiferente na gênese do racismo antijudeu (*supra*, cap. IV, subitem 10-1).

9. "Negacionismo", ritos de purificação e ideologia da guerra

O "negacionismo" entrelaça-se com aquilo que poderemos definir como ritos de purificação. Em virtude da mobilidade de suas fronteiras, o Ocidente pode expulsar de seu seio países em que foram consumados crimes horríveis e inegáveis. O aniquilamento sistemático dos judeus ocorreu em um país na época plenamente membro da comunidade ocidental e sob um regime político caracterizado por um *pathos* exaltado do Ocidente; basta considerar *a posteriori* a Alemanha ou a Alemanha hitlerista estranha ao Ocidente para que este possa readquirir sua pureza. De uma mobilidade ainda mais acentuada e instrumental se revelam as fronteiras não físicas, mas ideais, do Ocidente, por assim dizer, "autêntico". Em meados do século XIX, quando toma nota das páginas mais negras da história do Ocidente (a cruzada contra os albigenses, o aniquilamento dos índios, a Inquisição), Quinet responsabiliza por isso, de

---

[68] D. Losurdo, *Controstoria del liberalismo*, cit., cap. VIII, § 11; cap. VII, § 3.

[69] Gheddafi, citado em E. Salerno, *Genocidio in Libia* , cit., p. 14.

forma engenhosa, uma Espanha naquele momento sob forte influência do islã. É uma cultura que se torna responsável até pelas sangrentas expedições contra os seguidores de Maomé: "A Igreja católica dita nas Cruzadas o princípio do islamismo: o extermínio"[70]. Nesse caso não é a Espanha que é considerada estranha ao Ocidente, mas o horror que nela se verificou. Estamos na presença de uma estratégia argumentativa ainda viva nos nossos dias.

Vimos Arendt sublinhar que é exatamente no centro do Ocidente que se verifica a infâmia da "solução final". É uma coragem intelectual que desaparece em outras circunstâncias. *Origens do totalitarismo* descreve sem indulgência os crimes do colonialismo, culpado, por exemplo, de ter "reduzido a população indígena [do Congo] dos 20-40 milhões de 1890 aos 8 milhões de 1911". O responsável por tal política de extermínio é Leopoldo II, rei da Bélgica, o qual, porém, agindo de tal modo, teria se movido contra "todos os princípios políticos e morais do Ocidente"[71]. No plano historiográfico, trata-se de uma afirmação bastante singular: a tragédia do Congo com certeza não é um acontecimento isolado no âmbito da expansão colonial do Ocidente; os congoleses não sofreram uma sorte pior que os aborígenes da América do Norte, da Austrália, da Nova Zelândia etc. Mas outra consideração é sobretudo importante: o que Arendt teria dito de um balanço histórico feito a partir do fato de o extermínio dos judeus ter ocorrido no Terceiro Reich em oposição a "todos os princípios políticos e morais da Alemanha"? Com base nesse modo apriorista e dedutivista de proceder não há cultura que não possa brilhar de pureza imaculada. Não por acaso, é exatamente assim que procedem Nolte e o revisionismo histórico, colocando na conta da barbárie "asiática", imitada por Hitler que olhava para o Leste, da "solução final" à Revolução de Outubro: desse modo a matéria imunda é reprimida não só pelo Ocidente em seu conjunto, mas também pela Alemanha.

Enfim, diante da onda de indignação suscitada pelo horror de Abu Ghraib, mais do que reconhecer suas responsabilidades, Rumsfeld preferiu declarar que as práticas ali realizadas eram *un-American*, como se as torturas sádicas contra os negros rebeldes não tivessem sido uma diversão espetacular e apaixonante nos Estados Unidos entre os séculos XIX e XX! Os ritos de purificação que acabamos de descrever são uma forma mais sutil de "negacionismo".

---

[70] D. Losurdo, *Controstoria del liberalismo*, cit., cap. IX, § 5.

[71] H. Arendt, *Le origini del totalitarismo* (Milão, Edizioni di Comunità, 1989), p. 257, 259 [nota]. [Ed. bras.: *Origens do totalitarismo: antissemitismo, imperialismo, totalitarismo*, São Paulo, Companhia das Letras, 1989.]

10. O dogmatismo do Ocidente e a lição de Tolstói e Vercors

Há um islã moderado? – hoje se perguntam ansiosamente nossos jornalistas, politólogos e estadistas na Europa e nos Estados Unidos. Mas o que se entende por "moderado"? A segunda pergunta, embora só ela possa dar sentido à primeira, é regularmente evitada. Acontece, todavia, que às vezes se deixam escapar respostas indiretas, porém mais eloquentes. Eis que um jornalista estadunidense, bastante próximo dos dirigentes israelenses, esclarece seu ponto de vista: "Antes de os árabes palestinos conseguirem seu Estado, a maioria palestina deve empossar líderes suficientemente corajosos para vencer a guerra civil destinada a acabar com os zelotas rebeldes que exigem a conquista de Israel"[72]. A última parte desta declaração é apenas uma cortina de fumaça. Quer-se esconder o fato de que na Palestina o próprio Hamas visa, na realidade, a um reconhecimento recíproco entre as duas partes em conflito. Uma vez desfeita a cortina de fumaça, o sentido fica claro: "moderado" é o islã disposto a desencadear a guerra fratricida, colocando-se a serviço do Exército de ocupação; "moderado" é o islã colaboracionista. Como modelo permanente de moderação é celebrada no Ocidente a monarquia da Jordânia, que em setembro de 1970 massacrou milhares de palestinos, assolando um povo submetido a duras provas. De forma mais geral, "moderados" são os grupos dirigentes árabes corruptos, mas decididos a controlar com punho de ferro uma sociedade civil cada vez mais indignada com a tragédia do povo palestino e a catástrofe que a política estadunidense e israelense está provocando em todo o Oriente Médio.

Entre os séculos XIX e XX vimos os sustentadores e os opositores do regime de supremacia branca em nível planetário sublinhar, com juízo de valor respectivamente negativo e positivo, o papel importante historicamente desenvolvido pelos muçulmanos no processo do despertar e da emancipação dos povos coloniais: é esse o islã extremista que hoje se pretende apresentar como réu? Aprofundemos a análise histórica. Em 1850, um historiador liberal inglês, defensor apaixonado do Império Britânico, escreve sobre ele uma das páginas mais escuras. Em um momento de grave dificuldade, ele recorre na Índia a um "reino de terror" sem precedentes na história mundial. Pois bem, no mais das vezes quem tenta alguma resistência é a população de religião islâmica. "Os muçulmanos [são] mais corajosos e menos inclinados à submissão que os

---

[72] W. Safire, "A War Palestinians Ought to Be Waging", *International Herald Tribune* (Nova York), 24/9/2002.

A LINGUAGEM DO IMPÉRIO   273

hindus"[73]. Devemos opor positivamente a "moderação" exibida pelo hinduísmo, pelo menos no passado, ao permanente "extremismo" do islã? Algumas décadas mais tarde, depois de tomar conhecimento, com pesar e até angústia, do papel do islã na revolta generalizada dos povos coloniais, com o olhar voltado em particular para a Índia, Stoddard chega à mesma conclusão do historiador inglês supracitado. Em relação ao hinduísmo caracterizado pelo princípio de casta e por um "férreo despotismo oriental", a religião muçulmana "exprime numerosas tendências liberais" e isso pode favorecer a contestação da supremacia branca e ocidental e o advento do "autogoverno" dos povos coloniais[74]. Como se vê, um teórico da *white supremacy* não hesitava em reconhecer, ainda que com desapontamento, a contribuição do islã à causa da liberdade dos povos oprimidos pelo Ocidente. Porém, em nossos dias se gosta de identificar o islã enquanto tal não só com o extremismo, mas também com o despotismo.

Voltemos à pergunta inicial: há um islã moderado? A questão não é nova. Em 1922, depois de constatar a difusão, no mundo islâmico, de movimentos caracterizados por "um ódio comum pelo Ocidente", por um "ódio maligno por tudo o que é ocidental, com exceção dos aperfeiçoamentos militares", Stoddard relata "as asserções de numerosos críticos ocidentais, segundo os quais o islã é, por sua própria natureza, incapaz de reforma e de adaptação progressiva ao desenvolvimento do conhecimento humano". Lord Cromer exprime-se de modo particularmente claro sobre isso: "O islã não pode ser reformado, ou seja, um islã reformado não é mais islã, é outra coisa"[75]. Parece que se escutam os atuais adeptos da islamofobia, mas deveria levar à reflexão o fato de que quem fornece nítida resposta negativa à pergunta que estamos fazendo são Stoddard, o campeão da causa da supremacia branca (admirado também na Alemanha nazista), e Cromer, homem de primeiro plano da administração colonial inglesa, considerado por Arendt um expoente do imperialismo mais repugnante e campeão *ante litteram**, do totalitarismo[76].

Afinal, há um islã moderado? É pena que raramente essa pergunta legítima seja completada por outra, igualmente legítima: há um Ocidente moderado, ou

---

[73] T. B. Macaulay, *Critical and Historical Essays, Contributed to The Edinburgh Review* (Leipzig, Tauchnitz, 1850, v. IV), p. 273-4.

[74] L. Stoddard, *The New World of Islam*, cit., p. 143.

[75] Ibidem, p. 40-1, 33.

* Ver nota da página 95. (N. E.)

[76] H. Arendt, *Le origini del totalitarismo*, cit., p. 259, 295-7.

não dogmático, capaz de colocar-se a si mesmo em discussão e de compreender as razões dos outros? Sem fugir ao desafio, quero tentar responder às duas perguntas. É moderado o islã que ao mesmo tempo dá prova de lucidez e renuncia à pretensão de revitalizar o califado de um passado agora remoto, ampliando suas fronteiras. Se é também a reação a uma longa vivência de opressão e humilhação, o sonho de apagar séculos de história inspira morticínios indiscriminados que, às vezes, não exprimem sequer um plano político articulado, mas apenas um cego furor teológico. Aqui se manifesta a tradicional fraqueza do islã que, opondo a si mesmo ao mundo em redor como *umma* ou "casa da paz", não consegue compreender a questão nacional e enfrentar de forma adequada os desafios representados pela modernidade e pelas agressões colonialistas e imperialistas. Mas os movimentos empenhados em conquistar uma real independência e dignidade nacionais e que, para tal fim, aspiram, às vezes, a construir uma União Árabe segundo o modelo da União Europeia demonstram que souberam aprender com o Ocidente. É uma lição que, uma vez aprendida, não se desaprende mais, apesar de todos os esforços do Ocidente mais extremista e dogmático. Quando, em nome da difusão universal da democracia como fundamento estável da paz, pretende ditar lei no Oriente Médio e em todo o mundo, passando por cima de soberanias, dignidades e sensibilidades nacionais, Bush Jr. argumenta do mesmo modo de Bin Laden; limita-se a definir de maneira diferente a "casa da paz", que não é mais representada pelo islã, mas pelo conjunto dos países mais estreitamente ligados a Washington.

Portanto, como enfrentar a tragédia do povo palestino e a onda de inquietação e indignação que sacode o mundo árabe e islâmico? O problema não pode ser resolvido com planos e promessas mirabolantes de desenvolvimento econômico. Nessa ilusão se encontra, de um lado, a arrogância do grande capital (propenso a pensar que tudo, inclusive a dignidade de um povo, é mercadoria e objeto de compra e venda) e, do outro, a humildade populista, segundo a qual é sempre e apenas a miséria que provoca a revolta. Está debaixo dos olhos de todos o fato de que, além do camponês palestino obrigado à fome e do refugiado reduzido ao desespero, há também estratos sociais bem diversos que experimentam crescente ressentimento do Ocidente. Deveria ser evidente a todos que, a partir da tragédia interminável do povo palestino, é uma grande luta pelo reconhecimento que agita o mundo árabe e islâmico em seu conjunto, é uma busca de respeito pela dignidade própria em todo nível, é a vontade de acabar com a humilhação e a opressão de fato sofridas ou também apenas percebidas. Tudo isso não pode ser calado com

A LINGUAGEM DO IMPÉRIO 275

apelos genéricos, retóricos e, às vezes, hipócritas à não violência e ao diálogo. Quem esclarece isso são dois autores que deveriam ser caros a todo ocidental não afetado pelo extremismo.

Tratado com desdém por um campeão da missão do Ocidente e da raça branca como Theodore Roosevelt e condenado por causa de seu "insano misticismo da paz" e "moralismo decadente"[77], Liev Tolstói descreve com profunda simpatia a resistência popular contra o invasor. Erguendo-se contra o Exército napoleônico (a mais formidável máquina militar da época), em vez de vender o feno a preço vantajoso para as tropas de ocupação, os camponeses russos preferem queimá-lo. Já naturalmente reduzidos à fome, os militares franceses são atacados pelas costas em emboscadas rápidas. Desenvolve-se uma luta desigual e assimétrica:

> Os franceses eram o espadachim que pretendia uma luta conforme as regras da arte; os russos eram o adversário, que jogou fora a espada e pegou um pedaço de pau [...]. Napoleão sentia isso e, desde o momento em que se tinha fechado em Moscou em uma atitude de espadachim e que tinha visto levantado sobre ele em vez da espada o pau do adversário, não cessava de lamentar-se.

Permanecendo de pé a obrigação de todos respeitarem as normas do direito internacional e da humanidade, é compreensível que camponeses e populares se mostrem mais rudes que os educados oficiais e soldados do exército invasor. Mas isso não impressiona Tolstói de modo algum, que antes presta apaixonada homenagem à resistência:

> Feliz o povo que, no momento da prova, sem se perguntar como os outros se comportaram segundo as regras, em circunstâncias semelhantes, com simplicidade e facilidade, pega o primeiro pedaço de pau que encontra e bate com ele até que em sua alma o sentimento da ofensa e vingança se mude em desprezo e piedade![78]

Cerca de 130 anos depois dos acontecimentos descritos por *Guerra e paz*, na França invadida e oprimida pela Alemanha nazista, a partir de 1942, começa a circular um conto que consegue sucesso imediato e impressionante e que trata

---

[77] T. Roosevelt, *The Strenuous Life*, cit., p. 27-8.

[78] L. Tolstói, *Guerra e pace* (Turim, Einaudi, 1974, livro IV), parte III, p. 1207-8. [Ed. bras.: *Guerra e paz*, Porto Alegre, L&PM, 2007, 4 v.]

276 DOMENICO LOSURDO

de um problema crucial: como se comportar perante o exército de ocupação? A trama da obra-prima de Vercors, *O silêncio do mar*, é elementar. Estamos lidando com um oficial alemão, fino, educado, sensível, apaixonado pela cultura francesa e pelo próprio povo francês, que procura de forma sincera, mas sem nenhum sucesso, estabelecer um diálogo entre ocupantes e ocupados. Suas repetidas tentativas quebram-se contra um silêncio mais que obstinado. Para serem autênticos, o diálogo e a amizade pressupõem uma relação entre iguais e tal igualdade é impossibilitada pela ocupação militar. O momento culminante acontece quando o oficial alemão se dá conta de que exatamente sua atitude de abertura é a arma com a qual o Estado-maior do exército de ocupação conta para romper o isolamento e consolidar em definitivo seus planos de domínio:

> Apresenta-se a nós a ocasião de destruir a França, e a destruiremos. Não só sua potência, também sua alma. Sobretudo sua alma. A sua alma é o perigo maior. O nosso trabalho neste momento é este: não tenhas ilusões, meu caro! Nós a faremos apodrecer com nossos sorrisos e nossas lisonjas. Faremos dela uma cachorra aduladora.[79]

Com certeza, hoje, o quadro internacional, as relações político-sociais e as ideologias são radicalmente diferentes em relação tanto à era napoleônica como aos anos do Terceiro Reich. No entanto, como "moderado", ou melhor, não dogmático poderá ser definido o Ocidente que se revelar em condições de compreender dois dos três textos literários que dão maior brilho à sua cultura, o Ocidente que demonstrar estar em condições de entender as razões do "pedaço de pau" tolstoiano e do "silêncio do mar" vercorsiano.

---

[79] J. Bruller dito Vercors, *Il silenzio del mare* (Turim, Einaudi, 1994), p. 66-7. [Ed. port.: *O silêncio do mar*, 5. ed., Barcarena, Presença, 1999.]

À GUISA DE CONCLUSÃO:
OS DECRETOS DE EXCOMUNHÃO DO
ASPIRANTE A IMPÉRIO MUNDIAL

1. Em outubro de 1914, em um momento em que a neutralidade da Itália permitia que ela pensasse e se exprimisse com atitude de superioridade soberana em relação à posição densa e variada dos ideólogos da gigantesca carnificina então em curso, Benedetto Croce anotava com sarcasmo: "Creio que, terminada a guerra, se julgará que o solo da Europa não só tremeu por mais meses e por mais anos sob o peso da guerra, mas também sob o peso dos desatinos"[1].

E hoje, que balanço ideológico podemos traçar da "guerra contra o terrorismo"? É preciso não perder de vista os elementos de novidade. Não que faltem os "desatinos", pelo contrário. Mas o quadro geopolítico e ideológico é consideravelmente diferente. Durante a Primeira Guerra Mundial, se a Entente se erguia como defensora da civilização autêntica, a Alemanha respondia atribuindo a seus inimigos apenas uma "civilização" vulgar, que se restringia ao culto da quantidade, do conforto, de uma "segurança" filisteia e incapaz de captar os valores autênticos da existência. Os intelectuais alemães celebravam a excelência da cultura e, às vezes, da "raça" germânica enquanto na vertente oposta respondia um coro com empenho não menos unânime em cantar os louvores da cultura e "raça" latina e anglo-saxã superiores. Os Estados Unidos de Wilson sentiam-se investidos da missão de difundir a democracia no mundo? Max Weber não tinha dificuldades em ironizar essa pretensão adiantada por um país no qual continuavam a assolar a Ku Klux Klan, o regime de supremacia branca e os linchamentos dos negros. Em suma, em 1914-1918, no plano ideológico, o choque se assemelhava a uma briga

---

[1] B. Croce, "Giudizi passionali e nostro dovere. Da un'intervista", em *L'Italia dal 1914 al 1918. Pagine sulla guerra* (Bari, Laterza, 1950), p. 12.

de bar, com acusações de incivilidade e antidemocracia que ziguezagueavam com tranquilidade de um lado ao outro.

Nos nossos dias não é assim. Com a vitória triunfal alcançada pelos Estados Unidos durante a Guerra Fria, verificou-se uma mudança radical do quadro internacional. Não estamos mais diante de uma disputa pela hegemonia entre Estados ou alianças militares com uma força mais ou menos equivalente; ao contrário, uma superpotência solitária declara de modo explícito que não tolera rivais, que quer agora reforçar sua primazia militar ao ponto de torná-la insuperável. A essa mudança nas relações de força no plano militar corresponde uma mudança tão ou talvez ainda mais radical nas relações de força no plano ideológico. Washington arvora-se agora, não sem sucesso, em preceptor do gênero humano.

Já presente no momento da fundação dos Estados Unidos, essa tendência se torna um motivo recorrente de forma obsessiva a partir da Segunda Guerra Mundial. Logo depois de seu início, Franklin Delano Roosevelt condena os bombardeios aéreos contra a população civil como contrários aos sentimentos de "todo homem e mulher civilizado" e à "consciência da humanidade" e como expressão de "desumana barbárie"[2]. Isso não o impede de, nos anos seguintes, promover a destruição sistemática das cidades japonesas e de participar da destruição não menos sistemática das cidades alemãs. Colocando-se nessa linha, ainda mais longe irá seu sucessor, Truman, que procede com tranquilidade ao aniquilamento nuclear de Hiroshima e Nagasaki. Mas, até agora, nenhum presidente estadunidense percebeu a necessidade de tomar distância desses atos de "desumana barbárie".

Terminada a guerra, os Estados Unidos introduzem no Japão uma Constituição que professa um antimilitarismo radical. Segundo seu artigo 9, o país derrotado renuncia de modo solene ao tradicional "direito soberano da nação" à guerra, à ameaça do uso da força e ao exército. Mas, já com o início da Guerra Fria, com o olhar voltado para Moscou e, mais do que nunca, no âmbito da política de "contenção" da China, os Estados Unidos fazem pressão sobre o Japão para que desempenhe um papel militar mais ativo e se declare e se mantenha já pronto a enviar tropas ao exterior em caso de crises, violando e liquidando a Constituição que fora inspirada ou imposta por Washington. O mesmo gesto soberano decide quando é conveniente à causa da paz e dos direitos do homem embainhar ou desembainhar a espada.

---

[2] J. W. Dower, *War without mercy: race and power in the Pacific War* (Nova York, Pantheon Books, 1986), p. 39.

2. É um poder soberano que, além do âmbito político em sentido estrito, ataca a cultura, a história, a religião. Na década de 1950, os Estados Unidos estão empenhados em conter e estrangular a República Popular da China, submetida a um embargo econômico mortal e não admitido pela ONU, na qual quem representa de modo exclusivo um quarto ou um quinto da população mundial é o representante de Taiwan, a ilha sob o protetorado de Washington. Tal política suscita perplexidade até na Inglaterra. Churchill sugere maior flexibilidade a Eisenhower. Eis que ao estadista inglês, em sua época campeão da luta contra a política de apaziguamento em relação à Alemanha nazista, ensina uma lição exatamente nesse campo. É de necessidade absoluta evitar uma nova "Mônaco"; não é mais tolerável o apaziguamento em relação a um inimigo; ao contrário, é necessário enfrentá-lo de modo imediato, decidido e corajoso – Eisenhower admoesta Churchill. "Se ainda posso fazer referência à história, sem agir de forma unitária e tempestiva não conseguiremos bloquear Hirohito, Mussolini e Hitler. Isso significou o início de longos anos de negra tragédia e perigo desesperado. As nossas nações aprenderam algo com essa lição?[3]"

Pouco depois, por ocasião da Crise de Suez, Eden, que sucedeu a Churchill no cargo de primeiro-ministro, recorre também ao jogo das analogias históricas: "Nasser é um paranoico que tem a mesma estrutura mental de Hitler" ou é "uma espécie de Mussolini islâmico"[4]; qualquer abrandamento ou compromisso relativo aos direitos da Inglaterra reivindicados sobre o canal de Suez teria significado a reedição da funesta política de apaziguamento que, na época, tinha encorajado os ditadores nazifascistas na corrida pelo poder mundial. Bem longe de se deixar impressionar por tais analogias, em 1956, Eisenhower aproveita prontamente a ocasião da intervenção anglo-franco-israelense contra o Egito para unir os aliados ocidentais de forma estreita.

Washington, de modo brutal, deixava claro a Londres que ela dependia financeiramente dos Estados Unidos, pondo-se a vender libras esterlinas abaixo do preço. Esse ataque estava se desenvolvendo com tal rapidez que, escreve Eden em suas memórias, "podia colocar-nos em uma situação desastrosa". Em vão tentou

---

[3] Sobre a correspondência entre os dois estadistas cf. P. G. Boyle, *The Churchill-Eisenhower correspondence 1953-1955* (Chapel Hill/Londres, The University of North Carolina Press, 1990), p. 193, 197, 138.

[4] S. Z. Freiberger, *Dawn over Suez: The Rise of American Power in the Middle East, 1953-1957* (Chicago, Ivan R. Dee, 1992), p. 165, 263.

falar com Eisenhower por telefone. Era noite de eleições e tudo o que conseguiu foi uma comunicação de seu embaixador em Washington com base na qual, se a queda da libra continuasse, o Reino Unido corria o risco de falência.[5]

O caso termina com a aprovação, em 9 de março de 1957, da Doutrina Eisenhower: "a área geral do Oriente Médio" torna-se "vital" para os "interesses nacionais" estadunidenses; é a passagem, da Grã-Bretanha para os Estados Unidos, do controle de uma região de importância estratégica decisiva. Eden não tinha percebido que o poder de excomunhão não estava em suas mãos, mas nas mãos do soberano que está na Casa Branca. A ele cabe apenas a autoridade de comparar esse ou aquele chefe de Estado a Hitler e condenar como culpados de apaziguamento os aliados que não se alinham prontamente na cruzada contra os inimigos do Império. É assim que, na década de 1980, Reagan eleva à dignidade de combatentes contra um novo hitlerismo os opositores que, na Nicarágua, com atos terroristas de todo tipo, combatem o governo sandinista. Depois de se reencarnar nada menos que no dirigente de um minúsculo e impotente Estado da América Central – ou seja, em Daniel Ortega, culpado de uma radical reforma agrária que desagradou a Washington –, o *Führer* nazista toma cada vez mais a semelhança de Milošević, de Saddam Hussein, de Bin Laden. A história e a lógica não desempenham nenhum papel nesses sucessivos decretos de excomunhão. Estamos lidando exatamente com teologia, como demonstra em particular um acontecimento extraordinário de encarnação e transubstanciação: depois de ser celebrado como combatente da liberdade em luta contra as tropas soviéticas que intervieram no Afeganistão, contra o império do mal e contra um novo Hitler que residia em Moscou, Bin Laden muda de natureza de uma forma radical e acaba desempenhando exatamente o papel de Hitler e de Satã.

3. Claro, a teologia entrelaça-se com a geopolítica. Enquanto Washington, por um lado, sempre que possível, se serve do Conselho de Segurança da ONU para promover ou legitimar a condenação ao estrangulamento econômico e à ocupação militar de vez em quando infligida a esse ou àquele país, por outro, se recusa a subordinar à aprovação da ONU (e da própria Otan) suas guerras e suas iniciativas bélicas. E não é tudo. Embora aliados, os países que não seguem as medidas de embargo decretadas de forma unilateral pelo Congresso

---

[5] A. Fontaine, *Storia della guerra fredda* (Milão, Il Saggiatore, 1968, v. II), p. 291.

estadunidense correm o risco de pesadas represálias comerciais. De maneira cada vez mais clara surge a pretensão da superpotência solitária de exercer uma jurisdição universal. Isso é confirmado por um detalhe posterior. A Casa Branca não se cansa de proclamar que, diante do problema de golpear os responsáveis por crimes contra a humanidade, as fronteiras e a soberania estatal são agora irrelevantes; então ela promove a criação de tribunais *ad hoc* para julgar os dirigentes dos países repetidas vezes derrotados (como no caso da Iugoslávia). Mas, quando na Europa aparece a aspiração de criar uma espécie de tribunal penal internacional, Washington faz uma pesada advertência: os dirigentes estadunidenses em nenhum caso podem ser submetidos a ele, nem o último dos soldados ou dos *contractors* estadunidenses. A soberania estatal supera todos os países, exceto aquele que é chamado a exercer a soberania universal. A ideologia da guerra que se desenvolve nos nossos dias é a linguagem do império que, embora entre pausas e derrotas, mas com renovada teimosia e apoiando-se em um aparato militar cada dia mais poderoso e monstruoso, procura estender seu poder em cada canto do mundo. Trata-se de um império que, contrariamente a tudo o que é sustentado por um livro bastante feliz, não é em absoluto privado de centro e soberano[6]. Essa mesma tese acaba inconscientemente fazendo eco à linguagem do império, que desde que apareceu pretendeu ser movido não por mesquinhos cálculos nacionais, mas por um providencial "destino manifesto" e que hoje, mais do que nunca, gosta de se apresentar como a encarnação da universalidade e de um verdadeiro desígnio divino.

Na realidade, faz-se sentir de maneira tão forte a tradição do imperialismo que hoje vemos Washington herdar e unificar as diversas ideologias que historicamente legitimaram e alimentaram no Ocidente as pretensões de domínio e de hegemonia. No final do século XIX, depois de celebrar os prodigiosos sucessos conseguidos pela Alemanha no plano econômico, político e cultural, um chauvinista fervoroso e influente, Heinrich Von Treitschke, previa e auspiciava que o século XX seria um "século alemão"[7]. Hoje, já sem qualquer crédito na pátria, esse mito preferiu transmigrar para os Estados Unidos, onde encontrou acolhida calorosa e entusiástica: é sabido que o "novo século norte-americano" é a palavra de ordem agitada pelos

---

[6]   M. Hardt e A. Negri, *Impero. Il nuovo ordine della globalizzazione* (Milão, Rizzoli, 2002). [Ed. bras.: *Império*, Rio de Janeiro, Record, 2001.]

[7]   B. Losurdo, *Nietzsche, il ribelle aristocratico. Biografia intellettuale e bilancio critico* (Turim, Bollati Boringhieri, 2002), p. 284.

círculos neoconservadores, que desempenharam um papel tão importante no âmbito da administração Bush e, de forma mais geral, desempenham na cultura política estadunidense.

Durante a Primeira Guerra Mundial, países como a França, a Inglaterra, a Itália e os Estados Unidos foram ao encontro do massacre agitando a bandeira do "intervencionismo democrático": a guerra era necessária para fazer avançar no plano mundial a causa da democracia, para liquidar nos impérios centrais a autocracia e o autoritarismo e erradicar de uma vez por todas o flagelo da guerra. Trata-se de um motivo ideológico não de todo estranho à Alemanha guilhermina que, pelo menos até a Revolução de Fevereiro de 1917, pretendeu exportar a democracia para a Rússia czarista. Esse motivo ideológico, bastante difuso no início do século XX, tornou-se um monopólio substancial dos Estados Unidos e tomou uma ênfase sem precedentes. A mais antiga democracia do mundo, a nação escolhida de Deus, "deve continuar a guiar o mundo" no caminho da liberdade, no âmbito de uma "missão" que, nas palavras que já conhecemos de Clinton, é "sem tempo". Na realidade, essa visão, com base na qual há um único povo ao qual cabe o privilégio eterno de guiar, ao passo que todos os outros povos devem resignar-se a serem para sempre guiados, é a própria negação da ideia de igualdade e de democracia nas relações internacionais. E é possível fazer consideração análoga a propósito da visão segundo a qual, de um lado, está um povo escolhido por Deus para a eternidade e, do outro lado, povos para sempre excluídos dessa familiaridade particular com o Todo-poderoso. No entanto, a ideologia da guerra não se ocupa de tais sutilezas. Está claro que hoje só os Estados Unidos se atribuem a missão eterna e divina de impor por toda parte, também pela força das armas, "democracia" e "mercado livre".

O mito do império que traz ordem, estabilidade e paz acompanha como uma sombra a história do colonialismo e do imperialismo. No auge de seu poder, a Grã-Bretanha da rainha Vitória não deixava de comparar-se ao Império Romano. Obviamente, esse é um motivo caro de modo particular a Mussolini que, no discurso de 9 de maio de 1936, depois de passar de modo bárbaro a Etiópia a ferro e fogo, saúda o "reaparecimento do Império sobre as colinas fatais de Roma" e celebra o Império Romano renascido como "império de paz" e "império de civilização e humanidade". É um motivo bem presente também em Hitler, embora este, com o olhar voltado para a conquista da Europa oriental, prefira fazer referência em primeiro lugar a Carlos Magno e ao Sacro Império Romano da Nação Germânica. Tendo caído em desgraça na Europa, essa mitologia está presente mais do que nunca do outro lado do

Atlântico, onde não faltam sequer as reabilitações explícitas do imperialismo enquanto tal. Em todo caso, nos círculos dominantes, o culto do império é tão forte que inclui também a difamação da categoria *equilíbrio*, inaceitável já pelo fato de implicar, de algum modo, a ideia de igualdade ou de respeito recíproco, embora apenas entre as grandes potências. Uma espécie de Império Romano renascido, de dimensões mundiais, é chamado a pôr fim de uma vez por todas o tal obsoletismo, e ele, naturalmente, é garantia da paz, da civilização e da humanidade.

Enfim, a história da tradição colonial está toda atravessada pelo apelo enfático à defesa da Europa e do Ocidente e à expansão da área da civilização contra a ameaça ou a obstinação dos bárbaros. Ao herdar e radicalizar a tradição colonial, o fascismo e o nazismo não podiam não retomar esse motivo ideológico, que ressoa em particular nas declarações dos dirigentes e dos ideólogos do Terceiro Reich, que faziam fronteira imediata com a barbárie oriental e asiática a derrotar e subjugar. Hoje, são os Estados Unidos da América que se erguem como defensores do Ocidente e, sobretudo, do Ocidente mais autêntico, aquele mais puro e não contaminado pelas incrustações e pelas cessões filoislâmicas.

4. Além das dimensões mundiais que ele pretende assumir, a verdadeira novidade do império estadunidense é outra. Todo ano o departamento de Estado publica um relatório sobre o respeito aos direitos humanos no mundo e em cada país do planeta, com exceção, é claro, dos Estados Unidos, que evidentemente são o juiz indiscutido, enquanto todos os outros são réus, pelo menos em estado potencial. Quem pensa nos Estados Unidos como uma superpotência exclusivamente militar entendeu bem pouco da atual situação. Ao monopólio tendencial das armas mais sofisticadas e mais mortais – o escudo estelar dos Estados Unidos visa tornar inútil o armamento nuclear dos outros países – corresponde a pretensão de Washington de erguer-se como juiz universal, um juiz que, além do mais, dita as regras do discurso e sanciona de modo inapelável as normas, as acusações e os pecados, contra os quais é preciso estarmos prevenidos se quisermos evitar sermos colocados na situação de acusados e culpados, em medida mais ou menos grave e de modo direto ou indireto, de terrorismo, fundamentalismo, antiamericanismo, antissemitismo (e antissionismo), filoislamismo e ódio contra o Ocidente. Esses decretos de excomunhão, com efeitos potencialmente devastadores, atingem, em primeiro lugar, os países tratados como bandidos por Washington, mas mantêm na mira de tiro os próprios aliados relutantes, os quais, sem colocar em discussão a autoridade

moral de seus acusadores, se limitam no máximo a balbuciar embaraçadas defesas ou justificações. Em suma, se a Primeira Guerra Mundial, no plano ideológico, tinha a forma de uma briga de bar, a "guerra contra o terrorismo" nos faz assistir a uma espécie de sessão do Santo Ofício que, enquanto coloca no banco dos réus os hereges (os inimigos), com certeza não perde de vista os descrentes, os agnósticos e os tíbios (os aliados indisciplinados ou mesmo apenas hesitantes). Não satisfeito com seu monstruoso aparato militar, Washington arvora-se também em suprema autoridade moral e religiosa. Desde sempre acostumada a sancionar suas "doutrinas" (a linguagem teológica não é nova), agora, mais do que nunca, prega uma cruzada, às vezes no sentido literal do termo, e pretende ter a própria Igreja católica subalterna a ele. As categorias centrais da atual ideologia da guerra são ao mesmo tempo as proclamações de excomunhão do império que aspira a ser mundial.

REFERÊNCIAS BIBLIOGRÁFICAS

ABELARDO, P. *Dialogo tra un filosofo, un giudeo e un Cristiano*. Milão, Rizzoli, 1992. (Tradução de M. Fumagalli Beonio Brocchieri, tradução e notas da edição italiana de C. Trovo).

ABRAHAM, N. I media degli Stati Uniti e il fondamentalismo islâmico. In: GIAMMANCO R. (org.). *Ai quattro angoli del fondamentalismo*. Movimenti politico-religiosi nella loro tradizione, epifania, protesta, regressione. Florença, La Nuova Italia, 1993.

ACCATTOLI, L. Il Papa: "Al mondo serve una Norimberga permanente". *Corriere della Sera*, Milão, 14 jan. 1997. p. 8.

ACCUSATIONS are voiced against US and Britain. *International Herald Tribune*, Nova York, 17 out. 2005. p. 7.

ADORNO, T. W. Studi qualitativi dell'ideologia (1997). In: ADORNO, T. W.; FRENKEL-BRUNSWIK, E.; LEVINSON, D. J.; NEVITT-SANFORD, R. *La personalità autoritaria*. Milão, Edizioni di Comunità, 1950, v. III.

AGOSTI, A. (org.). *La Terza Internazionale*. Storia documentaria. Roma, Editori Riuniti, 1974-1979.

ALBERTINI, R. Von. *La decolonizzazione*. Il dibattito sull'amministrazione e l'avvenire delle colonie tra il 1919 e il 1960. Turim, Sei, 1966 (1971).

ALPEROVITZ, G. *The Decision to Use the Atomic Bomb and the Architecture of an American Myth*. Nova York, Knopf, 1995.

ANDREOTTI, G. Sarei potuto diventare un terrorista, entrevista a R. Rizzo. *La Stampa*, Turim, 7 mar. 2005. p. 11.

ANOTHER round in Gaza. *International Herald Tribune*, Paris, 9 jul. 2006. p. 6.

AQUINO, Tomás de. *Summa Theologiae*. [Ed. bras.: *Summa teológica*. São Paulo, Loyola, 2001-2006, 9 v.]

_____. *Summa contra Gentiles*, I, 2. [Ed. bras.: *Súmula contra os gentios*. Porto Alegre, EST/ EDIPUCRS, 1990-1996, 2 v.]

ARBASINO, A. Italiani razzisti immaginari. *La Repubblica*, Roma, 4 ago. 1993. p. 1, 20.

_____. Gli ebrei "primi della classe" e gli amati "strafalcionisti". *Corriere della Sera*, Milão, 15 abr. 2002. p. 2.

ARENDT, H. "Sulla violenza". In: _____. *Politica e menzogna*. Milão, SugarCo, 1985. (Tradução para italiano de S. D'Amico, 1969). [Ed. bras.: *Sobre a violência*. Rio de Janeiro, Civilização Brasileira, 2009.]

_____. Herzl e Lazare (jul. 1942). In: _____. (BETTINI, G. [org.]). *Ebraismo e modernità*. Milão, Unicopli, 1986.

_____. Noi profughi (jan. 1943), In: _____. (BETTINI, G. [org.]). *Ebraismo e modernità*. Milão, Unicopli, 1986.

_____. Ripensare il sionismo (out. 1945), In: _____. (BETTINI, G. [org.]). *Ebraismo e modernità*. Milão, Unicopli, 1986.

_____. Lo Stato ebraico: cinquant'anni dopo? Dove ha portato la politica di Herzl? (mai. 1946), In: _____. (BETTINI, G. [org.]). *Ebraismo e modernità*. Milão, Unicopli, 1986.

_____. *Vorwort a Elemente und Ursprünge totaler Herrschaft*. Munique/Zurique, Piper, 1986. (Edição melhorada da edição austríaca). (É a versão alemã do Prefácio de 1967 à edição estadunidense como livro autônomo da primeira parte de *Origens do totalitarismo*, dedicada à

286 DOMENICO LOSURDO

análise do antissemitismo.) [Ed. bras.: *Origens do totalitarismo:* antissemitismo, imperialismo, totalitarismo. São Paulo, Companhia das Letras, 1989.]

_____. Der Besuch Menahem Begins und die Ziele seiner politischen Bewegung. Offener Brief an die "New York Times" (4 dez. 1948). In: _____. (BETTINI, G.; BITTERMANN, K. [orgs.]). *Essays und Kommentare.* Berlin, Tiamat, 1989, v. II.

_____. *Le origini del totalitarismo* (1951). Milão, Edizioni di Comunità, 1989.

_____. Sprengstoff-Spießer (16 jun. 1944). In: _____. (BETTINI, G.; BITTERMANN, K. [orgs.]). *Essays und Kommentare.* Berlin, Tiamat, 1989.

_____. *La banalità del male.* Eichmann a Gerusalemme (1963). 5. ed. Milão, Feltrinelli, 1993. [Ed. bras.: *Eichmann em Jerusalém*: um relato sobre a banalidade do mal. São Paulo, Companhia das Letras, 1999.]

ARISTÓTELES. *In octo libros "Politicorum" Aristotelis expositio,* I, lect. 4 e I, lect. 1. [Ed. bras.: *Apolítica.* 3. ed., São Paulo, Martins, 2006.]

ASCHERSON, N. The Breaking of the Mau Mau. *The New York Review of Books,* 7 abr. 2005, p. 26-30.

ASÍN PALACIOS, M. *Dante e l'islam.* L'escatologia islamica nella Divina Commedia (1943). 2. ed. Milão, Est, 1997.

BACON, F. Dialogo sulla guerra santa (1623). In: DE MAS, E. (org.). *Scritti politici, giuridici e storici.* Turim, Utet, 1971, v. I, p. 709-32.

BAIRATI, P. (org.). *I profeti dell'impero americano.* Dal periodo coloniale ai nostri giorni. Turim, Einaudi, 1975.

BAQUIS, A. E il Paese festeggiava ignaro. *La Stampa,* Turim, 1 out. 2000. p. 3.

_____. Il rabbino di Shas sbalordisce Israele: "Anime di peccatori reincarnate le vittime della Shoah". *La Stampa,* Turim, 7 ago. 2000. p. 11.

_____. Dossier della vergogna per i soldati d'Israele. *La Stampa,* Turim, 20 nov. 2004. p. 7.

_____. Strage nel Kibbutz. Massacrati dodici riservisti israeliani. *La Stampa,* Turim, 7 ago. 2006. p. 3.

BARBERO, A. *Carlo Magno* (2000). Milão, Edizioni del Corriere della Sera, 2005.

BENDERSKY, J. W. *The "Jewish Threat":* Anti-Semitic Politics of the U.S. Army. Nova York, Basic Books, 2000.

BENEDETTO, E. L'anniversario dimenticato. *La Stampa,* Turim, 19 out. 1995. p. 7.

BENNET, J. Suicide Bomb Kills 19 on Bus in Israel. *International Herald Tribune,* Paris, 19 jun. 2002. p. 1, 4.

BENOT, Y. *La démence coloniale sous Napoléon.* Essai. Paris, La Découverte, 1992.

BERLIN, I. *La libertà e i suoi traditori* (2002). Milão, Adelphi, 2005. (Trata-se de conferências de 1951.)

BERMAN, P. *Terrore e liberalismo* (2003). Turim, Einaudi, 2004.

BERNARDUS CLARAE-VALLENSIS ABBAS. Epistola CCCLXIV. In: MIGNE, J. P. (org.). *Patrologiae cursus completus.* Paris, Garnier, 1862, Series latina, v. CLXXXII,.

_____. De Laude Novae Militiae Ad Milites Templi. In: MIGNE, J. P. (org.). *Patrologiae cursus completus.* Paris, Garnier, 1862, Series latina, v. CLXXXII.

BEVERIDGE, A. J. *The Meaning of the Times and Others Speeches* (1908). Freeport (NY), Books for Libraries Press, 1968.

BIONDI, C. *Mon frère, tu es mon esclave.* Teorie schiavistiche e dibattiti antropologico-razziali nel Settecento francese. Pisa, Libreria Goliardica, 1973.

BIRNBAUM, P. *"La France aux Français".* Histoire des haines nationalistes. Paris, Seuil, 1993.

_____. *Un mythe politique:* la "République juive" (1988). Paris, Gallimard, 1995.

BLACK, E. *The Transfer Agreement:* The Dramatic Story of the Pact Between the Third Reich and Jewish Palestine (1984). Cambridge (Mass.), Brookline Books, 1999.

BONAZZI, T. *Il sacro esperimento.* Teologia e politica nell'America puritana. Bolonha, Il Mulino, 1970.

BOUCKAERT, P. For Israel, Innocent Civilians are Fair Game. *International Herald Tribune,* Paris, 4 ago. 2006. p. 6.

BOYLE, P. G. (org.). *The Churchill-Eisenhower Correspondence 1953-1955.* Chapel Hill/Londres, The University of North Carolina Press, 1990.

BRECHT, B. Leben des Galilei (1939). In: _____. *Stücke.* Frankfurt, Suhrkamp, 1964, v. VIII.

BRODKIN, K. *How Jews Became White Folks and What That Says About Race in America.* Nova Brunswick/Nova Jersey/Londres, Rutgers University Press, 1998.

BROWN, R. M. *Strain of Violence:* Historical Studies of American Violence and Vigilantism. Nova York, Oxford University Press, 1975.

BRULLER, J. dito VERCORS. *Il silenzio del mare* (1942). Turim, Einaudi, 1994. (Ed. Bilíngue.) [Ed. port.: *O silêncio do mar.* 5. ed., Barcarena, Presença, 1999.]

BRZEZINSKI, Z. K. To lead, US Must Give Up Paranoid Politics. *International Herald Tribune,* Paris, 15-16 nov. 2003. p. 4.

BUCCINI, G. La stampa americana rompe la tregua: "Basta patriottismo". *Corriere della Sera,* Milão, 19 mai. 2002. p. 13.

_____. I vecchi di Guantanamo che turbano l'America. *Corriere della Sera,* Milão, 6 mai. 2003. p. 12.

BULLIET, R. W. *La civiltà islamico cristiana.* Una proposta (2004). Roma/Bari, Laterza, 2005.

BULTRINI, R. Cina e India abbracciano i generali birmani. *Limes:* Rivista italiana di Geopolitica, n. 4, 2005. p. 115-22.

BURG, A. A Failed Israeli Society is Collapsing. *International Herald Tribune,* Paris, 6-7 set. 2003. p. 4.

BURGIO, A. *Rousseau, la politica e la storia.* Tra Montesquieu e Robespierre. Milão, Guerini-Istituto italiano per gli studi filosofici, 1996.

BURUMA, I.; MARGALIT A. *Occidentalism.* The West in the Eyes of Its Enemies. Nova York, The Penguin Press, 2004. [Ed. bras.: *Ocidentalismo: o Ocidente aos olhos de seus inimigos.* Rio de Janeiro, Jorge Zahar, 2006.]

CALLOWAY, C. G. *The American Revolution in Indian Country:* Crisis and Diversity in Native American Communitie. Cambridge, Cambridge University Press, 1995.

CÀNDITO, M. Guardie del corpo, secondo esercito del paese. *La Stampa,* Turim, 10 abr. 2004. p. 3.

CARETTO, E. Brzezinski guida la riscossa della "linea Kissinger". *Corriere della Sera,* Milão, 23 jul. 2006. p. 5.

_____. Disertori Usa dall'Iraq. Il dilemma del Canada. *Corriere della Sera,* Milão, 2 abr. 2006. p. 14.

CATHERWOOD, C. *Churchill's Folly:* How Winston Churchill Created Modern Iraq. Nova York, Carrol and Graf, 2004. [Ed. bras.: *A loucura de Churchill:* os interesses britânicos e a criação do Iraque moderno. Rio de Janeiro, Record, 2006.]

CHAMBERLAIN, H. S. *Die Grundlagen des 19. Jahrhunderts* (1898). Munique, Ungekürzte Volksausgabe, Bruckmann, 1937.

CHAZAN, R. *European Jewry and the First Crusade* (1987). Berkeley/Los Angeles/Londres, University of California Press, 1996.

CHEN, J. *China's Road to the Korean War:* the Making of Sino-American Confrontation. Nova York, Columbia University Press, 1994.

CHESNEAUX, J.; BASTID, M.; BERGÈR, M. C. *La Cina* (1969-1972). Turim, Einaudi, 1974.

CHOMSKY, N. Un secolo di terrorismo degli Stati Uniti verso Cuba. In: LAMRANI, S. (org.). *Il terrorismo degli Stati Uniti contro Cuba.* Milão, Sperling & Kupfer, 2006.

CHOUEIRI, Y. M. *Il fondamentalismo islamico.* Origini storiche e basi sociali (1990). Bolonha, Il Mulino, 1993.

CHURCHILL, W. Friendship with Germany (1937). In: _____. *Step by Step 1936-1939.* Londres, Thornton Butterworth, 1939.

_____. *His Complete Speeches 1897-1963.* Nova York/Londres, Chelsea House, 1974, v. VI.

COBET, C. *Der Wortschatz des Antisemitismus in der Bismarckzeit.* Munique, Fink, 1973.

COHEN, Richard. No, Mr. Lieberman, America Isn't Really God's Country. *International Herald Tribune,* Paris, 8 set. 2000. p. 7. (No artigo cita-se erroneamente Lieberman, mas no dia seguinte apareceu a correção: a declaração criticada é, na realidade, de Bush – Ibidem, 9 set., p. 6).

COHEN, Roger. Ariel Sharon Deploys a Paradoxical Strategy. *International Herald Tribune,* Paris, 21 jul. 2004. p. 2.

_____. Israel's Wall, a Victory for the Logic of War. *International Herald Tribune,* Paris, 14 jul. 2004. p. 2.

288   DOMENICO LOSURDO

COLAJANNI, N. *Latini e Anglo-Sassoni (Razze inferiori e razze superiori)*. 2. ed. Roma/Napoli, Rivista popolare, 1906.

COMMAGER, H. S. (org.). *Documents of American History*. 7. ed. Nova York, Appleton-Century-Crofts, 1963.

CONQUEST, R. *Il secolo delle idee assassine* (1999). Milão, Mondadori, 2001.

CONRAD, J. *Cuore di tenebra* (1899). 2. ed. Milão, Feltrinelli, 1996. [Ed. bras.: *Coração das trevas*. São Paulo, Companhia das Letras, 2008.]

COOK, J. Nonviolent Protest Offers Little Hope for Palestinians. *International Herald Tribune*, Paris, 31 ago. 2004. p. 6.

CREMONESI, L. *Le origini del sionismo e la nascita del kibbutz (1881-1920)*. 2. ed. Florença, La Giuntina, 1992.

CROCE, B. Giudizi passionali e nostro dovere. Da un'intervista (outubro de 1914). In: _____. *L'Italia dal 1914 al 1918. Pagine sulla guerra* (1928). 3. ed. Bari, Laterza, 1950.

DALRYMPLE, W. India: The War Over History. *The New York Review of Books*, 7 abr. 2005. p. 62-5.

DAVIS, D. B. *Il problema della schiavitù nella cultura occidentale* (1966). Turim, Sei, 1971. [Ed. bras.: *O problema da escravidão na cultura ocidental*. Rio de Janeiro, Civilização Brasileira, 2001.]
_____. *Slavery and Human Progress* (1984). Nova York/Oxford, Oxford University Press, 1986.

DE FELICE, R. *Mussolini il duce – lo Stato totalitario 1936-1940*. Turim, Einaudi, 1981, v. II.

DE FEO, M. Foto-choc da Kabul. I soldati tedeschi giocano con un teschio. *Corriere della Sera*, Milão, 26 out. 2006. p. 12.

DELANOË, N.; ROSTKOWSKI, J. *Les Indiens dans l'histoire américaine*. Nancy, Presses Universitaires de Nancy, 1991.

DEL FRA, L. *Sciara Sciat. Genocidio nell'oasi*. Roma, Datanews, 1995.

DE RUGGIERO, G. La lotta civile in Germania (1919). In: _____. (DE FELICE, R. [org.]). *Scritti politici 1912-1926*. Bolonha, Cappelli, 1963.

DISRAELI, B. (SMITH, S. M. [org.]). *Coningsby or the New Generation* (1844). Oxford/Nova York, Oxford University Press, 1982.

DOWER, J. W. *War without Mercy:* Race and Power in the Pacific War. Nova York, Pantheon Books, 1986.

DRAPER, T. Mission Impossible. *The New York Review of Books*, 6 out. 1994. p. 31-4.

DUCHET, M. *Le origini dell'antropologia* (1971). Roma/Bari, Laterza, 1976.

DÜHRING, E. *Die Judenfrage als Racen-, Sitten- und Culturfrage*. Leipzig, Reuther, 1881.
_____. *Der Ersatz der Religion durch Vollkommneres und die Ausscheidung alles Judäerthums durch den modernen Völkergeist* (1882). 2. ed. rev. Berlim, Kufahl, 1897.

E. R. Clinton: "Usammo i neri come cavie umane. Una vergogna americana". *Corriere della Sera*, Milão, 10 abr. 1997. p. 8.

EAKIN, E. Is Racism Abnormal? A Psychiatrist Sees It as a Mental Disorder. *International Herald Tribune*, Paris, 17 jan. 2000. p. 3.

ECKART, D. *Der Bolschewismus von Moses bis Lênin. Zwiegespräch zwischen Adolf Hitler und mir*. Munique, Hoheneichen, 1924.

ELDRIDGE, C. C. *England's Mission:* The Imperial Idea in the Age of Gladstone and Disraeli 1868-1880. Chapel Hill, The University of North Carolina Press, 1973.

ELLIS, M. H. Deir Yassin and the Challenge that Israel Faces Today. *International Herald Tribune*, Paris, 9 abr. 1998. p. 8.

ELON, A. The Case of Hannah Arendt. *The New York Review of Books*, 6 nov. 1997. p. 25-9.

ERLANGER, S. Divided Mitrovica Damages Hopes for Peace in Kosovo. *International Herald Tribune*, Paris, 21 fev. 2000. p. 8.

ESHERICK, J. W. *The Origins of the Boxer Uprising*. Berkeley/Los Angeles/Londres, University of California Press, 1987.

EUCKEN, R. *Deutsche Freiheit Ein Weckruf*. Leipzig, Quelle & Meyer, 1919.

FALLACI, O. *La rabbia e l'orgoglio* (2001). 13. ed. Milão, Rizzoli, 2002.
_____. Sull'antisemitismo. *Panorama*, 18 abr. 2002. p. 37-9.

_____. *La forza della ragione.* Milão, Rizzoli, 2004.

_____. *Oriana Fallaci intervista Oriana Fallaci.* Milão, Edizioni del Corriere della Sera, 2004.

_____. Il nemico che trattiamo da amico. *Corriere della Sera*, Milão, 16 jul. 2005. p. 1, 8-9.

_____. Quello che la Fallaci ha detto alla Polonia (entrevista a A. Majewski), *Libero*, Milão, 14 ago. 2005. p. 1-3.

FARKAS, A. Bush bevitore pentito: "Sono un peccatore salvo grazie alla fede". *Corriere della Sera*, Milão, 1 mai. 2002. p. 14.

_____. "Squadre della morte" anti-guerriglia. *Corriere della Sera*, Milão, 10 jan. 2005. p. 15.

FARWELL, B. *Prisoners of the Mahdi* (1967). Nova York/Londres, Norton Company, 1989.

FICHTE, J. G. Die Republik der Deutschen, zu Anfang des zwei und zwanzigsten Jahrhunderts unter ihrem fünften Reichsvogte (1806-1807). In: _____. (FICHTE, I. H. [org.]). *Werke* (1854). Berlim, de Gruyter, 1971, v. VII. (Reimpressão anastática.)

FIGES, O. The Greatest Relief Mission of All. *The New York Review of Books*, 13 mar. 2003. p. 22-4.

FILKINS, D. US Get Tough with Iraqi Towns. *International Herald Tribune*, Paris, 8 dez. 2003. p. 5.

FINI, G. Il fascismo? Buono fino al '38 (entrevista a P. Battista), *La Stampa*, Turim, 3 jun. 1994. p. 9.

FINKELSTEIN, N. G. *Beyond Chutzpah.* On the Misuse of Anti-Semitism and the Abuse of History. Berkeley/Los Angeles/Londres, University of California Press, 2005.

FIORI, G. *Simone Weil.* Milão, Garzanti, 1990.

FLEISCHMANN, E. *Le christianisme "mis à nu".* La critique juive du christianisme. Paris, Plon, 1970.

FLORI, J. *La première croisade.* L'Occident chrétien contre l'Islam (Aux origines des idéologies occidentales). Bruxelas, Complexe, 1992.

_____. *La guerre sainte.* La formation de l'idée de croisade dans l'Occident chrétien. Paris, Aubier, 2001.

FONTAINE, A. *Storia della guerra fredda* (1965-1967). Milão, il Saggiatore, 1968.

FORD, H. *Der internationale Jude* (1920). Leipzig, Hammer, 1933.

FRACHON, A.; VERNET D. *L'Amérique messianique.* Les guerres des néo-conservateurs. Paris, Seuil, 2004. [Ed. bras.: *América messiânica:* as guerras dos neoconservadores. São Paulo, Doravante, 2006.]

FRANKEL, J. *Gli ebrei russi.* Tra socialismo e nazionalismo (1862-1917) (1981). Turim, Einaudi, 1990.

FRÉDERIC, II. *Oeuvres posthumes* – correspondance de Monsieur d'Alembert avec Fréderic II Roi de Prusse. Berlim, Voss et Fils et Decker et Fils, 1791, v. XX.

FREDRICKSON, G. M. *Black Liberation:* a Comparative History of Black Ideologies in the United States and South Africa. Nova York/Oxford, Oxford University Press, 1995.

FREIBERGER, S. Z. *Dawn over Suez. The Rise of American Power in the Middle East, 1953-1957.* Chicago, Ivan R. Dee, 1992.

FREUD, S. Introduzione allo studio psicologico su Thomas Woodrow Wilson (1930; publicado pela primeira vez em 1971). In: _____. (MUSATTI, C. L. [org.]). *Opere.* Reimp. Turim, Bollati Boringhieri, 1995, v. XI. [Ed. bras.: *Thomas Woodrow Wilson:* um estudo psicológico. Rio de Janeiro, Graal, 1984.]

_____. L'uomo Mosè e la religione monoteistica: tre saggi (1934-1938). In: _____. (MUSATTI, C. L. [org.]). *Opere.* Reimp. Turim, Bollati Boringhieri, 1995, v. XI,. [Ed. bras.: *Moisés e o monoteísmo:*Esboço de psicanálise e outros trabalhos. Rio de Janeiro, Imago, 2006, v. XXII.]

FRIEDMAN, T. L. For Orthodox Jews, the Choice Was Netanyahu or Pizza Hut. *International Herald Tribune*, Paris, 23 set. 1996. p. 8.

_____. Unica via bombardare senza pietà. *La Stampa*, Turim, 24 abr. 1999. p. 6.

FRITSCH, T. sob o pseudônimo de T. FREY. *Antisemiten-Katechismus.* Eine Zusammenstellung des wichtigsten Materials zum Verständnis der Judenfrage (1887). 25. ed. ampl. Leipzig, Beyer, 1893.

_____. *Mein Beweis-Material gegen Jahve.* 2. ed. Leipzig, Hammer, 1911.

FUSSELL, P. *Tempo di guerra* (1989). Milão, Mondadori, 1991.

GABRIEL, R. H. *The Course of American Democratic Thought.* 3. ed. Nova York/Westport/Londres, Greenwood Press, 1986.

290   Domenico Losurdo

GAGER, J.G. *The Origins of Anti-Semitism:* Attitudes Toward Judaism in Pagan and Christian Antiquity. Nova York/Oxford, Oxford University Press, 1985.

GARAUDY, R. *I miti fondatori della politica israeliana* (1995). Gênova, Graphos, 1996.

GARIN, E. *Storia della filosofia italiana.* 3. ed. Turim, Einaudi, 1978.

GENOVESE, E. D. *From Rebellion to Revolution:* Afro-American Slave Revolts in the Making of the Modern World. Baton Rouge/Londres, Louisiana State University Press, 1979. [Ed. bras.: *Da rebelião à revolução:* as revoltas de escravos nas Américas. São Paulo, Global, 1983.]

GEYER, D. Die Bomben der Märtyrer. Wie der Kampf gegen den Terror das zaristische Russland vor hundert Jahren dem Untergang entgegentrieb. *Die Zeit,* Hamburgo, 9 set. 2004. p. 96.

GIAMMANCO, R. (org.). *Ai quattro angoli del fondamentalismo.* Movimenti politico-religiosi nella loro tradizione, epifania, protesta, regressione. Florença, La Nuova Italia, 1993.

GIRARDET, R. *Le nationalisme français.* Anthologie 1871-1914. Paris, Editions du Seuil, 1983.

GOBINEAU, A. de. *Saggio sulla disuguaglianza delle razze umane* (1853-1855). Milão, Rizzoli, 1997.

GOEBBELS, J. (HEIBER, H. [org.]). *Reden 1932-1945* (1971-1972). Bindlach, Gondrom, 1991.

_____. (REUTH, R. G. [org.]). *Tagebücher.* Munique/Zurique, Piper, 1991. [Ed. bras.: *Diário. Últimas anotações.* Rio de Janeiro, Nova Fronteira, 1978.]

GOLDHAGEN, D. J. *Hitler's Willing Executioner:.* Ordinary Germans and the Holocaust. Londres, Little, Brown and Company, 1996. [Ed. bras.: *Os carrascos voluntários de Hitler:* o povo alemão e o holocausto. São Paulo, Companhia das Letras, 1997.]

_____. *Una questione morale.* La Chiesa Cattolica e l'Olocausto (2002). Milão, Mondadori, 2003.

GOLLWITZER, H. *Die gelbe Gefahr. Geschichte eines Schlagwortes.* Studien zum imperialistischen Denken. Göttingen, Vandenhoeck und Ruprecht, 1962.

GONEN, Y. Riapre Arsan-3 la prigione nel deserto. *La Stampa,* Turim, 18 abr. 2002. p. 3.

GOSSET, T. F. *Race:* the History of an Idea in America (1963). Nova York, Schocken Books, 1965.

GRAETZ, H. *Geschichte der Juden von den ältesten Zeiten bis auf die Gegenwart* (1870) (reimpressão da 5. ed. 1905-1906). Berlim, Arani, 1998.

GRAMSCI, A. (GERRATANA, V. [org.]). *Quaderni del carcere.* Ed. crítica. Turim, Einaudi, 1975. [Ed. bras.: *Cadernos do cárcere.* Rio de Janeiro, Civilização Brasileira, 2002.]

GRAY, J. *False Dawn:* the Delusion of Global Capitalism. Londres, Granta Books, 1998. [Ed. bras.: *Falso amanhecer:* os equívocos do capitalismo global. Rio de Janeiro, Record, 1999.]

GREENWAY, H. D. S. Excuses for war. *International Herald Tribune,* Paris, 30 mai. 2006. p. 7.

GRÉGOIRE, H. *De la noblesse de la peau ou du préjugé des blancs contre la couleur des Africains et celle de leurs descendants noirs et sangmêlés* (1826). Grenoble, Jérôme Millon, 1996.

GUIZOT, F. Du gouvernement représentatif en France (1816). In: _____. *Mélanges politiques et historiques.* Paris, Levy, 1869.

GUMPLOWICZ, L. *Der Rassenkampf.* Sociologische Untersuchungen. Innsbruck, Wagner'sche Universitätsbuchhandlung, 1883.

GÜNTHER, H. S. R. *Rassenkunde des deutschen Volkes* (1922). 16. reimp. Munique, Lehmanns, 1934.

GUOLO, R. *Il partito di dio.* L'Islam radicale contro l'Occidente. Milão, Guerini e Associati, 1994.

HABERMAS, J. *Aus Katastrophen lernen?* (1998). Ed. it.: L. Ceppa (org.). *La costellazione postnazionale.* Mercato globale, nazioni e democrazia. Milão, Feltrinelli, 1999. [Ed. bras.: "Aprender com as catástrofes? Um olhar diagnóstico retrospectivo sobre o breve século XX", em *A constelação pós-nacional:* ensaios políticos. São Paulo, Litterata Mundi, 2001.]

HARDT, M.; NEGRI, A. *Impero.* Il nuovo ordine della globalizzazione (2000). Milão, Rizzoli, 2002. [Ed. bras.: *Império.* Rio de Janeiro, Record, 2001.]

HAUPTMAN, L. M. *Between two fires:* American Indians in the Civil War. Nova York, Free Press Paperbacks (Simon and Schuster), 1995.

HAUTER, F. La campagne contre l'*agent orange* des Américains. *Le Figaro,* Paris, 6 out. 4, 2004.

HAYEK, F. A. von. *La società libera* (1960). Florença, Vallecchi, 1969.

_____. *The road to serfdom* (1944). Londres, Ark Paperbacks, 1986. [Ed. bras.: *O caminho da servidão.* Rio de Janeiro, Bibliex, 1994.]

A LINGUAGEM DO IMPÉRIO   291

HERZEN, A. I. *Breve storia dei Russi*. Lo sviluppo delle idee rivoluzionarie in Russia (1851). Milão, Corbaccio, 1994.

HERZL, T. (KELLNER, L. [org.]. *Zionistische Schriften*. Berlim/Charlottenburg, Jüdischer Verlag, 1920.

_____. *Altneuland*. 10. ed. Viena, Löwit, 1933.

_____. Zionistisches Tagebuch. In: _____. (BEIN, A.; GREIVE, H.; SCHAERF, M.; SCHOEPS, J. H.; WACHTEN, J. [orgs.]). *Briefe und Tagebücher*. Berlim/Frankfurt/Viena, Propyläen, 1984-1985, v. II, III.

HITLER, A. *Mein Kampf* (1925-1927). Munique, Zentralverlag der Nsdap, 1939.

_____. (WEINBERG, G. L. [org. e comentários]). *Hitlers Zweites Buch*. Ein Dokument aus dem Jahre 1928. Stuttgart, Deutsche Verlags-Anstalt, 1961.

_____. (DOMARUS, M. [org.]). *Reden und Proklamationen 1932-1945* (1962-1963). Munique, Süddeutscher Verlag, 1965.

_____. *Idee sul destino del mondo* (1952-1954). Pádua, Edizioni di Ar, 1980. (Trata-se das conversas de Hitler à mesa reunidas por M. Bormann).

_____. (PICKER, H. [org.]). *Tischgespräche* (1951). Frankfurt/Berlim, Ullstein, 1989.

HOAGLAND, J. As Clinton Withdraws, Saddam Survives Unchallenged. *International Herald Tribune*, Paris, 2 mar. 2000. p. 6.

_____. Just Waiting for Milošević to go Away Won't do. *International Herald Tribune*, Paris, 7 ago. 2000. p. 8.

HOBSON, J. A. *The War in South Africa*. Its Causes and Effects. Londres, Nisbet, 1900.

_____. *L'imperialismo* (1902). Milão, Isedi, 1974.

HOCKSTADER, L. War-weary Israel sees non easy exit. *International Herald Tribune*, Paris, 2-3 mar. 2002. p. 3.

HOFFMANN, G. von. *Die Rassenhygiene in den Vereinigten Staaten von Nordamerika*. Munique, Lehmanns, 1913.

HÖFFNER, J. *Christentum und Menschenwürde*. Das Anliegen der spanischen Kolonialethik im Goldenen Zeitalter. Trier, Paulinus Verlag, 1947.

HOFSTADTER, R. *La tradizione politica americana* (1951). Bolonha, Il Mulino, 1960.

HOLMES, C. *Anti-Semitism in British society 1876-1939*. Londres, Edward Arnold, 1979.

HÖPP, G. Arabische Opfer des Nationalsozialismus. In: HÖPP, G.; WIEN, P.;. WILDANGEL, R. *Blind für die Geschichte?* Arabische Begegnungen mit dem Nationalsozialismus. Berlim, Schwarz, 2004.

HUDSON, W. S. *Religion in America* (1965). 3. ed. Nova York, Scribner, 1981.

HUNTINGTON, S. P. *Lo scontro delle civiltà e il nuovo ordine mondiale* (1996). Milão, Garzanti, 1997. [Ed. bras.: *O choque das civilizações e a recomposição da nova ordem mundial*. Rio de Janeiro, Objetiva, 1997.]

_____. *La nuova America* (2004). Milão, Garzanti, 2005.

HYNEMAN, C. S.; LUTZ D. S. (orgs.). *American political writing during the founding era 1760-1815*. Indianápolis, Liberty Press, 1983.

IN a French village, anger over racism is spoken in Arabic. *International Herald Tribune*, Paris, 27-28 dez. 2003. p. 3.

IRVING, D. *La guerra di Hitler* (1991; ed. ampliada e unificada de dois volumes anteriormente separados, *Hitler's War*, 1977, e *The War Path*, 1978). Roma, Settimo Sigillo, 2001.

ISAAC, J. *Genèse de l'antisémitisme*. Paris, Calman-Lévy, 1956.

JAMES, B. Heating oil for Serbs divides US and EU. *International Herald Tribune*, Paris, 12 out. 1999. p. 1, 10.

JAMES, C. L. R. *I giacobini neri*. La prima rivolta contro l'uomo bianco (1963). Milão, Feltrinelli, 1968. [Ed. Bras.: *Os jacobinos negros*, São Paulo, Boitempo, 2000.]

JETER, J. Declaration against Israel splits Jews in South Africa. *International Herald Tribune*, Paris, 21 dez. 2001. p. 2.

JOHNSON, C. *Gli ultimi giorni dell'impero americano* (2000). Milão, Garzanti, 2001.

JOHNSON, P. *Modern times:* from the Twenties to the Nineties. Nova York, Harper Collins, 1991. [Ed. bras.: *Tempos modernos:* o mundo dos anos 20 aos 80. Rio de Janeiro, Bibliex, 1994.]

292   DOMENICO LOSURDO

_____. *Storia degli ebrei* (1987). Milão, Tea, 1994. [Ed. bras.: *História dos judeus*. 2. ed., Rio de Janeiro, Imago, 1995.]

JORDAN, W. D. *White Over Black:* American Attitudes Toward the Negro, 1550-1812 (1968). Nova York, Norton and Company, 1977.

JUDT, T. Israel: the Alternative. *The New York Review of Books*, 23 out. 2003. p. 8-10.

KADISH, S. *Bolsheviks and British Jews:* the Anglo-Jewish Community, Britain and the Russian Revolution. Londres/Portland, Frank Cass, 1992.

KATZ, S.T. *The Holocaust in Historical Context* – the Holocaust and Mass Death Before the Modern Age. Nova York/Oxford, Oxford University Press, 1994, v. I.

KEEGAN, J. *Fields of Battle:* the Wars for North America. Nova York, Knopf, 1996.

KENT, J. An introductory lecture to a course of law lectures (1794). In: HYNEMAN, C. S.; LUTZ, D. S. *American Political Writing During the Founding Era 1760-1815*. Indianápolis, Liberty Press, 1983.

KEPEL, G. *La rivincita di Dio*. Cristiani, ebrei, musulmani alla riconquista del mondo (1991). Milão, Rizzoli, 1991. [Ed. port.: *A vingança de Deus:* cristãos, judeus e muçulmanos à reconquista do mundo. Amadora, Dom Quixote, 1992.]

KERTZER D.I. *Prigioniero del Papa Re* (1996). Milão, Rizzoli, 1996. [Ed. bras.: *O sequestro de Edgardo Mortara*. Rio de Janeiro, Rocco, 1998.]

KIMMERLING, B. Israeli Democracy's Decline. *International Herald Tribune*, Paris, 3 abr. 2002, p. 6.

KISSINGER, H. *Diplomacy*. Nova York, Simon and Schuster, 1994. [Ed. bras.: *Diplomacia*. 3. ed., Rio de Janeiro, Francisco Alves, 2001.]

KLEIN, H. S. *Slavery in the Americas:* a Comparative Study of Virginia and Cuba (1967). Chicago, Ivan R. Dee, 1989.

KLEMPERER, V. (NOWOJSKI, W.; KLEMPERER, H. [orgs.]). *Ich will Zeugnis ablegen bis zum letzten*. 5. ed. Berlim, Aufbau, 1996.

_____. *LTI. Notizbuch eines Philologen* (1957). Leipzig, Reclam, 2005. [Ed. bras.: *LTI:* a linguagem do Terceiro Reich. Rio de Janeiro, Contraponto, 2009.]

KRAUTHAMMER, C. Clinton Should do More Than Just Stand Firm. *International Herald Tribune*, Paris, 15-16 out. 1994. p. 10.

KRISTOF, N. D. In Afghanistan, Tt's Better to Let Omar Fade Out. *International Herald Tribune*, Paris, 27 dez. 2001. p. 6.

_____. The Boomerang Syndrome. *International Herald Tribune*, Paris, 3 abr. 2002. p. 6.

_____. Starting Another War. *International Herald Tribune*, Paris, 13 set. 2006. p. 8.

KÜHL, S. *The Nazi connection*. Eugenics, American Racism and German National Socialism. Nova York/Oxford, Oxford University Press, 1994.

LAPOUJADE, D. "La gente ha paura della guerra civile mascherata nelle periferie" (entrevista a U. Munzi), *Corriere della Sera*, Milão, 17 jun. 2002. p. 6.

LAS CASAS, B. de. *La leggenda nera*. Storia proibita degli spagnoli nel Nuovo Mondo (1906). Milão, Feltrinelli, 1981.

LAWRENCE, B. B. *Oltre la retorica delle guerre sante*. Il fondamentalismo islamico all'ombra del Nuovo Ordine. In: GIAMMANCO R. (org.). *Ai quattro angoli del fondamentalismo*. Movimenti politico-religiosi nella loro tradizione, epifania, protesta, regressione. Florença, La Nuova Italia, 1993.

LAZARE, B. *L'antisémitisme*. Son histoire et ses causes (1894). Paris, Documents et témoignages, 1969. (No frontispício está escrito Lazard, mas o livro em si começa com uma biografia de seu autor, designado como Bernard Lazare.)

LÉMONON, M. *Le rayonnement du Gobinisme en Allemagne*. Tese de Doutorato, Strasbourg, Université de Strasbourg II, 1971.

LÊNIN, V. I. *Opere complete*. Roma, Editori Riuniti, 1955-1970. [Ed. bras.: *Obras escolhidas em três volumes*. 3. ed., São Paulo, AlfaOmega, 1986.]

LERNER, G. Lo scisma degli ebrei italiani. *La Stampa*, Turim, 18 jan. 1998. p. 7.

LÉVY, B. H. L'antiamericanismo è il nuovo antisemitismo (entrevista a M. Molinari). *La Stampa*, Turim, 28 jan. 2006. p. 11.

LEWIS, A. Israel's Lethal Mix of Religion and Nationalism. *International Herald Tribune*, Paris, 4-5 jan. 1997. p. 6.

LEWIS, B. *Semiti e antisemiti*. Indagine su un conflitto e un pregiudizio (1986). Bolonha, Il Mulino, 1990.

_____. *Il suicidio dell'islam*. Milão, Mondadori, 2002. [Ed. bras.: *Que deu errado no Oriente Médio?*. Rio de Janeiro, Jorge Zahar, 2002.]

_____. *La crisi dell'islam*. Le radici dell'odio verso l'Occidente. Milão, Mondadori, 2004.

LIEVEN, A. *Giusto o sbagliato è l'America* (2004). Milão, Sperling & Kupfer, 2005. [Ed. port.: *América:* a bem ou a mal. Lisboa, Tinta da China, 2007.]

LIFTON, R. J. *Ärzte im Dritten Reich* (1986). Stuttgart, Klett-Cotta, 1988.

LIFTON, R. J.; MITCHELL, G. *Hiroshima in America:* Fifty Years of Denial. Nova York, Putnam's Sons, 1995.

LOSURDO, D. Fichte, la resistenza antinapoleonica e la filosofia classica tedesca. *Studi storici*, v. 1-2, 1983. p. 189-216.

_____. *La comunità, la morte, l'Occidente*. Heidegger e l'ideologia della guerra. Turim, Bollati Boringhieri, 1991.

_____. *Democrazia o bonapartismo*. Trionfo e decadenza del suffragio universale. Turim, Bollati Boringhieri, 1993. [Ed. bras.: *Democracia ou bonapartismo:* triunfo e decadência do sufrágio universal. São Paulo, Unesp, 2004.]

_____. *Il revisionismo storico*. Problemi e miti. Roma/Bari, Laterza, 1996.

_____. *Dai fratelli Spaventa a Gramsci*. Per una storia politico-sociale della fortuna di Hegel in Italia. Nápoles, La Città del Sole-Istituto italiano per gli studi filosofici, 1997.

_____. *Hegel e la Germania*. Filosofia e questione nazionale tra rivoluzione e reazione. Milão, Guerini-Istituto italiano per gli studi filosofici, 1997.

_____. *Nietzsche, il ribelle aristocratico*. Biografia intellettuale e bilancio critico. Turim, Bollati Boringhieri, 2002.

_____. *Controstoria del liberalismo*. Roma/Bari, Laterza, 2005. [Ed. bras.: *contra-história do liberalismo*. Aparecida, Ideias & Letras, 2006.]

LOTT, D. N. (org.). *The Presidents Speak*. The Inaugural Addresses of the American Presidents, from Washington to Clinton. Nova York, Henry Holt and Company, 1994.

LUXEMBURGO, R. Fragment über Krieg, nationale Frage und Revolution. In: _____. O. (FLECHTHEIM, K. [org.]). *Politische Schriften*. Frankfurt, Europäische Verlagsanstalt, 1968, v. III.

MACAULAY, T. B. *Critical and Historical Essays, Contributed to the Edinburgh Review*. Leipzig, Tauchnitz, 1850.

MACFARQUHAR, N. For US travelers, "It's a bad time to be Ahmed". *International Herald Tribune*, Paris, 2 jun. 2006. p. 2.

MACLEAN, N. *Behind the Mask of Chivalry:* the Making of the Second Ku Klux Klan. Nova York/ Oxford, Oxford University Press, 1994.

MALOWIST, M. *La schiavitù nel Medioevo e nell'età moderna*. Nápoles, Esi, 1987.

MANSFIELD, P. *Storia del Medio Oriente* (1991). Turim, Sei, 1993.

MAO TSE-TUNG. Sulla tattica contro l'imperialismo giapponese (1935). In: _____. *Opere scelte*. Edizioni in lingue estere, 1969, v. I.

MARGALIT, A. The suicide bombers. *The New York Review of Books*, 16 jan. 2003. p. 36-39.

MARIENSTRAS, E. *Wounded knee ou l'Amérique fin de siècle*. Bruxelas, Complexe, Grégoire 1992.

MARR, W. *Der Judenspiegel*. Hamburgo, Selbstverlag des Verfassers, 1862.

_____. *Der Sieg des Judenthums über das Germanenthum*. Vom einem nicht confessionellen Standpunkt aus betrachtet. 8. ed. Berna, Rudolph Costenoble, 1879.

MARSH, C. Wayward Christian Soldiers. *International Herald Tribune*, Paris, 21-22 jan. 2006. p. 6.

MARX, K.; ENGELS, F. *Werke*. Berlim, Dietz, 1955-1989.

MATTIOLI, A. Der unrichtbare Dritte. *Die Zeit*, Hamburgo, 15 set. 2005. p. 92.

MENZIES, G. *1421. La Cina scopre l'America* (2002). Roma, Carocci, 2002. [Ed. bras.: *1421*: o ano em que a China descobriu o mundo. Rio de Janeiro, Bertrand Brasil, 2006.]

294   DOMENICO LOSURDO

MICHELS, R. L'Italia di oggi. Storia della cultura politica ed economica dal 1860 al 1930 (1930). In: _____. (PANELLA, G. [org.]). *Socialismo e fascismo (1925-1934)*. Milão, Giuffrè, 1991.

MILLIS, W. *The Martial Spirit* (1931). Chicago, Elephant Paperbacks, 1989.

MOELLER VAN DEN BRUCK, A. *Das Recht der jungen Völker*. Munique, Piper, 1919.

MOFFA, C. *Saggi di storia africana*. Milão, Unicopli, 1996.

MOLINARI, M. Cia & Mafia. La fabbrica dei killer. *La Stampa*, Turim, 24 jan. 2002. p. 11.

MONTEFIORI, S. Francia, scoppia la bomba Finkielkraut. *Corriere della Sera*, Milão, 25 nov. 2005. p. 16.

MOORE, Z. S. An Oration on the Anniversary of the Independence of the United States of America (1802). In: HYNEMAN, C. S.; LUTZ D. S. (orgs.). *American Political Writing During the Founding Era 1760-1815*. Indianápolis, Liberty Press, 1983.

MORRIS, B. *Vittime* (1999). Milão, Rizzoli, 2001.

MORRIS, E. *The Rise of Theodore Roosevelt*. Nova York, Ballantine Books, 1980.

MUELLER, J.; MUELLER, K. Sanctions of Mass Destruction. *Foreign Affairs*, Nova York, mai.-jun. 1999. p. 43-53.

MUNZI, U. Vendetta 34 anni dopo? *Corriere della Sera*, Milão, 17 out. 1995. p. 9.

MUSSOLINI, B. (SANTARELLI, E. [org.]). *Scritti politici*. Milão, Feltrinelli, 1979.

NANI, M. Fisiologia sociale e politica della razza latina. Note su alcuni dispositivi di naturalizzazione negli scritti di Angelo Mosso. In: A. BURGIO; L. CASALI (orgs.). *Studi sul razzismo italiano*. Bolonha, Clueb, 1996.

NAVARRO, M. US Aid and 'Genocide': Guatemala Inquiry Details CIA's Help to Military. *International Herald Tribune*, Paris, 27-28 fev. 1999. p. 3.

NICASTRO, A. Una Auschwitz per talebani in Afghanistan. *Corriere della Sera*, Milão, 14 mai. 2002. p. 15.

NIRENSTEIN, F. All'Intifada dello Shabbat. *La Stampa*, Turim, 18 ago. 1996. p. 8.

NOER, T. J. *Briton, Boer, and Yankee:* the United States and South Africa 1870-1914. Kent (Oh.), The Kent State University Press, 1978.

NOLTE, E. *Der europäische Bürgerkrieg 1917-1945. Nationalsozialismus und Bolschewismus.* Frankfurt/Berlim, Ullstein, 1987.

NORDAU, M. (ZIONISTISCHEN AKTIONSKOMITEE [org.]). *Zionistische Schriften*. Köln/Leipzig, Jüdischer Verlag, 1909.

_____. (WIENER ZIONISTISCHEN VEREINIGUNG [org.]). *Der Zionismus. Neue, vom Verfasser vollständig umgearbeitete und bis zur Gegenwart fortgeführte Auflage*. Viena, Buchdruckerei Helios, 1913.

NORMAND, R. Deal Won't End Iraqi Suffering. *International Herald Tribune*, Paris, 7 jun. 1996. p. 8.

NOVAZIO, E. Video-choc dei marines. Canta di iracheni uccisi. *La Stampa*, Turim, 15 jun. 2006. p. 8.

OLASKY, M. *The Tragedy of American Compassion*. Washington, Regnery Gateway, 1992.

OLIMPIO, G. Yasser? Re dei bugiardi, batterebbe anche la macchina della verità. *Corriere della Sera*, Milão, 7 jun. 2002. p. 9.

_____. Omicidi mirati e incursioni oltreconfine: è la "legge di Dagan". *Corriere della Sera*, Milão, 7 out. 2003. p. 2.

PANEBIANCO, A. Il compromesso necessario. *Corriere della Sera*, Milão, 13 ago. 2006. p. 1, 30.

PAPE, R.A. The Imagined Enemy, and the Real One. *International Herald Tribune*, Paris, 4 ago. 2006. p. 6.

PFAFF, W. Bush is Ignoring the Political Lesson of Vietnam. *International Herald Tribune*, Paris, 3-4 jan. 2004. p. 4.

_____. Israel's Personal Superpower. *International Herald Tribune*, Paris, 6-7 mai. 2006. p. 4.

PIERRE, R. E. Arab Enclave Lives in Fear. *International Herald Tribune*, Paris, 6 ago. 2002. p. 8.

PIPER, E. *Alfred Rosenberg Hitlers Chefideologe*. Munique, Blessing, 2005.

POLIAKOV, L. *Storia dell'antisemitismo* (1961-1977). Florença, La Nuova Italia, 1974-1990, v. I, II, III, IV. [Ed. bras.: *De Cristo aos judeus da corte* – História do antissemitismo I. São Paulo, Perspectiva, 2007, Coleção Estudos, v. 63. *De Maomé aos marranos* – História do antissemitismo II. São Paulo, Perspectiva, 2007, Coleção Estudos, v. 64. *De Voltaire a Wagner* – História do

antissemitismo III. São Paulo, Perspectiva, 2007, Coleção Estudos, v. 65. *A Europa suicida:* 1870-1933 – História do antissemitismo IV. São Paulo, Perspectiva, 2007, Coleção Estudos, v. 66]
_____. *Le mythe aryen. Essai sur les sources du racisme et des nationalismes* (1971). , Nova ed. ampl. Bruxelas, Complexe, 1987. [Ed. bras.: *O mito ariano:* ensaio sobre as fontes do racismo e dos nacionalismos. São Paulo, Perspectiva, 1974, Coleção Estudos, v. 34.]

POLIAKOV, L.; WULF, J. *Das Dritte Reich und seine Denker* (1959). Munique, Saur, 1978.

PROCACCI, G. *Dalla parte dell'Etiopia. L'aggressione italiana vista dai movimenti anticolonialisti d'Asia, d'Africa, d'America.* Milão, Feltrinelli, 1984.

PURCELL, V. *The Boxer Uprising:* a Background Study. Cambridge, Cambridge University Press, 1963.

QUINET, E. *Le Christianisme et la Révolution française* (1845). Paris, Fayard, 1984.

RAMPOLDI, G. L'Europa non tradisca Kabul, andarsene un rischio per tutti. *La Repubblica,* Roma, 11 jun. 2006. p. 8.

RAUSCHNING, H. *Gespräche mit Hitler* (1939). 2. ed. Zurique/Viena/Nova York, Europa Verlag, 1940.

RENAN, E. (PSICHARI, H. [org.]). *Oeuvres complètes.* Paris, Calmann-Lévy, 1947-1961.

RICHBURG, K. B. Bush's Envoy Sees Arafat as Israeli Drive Continue. *International Herald Tribune,* Paris, 6-7 abr. 2002. p. 1, 4.

_____. Israeli "Acts of Revenge" Embitter the People of Bethlehem. *International Herald Tribune,* Paris, 9 abr. 2002. p. 9.

RIESEBRODT, M. *Fundamentalismus als patriarchalische Protestbewegung. Amerikanische Protestanten (1910-28) und iranische Schiiten (1961-79) im Vergleich.* Tübingen, Mohr (Siebeck), 1990.

RIOTTA, G. Indiani egoisti e cattivi. Viva Custer. *Corriere della Sera,* Milão, 19 mai. 1996. p. 25.

RISEN, J. Rebellion by Shiites Reflects Growth of Hostility to US in Iraq. *International Herald Tribune,* Paris, 9 abr. 2004. p. 5.

ROCHESTER, S. I. *American Liberal Disillusionment in the Wake of World War I.* Park/Londres, Pennsylvania State University Press, 1977.

RÖHL, J. C. G. *Wilhelm II. Die Jugend des Kaisers 1859-1888.* Munique, Beck, 1993.

_____. *Wilhelm II. Der Aufbau der Persönlichen Monarchie, 1888-1900.* Munique, Beck, 2001.

ROMANO, S. Le contabilità dell'orrore. *Corriere della Sera,* Milão, 14 mai. 2004. p. 1.

ROOSEVELT, T. *The Strenuous Life:* Essays and Addresses. Nova York, The Century, 1901.

_____. (MORISON, E. E.; BLUM, J. M.; BUCKLEY, J. J. [orgs.]). *The Letters.* Cambridge (Mass.), Harvard University Press, 1951.

ROSENBERG, A. *Der Mythus des 20. Jahrhunderts* (1930). Munique, Hoheneichen, 1937.

ROSENSTOCK-HUESSY, E. *Out of Revolution:* Autobiography of Western Man (1938). Providence/Oxford, Berg, 1993.

SACHAR, H. M. *A history of the Jews in America.* Nova York, Vintage Books, 1993.

SAFIRE, W. The Hope for Iraqis Is Saddam Hussein's Overthrow. *International Herald Tribune,* Paris, 11 out. 1994. p. 6.

_____. A War Palestinians Ought to Be Waging. *International Herald Tribune,* Paris, 24 set. 2002. p. 8.

SALERNO, E. *Genocidio in Libia. Le atrocità nascoste dell'avventura coloniale italiana in Libia.* Roma, Manifestolibri, 2005.

SANDOZ, E. (org.). *Political Sermons of the American Founding Era: 1730-1805.* Indianápolis, Liberty Press, 1991.

SANTE, L. Here's-Me-at-War. jpeg. *International Herald Tribune,* Paris, 12 mai. 2004, p. 6.

SANTEVECCHI, G. Lady Diana, l'ultima foto. In un dossier la verità. Forse. *Corriere della Sera,* Milão, 12 jul. 2006. p. 25.

SARZANINI, F. Il dossier di Roma: hanno manomesso le prove. *Corriere della Sera,* Milão, 1 mai. 2005. p. 6.

SCARAFFIA, L. *Rinnegati. Per una storia dell'identità occidentale.* Roma/Bari, Laterza, 1993.

SCHLESINGER JR., A. Has Democracy a Future? *Foreign Affairs,* Nova York, set.-out. 1997. p. 2-12.

SCHMITT, C. *Teoria del partigiano* (1963). Milão, il Saggiatore, 1981. [Ed. bras.: *O conceito do político:* teoria do Partisan. Belo Horizonte, Del Rey, 2008.]

_____. *Il nomos della terra nel diritto internazionale dello "Jus Publicum Europaeum"* (1950). Milão, Adelphi, 1991.

SCHOEPS, J. H. *Zionismus, Texte zu seiner Entwicklung.* 2. ed. rev. Gütersloh, Fourier.

SCHUMPETER, J.A. *Sociologia dell'imperialismo* (1919). Roma/Bari, Laterza, 1974.

SEALE, P. Who Controlled Abu Nidal? *International Herald Tribune*, Paris, 22 ago. 2002. p. 7.

SEGEV, T. *Il settimo milione* (1991). Milão, Mondadori, 2001.

SETON-WATSON, H. *Storia dell'impero russo (1801-1917)* (1967). Turim, Einaudi, 1971.

SHARANSKY, N. Il pregiudizio antisemita allontana la pace in Medio Oriente (entrevista a F. Nirenstein), *La Stampa*, Turim, 19 jan. 2004. p. 12.

SHIRER, W. L. *Storia del Terzo Reich* (1959). 4. ed. Turim, Pbe Einaudi, 1974. [Ed. bras.: *Ascensão e queda do Terceiro Reich.* Rio de Janeiro, Agir, 2008, 2 v.]

SHORT, P. *Pol Pot. Anatomia di uno sterminio* (2004). Milão, Rizzoli, 2005.

SIEGMAN, H. Sharon's Real Purpose Is to Create Foreigners. *International Herald Tribune*, Paris, 25 set. 2002. p. 7.

_____. Sharon Rewrites the Peace Script. *International Herald Tribune*, Paris, 12 jun. 2002. p. 8.

_____. Replica a B. Morris. *The New York Review of Books*, 8 abr. 2004. p. 78-9.

_____. Israel Is Still Blocking the Road to Peace. *International Herald Tribune*, Paris, 25 jul. 2005. p. 6.

_____. Hamas. The Last Chance for Peace. *The New York Review of Books*, 27 abr. 2006. p. 42-7.

_____. The Killing Equation. *The New York Review of Books*, 9 fev. 2006. p. 18-9.

SINGER, P. W. Outsourcing War. *Foreign Affairs*, Nova York, mar.-abr. 2005. p. 119-32.

SINGERMAN, R. The Jew as Racial Alien: the Genetic Component of American Anti-Semitism. In: GERBER, D. A. (org.). *Anti-Semitism in American History.* Urbana/Chicago, University of Illinois Press, 1987.

SKIDELSKY, R. *John Maynard Keynes.* Speranze tradite 1883-1920 (1981). Turim, Bollati Boringhieri, 1989.

SLOTKIN, R. *The Fatal Environment:* the Myth of the Frontier in the Age of Industrialization 1800-1890 (1985). Nova York, Harper Perennial, 1994.

SMITH, A. *An Inquiry Into the Nature and the Causes of the Wealth of Nations* (1775-76). Indianápolis, Liberty Classics, 1981.

SMITH, J. Milošević Seems a Winner: "No Credible Alternative" in September Election. *International Herald Tribune*, Paris, 31 jul. 2000. p. 1, 9.

SPANIER, K. Christian Hebraism and the Jewish Christian Polemic. In: GOLDMAN, H. (org.). *Hebrew and the Bible in America.* The First Two Centuries. Hanover/Londres, University Press of New England, 1993.

SPATARO, A. *Fondamentalismo islamico.* L'Islam politico (1995). Roma, Edizioni Associate, 1996.

SPENGLER, O. *Jahre der Entscheidung.* Munique, Beck, 1933.

_____. *Politische Schriften. Volksausgabe.* Munique, Beck, 1933.

_____. *Der Untergang des Abendlandes* (1918-1923). Munique, Beck, 1980.

SPINELLI, B. La frontiera dell'Ovest. *La Stampa*, Turim, 18 out. 1995. p. 1, 6.

_____. Integralisti allo specchio. *La Stampa*, Turim, 29 set. 1996. p. 1, 13.

_____. Il culto del Santo Sterminatore. *La Stampa*, Turim, 2 jul. 1998, p. 7.

_____. Amore e guerra in Palestina. *La Stampa*, Turim, 14 abr. 2002, p. 1, 11.

STAËL-HOLSTEIN, A. L. G. Necker, baronesa de dita MADAME DE STAËL. (BALAYÉ, S. [org.]). *De l'Allemagne* (1813). Paris, Garnier-Flammarion, 1968.

STÁLIN, J. *Werke.* Hamburgo, Roter Morgen, 1971-1973.

STANNARD, D. E. *Olocausto americano.* La conquista del Nuovo Mondo (1992). Turim, Bollati Boringhieri, 2001. [Ed. bras.: *A conquista da América:* a questão do outro. 3. ed., São Paulo, WMF Martins Fontes, 2003.]

STERNHELL, Z. *La droite révolutionnaire.* Les origines françaises du fascisme 1885-1914. Paris, Seuil, 1978.

STODDARD, L. *The New World of Islam.* Nova York, Scribner's Sons, 1922.

_____. *Le flot montant des peuples de couleur contre la suprématie mondiale des blancs* (1920). Paris, Payot, 1925.

STOKES, E. (BAYLY. C. A. [org.]). *The Peasant Armed:* the Indian Rebellion of 1857. Oxford, Clarendon Press, 1986.

STRAUSS, L. (TABONI, P. F. [org.]). *Che cos'è la filosofia politica?* Urbino, Argalia, 1977. [Ed. ing.: *What Is Political Philosophy?.* Jerusalem, Magnes Press, the Hebrew University, 1955.]

_____. (ESPOSITO, R. [org.]). *Gerusalemme e Atene.* Turim, Einaudi, 1998. [Ed. ing.: *Progress or Return?* (1952).]

_____. (ESPOSITO, R. [org.]). *Gerusalemme e Atene.* Turim, Einaudi, 1998. [Ed. ing.: *Relativism* (1961).]

_____. German Nihilism (1941). In: JANSSENS, D.; Tanguay, D. (eds.). *Interpretation:* a Journal of Political Philosophy, 1999. p. 357-8.

STRONG, J. *Our country* (1885). Cambridge (Mass.), The Belknap Press of Harvard University Press, 1963.

SUZUKI, C.; FEUERWERKER, A. China (Late Ching). *The New Encyclopaedia Britannica*, 1995, v. XVI.

SWARNS, R. L. At least 13,000 Arabs and Muslims in US Face Deportation. *International Herald Tribune*, Paris, 9 jul. 2003. p. 7.

TANNER, M. *Ireland's Holy War:* the Struggle for a Nation's Soul, 1500-2000. New Haven/ Londres, Yale University Press, 2001.

TARLE, E. V. *Napoleone* (1942). 4. ed. Roma, Editori Riuniti, 1975. [Ed. bras.: *Napoleão.* Rio de Janeiro, Zelio Valverde, 1945.]

TAYLOR, A. J. P. *Le origini della seconda guerra mondiale* (1961). Bari, Laterza, 1972.

THE Gaza Quagmire. *International Herald Tribune*, Paris, 21 mai. 2004. p. 6.

THE Guantanamo Scandal. *International Herald Tribune*, Paris, 16 mai. 2003. p. 6.

THOMAS, E. *The Very Best Men. Four Who Dared.* The Early Years of the CIA. Nova York, Simon and Schuster, 1995.

TINKER, H. *A New System of Slavery:* the Export of Indian Labour Overseas 1830-1920. Nova York, Oxford University Press, 1974.

TOCQUEVILLE, A. de. (MAYER, J. P. [org.]). *Oeuvres completes.* Paris, Gallimard, 1951. [Ed. bras.: (v. I, t. 1 e 2): *A democracia na América.* São Paulo, Martins, 2000, 2 v.]

TODD, E. *Dopo l'Impero* (2002). Milão, Tropea, 2003. [Ed. bras.: *Depois do império.*
Rio de Janeiro, Record, 2003.]

TODOROV, T. *La conquista dell'America. Il problema dell'"altro"* (1982). Turim, Einaudi, 1984. [Ed. bras.: *A conquista da América: a questão do outro.* 3, ed., São Paulo, WMF Martins Fontes, 2003.]

TOLSTÓI, L. *Guerra e pace* (1868-1869). Turim, Einaudi, 1974. [Ed. bras.:
Guerra e paz. Porto Alegre, L&PM, 2007, 4 v.]

TORRI, M. *Storia dell'India.* Roma/Bari, Laterza, 2000.

TOYNBEE, A.J. *A Study of History* (1934-1954). Oxford, Oxford University Press, 1951-1954. [Ed. ital.: *Panorami della storia* (1934-1954). Milão, Mondadori, 1954, v. II, t. I.; ed. bras.: *Um estudo da história.* 2. ed., São Paulo, Martins Fontes, 1987.]

_____. *Il mondo e l'Occidente.* Palermo, Sellerio, 1992.

TREITSCHKE, H. von. Herr Graetz und sein Judentum (1879). In: BOEHLICH, W. (org.). *Der Berliner Antisemitismusstreit.* Frankfurt, Insel, 1965.

TRUCHANOWSKI, W. G. *Winston Churchill.* Eine politische Biographie (1968). Köln, Pahl-Rugenstein, 1987.

TSEMEL, L. Enfants qui meurent, enfants qui tuent. *Le Monde diplomatique*, Paris, nov. 2003. p. 25.

VERCORS, ver: BRULLER, J.

VERLINDEN, C. *L'esclavage dans l'Europe médiévale.* Gent-Brugge, Rijksuniversiteit Te Gent, 1955-1977.

VIDAL-NAQUET, P. *Il buon uso del tradimento. Flavio Giuseppe e la guerra giudaica* (1977). Roma, Editori Riuniti, 1980.

VOLTAIRE (F. M. Arouet). *Lettre au roi de Prusse sur la tragédie de Mahomet* (1742), 1885. In:
_____. *Mahomet ou le fanatisme* (1741). Paris, Librairie de la Bibliothèque Nationale, 1885.

298 DOMENICO LOSURDO

_____. *Mahomet ou le fanatisme* (1741). Paris, Librairie de la Bibliothèque Nationale, 1885.

_____. *Dizionario filosofico* (1764). Milão, Mondadori, 1968. [Ed. bras.: *Dicionário filosófico*. São Paulo, Matin Claret, 2002, Coleção A Obra-Prima de Cada Autor/Série ouro.]

WADE, W. C. *The Fiery Cross:* the Ku Klux Klan in America. Nova York/Oxford, Oxford University Press, 1997.

WASHBURN, W. E. *Gli indiani d'America* (1975). 2. ed. Roma, Editori Riuniti, 1992.

WASHINGTON, G. (ALLEN, W. B. [org.]). *A Collection*. Indianápolis, Liberty Classics, 1988.

WATZMAN, H. Human Shields or Bulldozers? Or Neither? *International Herald Tribune*, Paris, 22 jun. 2006. p. 8.

WEBER, M. *Zwischen zwei Gesetzen* (1916). In: _____. (WINCKELMANN, J. [org.]). *Gesammelte politische Schriften*. 3. ed. Tübingen, Mohr (Siebeck), 1971.

WEIL, S. Lettera a Déodat Roché del 23 gennaio 1941. In: GAETA, G. (org.). *I catari e la civiltà mediterranea*. Gênova, Marietti, 1996.

WEINBERG, A. K. *Manifest Destiny:* a Study of Nationalistic Expansionism in American History (1935). Chicago, Quadrangle Books, 1963.

WHEATCROFT, A. *Infedeli. 638-2003:* il lungo conflitto tra cristianesimo e islam. 2. ed. Roma/Bari, Laterza, 2004. [Ed. bras.: *Infiéis:* o conflito entre a cristandade e o islã. Rio de Janeiro, Imago, 2005.]

WIESEL, E. L'Europa è la frontiera dell'intolleranza (entrevista a M. Molinari). *La Stampa*, Turim, 26 jan. 2004. p. 7.

WIKLER, D. The Dalai Lama and the CIA. *The New York Review of Books*, 23 set. 1999. p. 81.

WILSON, W. (BAKER, R. S.; DOOD, W. E. [orgs.]). *War and Peace:* Presidential Messages, Addresses, and Public Papers (1917-1924). Nova York/Londres, Harper Brothers, 1927.

WIRTH, A. *Die gelbe und die slawische Gefahr*. Berlim, Gose und Tetzlaff, 1905.

WOOD, G. S. The Fundamentalists and the Constitution. *The New York Review of Books*, 18 fev. 1988. p. 33-40.

WOODWARD, C. V. *Le origini del nuovo Sud* (1951). Bolonha, Il Mulino, 1963.

YOUNG, C. Is the West too Civil in War? *International Herald Tribune*, Paris, 11 ago. 2006. p. 7.

ZACCARIA, G. La morte dal cielo sfigura Pristina. *La Stampa*, Turim, 8 abr. 1999. p. 3.

ZIEGLER, L. Amerikanismus. *Weltwirtschaftliches Archiv*, n. 23, 1926. p. 69-89.

ZIMMERMANN, M. *Wilhelm Marr:* the Patriarch of Antisemitism. Nova York/Oxford, Oxford University Press, 1986.

ZOEPF, K. Syria Under Pressure From Flood of Refugees. *International Herald Tribune*, Paris, 26 jul. 2006. p. 4.

ZUCCONI, V. Svastiche, stelle e strisce. *La Stampa*, Turim, 11 out. 1995. p. 9.

_____. E l'America scopre le torture della Cia. *La Repubblica*, Roma, 27 dez. 2002. p. 1.

ÍNDICE ONOMÁSTICO

Abdallah, G., 235
Abelardo, P., 127, 141
Abraham, N., 177, 192
Accattoli, L., 61
Adams, J., 250-1
Adorno, T. W., 202
Agosti, A., 204
Agostinho, Aurélio, santo, 128, 130, 134
Ahmadinejad, M., 179-81, 263
Albertini, R. von, 171
Alembert, J. B. Le Rond d', 95, 135
Alexandre II, czar da Rússia, 15, 219
Alituro, 138
Alperovitz, G., 21
Amir, Y., 178
Andreotti, G., 46
Aquino, Tomás de, santo, 128, 142-5, 147
Arafat, Y., 69, 225, 235
Arbasino, A., 268
Arbenz Guzmán, J., 16
Arendt, H., 41, 46-7, 73, 89, 125-6, 137, 139, 142, 150, 160, 164-6, 169-70, 176, 180, 182-3, 186-7, 208-9, 236, 244-5, 265-6, 268, 271, 273
Aristóteles, 145
Armínio, 80
Arndt, E. M., 77-8
Ascherson, N., 117
Asín Palacios, M., 194
Augusto, Caio Júlio César Otaviano, imperador, 42, 78
Bacon, F., 230-1
Bairati, P., 251, 254-5
Baquis, A., 36, 52, 178

Barak, E., 225,
Barbero, A., 29
Barth, K., 114
Bastid, M., 40
Bauer, B., 133
Bava-Beccaris, F., 19
Begin, M., 47, 166, 236
Bendersky, J. W., 123
Benedetto, E., 197
Bennet, J., 176, 177
Benot, Y., 43
Bergère, M. C., 40
Berkeley, G., 40, 68, 187, 251
Berlin, I., 248, 264-5
Berman, P., 118, 219
Bernardo de Claraval, santo, 127, 145
Beveridge, A. J., 230, 252
Bin Laden, O., 20, 274, 280
Biondi, C., 31
Birnbaum, P., 148, 158, 202, 218
Black, E., 161
Blair, A. C. L., dito Tony, 50, 52
Bonaparte, Napoleão, 32, 78, 95, 275
Bonaparte, Carlos Luís Napoleão III, 15, 148, 184Bonazzi, T., 229
Bonhoeffer, D., 114
Bose, S. C., 171-72
Bouckaert, P., 24
Boutroux, É., 80
Boyle, P. G., 204, 256, 279
Brecht, B., 45
Bresci, G., 19
Brodkin, K., 202
Brown, R. M., 32
Bruno, G., 89

Brunswick, C. G. F. duque de, 78
Bryce, J., 91
Brzezinski, Z. K., 24, 175
Buccini, G., 199
Buffalo Bill, pseud. de W. F. Cody, 208
Bukharin, N. I., 99-100
Bulliet, R. W., 194
Bultrini, R., 220
Burg, A., 47
Burgio, A., 42, 102
Burke, E., 231
Buruma, I., 243
Bush, G. H. Sen., 25
Bush Jr., G. W., 17, 48, 54, 61, 94, 111, 115, 235, 238, 274, 282
Calloway, C. G., 30
Calvino, G., 130
Canaris, W. F., 262
Càndito, M., 48
Cánovas del Castillo, A., 15
Caretto, E., 24, 37
Carlos Magno, imperador, 29, 143, 282
Carnot, M. F. S., 15
Carothers, J. C., 117
Carrel, A., 65
Carter, J. E. C., 24
Cartwright, S. A., 117
Castro Ruz, F., 15
Catherwood, C., 50
Céline, L. F., pseud. de L. F. Destouches, 158, 202
Chamberlain, H. S., 217-8, 222, 224
Chamberlain, J., 169
Charcot, J. M., 218
Chávez Frías, H. R., 17
Chazan, R., 40, 42-3

Chen, J., 242
Chesneaux, J., 40
Chierici, A., 208
Chomsky, N., 26
Choueiri, Y. M., 57, 60, 62, 66
Chu En-lai, 16
Churchill, W. L. S., 33, 50, 110, 204, 241, 247-8, 256, 269, 279
Clemenceau, G., 112
Clinton, W. J., *dito* Bill, 16, 25, 110-2, 123, 282
Cobet, C., 213-4, 219, 223, 233
Cohen, Richard, 111
Cohen, Roger, 175, 177
Colajanni, N., 102
Colerus, J., 131
Colombo, C., 244-5
Commager, H. S., 109, 250-1
Condorcet, M. J. A. N. Caritat, marquês de, 42
Conquest, R., 257
Conrad, J., 33, 35
Constantino I, imperador, 139, 143
Cook, J., 234
Corcelle, F. de, 207
Corradini, E., 102, 207
Cotton, J., 229
Cremonesi, L., 228
Croce, B., 247, 277
Cromer, E. Baring, conde de, 169, 273
Crouazier, 32
Custer, G. A., 262
D'Annunzio, G., 207
Dalrymple, W., 211
Darwin, C. R., 85, 163
Davis, D. B., 147, 246
De Felice, R., 102, 247
De Feo, M. de, 37
De Gasperi, A., 269
De Ruggiero, G., 247
Déat, M., 158
Del Fra, L., 208
Delanoë, N., 240
Derbyshire, J., 239
Descartes, R., 78, 89
Diocleciano, imperador, 139

Disraeli, B., 67, 89, 125, 193, 195, 222
Dower, J. W., 35, 172, 278
Draper, T., 60
Drieu La Rochelle, P., 158
Drumont, E., 158
Du Bois, W. E. B., 72, 172
Duchet, M., 42
Dühring, K. E., 150, 216-7, 219, 224
Dulles, J. F., 110-1
Dwight, T., 252
R. E., 123
Eakin, E., 117
Eckart, D., 121
Eden, A., 279-80
Eichmann, K. A., 125, 160, 164, 208, 245
Einstein, A., 166
Eisenhower, D. D., 110-1, 204, 256, 279-80
Eitam, E., 176
Eldridge, C. C., 125
Ellis, M. H., 236
Elon, A., 125
Engels, F., 30-1, 37, 40, 88, 98-9, 115, 132
Erasmo de Roterdam, 130, 136
Erlanger, S., 23
Esherick, J. W., 68, 87
Eucken, R., 80
Eulógio de Córdoba, santo, 144
Fallaci, O., 29, 188-9, 206, 212-6, 220-1, 223-4, 226
Falwell, J., 55
Farkas, A., 19, 54
Farwell, B., 33
Fernando II, rei de Aragão e Sicília, 147
Fess, S. D., 101
Feuerwerker, A., 68
Fichte, J. G., 76-7, 79, 95, 130, 241
Figes, O., 99
Filkins, D., 27
Fini, G., 267, 270
Finkelstein, N. G., 187
Finkielkraut, A., 205, 213
Fiori, G., 136
Fiske, J., 255

Fleischmann, E., 138, 140
Flori, J., 143-4
Fontaine, A., 280
Ford, H., 119-23, 128, 153-4,
Frachon, A., 55
Frank, L., 153
Frankel, J., 132
Franklin, B., 192, 249
Frederico II, rei da Prússia, 76, 95, 128, 135
Fredrickson, G. M., 72-4, 162
Freiberger, S. Z., 111, 204, 279
Freud, S., 54, 112-5, 137
Friedman, T. L., 23, 75
Fritsch, T., 150, 201, 212, 215-7, 219, 225, 234
Fussell, P., 35
Gabriel, R. H., 250
Gager, J. G., 139
Galton, F., 85, 107
Gama, V. da, 30,
Gans, E., 133
Garaudy, R., 261,
Garibaldi, G., 135
Garin, E., 79
Garvey, M. M., 73, 162
Genovese, E. D., 44
Gentile, G., 89, 143, 145, 247
Geyer, D., 19
Gheddafi, M. el, 270
Gioberti, V., 79
Giolitti, G., 207, 268
Girardet, R., 80
Gladstone, W. E., 125
Gobineau, A. de, 201, 224
Goebbels, J., 45, 153, 161, 219, 231, 253-4
Goethe, J. W. von, 89
Goldhagen, D. J., 122, 154-5
Gollwitzer, H., 151, 241
Gonen, Y., 236
Gontier, R., 158
Gordon, C. G., 69
Gosset, T. F., 34
Graetz, H., 41, 43, 193, 222
Gramsci, A., 79, 89, 99-100
Grant, U. S., 120
Gray, J., 54,

A LINGUAGEM DO IMPÉRIO 301

Greenway, H. D. S., 29
Grégoire, H., 242
Grócio, U., 230
Guérin, J., 224
Guilherme II, imperador da Alemanha, 26, 94, 96, 112-3, 169
Guizot, F., 48
Gumplowicz, L., 210-1, 255
Günther, H. S. R., 108
Guolo, R., 60, 62-5
Habermas, J., 183
Halifax, E. F. L. Wood, visconde de, 247
Halutz, D., 20
Hamilton, A., 229
Harden, M., *pseud. de* F. E. Witkowski, 113
Harding, W. G., 106
Hardt, M., 281
Hartman, D., 177
Hauptman, L. M., 186
Hauter, F., 22
Hayek, F. A. von, 248, 253
Hegel, G. W. F., 79-80, 89, 95-6, 130, 133, 183, 227-8
Heidegger, M., 45, 100, 226, 253
Heine, H., 76, 132-3
Herbart, J. F., 89
Herzen, A. I., 82, 87-8
Herzl, T., 69-71, 74, 120, 157-60, 163-70, 180, 234, 268
Hess, M., 131-3
Himmler, H., 131
Hirohito, imperador do Japão, 279
Hitler, A., 49, 75, 103-8, 113, 119, 121-3, 130, 137, 150-2, 154-5, 160-1, 164, 167, 173-4, 183, 187-8, 218-22, 225, 231, 233, 237, 242, 245, 247, 252-4, 256, 261-2, 271, 279-80, 282
Ho Chi Minh (Nguyen Sinh Cung), 34, 35, 38, 100-1
Hoagland, J., 16-7
Hobson, J. A., 124
Hockstader, L., 177
Hoffmann, G. von, 107
Höffner, J., 130

Hofstadter, R., 101, 261
Holbach, P. H. Dietrich, barão d', 130, 132,
Holmes, C., 223
Hoover, H. C., 106
Höpp, G., 173
House, E. M., 110
Hudson, W. S., 113
Humberto I, rei da Itália, 15, 19
Huntington, S. P., 27, 91, 189, 197, 200, 215, 257
Hussein, S., 16, 25, 57, 280
Husserl, E., 256
Inhofe, J. M., 55
Inocêncio VIII, papa, 147
Ireland, J., 92
Irving, D., 261-3
Isaac, J., 138
Isabel, imperatriz da Áustria, 15
Jackson, A., 30-1, 33, 85, 264
Jackson, M., 23
James, B., 32,
James, C. L. R., 26, 39
Jefferson, T., 81, 116, 172
Jerônimo de Strídon, santo, 126
Jesus Cristo, 60-1, 65, 91, 111, 136, 139, 141, 154,--5
Jeter, J., 176
João Hircano, 191
João Paulo II, papa, 57-8, 61
Johnson, C., 22, 56
Johnson, P., 56, 124-6, 138, 191
Jordan, W. D., 147
Jorge III, rei da Grã-Bretanha e Irlanda, 30
Judt, T., 180, 237
Juliano, imperador, *dito* o Apóstata, 138-9
Juvenal, Décimo Júnio, 130
Kadish, S., 160, 164, 218
Kant, I., 130
Katz, S. T., 137, 141, 155
Keegan, J., 262-3
Kennedy, J. F., 17
Kent, J., 249
Kepel, G., 62-3, 65, 75, 177
Kergorlay, L. de, 209-10

Kersten, F., 121
Kertzer, D. I., 129
Keynes, J. M., 112, 114-5
Khomeyni, R., 58
Kimmerling, B., 237
Kipling, J. R., 169
Kissinger, H., 22, 24, 110
Klaiber, K. P., 198
Klein, H. S., 149
Klemperer, V., 164-5, 167, 233
Kokhba, S. bar, 138
Koizumi, J., 188
Krauthammer, C., 25
Kristof, N. D., 28, 177, 181
Kühl, S., 106-7, 151
La Fayette, M. J. P. Y. R. G. Motier, marquês de, 250
Lapoujade, D., 205
Las Casas, B. de, 38, 42, 145-6, 258
Lassalle, F., 133, 184
Lawrence, B. B., 61,
Lazare, B., 126, 170, 193, 268
Leahy, W. D., 21
Leão XIII, papa, 92
Lecky, W. E. H., 269
Leibniz, G. W. von, 89
Leibovitz, Y., 236
Lémonon, M., 184
Lênin, V. I. (V. I. Ulianov), 52, 96, 99, 121, 124, 170, 184-5, 203, 265
Lenz, F., 107
Leopoldo II, rei da Bélgica, 271
Lerner, G., 75
Lévy, B. H., 119, 157
Lewis, A., 58
Lewis, B., 171, 173, 193, 219
Lieven, A., 55, 189, 205, 238
Lifton, R. J., 107, 112
Lindsey, H., 205
Locke, J., 168, 232
Losurdo, D., 30, 33, 45, 79-81, 83, 89, 95, 100, 103, 106, 108, 110, 115-6, 125, 129, 167-8, 174, 182, 213, 226, 228, 230-1, 241, 246, 249, 253, 256, 259-61, 270-1, 281

302 DOMENICO LOSURDO

Lott, D. N., 110-2
Lotze, R. H., 89
Luís Filipe de Orleans, rei da França, 207
Luís XIV, rei da França, 78
Lumumba, P., 16
Lutero, M., 78-80, 130
Luxemburgo, R., 163
Macaulay, T. B., 273
MacFarquhar, N., 205, 223
MacLean, N., 84, 101, 103, 123
Madison, J., 229, 250
Mahdi (M. Ahmad), 33, 86, 95
Maimônides, M., 144
Malcolm X, *pseud. de* M. Little, 182
Malebranche, N. de, 89
Malowist, M., 146
Mameli, G., 79
Mansfield, P., 68
Mantegna, A., 190
Mao Tse-Tung, 38, 96
Maomé, 57, 65, 90, 134-5, 141, 144-5, 190, 193, 217, 233, 243, 271
Maquiavel, N., 54
Marcião, 136
Margalit, A., 49, 243
Marienstras, E., 44, 241, 261
Marr, W., 152, 201, 216-7, 222-3
Marsh, C., 54
Marx, K., 30-1, 37, 40, 82, 88, 95-6, 98, 109, 113, 130-3, 184-5, 224
Mather, C., 230
Mattioli, A., 269
Maupertuis, P. L. Moreau de, 42
Maurras, C., 80
Mawdudi, A. A., 57, 60
Máximo Confessor, santo, 144
Mazzini, G., 135
McKinley, W., 15, 109
Menzies, G., 30, 244
Michels, R., 102
Mildenstein, L. von, 161
Mill, J. S., 226, 245
Millis, W., 109

Milošević, S., 16-7, 25, 280
Mitchell, G., 112
Moeller van den Bruck, A., 101
Moffa, C., 73
Molinari, M., 16, 119-20
Monroe, J., 249
Montefiori, S., 205, 213
Moore, Z. S., 250
Morris, B., 46, 118
Morris, E., 101
Mortara, E., 128-9
Mossadeq (M. Hidayat), 64, 69
Mosso, A., 102
Mueller, J., 26
Mueller, K., 26
Munzi, U., 197
Mussolini, B., 26, 52, 102-3, 135, 188, 242, 267-9, 279, 282
Mussolini, V., 102
Nani, M., 102
Nasser, G.A. el, 29, 64, 69, 204, 279
Navarro, M., 260
Negri, A., 281
Nero, imperador, 138-9
Ngo Dinh Diem, 17
Nicastro, A., 198
Nicolau II, czar da Rússia, 19
Nicolau V, papa, 147
Nidal, A. (S. al-Banna), 29
Nietzsche, F. W., 84, 106, 109, 113, 115, 130, 167, 191, 213, 226, 258, 281
Nirenstein, F., 120
Nixon, R. M., 22
Noer, T. J., 104, 241
Nolte, E., 162, 271
Nordau, M., 70-1, 163-5, 167
Normand, R., 26
Novazio, E., 37
Olasky, M., 109
Olimpio, G., 18, 225
Olmert, E., 237
Ortega Saavedra, D., 280
Paine, T., 30
Panebianco, A., 239
Pape, R. A., 45
Paulo de Tarso, santo, 85,

133-4, 137, 140, 155
Paulo III, papa, 258
Pearson, C. H., 230
Pedro I, czar da Rússia, 81-2, 86-7
Pfaff, W., 17, 179
Pierre, R. E., 200
Pio IX, papa, 128
Piper, E., 160
Platão, 251
Podhoretz, J., 239
Poliakov, L., 121, 130-2, 138-9, 141, 144, 146, 153-4, 219, 221, 245
Pompeia Sabina, 138
Popper, K. R., 179
Prassitele, 226
Primor, A., 175
Procacci, G., 172
Purcell, V., 44, 68, 87
Quinet, E., 246, 257, 270
Qutb Sayyid, 64-6
Rampoldi, G., 20
Rauschning, H., 113
Reagan, R. W., 61, 111, 280
Rebatet, L., 158
Reichenau, W. von, 262
Rembrandt (R. Harmenszoon van Rijn), 226
Renan, E., 148, 203, 226, 245
Rhodes, C. J., 167, 169-70
Richburg, K. B., 176, 235
Richelieu, A. J. Du Plessis, duque de, 78
Riesebrodt, M., 63, 84
Riotta, G., 262
Risen, J., 52
Robertson, M. G., *dito* Pat R., 17
Rochester, S. I., 232
Rodotà, S., 58
Röhl, J. C. G., 113-4
Romano, S., 199
Roosevelt, F. D., 81, 108, 184, 250, 254, 278
Roosevelt, T., 101-2, 107, 113, 152, 203, 230, 246, 257, 261, 265, 275
Rosenberg, A., 104, 106, 152, 160, 190, 226, 252
Rosenstock-Huessy, E., 128

A LINGUAGEM DO IMPÉRIO   303

Rosenthal, A. M., 238
Ross, E. A., 106
Rostkowski, J., 240
Rousseau, J. J., 42, 76, 78, 132
Rumsfeld, D. H., 52, 271
Sachar, H. M., 120, 153
Safire, W., 25, 272
Said, E. W., 180-1
Salerno, E., 208, 268, 270
Salvador, J., 137, 140
Samuel, M., 228
Sandoz, E., 91
Sante, L., 199
Santevecchi, G., 18
Sarzanini, F., 36
Scaraffia, L., 146
Schirach, B. B. von, 121, 226
Schlesinger Jr., A., 54
Schmitt, C., 50-2, 242, 252
Schoelcher, V., 264
Schoeps, J. H., 167
Schopenhauer, A., 150, 225
Schumpeter, J. A., 265
Scott, J. D., 254
Scott, W. T., 34
Seale, P., 29
Segev, T., 162, 173, 177
Sêneca, Lúcio Aneo, 130
Sepúlveda, J. G. de, 258
Seton-Watson, H., 87
Shamir, Y., 177
Sharansky, N., 120
Sharon, A., 175-7, 179
Shirer, W. L., 121
Short, P., 35
Siegman, H., 20, 118, 175-7, 179, 236
Singer, P. W., 48-9
Singerman, R., 122, 223
Skidelsky, R., 112
Slotkin, R., 261-2
Smith, A., 63, 227, 259
Smith, J., 17
Spanier, K., 128
Spataro, A., 57-8, 61, 63, 65, 236
Spaventa, B., 79, 89
Spellman, F. J., 92
Spengler, O., 106-7, 122, 173, 202-3, 241, 246-7
Spinelli, B., 47, 74, 178-9, 190

Spinoza, B., 85, 89, 131, 142, 224
Staël-Holstein, A. L. G. Necker, Madame de, 43, 78, 184
Stálin (I.V. Dzugasvili), 16, 99-100
Stannard, D. E., 31, 34, 244
Sternhell, Z., 224
Stoddard, L., 40, 106, 195, 201, 203, 260, 273
Stokes, E., 67
Strauss, L., 53-4, 60, 248, 253, 259-60, 264
Streicher, J., 220-2
Strong, J., 192, 256
Suharto, M., 142
Sukarno, A., 16
Sumner, C., 251
Suzuki, C., 68
Swarns, R. L., 199
Tácito, Cornélio, 78, 130
Talmon, J. L., 47
Tanner, M., 75
Tarle, E. V., 32
Taylor, A. J. P., 247
Tecumseh, 67, 94
Tertuliano, Quinto Septímio Florente, 138, 227
Thomas, E., 16
Tinker, H., 39
Tocqueville, A. de, 5, 30, 32-3, 116, 147-8, 168, 207, 209-10, 226, 240, 245, 259, 264
Todd, E., 176
Todorov, T., 38, 42, 244
Tolstói, L., 272, 275
Torri, M., 171-2
Toynbee, A. J., 55-6, 66, 72, 86, 142, 155, 181, 194-6, 229-30, 244, 257
Treitschke, H. von, 43, 222, 281
Trevelyan, C. E., 245
Trótski, L. D., 137
Truchanowski, W. G., 33
Truman, H. S., 21, 112, 278
Tsemel, L., 49
Vallat, X., 158
Varo, Públio Quintílio, 78
Vercors, pseud. de J. Bruller,

272, 276
Verlinden, C., 146-7
Vernet, D., 55
Vicente Ferrer, santo, 141
Vidal-Naquet, P., 138
Virgílio (Publio Virgílio Marão), 143
Vitória, rainha da Grã-Bretanha e Irlanda, 114, 282
Voltaire, pseud. de F. M. Arouet, 78, 91, 130-5
Vries de Heekelingen, H. de, 159
Wade, W. C., 100
Wagner, R. W., 132, 213, 226
Wahrmund, A., 216
Waitz, T., 184
Waldman, E., 57
Washburn, W. E., 67
Washington, G., 172, 249-50, 265
Watson, T., 255
Watzman, H., 235
Weber, M., 115, 277
Weil, S., 136
Weinberg, A. K., 101, 105, 252
Weininger, O., 209
West, B., 251
Wheatcroft, A., 144-5
Wiesel, E., 119-20
Wikler, D., 35
Wilson, T. W., 54, 81, 110, 112-3, 115, 232, 277
Wirth, A., 241
Wolf, L., 160
Wood, G. S., 60
Woodward, C. V., 255
Wulf, J., 221
Yossef, O., 177
Young, C., 239
Zaccaria, G., 23
Zangwill, I., 167
Zeevi, R., 19, 177
Ziegler, L., 102
Zimmermann, M., 151, 201, 222
Zoepf, K., 27
Zucconi, V., 199, 204
Zumárraga, J. de, 38

Este livro foi composto em Adobe Garamond Pro
11/14,3 e reimpresso em papel Polen Soft 80 g/m² pela
gráfica Lis, para a Boitempo, em abril de 2022, com
tiragem de 1.000 exemplares.